हिन्दी गीतिकाव्य परम्परा और मीरां

डॉ. मंजु तिवारी

राधाकृष्ण प्रकाशन

ISBN : 978-81-7119-984-6

हिन्दी गीतिकाव्य परम्परा और मीरां

पहला संस्करण : 2004

This book is printed on **Print on Demand** Technology : 2024

मूल्य : ₹ 995

प्रकाशक

राधाकृष्ण प्रकाशन प्राइवेट लिमिटेड

जी-17, जगतपुरी, दिल्ली-110 051

शाखाएँ : अशोक राजपथ, साइंस कॉलेज के सामने, पटना-800 006

पहली मंज़िल, दरबारी बिल्डिंग, महात्मा गांधी मार्ग, प्रयागराज-211 001

1, अनमोल सोराबजी संतुक लेन, धोबी तलाव, मरीन लाइंस, मुम्बई-400 002

वेबसाइट : www.radhakrishnaprakashan.com

ई-मेल : info@radhakrishnaprakashan.com

HINDI GITIKAVYA PARAMPARA AUR MIRAN

by Dr. Manju Tiwari

मीरां के गीतों की साधिका अपनी माँ श्रीमती भगवती बाई,
विद्वान पिता श्री बालकृष्ण मिश्र एवं
मेरे मार्गदर्शक-सहारा भाई डॉ. ए.के. मिश्रा को समर्पित
जिनके बगैर कुछ भी कर पाना संभव न था।

भूमिका

अपने गिरिधर नागर की भक्ति में तन्मय भक्तिमती मीरां के गान हिन्दी साहित्य की अमर गीति रचनाएँ हैं। मीरांबाई का ध्येय काव्य साधना न होकर अपने आराध्य की उपासना करते हुए उसका चिरन्तन सामीप्य प्राप्त करना था। सांसारिक बन्धनों, प्रलोभनों एवं माया मोह को तिलांजलि देकर अपने आराध्य के साथ तदाकार हो जाने के लिए उन्होंने गीतों को माध्यम बनाया। उनके गीत सहज भावनाओं के निर्झर हैं। अपनी रसज्ञता और माधुर्य में अप्रतिम हैं। उनके यहाँ शिल्प एवं शब्दगत अलंकरण के कोई आग्रह नहीं हैं। निश्छल और मधुर भावाभिव्यक्ति के कारण मीरां के गीतों का अपना एक विशिष्ट स्थान है। और यह उनके गीतों का ही वैशिष्ट्य है कि सैकड़ों वर्ष व्यतीत हो जाने के बाद भी वे लोक कंठ में रचे-बसे हुए हैं। प्रेमाधिक्य एवं हृदयगत अनुभूति को संगीतमय अभिव्यक्ति देनेवाली मीरां का संघर्षशील, दृढ़ परन्तु मोहक व्यक्तित्व मुझे आरम्भ से ही अपनी ओर आकर्षित करता रहा है।

मीरां को लेकर अनेक शोध सामने आए हैं लेकिन गीतिकाव्य के निकष पर अध्ययन-अनुशीलन की आवश्यकता फिर भी बनी ही हुई थी। दूसरे, मीरों के कृतित्व को लेकर अनेक मतभेद और विवाद भी चलते रहे हैं। उनके चारों ओर अलौकिकता का आवरण भी फैला हुआ था, जिसकी वजह से मीरां के मूल्यांकन में एक बड़ी बाधा बनी रहती थी। मीरां के अनुशीलन में एक भारी समस्या मीरां पदावली के मूल पाठ की भी थी। उन पर केन्द्रित आलोचना ग्रन्थों के आधार प्रायः मीरां के लोक प्रचलित पद रहे हैं। जिससे किए जानेवाले विवेचन काफी भ्रमपूर्ण बनते रहे हैं। मैंने अपने अध्ययन में मीरां के पदों के मूल पाठ को आधार बनाया है। साथ ही इस बात पर भी जोर दिया है कि मीरां के गीतों के सहज संगीत को भी आकलन का निकष बनाया जाए। मीरों के गीतों की सांगीतिकता और राग-रागिनियों में गीतों के सफल नियोजन की बात तो सभी श्रेष्ठ संगीतकारों ने स्वीकार की है।

निश्चय ही भक्तिमती मीरां हिन्दी गीतिकाव्य परम्परा में अपने अनलंकृत काव्य सौन्दर्य के साथ सर्वोच्च स्थान पर हैं। उनके अवदान पर केन्द्रित मेरा यह शोध कार्य एक संक्षिप्त प्रयास भर है। मेरे प्रयास को पूर्णता प्रदान करने के लिए श्रीमती डॉ. शकुन्तला दुबे ने जो परामर्श और सहयोग दिया उसके लिए मैं हमेशा आभारी रहूँगी।

–डॉ. मंजु तिवारी

अनुक्रम

2. व्यक्तित्व विश्लेषण : मीरांबाई के व्यक्तित्व की विशेषताएँ, मीरां का व्यक्तित्व निर्धारण, मीा का संक्षिप्त जीवनवृत्त, मीरां का शैशव, विवाह, सती न होना, मीरां द्वारा विषपान, मीरां का चित्तौड़ त्याग, मेड़ता निवास, मेड़ता त्याग, वृन्दावन वास, द्वारका निवास, मृत्यु। मीरां के व्यक्तित्व की विशेषताएँ : भक्तिमती मीरां, वैरागिनी मीरां और सत्संग।

अध्याय : 3

हस्तलिखित प्राप्त पद। मीरां के पदों की प्रामाणिक प्रति का निर्णय, डाकोर की प्रति का इतिहास, निष्कर्ष प्रो. ललिता प्रसाद सुकुल द्वारा प्रकाश में लाई गई पोथियाँ, राजस्थान में प्राप्त हस्तलिखित प्रतियाँ। राम द्वारा धोली बावड़ी उदयपुर से प्राप्त हस्तलिखित प्रति। पुरातत्व मन्दिर जोधपुर की हस्तलिखित प्रतियाँ। गुजराती भाषा में उपलब्ध मीरां के पदों की हस्तलिखित प्रतियाँ। 'गुजरात वर्नाक्यूलर सोसायटी, अहमदाबाद' की हस्तलिखित प्रतियाँ। साहित्य में प्राप्त मुद्रित एवं प्रकाशित पदावली। हिन्दी एवं राजस्थानी पदावलियाँ। मीरांबाई की शब्दावली। मीरां : जीवनी और काव्य, मीरां मन्दाकिनी। मीरा पदावली। मीरां और उनकी प्रेमवाणी। मीरांबाई की पदावली। मीरां स्मृति ग्रन्थ। मीरां दर्शन। मीरां की प्रेम साधना। मीरां सुधा सिन्धु। मीरां वृहद पद संग्रह। राजस्थान में हिन्दी के हस्तलिखित ग्रन्थों की खोज। जोगी सम्बन्धी पद। उर्दू-फारसी शब्दों के प्रयोगवाले पद। गुजराती पद संग्रह : वृहद काव्य दोहन। प्राचीन काव्य सुधा। मीरांबाई नां भजनों, भक्त मीरां। मीरांबाई नां भजन। सन्त समाज भजनावली। बँगला एवं अंग्रेजी के पद-संग्रह : मीरांबाई, द स्टोरी ऑफ मीरांबाई, सांग्स ऑफ मीरांबाई। कुछ अन्य स्फुट संकलित पद। मीरां के नाम से प्रचलित कुछ अन्य रचनाएँ। टीका ग्रन्थ : गीत गोविन्द की टीका। प्रबन्धात्मक रचनाएँ। नरसी जी का मायरा। सतभामानुरूशण। नरसी महताचि हुंडी। रुक्मिणी मंगल। स्फूट पद : राग सोरठा का पद। मीरांबाई का मलार राग। मीरांबाई नी अरबी, राम गोविन्द या राग गोविन्द।

मीरां के नाम से प्रसिद्ध कुछ प्रक्षिप्त अंश : सगे-सम्बन्धियों से विवाद एवं संघर्षाभिव्यक्ति सम्बन्धी पद। मीरां के नामोल्लेख मात्र से मीरां कृत माने गए पद। ऐतिहासिक दृष्टि से असत्य एवं

1

हिन्दी गीतिकाव्य परम्परा मीरां तक

हमारे मनीषियों ने अपने चिन्तन के क्षणों में जिन प्राणवान विचारों की अज़स्र सरिता प्रवाहित की, वह परवर्ती मानव के लिए अवगाहन का भव्य आनन्द प्रदान करती चली गई। अतीत की यह विचारधारा जब निरन्तर अबाध गति से बहती चली गई और जब उसके गरिमामय अस्तित्व की चेतना साहित्यकार पर छाया रूप में छाकर ठहर गई तब परम्परा को जन्म मिला। इस परम्परा में सहज ही हमारा विचारों का इतिहास सभायोजित हो गया जिसमें समय-समय पर प्रत्येक कवि को अपनी भव्यता से अनुप्राणित किया।

साहित्य के अन्तर्गत 'परम्परा' शब्द का अर्थ उसके विविध उपांगों में प्रयुक्त विविध रूपों का अनुसरण है। पूर्व के कवियों ने अपनी रचनाओं में जिन विविध रूपों, भावों एवं शिल्पों का प्रयोग किया है, उनका उत्तरवर्ती कवियों द्वारा अपने काव्य में स्वीकारना ही 'परम्परा' है। कहा जाता है कि 'कोई भी पक्षी नए स्वर में नहीं गाता।' 'उसके पूर्वज भी उसी स्वर में गाते रहे हैं। वस्तुतः मौलिकता का आधार नवीनता नहीं, किसी अनुभूति की सच्चाई और अभिव्यक्ति का कौशल है। सत्य तो चिरन्तन है।

काव्य में सामाजिक उपयोगिता का जो तत्त्व परिवेष्ठित रहता है, उसी के कारण कवि पूर्णतः या अंशतः परम्परा का अनुसरण स्वीकार कर लेता है। इस प्रकार परम्परा सदैव अक्षुण्ण बनी रहती है। किन्तु इसका अभिप्राय यह नहीं कि पूर्णतः मौलिक कोई विचार हो ही नहीं सकता। यह अवश्य सत्य है कि पूर्णतया मौलिक कहे जाने वाले विचारों का जन्म अत्यन्त अल्प संख्या में होता है।

डॉ. शाह आलम खान 'परम्परा' के सम्बन्ध में लिखते हैं :

''प्रगति जब एक ठौर पाकर ठहर जाती है, तभी परम्परा बन जाती है। यूँ स्पष्ट है कि प्रगति ही परम्परा की जननी है। आज की प्रगति, कल की परम्परा है।''[1]

वस्तुतः किसी भी साहित्य की नियति यह प्रगति है। प्रगति के पथ पर चलने के पूर्व साहित्यकार को प्रयोगों से गुजरना पड़ता है। यह भी सत्य है कि अधिकांश प्रयोग पूर्णतः मौलिक नहीं होते, किन्तु प्रयोग करने की आवश्यकता साहित्यिक तभी अनुभव करता है जब वह साहित्य में कुछ अभाव पाता है। 'परम्परा' का महत्त्व इसीलिए अधिक है क्योंकि मनुष्य परम्परा से अर्जित ज्ञान के आधार पर ही नूतन प्रयोग करता है।

उत्तराधिकार में प्राप्त जो कुछ भी ज्ञान है उसमें विकास के नवीन अध्याय जोड़ता है। विकास के नूतन आयाम परम्परा युक्त वस्तु को भी नए रूपाकार प्रदान करते हैं।

"परम्परा से कटकर कवि अपनी माटी का कवि नहीं रह पाता। परम्परा का पूर्णज्ञान ही प्रयोग की प्रेरणा देता है।"[2]

प्रत्येक सृजनशील व्यक्तित्व प्रयोगशील होता है। कबीर, सूर, मीरां, तुलसी सभी अपने पर्यावरण में विद्रोही भी थे और प्रयोगशील भी। कवि की प्रतिभा पूर्व निश्चित ढाँचे में सन्तुष्टि पा ही नहीं सकती। और तब नूतन आयामों की खोजकर अभिव्यक्ति के नवीन शिल्पों नवीन विधानों में तृप्ति पाती है। काव्य शिल्प के तत्त्व उसे उत्तराधिकार में प्राप्त होते हैं। किन्तु इस तत्त्व में वह नवीन गुण उत्पन्न करता है, अपनी मौलिक प्रतिभा से। अतः 'परम्परा' और 'प्रयोग' कला में महत्त्वपूर्ण पक्ष हैं। जो सच्चे साहित्यकार हैं परम्परा से सर्वथा विच्छिन्न होकर रह नहीं सकते। अतएव परम्परा और प्रयोग परस्पर विरोधी लगते हुए भी एक-दूसरे के पूरक हैं।

श्री धर्मवीर भारती की 'कनुप्रिया' को लें। 'कनुप्रिया' में 'राधा' और 'कृष्ण' परम्परागत रूप से कवि को प्राप्त हैं। परन्तु नैतिक, धार्मिक बन्धनों से परे कवि का मानस उन्हें नवीन दृष्टि से नवीन शिल्प में ढालता है।

हिन्दी काव्य परम्परा की शृंखला का सूत्रपात वैदिक साहित्य से प्रारम्भ होता है। इसके उपरान्त प्राचीन भारतीय आर्यभाषा और मध्ययुगीन भारतीय आर्यभाषा के साहित्य में उनका उपयोग हुआ। इनके रचनाकारों ने नवीन प्रयोग कर भावी साहित्य सृजन के लिए प्रेरणा स्रोत का कार्य किया।

हिन्दी का मध्ययुग संगीत सम्पृक्त गीतिकाव्य का 'स्वर्ण युग' माना जा सकता है जिसमें मीरांबाई के पदों में 'गीतिकाव्य' का जो सुव्यवस्थित स्वरूप लक्षित होता है वह पूर्व की गीति परम्परा का विकसित रूप है। अतएव उनके काव्य की 'गीति-काव्यात्मक' परख के पूर्व गीतिकाव्य परम्परा का संक्षिप्त अनुशीलन करना आवश्यक है।

वेदों में गीतितत्त्व

भारतीय गीतिकाव्य परम्परा 'विश्व-साहित्य' में सबसे पुरातन है। संसार के प्राचीनतम ग्रन्थ ऋग्वेद में ऋषि-मुनियों द्वारा की गई सांगीतिक अभिव्यंजना अपूर्व है। 'ऋग्वेद' के पूर्व भी 'गीति' का पूर्ण परिपक्व और सुष्ठु रूप रहा होगा, इसमें सन्देह नहीं। वेद उस काल की रचनाएँ हैं जब भारतीय ज्ञान एवं विद्या अपनी यौवनावस्था में थी। आशय यह कि भावलोक का चरम विकास हो जाने के उपरान्त ही ज्ञानलोक का यह अपरिमित भंडार (वेद) अपने इस स्वरूप में दिखलाई देता है।

वेदों के पूर्व गीतिकाव्य के पूर्ण विकसित अस्तित्व के समर्थन में एक प्रबल तर्क यह भी है कि गीतिबद्ध वैदिक मन्त्रों में पहले स्वर-सम्बन्धी निर्देश दिए गए हैं। उनसे यह स्पष्ट हो जाता है वेदों के पूर्व भी किन्हीं आत्मज्ञ कवियों द्वारा रचित गीति रचनाएँ

मौखिक रूप में प्रचलित रही होंगी। सृष्टि का सर्वाधिक भावुक प्राणी मानव अपनी मुग्धावस्था में अवश्य ही गीति रचना करता रहा होगा। 'लोकगीत' अथवा 'ग्राम गीत' इन गीति रचनाओं को ही कहा जाता है।

वैदिक साहित्य में 'ऋग्वेद' ही एकमात्र उपजीव्य ग्रन्थ है। 'सामवेद', 'यजुर्वेद', 'अथर्ववेद' इसके उपजीवी हैं। 'ऋग्वेद' में अनेक ऋषियों द्वारा 'रचित मन्त्रों' का आकलन है। भारद्वाज (1200 ई.पू.), सुदास (1175 ई.पू.), सत्या (1000 ई.पू.), वसुदेव आदि ऋषि-मुनियों ने इन मन्त्रों में इन्द्र, वरुण, अग्नि, अतिदिम्ब, सोम, रुद्र, विष्णु, पर्जन्य आदि देवताओं का अतिभावात्मक स्तवन किया है। यह सत्य है कि ऋग्वेद का संकलन उपासना, स्तुति और यज्ञों के लिए हुआ अतः इसमें प्रायः यज्ञपूरक मन्त्रों का ही संग्रह हुआ है तथापि कुछ ऐसे मन्त्रों का भी समावेश हुआ है जो उक्त विषयों में सर्वथा भिन्न विषयों पर आधारित हैं। समग्र रूप से ऋग्वेद का काव्य प्रकृति का काव्य है। ऋषियों ने प्रकृति की सम्मोहनमयी सुन्दरता का अनुभव किया और प्रकृति वर्णन के ऐसे सजीव चित्रांकन प्रस्तुत किए कि आज भी वे मन को मुग्ध कर लेने की सामर्थ्य रखते हैं। प्रकृति के सम्बन्ध में रचित ये भावमय गीत अर्थग्रहण के साथ-साथ प्राकृतिक वर्णनों में सबसे अधिक सुकुमार एवं मनोज्ञ कल्पनाएँ उषा के प्रसंग में प्राप्त होती हैं। जिनमें शृंगार भावना का सूक्ष्म तथा मृदुल एवं मधुर स्वरूप भी दृष्टव्य है।

प्रातःकालीन उषा को देखकर वैदिक कवि का हृदय आह्लाद से भर उठता है। 'उषा' एक सौन्दर्यवती तरुणी के रूप में दृष्टिगोचर होती है, जिसके प्रणय का आकांक्षी सूर्य है। उषा के युवती के रूप में दर्शन करके वैदिक कवि कहता है :

> ''एषा शुभ्रा न तन्वो विदानोर्हर्वेवस्नातो दृश्ये नो अस्थातु
> अथ द्वेषो बाधमाना तमो स्युषा दिवो दुहिता ज्योतिषागात
> एषा प्रतीचि दुहितादिवोन्हन् पोषेव प्रदानिरिणते अणतः
> व्युणर्ततो दाशुपे वार्याणि पुनर्ज्योतिर्युवतिः पूर्व पाकः''[3]

अर्थात्

प्राची दिशा में उषा इस प्रकार आकर खड़ी हो गई है जैसे सद्यस्नाता हो। वह अपने आंगिक सौन्दर्य से अभिज्ञ है तथा उस सौन्दर्य के दर्शन वह हमें कराना चाहती है। संसार से समस्त द्वेष एवं अहंकार को दूर करती हुई स्वर्ण की पुत्री यह उषा प्रकाश साथ लाई है। नतमस्तक होकर कल्याणी रमणी के सदृश स्वर्ण पुत्री उषा मनुष्यों के समक्ष खड़ी है। धार्मिक प्रवृत्ति वाले पुरुषों को ऐश्वर्य देती है। दिन का प्रकाश इसने पुनः सम्पूर्ण विश्व में फैला दिया है।

इसी प्रकार प्राकृतिक उपादानों को लेकर की गई गीत रचनाएँ अपनी मौलिकता एवं संगीतात्मकता के कारण अनन्य हैं। ऊषा विषयक ऋचाएँ अपनी नैसर्गिकता के साथ अत्यन्त सुन्दर बन पड़ी हैं। वामदेव ने एक स्थल पर ऊषा के रम्य रूप पर मुग्ध होकर बहुत ही ललित, सौन्दर्यमूलक, कल्पना प्रवण एवं संगीतात्मक व्यंजना की है।

"कन्येव तन्वा शाश्दानां ऐषि देवि देवमियक्षमाणम्
संसमयमाना युवतिः पुरस्तादाविर्वक्षांसि कृणुषे विभाती"[4]

अर्थात्

वह कमनीय कन्या के समान अत्यन्त सज्जित आकर्षक वेश में अभिमत फलदाता सूर्य के निकट जाती है और यह मुस्कुराती हुई युवती उसके समक्ष अपने वक्षप्रदेश को अनावृत कर देती है।

ऐसा प्रतीत होता है कि ऊषा की अपरिमित सौन्दर्य सुषमा कवि के अन्तस में गहरी अंकित हो गई है एवं उसकी सरसता के कारण अभिव्यक्ति में छलक-छलक पड़ती है। ऊषा के इस वैदिक स्वरूप पर पाश्चात्य विद्वान भी मुग्ध हैं।

ऋग्वेद में कोरे प्रकृति सम्बन्धी गीत ही नहीं हैं अपितु पुरुरवा-उर्वशी (10-15) यम-यमी (10-11), अगस्त्य-लोपामुद्रा (1-179) इन्द्र-अदिति (4-18) इन्द्र-इन्द्राणी (10-86) सरगापणि (10-51-3) आदि प्रेमाख्यानक संवाद सूक्त भी हैं। इनमें मानवीय भावनाओं की सूक्ष्म व्यंजना, नारी हृदय की कोमलता, दुर्बलता, कामपिपासा, आशा-निराशा-विरह-वेदना इत्यादि की संगीतात्मक अभिव्यक्ति हुई है। पाश्चात्य विचारक प्रो. विंटरनिट्ज का कथन है कि :

"ये प्राचीन लोकगीतों के रूप हैं। इन्हीं के आधार पर परवर्ती काल में काव्य, महाकाव्य, नाटकादि का विकास हुआ है।"[5]

ऋग्वेद में कवि ने अपनी अनुभूति को बड़ा सुन्दर रूप प्रदान किया है। सूक्तों के माध्यम से उनमें एक ही विचार, एक ही भाव, एक ही अवस्था का चित्रण हुआ है। ऋग्वेद का प्रत्येक सूक्त एक अखंड अनुभूति को साथ लेकर चलता है। कल्पना का समृद्ध, पूर्ण किन्तु संक्षिप्त रूप इसमें मिलता है। शब्द की दृष्टि से कवि की हृदयगत अभिलाषाओं, आकांक्षाओं एवं वृत्तियों के प्रकाशन में पूर्ण सफलता मिली है।

छन्दों की दृष्टि से भी ऋग्वेद पूर्ण समृद्ध है। प्रसिद्ध गायत्री छन्द का प्रयोग गहरी व्यंजना के साथ हुआ है। यह छन्द अपनी गेयात्मकता के कारण ही महत्त्वपूर्ण है। ऋग्वेद में वर्णित दो पाठ रूपों (संहिता पाठ एवं पदपाठ) में पद पाठ स्वरलय की विधि सहित है। यह विधि संगीत तत्त्व की अभिन्नता दर्शाती है। ऋग्वेद में अलंकारों का भी ऐसा समीचीन और स्वाभाविक उपयोग हुआ है जो परवर्ती साहित्य में नितान्त दुर्लभ है। वे भावना के उत्कर्ष हेतु साधक बनकर आए हैं। उपमा, अनुप्रास, मालोपमा, गम्योप्रेक्षा, रूपक, ब्याजस्तुति, श्लेष, समाधि, परिकर, काव्यलिंग, अर्थान्तरन्यास, विरोधाभास आदि अलंकारों का प्रयोग प्रमुख रूप से मिलता है।

वेदों के भाष्यकर्ता 'यास्क' का मत है :

"संस्कृति और सभ्यता के निर्माण युग में मानव के सामूहिक गीत नृत्य, धार्मिक उत्सवों के आयोजन में अनिवार्य अंश समझे जाते थे। ये ही गीत आख्यान के रूप में ऋग्वेद में अवतीर्ण हुए।"[6]

इस प्रकार गीतिकाव्य अपने प्रारम्भिक और विकासोन्मुख रूप में ऋग्वेद में मिलता है। ऋग्वेद जहाँ अन्य अनेक प्रकार के ज्ञान का मूलस्रोत है वहाँ गीतिकाव्य का भी। आज से तीन हजार वर्षों से भी अधिक प्राचीन भारतीय इतिहास के आरम्भ स्थल पर गीतात्मक काव्य के दर्शन हमें ऋग्वेद में होते हैं जो अपने भावात्मक सौन्दर्य, परिष्कृत अभिरुचि, भाषा एवं छन्द के सुष्ठु रूप को प्रस्तुत करता है।

यजुर्वेद में गीतितत्त्व

यजुर्वेद में संगीत तत्त्व की विशिष्ट उन्नति हुई। यजुः संहिता में वेद गायकों का उल्लेख पाया जाता है। 'इम्पीरियल गजेटियर' के अनुसार यजुर्वेद के समय तक कई प्रकार के पेशेवर गायक अस्तित्व में आ चुके थे और मौखिक संगीत प्रारम्भिक दशा से ऊपर उठ चुका था। सामगान की जटिल प्रणाली से यही प्रकट होता है।[7]

सामवेद में गीतितत्त्व

'साम' शब्द का रूढ़ अर्थ गान ही है। 'सर्वदर्शन' संग्रह में 'ऋक्' को पद्य, 'यजुः' को गद्य और 'साम' को संगीत कहा है।

"वैदिकाश्च द्विविधा प्रगीता अप्रगीताश्च तत्र प्रगीता सामानि।
अप्रगीताश्च द्विविधाः छन्दो बद्धास्त द्विलक्षणाश्च
तत्र प्रथमा ऋचः। द्वितीय मंजूषि।"[8]

भगवान श्रीकृष्ण ने गीता में अपनी विभूतियों का वर्णन करते हुए स्वयं को वेदों में सामवेद बताया है :

"वेदानां सामवेदोस्मि..."[9]

सामवेद के 1549 मन्त्रों में से केवल 75 ही नए हैं। अवशिष्ट मन्त्र ऋग्वेद से संगृहीत हैं जिनमें संगीत विषयक कुछ परिवर्तन कर लिए गए हैं।

रामवेद की रार्वाधिक प्ररिद्ध रांहिता 'राणयनीय' को दो भागों गें विभाजित किया गया है :

पूर्वार्चिक और
उत्तरार्चिक

आर्चिक से तात्पर्य गेयमन्त्रों के संग्रह से है। पूर्वार्चिक में 'ग्राम्यगीत' एवं 'अरण्य गीत' तथा उत्तरार्चिक में 'ऊह' तथा 'ऊह्यगीत' संकलित हैं। उत्तरार्चिक के ये गीत सर्व-सुलभ नहीं हैं। साधक गायक ही उन्हें गा सकता है। 'सोमरस निर्माण' के समय अथवा देवस्तुति के समय सामवेद गायन का नियम मान्य था। संगीत में उदात्त, अनुदात्त तथा स्वरित स्वर वर्तमान थे। "संगीत को इस काल में 'प्रस्त्वा', हुंकार, उद्गीथ, प्रतिहार, उपद्रव, निधान और प्रणात" इन सात भागों में विभाजित किया गया था।"[10]

सामवेद में संगीत की स्थिति पर विचार करते हुए श्री निराला जी का कथन है :

"आर्य जाति का सामवेद संगीत के लिए प्रसिद्ध है...संगीत का ऐसा मुक्त रूप अन्यत्र उपलब्ध नहीं होता। गायत्री की महत्ता आज भी आर्यों में प्रतिष्ठित है। इसके नाम से ही संगीत ही सूचना मिलती है। भाव और भाषा की ऐसी पवित्र झंकार और भी कहीं है ? मुझे नहीं मालूम।"[11]

"सामवेद में भावना और कल्पना की स्वाभाविकता संगीत और कविता का मणिकांचन संयोग घटित कर देती है।"[12]

अथर्ववेद में गीतितत्त्व

अथर्ववेद के 12वें कांड में 'भूमिसूक्त' के अन्तर्गत अथर्वा ऋषि ने 63 मन्त्रों में राष्ट्रीय भावना युक्त गीतों का निर्माण किया है। इनमें एक राष्ट्र प्रेमी के माध्यम से मातृभूमि के प्राकृतिक सौन्दर्य, उसकी भक्ति आदि के लिए दृढ़ संकल्पों की अनुभूति पूर्ण व्यंजना की है। पं. प्रियब्रत वेद वाचस्पति ने इस सम्बन्ध में कहा है :

"इन राष्ट्रीय गीतों में विश्वशान्ति के गीत भी सन्निहित हैं। भूमिसूक्त राष्ट्रीय गीत मात्र न होकर मानव या विश्वगीत है।"[13]

वैदिक रचनाओं में काव्य एवं संगीत का समन्वय

वैदिक गीतों का प्रमुख उपादान संगीत है। सामवेद के एक उपवेद गन्धर्ववेद में 16 हजार राग रागिनियों का निर्देश किया गया है। इसी से इस काल में संगीत-शास्त्र के उन्नयन का ज्ञान होता है। वैदिक काव्य और संगीत में एक अन्योन्याश्रय सम्बन्ध पाया जाता है। वैदिक काव्य का चरम लक्ष्य संगीत सृजन के द्वारा अपने हर्षोल्लास को व्यक्त करते हुए उस अलौकिक अनुपम शक्ति के प्रति अपनी भावभीनी श्रद्धा समर्पित करना था। ऋग्वेद में कवि को निर्देश किया गया है :

"हंस इव क्रनुथ श्लोकम्।"[14]

अर्थात् :

हंस की उन्मुक्त, कोमल, सुस्पष्ट, सूक्ष्म तथा गम्भीर ध्वनि के समान ही कवि गीतों की रचना करें। वैदिक काल में संगीत का महत्त्व बहुत अधिक था। यज्ञों में संगीत अनिवार्य था। वैदिक संगीत की एक विशिष्टता उसमें सामूहिकता की प्रधानता है।

इस प्रकार वैदिक गीतों में गीतिकाव्य की प्रथमवास्था के दर्शन होते हैं किन्तु सामान्य रूप से यह नहीं कहा जा सकता कि वैदिक साहित्य का उद्‌देश्य भावोद्‌बोधन ही है या वह मात्र रसात्मक काव्य है। यह अवश्य है कि उसमें मानवीय भावों की अभिव्यक्ति

गहरी व्यंजना के साथ करने वाले अनेक स्थल हैं, जिनमें गीतिकाव्य की 'भाव सान्द्रता' परिलक्षित होती है।

लौकिक साहित्य में गीतिकाव्य

वैदिक गीतिकाव्य 'स्वर' प्रधान था किन्तु लौकिक संस्कृत साहित्य में वह 'लय साम्य' और 'नाद सौन्दर्य' पर आधारित था।

लौकिक काव्य परम्परा का प्रारम्भ वाल्मीकि रामायण से मान्य है। क्रौंचवध से करुणा विगलित महर्षि वाल्मीकि की वाणी से निस्सृत :

''मां निषाद प्रतिष्ठा त्वमगमः शाश्वतीः समाः।
यत्क्रौंचमिथुनादेकमवधीः काममोहितम्॥''

में गीतिकाव्य के समस्त अनिवार्य तत्त्व एक साथ समाहित हो गए थे। आदिकवि वाल्मीकि के उत्तरवर्ती कवियों ने उन्हीं को आदर्श मानकर अपनी कलाकृतियों की सृष्टि की। यह कहना पूरी तरह उचित होगा कि वाल्मीकि की रचना के पश्चात् ही संस्कृत काव्य में वर्णनात्मकता का ह्रास एवं उत्तरोत्तर गीतिकाव्यात्मकता का समावेश होता चला गया जिसका चरम विकास कालिदास सदृश रससिद्ध कवियों की रचनाओं में मिलता है। 'रामायण' को महाकाव्य माना गया है फिर भी भावात्मकता इसका अनिवार्य गुण है। वाल्मीकि ने अनेक स्थलों पर बाह्य प्रकृति एवं मानव व्यापारों को मनोभावों की अभिव्यक्ति का साधन बनाया है। उदाहरणार्थ राम को अयोध्या लौटा लाने के उद्योग में असफल भरत ने अथक प्रयासों की निराशा, सूनेपन का अनुभव आदि का चित्रण आदि कवि ने बड़े हार्दिकता के साथ प्रस्तुत किया है।

इससे भी अधिक प्रभावकारी अभिव्यंजना श्रीराम की वियोगावस्था का चित्रण करते हुए वाल्मीकि ने की है।

''पूर्वम् मया नूनमभीप्सिन्तानि पापानि कर्माण्यसकृतुकृतानि
तत्रायमद्यापतितो विपाको दुःखेन दुःखं यदहं विशामि
सा नुनमार्य्रा मम राक्षसेन हृयभ्याहता रवं समुपेत्यभीरुः
अप्यस्वरं सुस्वर—विप्रलापा भयेन विक्रंदितवत्यभीक्षणम्
मया विहीना विजने वने सा रक्षोभिराहृत्य विकृष्यमाणा
नूनं विनादं कुररीव दीना सा मुक्तवत्याय तकान्तनेत्रा
अस्मिन् मया सार्धमुदारक्षीला शिलातले पूर्वमुपोपविष्टा
कान्तस्मिता लक्ष्मण। जातहासा त्वामाहसीता बहुवाक्यजातम्
गोदावरीयं सरितां वरिष्ठा प्रिया प्रियाया मम नित्यकालम्
अपयत्र गच्छेदिति चिन्तयामि नैकाकिनी याति हि सा कदाचित्
कामं त्विदं पुष्पितवृक्षषंडं नानाविधैः पक्षिगणैरुपेतम्

वनम् प्रयाता नु तदप्ययुक्तमेकाकिनी सातिबिभेति भीरुः
आदित्य ! भो लोक कृताकृतज्ञ। लोकस्य सत्यानृतकर्मसाक्षिन्।
मम प्रिया सा क्वगता वता छा शसस्व मे शोकहृतस्य सर्वम्।
लोकेषु सर्वेषु च नास्ति किंचित यत्ते न नित्यं विदितं भवेद् वै
शंसस्व वायो ! कुलपालिनीं तां मृता हृता वा पथि वर्तते वा।''[15]

अर्थात्

अवश्य ही मैंने पूर्वजन्मों में अनेक बार पापकर्मों में रुचि रखी है। जिसके परिणामस्वरूप मैं दुःख में निमग्न होता जा रहा हूँ। करुण-क्रन्दन करती हुई मेरी प्रियतमा को निशाचर आकाश मार्ग से हरकर ले गया। मुझसे बिछुड़कर उसने एकान्त वन में कुरठरी के समान विलाप किया होगा, जब वह आतताई उसे हरकर घसीटते हुए ले जा रहा होगा। लक्ष्मण ! इस सुन्दर मुस्कानयुक्त, उदारमना सीता ने अनेक बार इस शिला पर मेरे साथ बैठकर तुमसे विनोदयुक्त बातें कही थीं। यह गोदावरी उसे सदैव ही अत्यन्त प्रिय लगती थी। कहीं सीता वहीं तो नहीं चली गई। किन्तु वह अकेली तो कभी जाती ही नहीं। तो कहीं पुष्पों से भाराक्रान्त वृक्ष झुरमुटों वाले वन प्रदेश में तो नहीं चली गई। किन्तु वह भीरु है अतः वहाँ भी नहीं जा सकती।

संसार के कृत-अकृत और सत्य अनृत कर्म के साक्षी आदित्य ! मेरी प्रियतमा कहाँ गई ? क्या वह मार डाली गई ? मुझे बतलाओ, मैं अत्यन्त दुःख कातर हूँ। हे पवन ! संसार में तुम सर्वज्ञ हो। बताओ तुम, मेरी गृहिणी कहीं काल को प्राप्त हुई है अथवा हरी गई है अथवा कहीं मार्ग में है।

वाल्मीकि रामायण के इस प्रसंग पर मुग्ध डॉ. परमानन्द शास्त्री का कथन है :

"करुणा के आँचल को छूता हुआ विप्रलम्भ शृंगार का यह वर्णन भाव भाषा और छन्द की दृष्टि से अत्यन्त महत्त्वपूर्ण है। रागात्मक वृत्तियों का उद्‌बोधन कर तथा हृदय को उन्मुक्त दशा में पहुँचाकर यह अनिर्वचनीय काव्यानन्द की अनुभूति कराता है। सरसता एवं सरलता के सहज स्वरूप द्वारा प्रसाद की मनोरम सृष्टि करता है, और छन्द के एक तान समसृण प्रभाव द्वारा आस्वादन व्यवहार में व्यवच्छिन्नता नहीं आने देता।''[16]

इस प्रकार के वर्णन रामायण में पर्याप्त मिल जाते हैं। राम वनगमन के अवसर पर माता कौशल्या द्वारा अपनी मनोदशा की अभिव्यक्ति युद्धकांड में सीता का विलाप, लक्ष्मण-मूर्छा के समय राम का करुण परिवेदन, रावण वध पर उसकी रानियों का मार्मिक रुदन ये सभी वर्णन अत्यन्त मर्मस्पर्शी और गीतात्मकता में अपूर्व बन पड़े हैं। अनुभूति की गहनता के साथ गेयता गीतिकाव्य का विशिष्ट गुण माना गया है, इस दृष्टि से वाल्मीकि रामायण अत्यन्त महत्त्वपूर्ण है क्योंकि इसका गायन लव एवं कुश ने किया था।

इस सम्बन्ध में भी अन्तिम निष्कर्ष यही दिया जा सकता है कि रामायण वर्णनात्मक होते हुए भी अनेक स्थलों पर अनुभूति की गहनता एवं गेयता के कारण गीतिकाव्य

के निकट पहुँच जाती है किन्तु परिनिष्ठित व्यंजनापूर्ण शैली आद्योपान्त रामायण में नहीं उपलब्ध होती। फिर भी संस्कृत का सर्वश्रेष्ठ गीतिकाव्य मेघदूत रामायण का ऋणी है।

महाभारत

महाभारत इस युग का द्वितीय महान ग्रन्थ है। इसके मूल स्वरूप के सम्बन्ध में प्रसिद्ध विद्वान विंटरनिट्ज के विचारों का उल्लेख महत्त्व रखता है :

'महाभारत' युद्ध का वर्णन पहले वीर गीतों के रूप में प्रचलित रहा होगा।...सम्भव है किसी एक महान कवि ने इन वीर गीतों का संकलन कर एक वीर रसात्मक काव्य का रूप दे दिया हो।...सैकड़ों वर्षों में इन वीर गीतों के चारों ओर एक जाल-सा बिछ गया। पहले तो महाभारत के प्रमुख पात्रों का जीवनवृत्त इसमें जोड़ दिया गया। तत्पश्चात् उसी क्रम से अन्य वीरों की गाथाओं का भी समावेश होता गया। वे गाथाएँ सूतों द्वारा गाई जाती थीं। इस प्रकार महाभारत वीर गीतों का संकलन ही नहीं रह गया, वह प्राचीन चारण गीतों का प्रकांड संकलन हो गया।''[17]

विभिन्न पौराणिक आख्यानों की अवतारणा के कारण महाभारत के मध्य आए हुए भावात्मक स्थल ध्यानाकृष्ट करने में उतने सफल नहीं हो पाए हैं किन्तु फिर भी कतिपय भावात्मक स्थलों में उत्कृष्ट गीतिकाव्य के लक्षण उपलब्ध होते हैं :

एक उदाहरण दृष्टव्य है :

'नलोपाख्यान' के अन्तर्गत दमयन्ती विलाप एक अत्यन्त मर्मस्पर्शी स्थल बन पड़ा है :

''पर्याप्तः परिहासोऽयमेतावान् पुरुषर्षम।
भीताहमतिदुर्धर्ष ! दर्शयात्मानमीश्वर
दृश्यसे दृश्यसे राजन्नेष दृष्टोऽसि नैषध।
आवार्य गुल्मैरात्यानं किं मा न प्रतिभाष से
नृशंस वत राजेन्द्र। यन्वामेवं गतामिह।
विलपन्तीं समागम्य नाश्वासयसि पार्थिव।''

नल दमयन्ती को वन में एकाकिनी छोड़कर चले गए हैं। दमयन्ती की वेदना का पारावार नहीं रहता वह विलाप करती हुई कहती है :

''हे पुरुषों में श्रेष्ठ ! पर्याप्त परिहास हो गया। हे स्वामी, मैं भयभीत हो रही हूँ। तुम्हें मैं देख पा रही हूँ। मैंने तुम्हें देख लिया है। झुरमुटों में छिपे बैठे हो। मुझसे बोलते क्यों नहीं ? तुम बड़े निष्ठुर हो। ऐसी दशा में मुझे आकर साहस नहीं बँधाते।

विरहावेग, वितर्क एवं उन्माद आदि दशाओं की व्यंजना इस स्थल पर हुई है। मैक्डानल ने इस स्थल की अत्यन्त प्रशंसा की है।''[18]

गीतिकाव्य की विकास परम्पराओं में महाभारत का अप्रत्यक्ष योगदान रहा। यह उस

विशिष्ट काव्यधारा का पूर्ववर्ती रूप है, जो कालिदास एवं अमरूक के काव्य में उपलब्ध होती है।

पुराण साहित्य में गीतिकाव्य

महाभारत के ही समान पुराण साहित्य विवरण प्रधान अधिक है। किन्तु श्रीमद्भागवत में कुछ प्रसंगों में गीतात्मकता का सौष्ठव दर्शनीय है। इन स्थलों पर प्रेम करने की इच्छा, विरह सम्भावना एवं सांसारिक कटुता की अनुभूति से हृदयोद्गार गीतिरूप में फूट पड़े हैं।

वेणुगीत में श्रीकृष्ण का वंशीवादन सुनकर गोपियाँ भावोन्माद में कृष्णा को कल्पना में साकार पाकर एकदम गा उठती हैं कि :

"अक्षण्वतां फलमिदं न परं विदायः सख्यः पशूननुविवेशयतोर्वयस्यैः
वक्त्रं ब्रजेशसुतयोरनुवेणु जुष्टं यैर्वा निषीत मनुरक्तकटाक्षमोक्षमं।" [19]

कृष्ण एवं बलराम का अनुराग भरे कटाक्ष करनेवाला तथा बंसुरी धारण किए हुए सुशोभायमान मुख जिन्होंने सतृष्ण निरखा है उनके नेत्र सफल हैं। इससे बढ़कर नयनों का साफल्य हो नहीं सकता। गोपी गीत गोपियों की विरह कातर वाणी का वह समुच्छ्वसित रूप है जो रासलीला के मध्य में श्रीकृष्ण के अन्तर्धान हो जाने पर बरबस निकल पड़ा था। उनके उस गान में वेदना का साकार रूप और रुदन का स्वर प्रतिध्वनित हो उठा था।

"जयति तेऽधिकं जन्मना ब्रजं श्रयत इन्दिरा शश्वत्रहि
दयित दृश्यतां दिक्षु तावकास्त्वयि धृतासवस्तवां विचिन्वते।" [20]

अर्थात्

(हे प्यारे) तुम्हारे जन्म के कारण (बैकुंठ आदि लोकों से भी) ब्रज की भक्ति बढ़ गई है। लक्ष्मी भी ब्रज में ही निवास करने लगी हैं। परन्तु प्रियतम तुम देखो, तुम्हारी गोपियाँ जो स्वयं के प्राणों का अर्पण तुम्हें कर चुकी हैं समस्त दिशाओं में भटक-भटककर तुम्हें ढूँढ़ रही हैं।

इसके अतिरिक्त भ्रमरगीत, युगलगीत, पिंगलागीत, भिक्षुगीत, ऐलगीत तथा भूमिगीत भी हैं जिनके प्रसंग, भाव, शैली, भाषा, गीत के लिए पूर्णतः उपयुक्त हैं।

भागवतकार ने भ्रमरगीत में गीत के चरमोत्कर्ष को प्राप्त कर लिया है। गोपियों की अन्तर्व्यथा का अपार सागर उद्धव को देखकर सीमा तोड़ बैठता है। वे रो पड़ती हैं और आत्मविस्मृति की दशा में भौरे को कृष्ण का दूत समझकर उसे ही उपालम्भ देने लगती हैं :

"मधुप कितवबन्धो मा स्पृशांध्रिं सपत्नी-
कुचविलुलितमालाकुंकुम श्यश्रुभिर्न : ॥
वहतु मधुपति स्तन्मानिवीनां प्रसादं।
यदुखदसि विडम्ब्यं यस्य दुतस्त्वभीदृक।"[21]

अर्थात्

(उस) धूर्त्त के मित्र अरे भ्रमर। सपत्नियों के कुचभाग से आलोड़ित माला के पराग से सनी हुई इन मूँछों से हमारे चरणों का स्पर्श मत कर। यादवों की सभा में उपहासनीय, माननियों के इस प्रसाद को मथुराधीश कृष्ण ही धारण करें जिनका दूतकर्म तुम जैसे करनेवाले हैं।

श्रीमद्भागवत में कुछ स्थल ऐसे भी हैं जहाँ श्रीकृष्ण की पत्नियाँ संयोग में भी सुख विह्वलता के कारण वियोग अनुभूति में डूब जाती हैं।

'रुक्मिणीगीत' का श्रीमद्भागवत में महत्त्वपूर्ण स्थान है। रुक्मिणी की भावाभिव्यक्ति गहरी व्यंजना के साथ भगवतकार ने प्रस्तुत की है। भूमिगीत, निर्वेदगीत, पिंगलागीत एवं भिक्षुगीत आदि सभी गीत गीतिकाव्य के सभी तत्त्वों से समाहित हैं किन्तु डॉ. मनमोहन गौतम का यह कथन उल्लेखनीय है कि अन्तरात्मा की दृष्टि से भागवत की उपर्युक्त पदावली का गीत नाम सर्वथा उपयुक्त है किन्तु स्वर एवं लय की दृष्टि से इनमें स्वर एवं लय का विधान गीतों जैसा नहीं है। सभी गीत संस्कृत के वर्णवृत्तों, शिखरणी, रथोद्धता, इन्द्रवज्रा आदि में रचे गए हैं।"[22]

डॉ. गौतम के विचारों के समक्ष यही कहना पर्याप्त होगा कि हिन्दी गीतों का शिल्प भागवत में परखना सर्वथा अनुपयुक्त है क्योंकि भागवत के आविर्भाव के समय हिन्दी का जन्म ही नहीं हुआ था। संस्कृत के छन्दों की अपनी लय व स्वर हैं जिसमें ये गीत बाँधे गए हैं, वे सफल हैं। श्रीमद्भागवत के गीत सभी गीतितत्त्वों से सम्पृक्त होने के कारण साहित्यिक गीति परम्परा के उद्गमस्थली हैं। डॉ. शास्त्री का मत विशेषोल्लेखनीय है :

"विशेष रूप से भागवत की लीलागान परम्परा का उत्तरवर्ती गीतिकारों पर अधिक प्रभाव पड़ा। अनेक वैष्णव आचार्यों और कवियों ने अपनी रचनाओं के लिए भागवत से ही थीम लिया और बाद में यह परम्परा संस्कृत के माध्यम से हिन्दी साहित्य में भी प्रविष्ट हुई जिससे कृष्णभक्ति साहित्य के अन्तर्गत उच्चकोटि के गीतों का प्रणयन हुआ।"[23]

भरतमुनि के नाट्यशास्त्र के समय तक सप्तम स्वरों की योजना हो चुकी थी। नाटकों में प्रचलित गीतियाँ संगीत प्रमुख थीं। वैदिक युगीन गीतियाँ संगीतात्मकता को ध्येय बनाकर नहीं चली थीं। परन्तु नाटकान्तर्गत जिन गीतियों की रचना हुई हैं उनका प्रधान लक्ष्य संगीत तत्त्व की प्रधानता के साथ-साथ दर्शकों का मनोरंजन भी था साथ ही नाटकों के सौन्दर्य की वृद्धि भी उन्हें अभीष्ट थी।

कहना न होगा कि अपने तीनों ही लक्ष्यों की पूर्ति में ये नाटकान्तर्गत आनेवाले

गीत पूर्ण सफल सिद्ध हुए हैं। नाटक से पृथक कर देखने पर भी इन गीतियों की प्रभावात्मकता एवं सौन्दर्य में तनिक भी अन्तर नहीं आता।

''अस्याः सर्गविधौ प्रजापतिरभूच्चन्द्रो नु कान्तिप्रदः।
शृंगारेकसः स्वयं नु मदनो मासो नु पुष्पाकरः॥
वेदाभ्यासजड़ः कथं नु विषयव्यावृत्त कौतूहलो।
निर्मातुं प्रभवेन्मनोहर मिदं रूपं पुराणो मुनिः॥''[24]

पुरुरवा के हृदय में उर्वशी के रूप सौन्दर्य के प्रभाव से जिस अनुभूति को जन्म दिया वह वितर्क के रूप में इस गीत में लक्षित होती है। पुरुरवा कहते हैं :

''क्या इसकी निर्माणावस्था में कान्तिप्रदाता चन्द्रमा अथवा शृंगार रसिक कामदेव अथवा पुष्पाकार रूप स्वयं वसन्त की ब्रह्मा रूप धारण किए हुए थे। भाव यह कि कान्ति युक्त चन्द्र, रसिक शिरोमणि काम और कोमलता सौन्दर्य एवं रमणीयता की साकार प्रतिमा ऋतुराज ही उस अपूर्व गुणवती नारी का निर्माण कार्य कर सकते हैं। विषयों में अनासक्त और वेदाभ्यासजड़ मुनि ब्रह्मा इस रूप की सृष्टि कर ही नहीं सकते।

निष्कर्ष यह कि संस्कृत नाटकों जिनमें अविमारक, मृच्छकटिक, मालविकाग्निमित्र, मालती-माधव, उत्तर-चरित्र, रत्नावली, पार्वती परिणय, विक्रमोर्वशीय आदि प्रमुख हैं इनमें अनेक स्थलों पर नाट्यशास्त्र के अनुसार गीत योजना के अन्तर्गत ऐसे पद्यों का समावेश हुआ है, जो गीतिकाव्य के सुन्दर उदाहरण प्रस्तुत करते हैं।

बौद्ध तथा जैन काल

बौद्धकाल की भाषा 'पालि' थी। बौद्धधर्म का मूल भाव दुःखवाद है। बौद्ध-दर्शन में अर्थ और काम-ऐहिक-अभ्युदय को नकारा गया है। श्री विमल चरण ने ठीक ही कहा है कि बौद्ध कवियों के भावोद्बोधन के दो ही कारण थे बुद्ध के प्रति अनन्य आस्था एवं सांसारिक पदार्थों की नश्वरता।

सम्पूर्ण बौद्ध साहित्य एक धार्मिक साहित्य है जिसमें शान्त रस की अभिव्यक्ति मिलती है।

यद्यपि बौद्ध साहित्य में गीतिकाव्य के अन्य तत्त्वों का पूर्ण समाहार नहीं हुआ है किन्तु आत्मचेतना का वैयक्तिक प्रकाशन जैसा बौद्ध साहित्य में मिलता है वह अत्यन्त उत्कृष्ट और परिष्कृत रूप में है।

थेर-थेरी गाथाएँ

ये संन्यास ग्रहण करने वाले उन कवियों की गाथाएँ हैं जो पूर्व में गृहस्थ थे। रायस

डेविस के अनुसार थेरगाथा में 264 थेरों की गाथाएँ हैं। इनके प्रमुख विषय प्रकृति, प्रेम, वैराग्य, चित्त और मन की शान्ति की अभिव्यक्ति है।

विंटरनिट्ज़ के अनुसार ये गाथाएँ भारतीय गीतिकाव्य के समुज्ज्वल रत्न हैं।''[25]

स्थविर तालपुट की अपने मन के प्रति संबोध उक्ति है।

> ''रोपेत्वा रूक्खानि यथा फलेसि मूले तरुं छेतु तमेव इच्छसि
> वथुपमं चित्त इदं करोसि यं म अनिच्छम्हि चलेनियुज्जसि।''[26]

अर्थात् हे मन, नश्वर संसार में मुझे आसक्त करके तुम ऐसा ही कार्य कर रहे हो जैसे कोई फलों की इच्छा से वृक्ष लगाकर उसकी जड़ को ही काटना चाहे।

थेरी गाथाओं में 73 खंड तथा 518 गीत हैं। थेर गाथाओं की अपेक्षा इनमें अधिक भावात्मकता है, क्योंकि इन्हें भिक्षुणियों ने लिखा है। इन स्त्रियों ने बौद्धधर्म को अपनाने के बाद भी लोकगीतों की शैली को अपनाए रखा। अतः जीवन के कटु अनुभवों—वैधव्य, पुत्र-मरण, पति-पुत्रों द्वारा दुर्व्यवहार, संसार की असारता एवं भगवान बुद्ध के प्रति अगाध श्रद्धा आदि को लोकगीतों की शैली में अभिव्यक्त किया है। परिणामस्वरूप ये अत्यन्त सरस और मार्मिक हैं।

उदाहरणार्थ, भिक्षुणी अम्बपाली ने अपने वार्धक्य शोषित शरीर का प्रत्यवेक्षण इन शब्दों में किया है :

> *''कालका भ्रमरतण्णसदिसा वेलितग्गा मम युद्धजा अहु।*
> *ते जराय सालवा क्सदिसा सच्चवादिवचनं अनन्तथा॥''*[27]

अर्थ—मेरे केश जो भौंरे के समान कृष्णवर्णी एवं घने थे, अब वृद्धावस्था में सन के समान श्वेत हो गए हैं। सत्य वचनवादी बुद्ध का वचन असत्य नहीं हो सकता।

विंटरनिट्ज़ का कथन है :

''थेर और थेरी गाथाएँ धार्मिक काव्य हैं जो अपनी रमणीयता एवं सशक्तता के कारण ऋग्वेद से लेकर कालिदास और अमरूक तक के काव्य में भारतीय गीतिकाव्य के सर्वश्रेष्ठ उदाहरण का स्थान पाने के अधिकारी हैं।''[28]

प्राकृतकाल और लोकगीतों का माधुर्य

प्राकृतकाल की गेयता वस्तुतः गाथा (गाहा) छन्द के आश्रित रही है। प्राकृत के प्रायः सभी काव्य इसी छन्द में बद्ध हैं। प्राकृतकाल की प्रमुख रचनाओं में 'काश्मीर नरेश श्री प्रवर सेन' की 'सेतुबन्ध' श्री वाक्पति कृत 'गौड़वहो' एवं राजाहाल कृत 'गाथा सप्तशती' आदि अनेक प्रसिद्ध रचनाएँ हैं। सेतुबन्ध (रावण-वध) पूरी तरह वीर तथा करुण रसों से ओतप्रोत है। गाथा सप्तशती से जनजीवन में प्रचलित एक करोड़ गाथाओं में से 700 गाथाएँ राजा हाल ने संकलित की हैं। इसमें प्राकृत में सर्वश्रेष्ठ कवि-कवयित्रियों,

रइराअ, हाल, भिअंग, प्रवरसेन, केसव, गुणाढ्य, कुमारिल, अणिरुद्ध भेज, रेव, रोहा आदि की गाथाओं का संकलन है। 'प्रकृति' के परिवेश में रमणीय ग्राम, लहलहाते खेत, वेतस निकुंज, पलास पुंज, निर्मल जल, निर्झर, जोहड़, तालाब मेघ, विद्युत, पवन, मयूर-नृत्य, काक्केलि, शुकपाँति आदि के यथार्थ चित्र प्रस्तुत हैं।"[29]

गाथा सप्तशती में भावाभिव्यंजना का सुन्दर रूप परिलक्षित होता है। एक उदाहरण देखिए :

"अच्छीइं ता थइस्सं दोहिं कि तस्सिं दिट्ठे।
अंग कलम्ब कुसुमं व पुलइअं कहंणु ढक्किस्सं ॥"[30]

गाथा की नायिका सखी द्वारा मान की शिक्षा प्राप्त करने पर भी अपनी कठिनाई बतलाती हुई कहती है, उस प्रियतम की दृष्टि पड़ने पर अपने नेत्रों को ढक तो लूँगी किन्तु कदम्ब पुष्पों के समान पुलकित अंगों को कैसे छिपाऊँगी ?

इसी प्रकार के नाना भावों की व्यंजना गाथा सप्तशती में मिलती है। गाथा सप्तशती में गीत की भावभूमि तो अवश्य है किन्तु इन्हें शुद्ध गीतिकाव्य के अन्तर्गत न रखकर मुक्तक काव्य की श्रेणी में परिगणित करना उचित होगा। गाथा सप्तशती का प्रभाव क्षेत्र अत्यन्त विस्तृत है। संस्कृत में अमरूक शतक, आर्या सप्तशती से लेकर हिन्दी में बिहारी, मतिराम, देव, वृन्द आदि के मुक्तकों में इसका प्रभाव स्पष्ट लक्षित होता है। इसमें प्रयुक्त गाहा-छन्द अपभ्रंश में दूहा तथा हिन्दी में दोहा बन गया।

गीति परम्परा एवं कालिदास का मेघदूत

लौकिक संस्कृत में गीतिकाव्य की एक ललित झलक कालिदास के मेघदूत में मिलती है। यह दूत काव्य लोकगीत बिरहा का परिष्कृत साहित्यिक रूप है। इस सम्बन्ध में प्रायः सभी विद्वान एकमत हैं।

डॉ. गौतम का अभिमत है :

"...इस पद्धति का आदि और सर्वश्रेष्ठ ग्रन्थ महाकवि कालिदास का मेघदूत है।"[31]

"लोकगीत बिरहा की शैली में लिखा गया कालिदास का मेघदूत प्रथम और सर्वश्रेष्ठ प्रगीतात्मक रचना है।"[32]

यद्यपि मेघदूत खंडकाव्य है, उसमें कथा आद्योपान्त चलती है, तथापि कथानक विरही यक्ष की भावाभिव्यक्ति का आधार मात्र है। सम्पूर्ण काव्य विरह व्यथित हृदय का सहजोच्छ्वास है। वस्तुतः विरही यक्ष तो मात्र साधन है। कवि ने प्रकृति के सुन्दर परिवेश में प्रेमी हृदय की सुख-दुःखमयी विविध अनुभूतियों को कल्पना की उत्कृष्टता, सजीवता, संगीत के माधुर्य और अनुकूल शब्द-सौष्ठव के साथ अभिव्यक्ति दी है। यह रचना मन्दाक्रान्ता छन्द में है। शृंगार के करुण कोमल भावों को व्यंजित करने के कारण 'कीथ' ने इसे शोकगीत कहा है किन्तु यह रचना विप्रलम्भ शृंगार के अन्तर्गत आती है।

"संक्षिप्येत क्षण इव कथं दीर्घयामा त्रियामा
सर्वावस्था स्वहरपि कथं मन्दा मन्दा तपस्यात
इत्थं चेतश्चटुल नयने दुर्लभ प्रार्थनं मे।
गाढ़ोष्माभिः कृतमशरणं त्वाद्वियोगव्यथाभिः।"[33]

"ऐसा क्यों न हो कि ये लम्बी रातें, पल समान कट जाएँ।
और दिवस के ताप पापमय, सब प्रकार झटपट घट जाएँ
मृगनयनी ऐसी अनहोनी के पीछे जल रहा शरीर
तेरी विरह वेदनाओं ने मेरा, मन कर दिया अधीर।"[34]

इसमें व्यथित हृदय की मर्मान्तक वेदना, कातरता, असहायता एवं विभिन्न काम दशाओं का उद्घाटन किया है।

डॉ. तिवारी ने मेघदूत पर अपने विचार बड़े मौलिक ढंग से व्यक्त किए हैं :

"मेघदूत में मुख्य रस के अनुरूप यदि अत्यन्त रसनीय अतएव सर्वश्रेष्ठ कोई अंश है तो वह है विरहिणी की विरहावस्था का वर्णन। सन्देश भी अतीव मर्मस्पर्शी है, लेकिन विरहिणी के रूप में वेदना अपने पूर्ण और विशुद्ध कला के साथ अवतरित है। अतः यह विरह दशा सर्वाधिक मर्मस्पर्शी है। उसे देखकर 'सचेतसः कस्य मनो न दूयते।" स्वयं करुणा भी रो पड़ती है, अचेतन मेघ भी रो पड़ता है।

त्वामप्यस्त्रं नवजलमयं मोचयिष्यत्यवश्यम् ॥ 2/30[35]

मेघदूत का प्रत्येक पद संगीतात्मकता से ओतप्रोत है। शास्त्रीयता का आग्रह संगीतात्मकता में बाधक नहीं। महाकवि की विशेषता तो यह रही है कि मेघदूत में गीतात्मकता एवं कथात्मकता का सुन्दर समन्वय उपस्थित किया है। संस्कृत के दृश्य काव्यों में भी गीति रचना होती चली आ रही थी। महाकवि भास के नाटकों में हम सर्वप्रथम मुक्तक गीतियों को पाते हैं। भास के अतिरिक्त आज दो नाटककारों के काव्यग्रन्थ उपलब्ध नहीं हैं। (सौमिल्लक और कविपुत्र) ये तीनों नाटककार कालिदास से भी पूर्व प्रसिद्धि पा चुके थे। 'स्वप्नवासवदत्ता' में संस्कृत एवं प्राकृत की सुन्दरगीतियाँ उपलब्ध होती हैं।

मेघदूत का प्रभाव क्षेत्र

कवि कुलगुरु कालिदास ने अपनी दिगन्त व्यापिनी सूक्ष्मदर्शिनी दृष्टि गुणग्राहिनी प्रज्ञा और अनुभूतिप्रवण हृदय से ग्रामगीतों से प्रेरित होकर अभिजात शिक्षित समुदाय के लिए आत्माभिव्यक्ति की जो राह निकाली, वह इतिहासोद्भूत वृताश्रित काव्य मार्ग से कहीं अधिक आह्लादकारिणी और प्रभावशालिनी सिद्ध हुई।"[36]

कालिदास के परवर्ती कवियों पर मेघदूत का गहन प्रभाव पड़ा और उसके उपरान्त

दूत काव्य की एक परम्परा ही चल पड़ी। उदयन का मयूर सन्देश, पवनदूत, चातक दूत, हंसदूत, कोकि दूत आदि अनेक दूत काव्य लिखे गए। कालिदास के एक सहस्त्राब्दी बाद धोई कवि ने पवनदूत काव्य की रचना की और फिर 4-6 शताब्दी बाद दूतकाव्यों के लगभग 50 ग्रन्थ प्रकाश में आए। अतएव यह मानना असंगत न होगा कि यद्यपि दूतकाव्य परम्परा के प्रवर्तक महाकवि कालिदास हैं तथापि महाकवि धोयी ही इस परम्परा को पुनर्जीवन प्रदान करनेवाले हैं। भाव, भाषा, छन्द, रीति आदि सभी दृष्टियों से धोयी कवि ने कालिदास का अनुसरण किया है। किन्तु कहीं-कहीं भावों के अनुसरण में भी धोयी ने अभिव्यक्ति की सर्वथा मौलिकता प्रकट की है। रूप गोस्वामी का हंसदूत एवं विक्रम का नेमिदूत भी विशेष उल्लेखनीय है। जैन कवि जितसेन ने मेघदूत के समस्त पदों पर एक तरह से समस्या पूर्ति ही कर डाली है। जैन कवियों ने इन ग्रन्थों में आध्यात्मिक सन्देश प्रेषित किए हैं।

"दूतकाव्य की परम्परा जो प्रारम्भ में सहज मनोरम भाव लेकर चली थी, अन्त में जैन कवियों के हाथ में पड़कर प्रचार साधन विज्ञप्ति पत्र' अथवा समस्या पूर्ति–कला प्रदर्शन के रूप में पर्यवसित हुई।"[37]

'मेघदूत' का प्रभाव विदेशी कवियों तक पर पड़ा है। जर्मन कवि 'शिलर' ने अपने नाट्यकाव्य में इसी ग्रन्थ की प्रेरणा से 'मेघदूत' द्वारा सन्देश भेजा है।

महाकवि विल्हण की चौर-पंचाशिका

स्वच्छन्द कवि प्रकृति का वर्णन चौर-पंचाशिका में मिलता है। शुद्ध गीतिकाव्य की दृष्टि से यह रचना 'मेघदूत' से भी आगे निकल गई है। ऐसा कुछ विद्वानों का मत है।[38]

किन्तु यह चौर-पंचाशिका को आवश्यकता से कहीं अधिक महत्त्व प्रदान करना है। निस्सन्देह इस रचना में कवि की अनुभूति बड़ी प्राणवन्त है। रचना शैली भी अपने युग की रचना-धर्मिता के विपरीत पूर्णतया आडम्बरहीन, सरल एवं गीतिकाव्योचित है तथापि मेघदूत की प्रौढ़ कला के दर्शन विल्हण की चौर-पंचाशिका में दुर्लभ है। किन्तु फिर भी इस ग्रन्थ की प्रत्येक गीति रसोद्‌बोधन कराने में पूर्ण समर्थ है। कवि की सूक्ष्म-चित्रण शैली में भावावेगों की शक्तिमयी तीव्रता सर्वत्र दृष्टिगोचर होती है।

निम्नांकित गीति में भाव प्रकर्ष और प्रासादिकता को चरम उत्कर्ष मिला है :

"पंचत्वं तनुरेतु भूतनिवहः स्वं स्वं शित्वालयं
या चित्वा द्रुहिणं प्रणम्य शिरसा भूपाछिदं मे वपुः
तद्वापोषु पयस्तदोयमुकुटं ज्योतिस्त दीपांगणे-
व्योक्ति व्योम तदीयवत्मनिधरा तत्तालवृन्तेऽनिलः।" [39]

अर्थात्

मेरा शरीर पंचत्व प्राप्त करे, इसके पाँचों महाभूत अपने महत् स्वरूप में मिल जाएँ।

किन्तु हे ब्रह्मा मेरी यह अन्तिम प्रार्थना है कि मेरे शरीर का जल तत्त्व उसकी वापी में रखिएगा जिसमें वह स्नान करती है। ज्योति तत्त्व उसके दर्पण में, आकाश तत्त्व उसके आँगन में, पृथ्वी का अंश उस पथ पर रख दीजिएगा, जिसमें वह संचरण करें। पवनांश उसके पंखें में सँजो दीजिए।

यहाँ प्रेम का बड़ा ही दिव्य स्वरूप अभिव्यक्त हुआ है। प्रिया के लिए विभिन्न प्रकार से आत्मोत्सर्ग कर देने की मर्मभेदिनी आकांक्षा प्रेमी को गरिमा की अपूर्वता से भर देती है।

चौर-पंचाशिका का प्रभाव क्षेत्र

कवि विल्हण की चौर-पंचाशिका का प्रभाव क्षेत्र अत्यन्त विस्तृत है। परवर्ती अनेक प्रतिभाशाली कवियों ने चौर-पंचाशिका के आधार पर गीतिकाव्यों की रचना की है। 'विद्यासुन्दर' काव्य इसी कोटि का है। उत्तरकालीन संस्कृत के कवियों पर चौर पंचाशिका का अमिट प्रभाव पड़ा है।

आर्यासप्तशती और गीतिकाव्य का ह्रास

आचार्य गोवर्धन ने संस्कृत के मुक्तकोशों की परम्परा छोड़कर सीधे गाथा सप्तशती को अपना आधार बनाया। ये शृंगार के अनुपम कवि अवश्य थे। परन्तु गीतिकाव्य की दृष्टि से उनका काव्य सर्वथा ह्रास का सूचक है। जैसा कि डॉ. डे ने कहा है :

आर्यासप्तशती में उच्चकोटि के कवित्व का दर्शन नहीं होता। नवीनता की बात तो जाने दीजिए पूर्ववर्ती कवियों द्वारा वर्णित प्रसंगों का भी उचित निर्वाह गोवर्धनाचार्य नहीं कर सके। सबसे बड़ी कमी जो निश्चित रूप से गीतिकाव्य के महान ह्रास की सूचना देती है, भावनाओं का अनौचित्य और शैली की कृत्रिमता है और ये दोनों ही बातें गीतिकाव्य के स्वभाव के विरुद्ध हैं।

अपभ्रंश काल एवं सिद्धों के चर्यापद

अपभ्रंश काल बौद्ध सिद्धों एवं जैनाचार्यों का काल था। कालिदास द्वारा निस्सृत काव्यधारा को प्रवाहित करनेवाला कोई कवि इस युग में नहीं हुआ। दोहा एवं चौपाइयों के माध्यम से बौद्ध सिद्धों एवं जैनाचार्यों ने अपने धार्मिक सिद्धान्तों का प्रतिपादन किया। बौद्ध-धर्म के ह्रासोपरान्त जो 'वज्रयान' तथा सहजयान शाखाएँ निकलीं, उनमें सहजयानी सम्प्रदाय के लगभग 84 कवियों ने एक अनोखे संगीत को जन्म दिया। इनके ये पद राग-रागिनियों पर आधारित ताल लय समन्वित होते थे। इन्हीं पदों का प्रभाव हिन्दी के परवर्ती कवियों, कबीर, दादू आदि की बानियों पर पड़ा। इन सिद्धों

में लुईपा, विरुपा, काण्हपा, डोम्बिपा आदि सिद्धों की बानियाँ प्रसिद्ध हैं। इनका काव्य 'चर्यापद' की रचना शैली में मिलता है। जो विशिष्ट राग-रागिनियों द्वारा निबद्ध है। इनके द्वारा हिन्दी में पद गीत शैली को जन्म मिला। इस दृष्टि से ये महत्त्वपूर्ण हैं। संगीत की दृष्टि से इन गीतों में द्वैषाश्व, भैरवी, पट मंजरी, कामोद, गबड़ा, देवश्री, गुर्जरी, शबरी, मल्लारी, धनसी, अरुड़ा, बराडा आदि रागों का उल्लेख मिलता है। वस्तुतः इन राग-रागिनियों के नामकरण में ही अन्तर है अन्यथा प्रायः सभी राग-रागिनियाँ परवर्ती हिन्दी गीतिकाव्य में मिलती हैं जैसे धनसी-धनाश्री, राम की रामकली, मालशी मालकोशी, देशाख-देवशाख।

आचार्य क्षेमेन्द्र और गीतिकाव्य परम्परा

आचार्य क्षेमेन्द्र का गीतिकाव्य परम्परा में महत्त्वपूर्ण स्थान है। 1066 ई. में क्षेमेन्द्र द्वारा 'दशावतार चरित' की रचना की गई। जिसमें विष्णु भगवान के दसों अवतारों की चर्चा बड़े आलंकारिक ढंग से की गई है। इस ग्रन्थ में श्रीकृष्णावतार की चर्चा जहाँ आई है वहीं पदावली अत्यन्त सरस एवं गीतात्मक हो उठी है। यह उदाहरण देखिए :

"ललित विलास कला सुख खेलन,
ललना लोमन-शोभन यौवन
मानित नव मदने
कोटि किशोर महासुर मारण
दारुण गोकुल दुरित विदारण
गोवर्धन धरणे।
कस्य न नयन युगं रति सज्जे
मज्जति मनसिज तरल तरंगे
वर रमवी रमणे ॥8॥ 173"[40]

गीतिकाव्य के तत्त्वों की दृष्टि से ऐसा पूर्ण श्लोक इस तथ्य का परिचायक है कि कृष्ण विषयक अन्य गीत भी इस काल में प्रचलित रहे होंगे।

जयदेव का गीत गोविन्द एवं गीतिकाव्य की सुदृढ़ परम्परा का आरम्भ

स्वतन्त्र रूप से संस्कृत में गीतिकाव्य का स्वरूप हमें सर्वप्रथम जयदेव के गीत गोविन्द में मिलता है। इनका सृजनकाल 12वीं शताब्दी है। जयदेव के इन गीतों की प्रेरणा का स्रोत आचार्य क्षेमेन्द्र तथा उस युग में प्रचलित कृष्णलीला विषयक पद हैं।

'गीत गोविन्द' में जयदेव ने राधा-कृष्ण की प्रेम-क्रीड़ाओं, अभिसार लीलाओं आदि में आशा-निराशा, प्रणयजन्य राग-ईर्ष्या, उत्कंठा, आकांक्षा, मान, मिलन इत्यादि विभिन्न

प्रेम दशाओं के सरस्त्र बिम्ब उपस्थित किए हैं। सभी गीत अपने आप में पूर्ण स्वतन्त्र अस्तित्व तो रखते हैं किन्तु उनकी सुनियोजना में एक प्रबन्धात्मकता का आभास होता है। 'गीत गोविन्द' में कवि की वैयक्तिक अनुभूति की सीधी अभिव्यंजना न होने से उसे राधा-कृष्ण के आलम्बन रूप में प्रस्तुत करना पड़ा है। फलतः गीति शैली अभ्यन्तर हो गई है। 'गीत गोविन्द' में गेयता के साथ-साथ अभिनेयता या नाटकीयता का गुण भी वर्तमान है। डॉ. गणेश खरे का मत है :

"गीत की दृष्टि से जयदेव के ये गीत सर्वथा नवीन हैं। ये संगीत से अभिन्न होकर चलते हैं।"[41]

उन्होंने अपनी इन रचनाओं के साथ संगीत एवं नृत्य सम्बन्धी तालों के नाम भी दे दिए हैं। उनके मधुर शब्द-चयन, प्रासादिकता, भावुकता, संगीतात्मकता एवं अनुप्रासों की श्रुति मधुर योजना आदि को लेकर पाश्चात्य विद्वानों तक ने उन्हें मुक्त कंठ से श्रेष्ठ गीतिकार माना है।

पाश्चात्य विद्वान 'पिशैल' तथा 'लेवी' जयदेव के 'गीत गोविन्द' को प्रगीत काव्य एवं नाटक के बीच की अवस्था वाला काव्य रूप मानते हैं। वस्तुतः जयदेव अपने युग में प्रचलित संगीत नाटकों से प्रभावित रहे हैं।

भावों की कोमलता तथा तीव्रता गीतिकाव्य की अनिवार्य विशेषता है वह गीत गोविन्द में आदि पर्यन्त मिलती है। राधा का वियोग अपनी अपूर्व मर्मस्पर्शिता के साथ अनुप्रासमयी कोमलकान्त पदावली में व्यंजित है :

"मामहह विधुरयति मधुर मधुयामिनी।
कापि हरि मनु भवति कृत सुकृत कामिनी ॥ यामि हे ॥
अहह फलयामि वलयादि मणि भूषणम्
हरि विरह दहन वहनेन बहुदूषणम ॥ यामि हे ॥
कुसुम सुकुमार तनुम तनुशर लीलया।
स्रगपि हृदि हन्ति मामतिविषम शीलया ॥ यामि हे ॥
अहमिह निवसामि नवणित वन वेतसा।
स्मरति मधुसूदनो मामपि न चेतसा ॥ यामि हे ॥

सर्ग 7

अर्थात्,

"हाय ! यह वसन्त की मधुर रात्रि मुझे विकल कर रही है। कोई अन्य पुण्यशीला रमणी भगवान के समागम का सुख अनुभव कर रही है। हाय, ये मेरे मणि निर्मित अलंकार भगवान के विरहाग्नि को धारण करने के कारण दोषमय हो गए हैं। अति विकट है यह मदन बाण-लीला जिसके कारण यह माला भी मुझ कुसुम कोमल शरीर वाली के हृदय में चोट कर रही है। हाय ! मैं तो इस विषम वन की (भयावनी) वेत्र

लताओं का कुछ भी ख्याल न करके यहाँ ठहरी हुई हूँ पर भगवान मुझे मन से भी याद नहीं करते।"[42]

गीत गोविन्द का प्रभाव क्षेत्र

जयदेव का काव्य परवर्ती अनेक कवियों के लिए अनुसरण का विषय रहा। अभिनव गोविन्द, गीत राघव, गीत गंगाधर, कृष्णगीत, विद्यापति की पदावली आदि उन्हीं से प्रभावित होकर रची गई गीति रचनाएँ हैं। गीतिकाव्य की जैसी सुदृढ़ परम्परा जयदेव ने चलाई, अन्यत्र नहीं मिलती। निष्कर्षतः जयदेव का गीतिकाव्यत्व, युग-युगान्तर तक अपना प्रभाव बड़े ही सशक्त रूप में अंकित करता रहा।

अन्ततः इस संस्कृत गीतिकाव्य परम्परा के सम्बन्ध में डॉ. शास्त्री का यह कथन पूर्णतया उपयुक्त है एवं इस युग तक की गीति परम्परा का चित्र-सा अंकित कर देता है :

"ऋग्वेद की गंगोत्तरी से निकलने के पश्चात् बौद्ध थेर-थेरियों की गाथाओं की अलकनन्दा से मिलकर ही गीतिकाव्य की यह गंगा अपना व्यक्त स्वरूप प्राप्त कर सकी है। कालिदास का मेघदूत इसका हरिद्वार है जहाँ शीतल रस का अथाह प्रवाह पद तरंगों की सुन्दर संगीत ध्वनि के साथ सहज समतल गति से आगे बढ़ता है और जयदेव का गीत गोविन्द वह तीर्थराज है जहाँ शृंगार तथा भक्ति की गंगा-यमुना का लोक विश्रुत पदशैली की अन्तःसलिला सरस्वती से अभूतपूर्व संगम होता है। ऐसा संगम जहाँ पद पद होतु प्रयागु।"[43]

हिन्दी में गीतिकाव्य

हिन्दी साहित्य के प्राथमिक काल को (1050-1375) आदि युग की संज्ञा से अभिहित किया गया है। ऐतिहासिक दृष्टि से यह काल एक महान राजनीतिक उथल-पुथल का काल था। एक ओर देश की पश्मिोत्तरी सीमा मुसलमानों के आक्रमणों से आक्रान्त थी, दूसरी ओर हर्षवर्धन के बाद से किसी एक केन्द्रीय शासन शक्ति का अभाव हो जाने के कारण गहरवार, चौहान, चन्देल, परिहार आदि राजागण राज्य लिप्सा के मोह से परस्पर युद्ध करने में संलग्न थे।

"लड़ाई केवल शौर्य प्रदर्शन के लिए भी मोल ले ली जाती थी।"[44]

आन्तरिक परिस्थितियों एवं विदेशियों के बाह्य आक्रमणों के कारण समग्र देश त्रस्त था। स्वतन्त्र काव्य रचना का विचार अब असम्भव था। पराजितों की हताशा, भाट और चारणों के लिए विजयी राजा की प्रशंसा गाने के लिए उपयुक्त थी। रणक्षेत्र के उन्माद को अधिक तीव्र करने के लिए ये भाट रणक्षेत्र में भी जाकर प्रशस्ति गायन किया करते थे। ये गीत वीर रस से भरपूर थे। ओजवाणी में उत्साह का भाव छलकता था।

युद्धोपरान्त किंचित शान्ति का वातावरण तैयार होते ही ये कवि अपने आश्रय-दाताओं के मनोरंजन को काव्य का एक मात्र ध्येय बनाकर घोर शृंगारिक रचनाओं में संलग्न हो जाते थे। वर्णनात्मक स्वरूप लिये हुए इन रचनाओं में गीतिमत्ता को खोजने का प्रयास निष्फल ही होगा। यह काल वीर एवं शृंगार प्रधान काव्यों को ही जन्म दे सका। "उपलब्ध युगीन साहित्य प्रबन्धकाव्य एवं वीरगीतों के रूपों में मिलता है। 'पृथ्वीराज रासो' प्रबन्धकाव्य है। वीर गीतों के रूप में 'बीसलदेव रासो' 'सन्देश रासक', आल्हाखंड आदि रचनाएँ उपलब्ध हैं।

'नाल्ह रसायन रस भर गाई। रास प्रगासो बीसलदेराई।'

बीसलदेव रासो के रचयिता 'नाल्ह' की भणति से स्पष्ट है कि यह गाथा गाने के लिए ही लिखी गई थी। वीर गीतों में 'आल्हाखंड' का नाम अग्रगणनीय है।

निष्कर्षतः यही कह सकते हैं कि इन काव्यों में गेयात्मकता तो अवश्य है किन्तु वर्णनप्रधान काव्य होने के कारण इन्हें शुद्ध गीतिकाव्य के अन्तर्गत परिगणित नहीं किया जा सकता। अतएव इस युग में शुद्ध गीतिकाव्य का पूर्ण अभाव है।

खुसरो का गीतिकाव्य

हिन्दी साहित्य के आदिकाल के उत्तरार्ध में खुसरो (1310-1381) के काव्य में स्वतन्त्र रूप से गीतिकाव्य परम्परा के दर्शन होते हैं। खुसरो ने सर्वप्रथम हिन्दी में खड़ी बोली का प्रयोग किया। गोरखनाथ की परम्परानुमोदिनी नाथपन्थियों के पदों की जो धारा बह रही थी, उससे पूर्णतया भिन्न बोलचाल की भाषा में आपने काव्य रचना की। ये सच्चे अर्थों में जनकवि थे। 'खालिक-बारी' की रचना में अरबी फारसी के शब्दों का बाहुल्य है परन्तु अन्य पदों की रचना खड़ी बोली एवं ब्रज भाषा में ही हुई है। शुक्ल जी ने अपने हिन्दी साहित्य के इतिहास में भी यही उल्लेख किया है।

"गीतों और दोहों की भाषा ब्रज या मुख प्रचलित काव्य भाषा ही है।"[45]

महाकवि होने के साथ ये सुप्रसिद्ध गायक और संगीतज्ञ भी थे। भारत एवं फारस के रागों के मिश्रण से ईमन, शहाना, ख्याल, कब्वाली आदि नवीन रागों की सृष्टि अमीर खुसरो ने ही की। 'बरवा' राग में लय रखने का कार्यारम्भ खुसरो ने ही किया था।

लोकगीतों का माधुर्य

खुसरो के पदों में गीति तत्त्व एकदम नवीन हो उठा है। टेक पद्धति का प्रयोग कर उन्होंने एक ओर तो संगीत की प्रभावात्मकता को बढ़ाया है, वहीं दूसरी ओर परवर्ती कवियों कबीर, सूर आदि को भी कम प्रभावित नहीं किया है। छन्दों में अधिकतर उर्दू की बह्रों और हिन्दी में सार, चौपाई, आदि का चयन अपने काव्य में किया है। इनके झूले के गीतों में लोकगीतों का माधुर्य भरपूर है।

खुसरो के गीतों में उनकी हृदयतन्त्री की स्पष्ट झंकार सुनाई पड़ती है। वैयक्तिक उन्मेष जो गीतिकाव्य का प्रमुख लक्षण है, उनके काव्य में मुख्य रूप से उपस्थित है। आन्तरिक भावों का प्रकाशन उनका चरम ध्येय है। डॉ. शकुन्तला दुबे के शब्दों में :

"इस दृष्टि से हिन्दी में सर्वप्रथम खुसरो की कविता में हमें वह तत्त्व मिलता है जो गीतिकाव्य का मेरुदंड है। यह तत्त्व वैयक्तिक अनुभूति है।

"गीति काव्य के विकास में जयदेव के पश्चात् खुसरो के पद उस कड़ी के समान हैं जो एक ओर कबीर के पदों दूसरी ओर विद्यापति की पदावली को एकसूत्र में बाँधते हैं।"[46]

मध्ययुग और गीतिकाव्य का स्वर्णिम काल

मध्यकाल अर्थात् 1375-1700 सं. तक का समय गीतिकाव्य के परिष्कार की दृष्टि से स्वर्णयुग कहला सकता है। इस काल का प्रधान प्रेरणा स्त्रोत भगवद् भक्ति है। रवि बाबू ने इस काल की प्रशंसा में कहा है कि "इस युग के काव्य में साधक और कवि का सुन्दर सामंजस्य हुआ है।"[47]

इस काल में भक्ति की निर्गुण एवं सगुण दो धाराएँ बहीं। निर्गुण मत के कवियों ने पूर्व से चली आ रही जैन व बौद्ध कवियों की नीरस रचनाओं के अभाव को अपनी भक्ति तत्त्व के सम्मिश्रण से पूरा कर दिया।

सगुण भक्ति धारा भागवत धर्म के क्रमशः विकसित होती हुई इस युग में वैष्णव भक्ति के रूप में दिखलाई देती है। प्रतिपादन की भिन्नता के कारण सन्तों एवं वैष्णवों के गीतिकाव्य का स्वर भिन्न-सा जान पड़ता है। सगुण भक्ति मार्गियों का प्रतिपाद्य भगवान की नर-लीलाओं का गायन है। इसी से उनमें सरसता का समावेश अधिक है।

निर्गुण सन्तों की गीति रचना

"कबीर सन्त मत के प्रमुख कवि थे, किन्तु उनके पूर्व भी जयदेव, बेणी, त्रिलोचन, स्वामी रामानन्द आदि का उल्लेख मिलता है।"[48]

कबीर का मौलिक रूप पहले भक्त का है फिर कहीं वे कवि हैं। इसी दृष्टि से उनके काव्य को परखना उचित होगा। कबीर के गीतिकाव्य में कलात्मकता नहीं अतः वह माधुर्य नहीं जो उनके पूर्व और परवर्ती कवियों में लक्षित होता है। लेकिन कवि के गीतों की स्वच्छ मौलिकता उनकी शुद्ध आत्मानुभूति की अभिव्यंजना में झलकती है।

"कबीर हिन्दी के प्रथम सशक्त रहस्यवादी गीतकार हैं।"[49]

आधुनिक युग में कवीन्द्र रवीन्द्र भी उनके प्रशसंक रहे हैं। कबीर के गीतों को तीन भागों में विभाजित किया जा सकता है :

विरह-मिलन सम्बन्धी रहस्यात्मक गीत।

वैराग्य तथा नीतिपरक गीत।

सिद्धान्त प्रस्थापन सम्बन्धी गीत।

प्रथम श्रेणी के गीतों में प्रेम विह्वलता, आतुरता, कातरता, छटपटाहट, परिणय का आनन्द, लाज, मुग्धता, संकोच आदि का चित्रण उन्हें गीति के क्षेत्र में सफल सिद्ध कर देता है। दूसरे प्रकार के गीतों में सांसारिक विरक्ति एवं उपदेशात्मकता के साथ तीक्ष्ण व्यंग्य हैं। तीसरे भाग में सिद्धान्त निरूपण आदि के कारण नीरसता आ गई है। गीतिकाव्य का विकास कबीर में पूर्ण रूप में नहीं मिलता है। इनमें वैयक्तिकता का आग्रह अधिक है किन्तु गीतिकाव्य का पूर्ण परिष्कार उनमें नहीं मिलता। कला और अनुभूति उनके पदों में एक रस नहीं हो पाई है। यह अवश्य है कि कबीर के पदों का संगीत नाथपन्थियों के प्रभाव से मुक्त है। साथ ही छन्द बन्धन निराली विशिष्टता के साथ है।

अन्य परवर्ती कवि

महात्मा कबीर के उपरान्त अनेक परवर्ती निर्गुण सम्प्रदायी कवियों ने गीति रचना कर गीति के साहित्य भंडार में वृद्धि की। धर्मदास, रैदास, सुन्दरदास, गुरु नानक, मलूकदास तथा सन्त दादूदयाल ये सभी सन्त कवि सरस एवं सरल शब्दावली में आत्माभिव्यक्ति करने में सफल रहे हैं। प्रेम तत्त्व की प्रधानता इन सभी कवियों की विशिष्टता है। इनमें कवित्व प्रदर्शन की न तो भावना है, न कलात्मकता का आग्रह। इसी से इनके पदों की मर्मस्पर्शिता बड़ी गहन है।

विद्यापति का गीतिकाव्य

हिन्दी गीति की कृष्ण काव्य परम्परा में 'अभिनव जयदेव' 'मैथिल-कोकिल' एवं 'कवि शेखर' की उपाधियों से विभूषित महाकवि विद्यापति सर्वप्रथम गीतिकार ठहरते हैं। विद्यापति का काल 14वीं शताब्दी का उत्तरार्ध एवं 15वीं शताब्दी का पूर्वार्ध माना जाता है। इनकी पदावलियों पर जयदेव के गीत गोविन्द का बड़ा गहरा प्रभाव पड़ा है।

विद्यापति के गीतों को दो विभागों में विभाजित किया जा सकता है :

शृंगार प्रधान और

भक्ति प्रधान।

किन्तु भक्ति का स्वर उनके जीवन के उत्तर काल का है। मूलतया शृंगारिक गीतों की रचना के ही कारण वे साहित्य जगत में महान गीतकार मान्य हुए हैं।

शृंगारिक गीतों में वयः सन्धि से लेकर प्रेम की सभी अवस्थाओं, भावों, अनुभावों का जितना खुलकर मर्मज्ञता से चित्रण आपने किया है, वह अद्वितीय है। विद्यापति की

प्रशंसा करते हुए डॉ. खरे लिखते हैं :

"ये जागरण क्षण के प्रथम समर्थ गायक हैं। नए सांस्कृतिक विहान के प्रथम मृदु कंठ नील नभ सन्तरण शील गीत विहग हैं।"[50]

"प्राचीन भावों के वन में वसन्त ला दिया है। विद्यापति ने श्रृंगार लोक की रचना कर दी है। जो गीतियों में ढलकर और भी चमक उठा है।"[51]

विद्यापति का कला पक्ष भी अत्यन्त सबल है। वे श्रेष्ठ संगीतज्ञ भी थे। इनकी पदावली में विविध राग-रागिनियों का परिचय मिलता है।

सिद्धों, नाथों तथा जैनों आदि के काल में जो गीतिकाव्य प्रथमावस्था में था वही वीरगाथा काल में अपने अस्तित्व को खो बैठा। लेकिन खुसरो ने उसका पुनरुद्धार किया। वही विद्यापति के हाथों पड़कर चरमोत्कर्ष को प्राप्त हुआ। मध्यकाल ही नहीं वरन् सम्पूर्ण हिन्दी साहित्य का इतिहास विद्यापति की गीतिकाव्य की देन का आभारी है। परवर्ती कवियों पर विद्यापति का प्रभाव आन्तरिक एवं बाह्य दोनों ही दृष्टियों से पड़ा। कबीर, दादू, रैदास, नानक, मलूकदास, सूरदास तथा अष्टछाप के अन्य कवि इनके भाव, छन्द भाषा शैली और संगीत के ऋणी हैं।

वैष्णव भक्ति में गीतिकाव्य का परिष्कृत स्वरूप

वैष्णव धर्म का प्रतिपादक ईसा पूर्व तीसरी या चौथी शताब्दी में माना जाता है। वैष्णव भक्ति ने कला और साहित्य के क्षेत्र में अमिट प्रभाव डाला है। वैष्णव भक्ति का महत्त्व मध्यकालीन गीतिकाव्य के विकास में बहुत महत्त्वपूर्ण स्थान रखता है। वैष्णव भक्ति के आदि प्रवर्तक रामानुजाचार्य हुए। इन्हीं के शिष्य रामानन्द ने भी सम्प्रदाय को एक महान रूप दिया। इन्होंने भक्ति को जो मर्यादित रूप दिया उसके प्रेरक रूप को महाकवि तुलसीदास ने ग्रहण किया। दूसरी ओर विष्णु स्वामी द्वारा प्रतिपादित शुद्धाद्वैत सिद्धान्त से प्रभावित होकर वल्लभाचार्य ने 'पुष्टिमार्ग' की प्रस्थापना की। इसी पुष्टि मार्ग पर आरूढ़ हुए महाकवि सूरदास।

वल्लभ सम्प्रदाय में उपासना का जो नवीन रूप खड़ा किया गया उसे अष्टछाप से सम्बोधित किया गया। उपास्य देव श्रीकृष्ण के नैमित्तिक कर्मों को अष्टछाप में स्थान प्राप्त था। आठों पहर आठ झाँकियों के समय तथाकथित आठ गायक भजन गाया करते थे। समयानुसार राग-रागिनियों में विभक्त इन गीतों की रचना करना भक्त कवियों के लिए अनिवार्य हो गया। परिणामस्वरूप गीतिकाव्य को बड़ा लाभ हुआ। अष्टयाम के संगीत गायनकर्ता अष्टछाप के नाम से विख्यात हुए।

अष्टछाप परम्परा में महाकवि सूरदास का स्थान सर्वोपरि है। हिन्दी गीतों के जिस विकसित रूप के दर्शन विद्यापति के पदों में होते हैं, उनका नवोन्नयन सूरसागर में पूर्ण समृद्धि को प्राप्त होता है। आचार्य रामचन्द्र शुक्ल के शब्दों में :

"सूर सागर किसी चली आती गीतिकाव्य परम्परा का, चाहे वह मौखिक ही क्यों

न हो पूर्ण विकास-सा प्रतीत होता है।"[52]

अष्टछाप में आने से पूर्व भी सूर एक पहुँचे भक्त और कुशल कवि थे। परन्तु वल्लभ सम्प्रदाय में दीक्षित होने के उपरान्त उनकी कवि प्रतिभा का सौन्दर्य जगमगा उठा। परिणामस्वरूप 'सूरसागर' में संकलित पदों में भावों की सघनता, अनुभूति की तीव्रता, मर्मस्पर्शिता, बिम्ब-विधान, शब्द-विन्यास, नाद-प्रवाह, संगीत-विधान, ताल-लय आदि सभी गीतितत्त्वों का सुन्दर सामंजस्य मिलता है।

सूरसागर में उपलब्ध पदों के मुख्यतः दो प्रकार किए जा सकते हैं :

विनय सम्बन्धी पद और

लीला विषयक पद।

विनय सम्बन्धी पदों में वैराग्य सम्बन्धी, आत्मनिवेदन सम्बन्धी भावों का अंकन किया गया है। आत्म प्रकाशन की निश्छल अभिव्यक्ति के कारण ये सभी पद गीतिकाव्य के सुन्दर उदाहरण हैं।

लीला विषयक पदों को दो भागों में बाँटा जा सकता है :

भाव प्रधान और

वर्णन प्रधान।

बाल लीला, नागलीला, माखन चोरी, दावानपात, मुरली, चीरहरण, मानलीला, जलक्रीड़ा, दान लीला, राधाकृष्ण, मिलन आदि से सम्बद्ध पद गीतिकाव्य के विशुद्ध उदाहरण हैं। इनके गीतों में ब्रज की ग्रामीण और प्राकृतिक पृष्ठभूमि स्पष्ट हो गई है।

उन्होंने साहित्यिक गीतों के साथ ही लोकगीतों को भी जन्म दिया। रसिया, होली, सोहिलो, जन्म बधाई, इत्यादि ब्रजभूमि में प्रचलित सभी सांस्कृतिक विषयों को अपनी गीति में बाँधकर लोक-गीतों की सरस अभिव्यक्ति दी है।

सूरसागर के जिन पदों में कथात्मकता का आग्रह है, जो दृष्टिकूट पद है गीतिकाव्यात्मकता में बाधक हैं।

उन्मुक्त और स्वतः प्रवृत्त आत्माभिव्यंजना की दृष्टि से सूर के सर्वाधिक मर्मस्पर्शीगीत—'भ्रमरगीत' के अन्तर्गत संकलित है। अपने आराध्य से वियुक्त होकर भक्त को निमिष भर के लिए शान्ति नहीं मिलती। यह विछोह की पीड़ा गोपियों, कृष्ण एवं यशोदा के माध्यम से दर्शाकर परोक्षानुभूतिपरक शैली में कवि ने आत्माभिव्यंजना की है।

आचार्य शुक्ल के शब्दों में :

"सूरसागर का सबसे मर्मस्पर्शी और वाग्वैदग्ध पूर्ण अंश भ्रमरगीत है।"[53]

नित्यप्रति कीर्तन में पदों की रचना करते रहने के कारण उनकी गीति शैली अत्यन्त मँजी हुई है। सूरदासजी महान संगीतज्ञ भी थे। "इनके सभी पद संगीतशास्त्र की समस्त स्वरताल की बारीकियों के अनुसार विविध राग-रागिनियों में गाए जा सकते हैं।"[54]

"सूर के पदों का गेयत्व अपूर्व है। शास्त्रीय राग-रागिनियों के ठीक स्वरताल उसमें प्राप्त है। डॉ. गौतम के अनुसार, "सूर के पदों में कवित्व संगीत का दास नहीं

है, संगीत कवित्व का सहायक बनकर आया है।"[55]

कुम्भनदास

इस प्रकार विद्यापति के बाद भाव एवं कला की दृष्टि से सूर के गीतिकाव्य में गीति का चरम विकास लक्षित होता है। अष्टछाप के कवियों पर भी सूर का प्रभाव निश्चित है। कुम्भनदास को छोड़कर सभी कवि उनसे वय में छोटे ही थे। सभी श्रीनाथजी के समक्ष स्वरचित पदों द्वारा कीर्तन करते थे। कुम्भनदासजी सं. 1550 में श्रीनाथजी के प्रथम कीर्तनकार नियुक्त हुए थे। इनके 17 वर्ष उपरान्त सूर का आगमन हुआ था। तदुपरान्त जीवन-पर्यन्त दोनों साथ-साथ कीर्तन करते रहे थे। संवत् 1550 से 1640 तक कीर्तन कार्य करने के उपरान्त भी इनके पदों की संख्या 200 से अधिक नहीं होने पाई है। इन्होंने भक्त का हृदय तो पाया था कवि का कौशल नहीं। इसलिए भावनात्मक उन्मेष की दृष्टि से इनके गीत बड़े सरल और अलंकरण रहित है। सूर की दी गई उपमाओं को इन्होंने अपने गीतों में सम्मिलित कर लिया है जो सूर के प्रभाव को दर्शाता है।

परमानन्ददास

परमानन्ददासजी का नाम अष्टछाप में कुम्भनदास एवं सूरदासजी के पश्चात आता है। महाप्रभु वल्लभाचार्य के शिष्य बनने के पूर्व भी ये कवि और गायक के रूप में पर्याप्त प्रसिद्धि अर्जित कर चुके थे। इन्होंने स्फुट पदों में माखन चोरी, बाल-लीला, गोदोहन, गोचारण, गोपी विरह, भ्रमरगीत की रचना की है। संगीतज्ञ होने के कारण अनेक रागों का प्रयोग इनके पदों में मिलता है।

भाव-भाषा अलंकरण आदि की दृष्टि से ये सूर के अनुकरणकर्ता ही मालूम देते हैं। अतः इनके गीतों में वह संस्पर्शता नहीं जो सूर के गीतों में सहज विद्यमान है।

कृष्णदास

यद्यपि इनका स्थान अष्टछाप में चौथा है परन्तु डॉ. दीनदयालु गुप्त ने इनका स्थान काव्यकला एवं भावानुभूति की दृष्टि से छठा निर्धारित किया है।"[56]

गीतिकाव्य की दृष्टि से इनके पद महत्त्वपूर्ण उपलब्धि दे सकने में असमर्थ हैं क्योंकि इनकी कविता में चमत्कारों की हठधर्मिता प्रमुख है जो स्थान-स्थान पर देखने मिलती है।

गोविन्द स्वामी

ये श्रेष्ठ संगीतज्ञ थे। इन्होंने स्फुट पदों की रचना की थी। जिनका 252 पदों का एक संग्रह बताया जाता है।"[57]

ये भी सूर की काव्य कला से प्रभावित थे। डॉ. दीनदयालु गुप्त ने काव्य कला एवं भावानुभूति की दृष्टि से इन्हें अष्टछाप में निम्नतम स्थान दिया है।

नन्ददास

अष्टछाप के कवियों में इनका स्थान छठा है। काव्य कला एवं रचना परिमाण की दृष्टि से सूर के पश्चात् इन्हीं का स्थान है। इनके गीतिकाल में माधुर्य एवं सरसता का अजस्र स्रोत प्रवाहित है। नन्ददास भावानुभूति के क्षेत्र को छोड़कर सभी दृष्टियों से सूर के समकक्ष ठहरते हैं। इनकी 'रासपंचाध्यायी' एवं 'मानमंजरी' प्रसिद्ध कृतियाँ हैं।

छीतस्वामी

छीतस्वामी एवं चतुर्भुजदास स्वामी अष्टछाप के सातवें और आठवें कवि हैं। इन्होंने किसी काव्य-ग्रन्थ की रचना नहीं की।

यह निर्विवाद सत्य है कि सूर का सहारा प्राप्त कर गीति काव्य ने अपने चरमोत्कर्ष को प्राप्त कर लिया। स्वानुभूतिपरक गीतियाँ हों या परानुभूतिपरक, इनकी रचनाएँ पूर्ण सफल रहे हैं।

अन्य संगीतज्ञ कवि

अष्टछाप कवियों के समकालीन श्री हरिदास श्रेष्ठ संगीतज्ञ थे। सुप्रसिद्ध संगीतकार तानसेन, बैजूबावरा एवं गोपालराम इन्हीं के शिष्य थे। श्री हरिदास कृष्ण ने भक्तिपरक जो पद रचनाएँ की हैं वे भी श्रेष्ठ गीति की उदाहरण हैं। संगीत की, सर्वोच्च भूमि पर पहुँचकर संगीतज्ञ तन्मयता में डूब जाता है, अतः इनकी भक्ति भावनायुक्त रचनाओं का प्रमुख गुण संगीत की प्रधानता है, जो गीति की अन्यतम विशेषता है।

गीतिकाव्य का विकास और मीरां

भक्तिमती मीरांबाई की रचनाएँ सूर की समकालीन हैं। मीरां तक पहुँचते-पहुँचते गीतिकाव्य ने एक सुनिश्चित परिष्कृत स्वरूप ग्रहण कर लिया था। इनकी गणना श्रेष्ठ गीति कवयित्रियों में होती है। माधुर्य भावोपासिका मीरां के सभी पद शुद्ध गीति काव्य

के सर्वश्रेष्ठ उदाहरण हैं। मीरां के गीतों की प्रशंसा, नाभादास, मलूकादास, ध्रुवदास जैसे सन्त कवियों ने भी की है। कृष्णभक्त कवियों की सगुण परम्परा में ही मीरां ने अत्यन्त मर्मस्पर्शी दाह और अनुताप से युक्त गीति हिन्दी साहित्य को दिए हैं।

"मीरां की पद रचना उनकी निजी प्रतिभा प्रकाशन के रूप में हुई थी। उन्हें बाल्यावस्था से ही संगीत और कीर्तन में रुचि थी।"[58]

मीरां के पदों की विशेषता है उनके आन्तरिक भावों का सहज गाम्भीर्य। विरह मिलन की तीव्र अनुभूति उनके गीतों में मूर्तिमती हो उठी है। वैयक्तिक प्रेम के जो गीत मीरां के कंठ से उद्‌भूत हुए हैं उनमें हृदय की अनन्य गहराई निस्सृत हुई है। कृत्रिमता के दर्शन उनमें कहीं नहीं होते। इसीलिए वे अत्यन्त मर्मस्पर्शी और चेतना को अभिभूत कर देने वाले होते हैं। मीरां के प्रेम में वियोग की प्रधानता है। पर प्रेम की पीड़ा उनके हृदय में मधुर व्यथा के रूप में भी व्यक्त होती है। इस वैचित्र्य को मुखर बनाने में मीरां पूर्णतः सफल हुई हैं। ऐसे प्रभावपूर्ण गीत हिन्दी संसार में विरले ही हैं :

"आली री म्हारे णेणा बाण पड़ी
चित्त चढ़ी म्हारे माधुरी मूरत, हिवंडा अणी गडी
कब री ठाढी पन्थ निहारां, अपणे भवण खडी
अटक्या प्राण साँवरो प्यारो, जीवण मूर जडी
मीरां गिरधर हाथ बिकाणी, लोग कह्याँ बिगड़ी।" [59]

एक सच्ची प्रेम वियोगिनी होने के कारण मीरां ने जितना प्रयत्न अपनी व्यथा को व्यक्त करने के लिए किया है, उतना किसी अन्य भक्त कवि ने नहीं। वैसी स्वाभाविकता भी किसी अन्य में नहीं मिलती क्योंकि कबीर, सूरादि को पुरुष होने के कारण अपने गीतों में स्त्रीत्व का आरोपण करना पड़ता है वहीं मीरां में नारी हृदय की सभी सुकुमार और कोमल भावों की नियति तो प्रकृतितः थी। हृदय की वेदना, आकुलता, प्रेम निष्ठा और साधना की तल्लीनता इनके विरह सम्बन्धी पदों में जिस उद्‌दाम वेग और अपने उत्कृष्ट रूप में उपलब्ध है, वह अनन्य है।

"हेरी म्हां तो दरद दिवाणी म्हारां दरद णा जाण्यां कोय
घायळ री गत घायळ जाण्यां हिवडो अगण संजोय
जौहर कीमत जौहर जाण्यां क्या जाण्यां जिण खोय
खरदरी मार्‌यां दर-दर डोळयां वैद मिडया णा कोय
मीरां री प्रभु पीर मिटांगां, जब बैद सांवरो होय।" [60]

आन्तरिक वेदना की यह तीव्रता उनके गीतों में हृदय पक्ष की प्रमुखता दर्शाती है। वियोग में अंकुरित...फलित मीरां के प्रेम में आन्तरिकता का अंश अधिक है। फलतः गीतिकाव्य के बाह्य रूप पर उन्होंने विशेष ध्यान नहीं दिया।

संयोग सम्बन्धी पदों में उल्लास, आवेग, उन्माद तथा आसक्ति का अनुभव जितना

गहन और स्पष्ट मीरां को हुआ है उसकी अभिव्यक्ति भी उतनी ही संयमित और सहज है। प्रत्यक्ष रूप में उनका संयोग तो कभी हुआ ही नहीं। मिलन प्रसंगों का चित्रण भावना जगत की सृष्टि है।

अनेक बार प्रतीकों को माध्यम बनाकर मिलन का संकेत मात्र किया गया है। सावन की झड़ी, फागुन में होली, आदि त्यौहारों का वर्णन करके प्रिय मिलन की बात कहती हैं।

मिलन के प्रसंग अत्यन्त अल्प हैं। प्रधानता तो वियोग की है। उनका अतृप्त हृदय श्रीकृष्ण प्रियतम की साध में निरन्तर ध्यान लगाए रहता है। कामना पूर्ति न होने की दशा में अटूट निराशा, विह्वलता और उद्वेग जन्म ले लेते हैं। यही वेदना, उद्वेग, निराशा, व्याकुलता, अतृप्ति और अश्रुविगलित उच्छ्वास मीरां के गीतों की अमूल्य निधि हैं।

वे काव्यशास्त्र की किसी भी परम्परा के अनुसरण से असम्बद्ध थीं। विविध धार्मिक सम्प्रदायों में दीक्षित होने का उन्हें अवकाश ही न था। वे तो भगवान कृष्ण की उन्मुक्त प्रेम वियोगिनी थीं जिनके उन्मुक्त और माधुर्य रस से पगे गान किसी भी पूर्वाग्रह से सर्वथा रहित थे। मीरां के गीतों में आत्माभिव्यंजना ही सर्वप्रमुख है जिसमें ढलकर उनका व्यक्तित्व मुखरित हो उठा है। मीरां ने अपने गीतों को उस स्तर तक पहुँचा दिया है, जहाँ उनके पूर्ववर्ती एवं परवर्ती भक्तकविगण पहुँचने में एकबारगी असफल रहे हैं। मीरां की गीति शैली शुद्ध स्वानुभूतिपरक है। उन्होंने अपनी अनुभूति को अपने आराध्य तक पहुँचाने में राधा, गोपिकाओं आदि को आलम्बन नहीं बनाया।

मीरां के गीतों में संगीत भी अत्यन्त उच्चस्तरीय है। राग-रागिनियों में लगभग 73 भेदों को इनके गीतों में शोधा गया है। सभी गीत गेयात्मकता की शर्त पर खरे उतरते हैं। गीतों में अलंकारादि का समावेश स्वतः ही हो गया है। वस्तुतः मीरां के पद हृदय की उन्मुक्त वाणी का प्रसाद है। ये सीधे अन्तः करण में जाकर कोमल, करुण भावों को जगाने में पूर्ण समर्थ हैं। गीति की अन्तिम सफलता भी यही है।

मीरांबाई के पदों में वैचारिकता को अनुभूति से जोड़ा गया है। इनमें वियोग की तीव्र अनुभूति तो है ही संगीत एवं भावों का समन्वित उद्दाम वेग भी शब्द शब्द में अपनी उपस्थिति घोषित करता जान पड़ता है। यही कारण है कि मीरांबाई के गीत, लोकजीवन में भी अत्यन्त प्रसिद्धि पा सके हैं।

इस प्रकार गीतिकाव्य का विकास भक्तियुग में पूर्णता और परिपक्वता को पा लेता है। विशेषतया मीरां के पदों में इसकी चरम अवस्थिति है। इसी मत की पुष्टि श्री रामचन्द्र मिश्र ने की है :

"उनके गीतों ने भक्ति तत्त्वों को प्रदानकर आध्यात्मिकता को तो आभारी किया ही है, किन्तु हिन्दी भी उनसे चिर ऋणी है। मीरां के मधुर पदों की अपूर्व निधि से वह वस्तुतः गौरवशालिनी हो उठी है।" [60]

इस प्रकार हम देखते हैं कि गीतिकाव्य का मूल स्रोत जो वेदों में मिलता है, वह क्रमशः

विकास के सोपानों को पार करता हुआ इस भक्ति युग में परिष्कृत स्वरूप को प्राप्त कर सका। आदि युग में गीतिधारा का मार्ग जहाँ बिल्कुल ही अवरुद्ध हो गया था वही सन्तों की पद रचनाओं ने उसे पुनः गति प्रदान की। कबीर, दादू आदि सन्त कवियों के गीत कतिपय अभावों से युक्त थे वही सगुण भक्ति धारा के कवियों ने गीति काव्य की ऊँचाइयों को एकदम चोटी पर पहुँचा दिया। कृष्णोपासक वैष्णव भक्त कवियों में मीरां ने अपनी मधुर-गेय-रचनाओं द्वारा इस युग को स्वर्ण युग का स्तर प्रदान किया। बहुविध उत्कर्ष की दृष्टि से मीरांबाई के गीत सर्वोपरि हैं।

अन्ततः गीतिकाव्य धारा अनेक उतार-चढ़ाव और नानाविद भाव रश्मियों से जूझते, प्रभावित होते मीरां के गीतों के रूप में अपने चरम लक्ष्य को प्राप्त करने में सफल हुई। यही वह युग था जब गीतिकाव्य अपने बाध्य रूप एवं आन्तरिकता की दृष्टि से पूर्ण परिपक्वता की स्थिति में उदित हुआ।

सन्दर्भ

1. परम्परा और प्रयोग : डॉ. शाह आलम खान : पृ. 94 : मधुमती पत्रिका, नव.-दिस. 1972 : अंक 11-12/वर्ष 11/ कविता विशेषांक।
2. परम्परा और प्रयोग : श्रीकृष्ण कुमार : पृ. 85
   मधुमती पत्रिका नव.-दिस. 1972 : अंक 11-12, वर्ष 11 : कविता विशेषांक।
3. ऋग्वेद, 5 : 40 : 5-6
4. ऋग्वेद 1 : 123 : 10
5. History of Indian Literature, page 102-103 Vinter Nitz
6. निरुक्त : 11: 25
7. By the time of Yajurveda several kinds of professional musicians existed; and the vocal music had already advanced beyond the most primitive stages appears from the some what complicated method in which the Samveda was chanted." (Imperial gazetteer, page : 127)
8. सर्वदर्शन संग्रह, पतंजलि दर्शन्र : 53
9. श्रीमद्‌भगवद्‌गीता, अध्याय-10, श्लोक : 22
10. आधुनिक प्रगीतकाव्य, पृ. 70 लेखक—डॉ. गणेश खरे।
11. गीतिका, भूमिका, महाकवि निराला
12. हिन्दी साहित्य का बृहत् इतिहास, पृ. 196
13. वेदों में राष्ट्रीय गीत : प्रियव्रत वेद/वाचस्पति
14. ऋग्वेद : 3, 53, 10
15. वाल्मीकि रामायण, अरण्य कांड, सर्ग : 62
16. संस्कृत गीतिकाव्य का विकास : डॉ. परमानन्द शास्त्री, पृ. 77
17. वनपर्व अध्याय-63, श्लोक-8 : 13
18. Very pathetic is the scene discribing how he repeatedly returns to the spot

where his wife lies asleep on the ground before he finally deserts her..." Hist. of Sans. Lit., p. 297

19. श्रीमद्भागवत : 17 : 21 : 7
20. श्रीमद्भागवत : 10 : 31 : 1
21. श्रीमद्भागवत : 10 : 47 : 12
22. सूर की काव्यकला : डॉ. मनमोहन गौतम, पृ. 366
23. संस्कृत गीतिकाव्य का विकास : डॉ. परमानन्द शास्त्री, पृ. 89
24. अश्वघोष, पृ. 32
25. History of Indian Literature, page 106 Vinter nitz.
26. थेरगाथा : 1121
27. थेरीगाथा : 252
28. Indian Literature, Vol. 2, page 100
29. हिन्दी साहित्य का इतिहास, आचार्य रामचन्द्र शुक्ल, पृ. 7
30. गाथा 4 : 14
31. सूर की काव्यकला : डॉ. मनमोहन गौतम, पृ. 37।
32. आधुनिक प्रगीत काव्य : डॉ. गणेश खरे, पृ. 73
33. मेघदूत, पृ. 309
34. मेघदूत, (अनुवाद : केशवप्रसाद मिश्र) पृ. 2 श्लोक 59
35. मेघ का दूतत्व : सौन्दर्य और समीक्षा, श्री रामचन्द्र तिवारी, पृ. 41
36. गीतिकाव्य का विकास, श्री लालधर त्रिपाठी, पृ. 41
37. संस्कृत गीतिकाव्य का विकास, डॉ. परमानन्द शास्त्री,
38. ताड पत्रीकर द्वारा सम्पादित चौर पंचाशिका की भूमिका
39. चौर पंचाशिका : 51
40. दशावतार चरितम्, क्षेमेन्द्र काव्यमाला 26, सं. 1801 बम्बई
41. आधुनिक प्रगीत काव्य : डॉ. गणेश खरे, पृ. 74
42. अनुवाद डॉ. हजारीप्रसाद द्विवेदी, गोविन्द की विरहणी राधा, 'नवजीवन', पृ. 66, : 1949
43. संस्कृत गीतिकाव्य परम्परा : डॉ. परमानन्द शास्त्री, आमुख।
44. हिन्दी साहित्य का इतिहास, आचार्य रामचन्द्र शुक्ल, पृ. 31
45. हिन्दी साहित्य का इतिहास, आचार्य रामचन्द्र शुक्ल, पृ. 66
46. काव्य रूपों के मूल स्रोत और उनका विकास, डॉ. शकुन्तला दुबे, पृ. 171
47. सुन्दर ग्रन्थावली, 'भूमिका', सम्पादक—पुरोहित हरिनारायण शर्मा, संवत् : 1993
48. उत्तर भारत की सन्त परम्परा, पं. परशुराम चतुर्वेदी।
49. आधुनिक प्रगीत काव्य : डॉ. गणेश खरे, पृ. 81
50. आधुनिक प्रगीत काव्य : डॉ. खरे, पृ. 80
51. गीतिकाव्य का विकास, डॉ. लालधर त्रिपाठी प्रवासी।
52. हिन्दी साहित्य का इतिहास, आचार्य रामचन्द्र शुक्ल, पृ. 200
53. हिन्दी साहित्य का इतिहास, आचार्य शुक्ल, पृ. 159
54. हिन्दी साहित्य का आलोचनात्मक इतिहास, डॉ. रामकुमार वर्मा, पृ. 537
55. सूर की काव्यकला, डॉ. मनमोहन गौतम, पृ. 87
56. अष्टछाप और वल्लभ सम्प्रदाय, डॉ. दीनदयाल गुप्त, पृ. 696

57. अष्टछाप परिचय, डॉ. प्रभुदयाल मीतल, पृ. 177
58. सूर की काव्यकला : डॉ. मनमोहन गौतम, पृ. 299
59. डाकोर की प्रति पद सं. : 15
60. हिन्दी पद परम्परा और तुलसीदास : डॉ. रामचन्द्र मिश्र, पृ. 154

2

मीरां-युग : परिस्थितियाँ और व्यक्तित्व

भक्तिमती मीरां के गीतिकाव्य के परिचित होने के पूर्व युग सन्दर्भ में मीरां से परिचित होना अनिवार्य है क्योंकि युग जीवन से निर्लिप्त रहकर काव्य सृजन लगभग असम्भव है। मीरां के अमर गीतिकाव्य में जीवनव्यापी दुर्निवार पीड़ाएँ, आराध्य के प्रति अनन्य आस्था और दृढ़ विश्वास एवं वियोग की अन्तर्व्यथा का जो प्रकाशन है, उसके पीछे उनके देशकाल की राजनीतिक, धार्मिक एवं सामाजिक आदि परिस्थितियों का प्रभाव हमारे विचार से विस्मृत कर देने की वस्तु नहीं।

राजनीतिक परिस्थितियाँ

मीरां के युग को 16वीं शताब्दी के उत्तरार्ध से लेकर 17वीं शताब्दी के पूर्वार्द्ध तक का माना जा सकता है। मीरां ने यद्यपि राजनीति में कभी सक्रिय योगदान नहीं दिया किन्तु राज परिवार में जन्म लेने के कारण राजनीतिक तन्त्र एवं तत्कालीन परिस्थिति ने उनके जीवन पर गहन प्रभाव छोड़ा था। मीरां के जन्म, विवाह सम्बन्धी निर्णय एवं जीवन के अन्तिम काल में तत्कालीन स्थितियों का प्रभाव अवश्य पड़ा था।

इस युग में समस्त भारतवर्ष की राजनीतिक स्थिति अत्यन्त शोचनीय थी। राजस्थान की कुछ रियासतों को छोड़कर प्रायः समस्त उत्तर भारत में मुगलों का शासन स्थापित हो चुका था। राजस्थान में भी अशान्ति व्याप्त थी। राजस्थानी राजाओं का जीवन मुसलमानी शासकों के आक्रमण एवं पारस्परिक प्रतिस्पर्धा के कारण युद्ध करते व्यतीत होता था।

उस समय राजस्थान के स्वतन्त्र हिन्दू राज्यों में मेवाड़ एवं मारवाड़ के राज्य प्रमुख थे। मीरां का सम्बन्ध इन्हीं दो राज्यों से था। इन राज्यों की संघर्षमय अशान्तिपूर्ण परिस्थितियों से मीरां अप्रभावित नहीं रह पाई।

मेवाड़ के राजवंश का आरम्भ राणा 'गुहिल' से होता है। 'गुहिल' के पूर्व का इतिहास अज्ञात के गर्त में हैं। विक्रम की आठवीं शताब्दी में गुहिल वंशीय 'बापा' रावल ने गुहलौत राज्य की स्थापना की। इनके वंशज राणा लाक्षासिंह 'लाखा' (सन् 1382 से

1421) अपनी प्रतिभा और योग्यताओं की विशिष्टता के कारण अत्यन्त प्रसिद्ध शासक हुए। राणा लाखा ने वृद्धावस्था में मंडोवर (जोधपुर) के राव चूड़ाजी राठौड़ की सुपुत्री हंसाबाई से विवाह सम्बन्ध स्थापित किया। इनके पुत्र राणा 'मोकल' का शौर्य और कुशल राज्य संचालन विशेष प्रसिद्ध था। कालान्तर में इनके दादा के पासवान पुत्रों (दासीपुत्रों) ने इनकी हत्या कर दी। तदनन्तर इनके पुत्र राणा कुम्भ सिंहासनारूढ़ हुए। इन्हें जीवनपर्यन्त युद्धरत रहना पड़ा। अपूर्व शौर्य एवं बहुगुणी प्रतिभा के स्वामी राणा कुम्भ दुर्भाग्यवश जीवन के अन्तिम काल में उन्मादग्रस्त हो गए थे। और इसी अवस्था में उनके ज्येष्ठ पुत्र उदयकर्ण 'ऊंदा' ने राणा कुम्भ की हत्या कर स्वयं सिंहासन पर आधिपत्य जमा लिया। राजा उदयकर्ण ऊदां (सन् 1468 से 1472 तक) पितृहन्ता होने के कारण अप्रिय शासक सिद्ध हुए। राणा कुम्भ के दूसरे पुत्र रायमल के नेतृत्व में अन्य सामन्तों ने विद्रोह कर दिया। 'मीरां' के जन्म के समय मेवाड़ के सिंहासन पर यही रायमल विराजमान थे। वह सन् 1473 में राजगद्दी पर आसीन हुए थे।"[1]

यद्यपि रायमल ने 36 वर्षों तक राज्य शासन किया किन्तु इस लम्बी अवधि में भी वे अपने पितामह के समान गरिमामय कार्यभार नहीं उठा सके।

राणा रायमल के तीन पुत्र--पृथ्वीराज, जयमल तथा राणा संग्रामसिंह एवं एक पुत्री आनन्दबाई--ये चार सन्तानें हुई।

ये तीनों भाई राज्यसत्ता हथियाने के लिए निरन्तर झगड़ते रहते थे। परस्पर विद्वेष की यह कटुता यहाँ तक पहुँची कि किसी चारणी के द्वारा संग्राम सिंह (राणा सांगा) को भावी शासक बतलाने मात्र से पृथ्वीराज एवं जयमल ने उनकी हत्या का प्रयास किया। इस संघर्ष में संग्रामसिंह की एक आँख जाती रही। वे वहाँ से पलायन कर श्रीनगर जा पहुँचे। जहाँ के परमान राजा कर्मचन्द ने अपनी पुत्री का विवाह उनके साथ सम्पन्न कर दिया। रायमल ने अपने पुत्रों के इस झगड़े से क्रुद्ध होकर पृथ्वीराज को मुँह न दिखाने की आज्ञा दी। पृथ्वीराज कुम्भलगढ़ चले गए। महाराणा के द्वितीय पुत्र जयमल ने सोलंकी राव सुरताण की कन्या ताराबाई के अनिन्द्य सौन्दर्य की ख्याति सुनकर विवाह की इच्छा प्रकट की परन्तु विवाह पूर्व अपनी भावी पत्नी के दर्शनों की इच्छा प्रकट की। परन्तु विवाह पूर्व अपनी पुत्री को किसी पुरुष के सामने लाना, यह राजपूत रक्त को असह्य था। राव सुरताण ने इसे अपमान रूप में ग्रहण किया तथा प्रस्ताव के प्रति असहमति प्रकट की। जयमल ने सुरताण पर चढ़ाई कर दी किन्तु जयमल की मृत्यु इसी युद्ध में हो गंई। राणा रायमल की पुत्री आनन्दबाई का विवाह सिरोही के राव जगमाल से हुआ था। आनन्दबाई जगमाल से संत्रस्त रहती थी। अतः पृथ्वीराज अपनी बहन की रक्षा हेतु सिरोही पहुँचे। पृथ्वीराज के बल से भयभीत रावजगमाल ने अपने अपराधों को स्वीकार करते हुए भविष्य में अपनी पत्नी और पृथ्वीराज की बहन आनन्दबाई को किसी भी भाँति कष्ट न देने की प्रतिज्ञा की। किन्तु वह अपने अपमान के दंश से तिलमिला उठा। उसने पृथ्वीराज को औषध के बहाने तीव्र विष दे दिया। षड्यन्त्र का शिकार पृथ्वीराज मृत्यु को प्राप्त हुआ। दोनों पुत्रों की मृत्यु के उपरान्त राणा रायमल

ने अपने तृतीय पुत्र महाराणा सांगा को राज्यगद्दी सौंप दी। फलतः गुप्त रूप से वनों में भटक रहे राणा सांगा पुनः राजपरिवार में आ मिले।

उधर मारवाड़ में राव जोधाजी के उपरान्त रावसातलजी और राव सूजाजी का समय राजकीय उत्थान की दृष्टि से सामान्य ही था।

महाराणा रायमल की मृत्यु के उपरान्त राणा सांगा के सिंहासनारूढ़ होने पर उन्होंने अत्यन्त कुशलतापूर्वक शासन चलाया। मेवाड़ के महाराणाओं में सर्वाधिक प्रतापी होने का श्रेय राणा सांगा को ही है। पुरुषार्थ एवं नीति के बल पर मेवाड़ राज्य की उन्नति इनके द्वारा ही हुई। ग्वालियर, अजमेर, सीकरी, रायसेन, काल्पी, चन्देरी, बूँदी, बागरीन, रामपुरा और आबू के राजागण इनके सामन्त थे। इन्हें जीवनपर्यन्त युद्ध संलग्न रहना पड़ा। उन्हें दिल्ली, गुजरात एवं मालवा के सुल्तानों से सदैव ही मोर्चा लेते रहना पड़ता था। इन्होंने दिल्ली एवं मालवा के सुल्तानों के विरुद्ध 18 बार युद्ध जीते थे। शूरता तो उनके रक्त में घुली हुई थी। वे हिन्दू गौरव के प्रतीक माने गए थे।

इसी बीच बाबर ने लोदी वंश का अन्त करके मुगल राज्य का झंडा दिल्ली पर गाड़ दिया। इस विषय में तो इतिहासकार भी एक मत नहीं है कि बाबर को राणा सांगा ने आमन्त्रित किया था अथवा स्वयं बाबर ने उस समय के सर्वाधिक शक्तिशाली शासक राणा सांगा से सहायता माँगी थी। दूरदर्शी राणा सांगा इस बिदेशी के खतरे से परिचित थे। अतएव उन्होंने बाबर को देश से निकालने का संकल्प लिया। सन् 1527 में उन्होंने पहले बयाना पर चढ़ाई की और किले को अपने अधिकार में कर लिया। इस विजय के उपरान्त उस काल में मुगलों के विरुद्ध फिर कोई विजय राजपूत राजा हासिल नहीं कर पाया। इसके उपरान्त खानवा के युद्ध में बाबर के सामने राणा की पराजय हुई। इसके उपरान्त भी बाबर से युद्ध करने के लिए राणा सांगा कटिबद्ध थे। मन्त्रीगण उनके इस संकल्प से सहमत नहीं थे। अतः कुछ षड्यन्त्रकारियों ने उन्हें विष दे दिया। राणा सांगा के सात पुत्र थे—सौजराज, रतनसिंह, विक्रमादित्य, उदयसिंह, कृष्णसिंह, पर्वतसिंह, कर्णसिंह तथा चार पुत्रियाँ—कुँवरबाई, गंगाबाई, पद्माबाई, राजबाई थीं। इनमें राजकुँवर भोजराज ही मीरांबाई के पति थे। राणा सांगा की मृत्यु के पश्चात् राणा रतनसिंह 1528 ई. में चित्तौड़ की गद्दी पर विराजमान हुए। परन्तु ये कुल तीन वर्ष पर्यन्त ही राज कर पाए। रतनसिंह की मृत्यु अपने मामा बूँदी के हाड़ा सूरजमल के हाथों हुई। इसके उपरान्त मालवा प्रदेश पर मेवाड़ राज्य का जो प्रभाव और धाक थी वह समाप्त हो गई। रतनसिंह का छोटा भाई विक्रमादित्य सिंहासनारूढ़ हुआ। यह एक अयोग्य शासक सिद्ध हुआ। राज्य की अवस्था अव्यवस्थित हो गई थी। राजगद्दी पर आसीन होते समय विक्रमादित्य की अवस्था मात्र 15 वर्ष की थी। परन्तु उद्दंडता और अदूरदर्शिता इनके स्वभाव का अंग थी। इन्होंने अपने दरबार में 700 पहलवानों को स्थान देकर सामन्तों को उपहास का पात्र बना दिया था। परिणामस्वरूप सामन्तगण इनसे अत्यन्त रुष्ट रहते थे।

मीरांबाई के पदों में राजकीय सत्ता द्वारा कष्ट प्रदान करने सम्बन्धी जो उल्लेख मिलते हैं वे राणा विक्रमादित्य के द्वारा ही दिए गए हैं। इनके शासनकाल में बहादुरशाह

ने दो बार आक्रमण किया। पहले आक्रमण के समय बहादुरशाह राजमाता हाड़े रानी करमेती के प्रयास से मात्र भेंट ग्रहण कर वापस लौट गया। विक्रमादित्य का दूराभिमान, उद्दंडता, इस पराजय के उपरान्त भी पूर्ववत बनी रहीं। अतः कुछ सरदार बहादुरशाह से जा मिले और चित्तौड़ पर आधिपत्य जमा लेने के लिए उसे प्रेरित किया। बहादुरशाह के इस द्वितीय आक्रमण में उसे पूर्ण सफलता मिली। देशभक्त राजपूत केसरिया बाना धारण कर लड़ते-लड़ते वीरगति को प्राप्त हो गए, और तब किले में उपस्थित सभी स्त्रियों ने अग्नि में प्रवेश कर लिया। यह जौहर चित्तौड़ का 'दूसरा शाका' कहलाता है।

कुछ समय उपरान्त हुमायूँ ने बहादुरशाह पर चढ़ाई की। बहादुरशाह पराजित होकर पुर्तगालियों की शरण में भागा और वहीं मारा गया। बहादुरशाह की मृत्यु की खबर सुनकर राजपूतों ने अपने किले को मुक्त करा लिया। इतने कटु अनुभवों और विषम बाधाओं के उपरान्त भी विक्रमादित्य का आचरण नहीं बदला। वह सर्वथा अयोग्य शासक सिद्ध हुआ। मौका पाकर पृथ्वीराज के दासीपुत्र बणवीर ने उसकी हत्या कर दी एवं स्वयं राज्य हथिया लिया। बणवीर ने उदयसिंह की भी हत्या का षड्यन्त्र रचा किन्तु उदयसिंह की धाय पन्ना ने अपने पुत्र का उत्सर्ग कर उदयसिंह को बचा लिया। अन्यथा इस वंश का अन्त हो गया होता।

बणवीर एक विलासी, अकुलीन राजोचित गुणों से रहित एक घमंडी शासक सिद्ध हुआ। सामन्तगण उसे पसन्द नहीं करते थे। जब सरदारों को मालूम हुआ कि उदयसिंह कुम्भलगढ़ में सुरक्षित है तो वे उन्हें लिवा लाए और उन्हें राणा घोषित कर दिया। इस पर सरदारों एवं बणवीर के मध्य युद्ध हुआ और उसे भागना पड़ा। कुछ इतिहासकार उसकी मृत्यु की पुष्टि करते हैं।[2]

उदयसिंह का जीवन विलास और युद्धों से भरपूर था। वह एक सामान्य राणा के रूप में सामने आता है। उसमें शूर-वीरता, नीति-निपुणता, दूरदर्शिता एवं गाम्भीर्य आदि गुणों का अभाव था। राज्यगद्दी पर बैठते ही उसे जोधपुर के रावमालदेव से युद्धरत होना पड़ा। इस युद्ध में उसकी विजय हुई। कुछ कालोपरान्त हाजी खाँ से उसका युद्ध हुआ। रावमालदेव हाजी खाँ के साथ था। राणा उदयसिंह को जन धन की भारी हानि उठानी पड़ी।

उधर उत्तर भारत में शेरशाह की शक्ति ने जन्म लिया। वह हुमायूँ को दो बार पराजित कर चुका था और अब उत्तर भारत में अपनी शक्ति वृद्धि में जुटा हुआ था। मेवाड़ के ऊपर शेरशाह ने आक्रमण कर दिया। राणा उदयसिंह ने संघर्ष न करके अपने किले की तालियाँ भिजवाँ दीं। उदयसिंह का यह मौन समर्पण शेरशाह ने स्वीकार कर लिया और सन्धि करके लौट गया।[3]

परन्तु यह पराजय भी राणा उदयसिंह के लिए एक नवीन प्रेरणा बनकर आई। उसने एक ऐसे स्थान की खोज की जहाँ शत्रुओं के आक्रमणों से सुरक्षित रहा जा सके। परिणामस्वरूप सन् 1559 के लगभग 'उदयपुर' की नींव पड़ीं।[4]

अकबर द्वारा जब चित्तौड़ पर आक्रमण किया गया तो उदयसिंह उदयपुर आ गया

एवं चित्तौड़ अकबर के अधीन चले जाने पर वह वहीं बस गया। मीरां की मृत्यु इसके पूर्व ही हो चुकी थी।

मेड़ता की राजकीय स्थिति

राव जोधाजी के दो पुत्रों (वरसिंह और दूदा) ने सन् 1541 में मेड़ता जीता था। और नया मेड़ता नगर भी बसाया था।"[5]

वरसिंह वहाँ का शासक हुआ उसके बाद वीरमदेव मेड़ता के अधिपति बने। मीरांबाई इन्हीं बीरमदेव के भाई रतनसिंह की कन्या थी। यद्यपि बीरमदेव जोधपुरी राठौरों का ही वंशज था, परन्तु मालदेव से उसकी शत्रुता हो गई। परिणामस्वरूप मालदेव ने सन् 1535 में मेड़ता पर अधिकार कर लिया। सन् 1544 में शेरशाह की जोधपुर की विजय के उपरान्त मेड़ता फिर बीरमदेव को मिल गया। बीरमदेव के पश्चात् जयमल मेड़ते का स्वामी बना पर सन् 1953 में मेड़ता फिर से मालदेव के अधीन चला गया।[6]

इसके उपरान्त मेड़ता फिर जयमल को प्राप्त नहीं हो सका यद्यपि उसने इसे प्राप्त करने के लिए अथक प्रयास किए।[7]

मेड़ता का राज्य अकबर द्वारा मालदेव से छीन लिया गया। वह सन् 1567 में चित्तौड़ दुर्ग की रक्षा करते हुए अकबर की सेना द्वारा मृत्यु को प्राप्त हुआ।[8]

इस युग की राजनीतिक स्थिति का आभास उपर्युक्त विवरण से हो जाता है। परस्पर राजपूतों के मध्य संघर्ष, बाह्य आक्रमण इन सभी से राजनीतिक स्थिति विषम हो गई थी। उत्तराधिकार की अनिश्चितता के कारण राजमहलों में बाह्य और भीतरी षड्यन्त्र चलते रहते थे। राजाओं, सुल्तानों और सामन्तों की उच्छृंखलता एवं परम स्वतन्त्रता के कारण राज्यों की आन्तरिक एवं बाह्य सुरक्षा सदैव खतरे में रही आती थी। सामान्य प्रजा भी शासकीय सत्ता के प्रति उदासीन दृष्टिकोण ही धारण किए हुए थी। जीवन अत्यन्त संघर्षपूर्ण और अनिश्चित हो चुका था।

राज्य सत्ता की प्राप्ति के लिए चलने वाले आन्तरिक एवं बाह्य षड्यन्त्रों ने राणाओं को काफी हद तक स्वार्थी और संकुचित विचारधारा का बना दिया था। कुछ राणाओं को छोड़कर प्रायः सभी वैयक्तिक हितों को सर्वोपरि मानते हुए राष्ट्र की सुरक्षा और हित को भुला बैठे थे। निष्कर्ष रूप में कहा जा सकता है कि मीरां के युग की राजनीतिक दशा, असुरक्षा, अनिश्चितता और संघर्ष से परिपूर्ण थी।

आर्थिक परिस्थिति

मीरां कालीन राजस्थान की आर्थिक दशा भी ठीक नहीं थी। भारत जैसे राष्ट्र का मुख्य आधार जहाँ अन्नोत्पादन है, उसके भू-भाग राजस्थान की भी आर्थिक व्यवस्था का मूल आधार राजपूताने की रेतीली, अनुपजाऊ भूमि पर अन्नोत्पादन ही था। वर्षा का अभाव,

निरन्तर उस क्षेत्र को सूखाग्रस्त ही बनाए रखता था। राजपूताने के पश्चिमी भागों में तो यह कहावत प्रसिद्ध है कि "प्रति तृतीय वर्ष एक अकाल यहाँ अवश्य पड़ जाता है।"[9]

प्राचीन समय का एक दोहा काफी प्रसिद्ध है जिसमें अकाल स्वयं कहता है कि "मेरे पैर पुंगलदेश (बीकानेर) धड़ कोठड़ा (मारवाड़) और भुजाएँ, बाहड़मेर (जिला मालानी) में स्थायी रूप से विद्यमान हैं। कभी-कभी खोजने पर जोधपुर में भी मिल जाता हूँ परन्तु जैसलमेर तो मेरा स्थायी निवास है।"[10]

ऐसी स्थिति में राजस्थान की स्थिति का विपन्न होना स्वाभाविक था। इस समय राजा समस्त भूमि का स्वामी माना जाता था। जागीरदार उसकी भूमि सम्पत्ति की व्यवस्था में सहायक थे, परन्तु उनकी मनमानी पर किसी की रोक-टोक नहीं थी। किसानों की भूमि के प्रति ममता ही उन्हें कृषि कार्य से बाँधे हुए थी अन्यथा उन्हें इस अल्प उपार्जन वाले आयस्रोत को त्याग देना, सरल और लाभप्रद था।

इस युग में ग्रामोद्योगों का भी प्रचलन था। इन ग्रामोद्योग को जातीयता के आधार पर अपनाया जाता था किन्तु जीविका का अंश इससे अल्प मात्रा में ही पूरा हो जाता था। इनकी सहायता से आर्थिक लाभ बहुत ही कम हो पाता था।

संघर्ष प्रधान युग होने के कारण राज्य का सर्वाधिक महत्त्वपूर्ण अंश सेना थी। सेना के रख-रखाव पर होनेवाला भारी खर्च किसानों, कारीगरों एवं अन्य निम्न वर्णों आदि से वसूल किया जाता था। दूसरी ओर विपक्षी सेनाओं द्वारा युद्ध के दौरान लूटपाट किए जाने पर यही वर्ग सर्वाधिक संत्रस्त होता था। कुल मिलाकर इनका जीवन बड़ा ही संघर्षमय और व्यथासिक्त था।

विपरीत धर्मावलम्बियों शासकों के शासनकाल में धर्म भी जनसामान्य के लिए संकट का कारण बन जाता था। मुसलमानी रियासतों के मौला-मौलवी, सरदार आदि सभी किसानों (विशेषकर गैर मुस्लिम) पर अनधिकार हस्तक्षेप करते रहते थे। उनका लक्ष्य यथासम्भव शोषण द्वारा वैयक्तिक सुख-सुविधा एवं ऐश्वर्यादि की वृद्धि करना था।

सम्पत्ति वितरण सम्बन्धी विषमताएँ इस युग में भी अत्यधिक थीं। उपभोक्ता के रूप में शासक वर्ग था जो समस्त सुख-सुविधाओं को हस्तगत करने और उनका मनचाहा उपयोग करने के लिए पूर्ण स्वतन्त्र था। श्रमजीवी वर्ग मात्र उपार्जन कार्य करता था। शासक, सामन्त, राव-उमराव उपभोगकर्ता थे।

इस प्रकार इस काल की आर्थिक स्थिति के सम्बन्ध में यही कहा जा सकता है कि शासित अर्थात् जन साधारण की स्थिति दयनीय थी। शासक या उच्चवर्गीय समाज की अवस्था आर्थिक दृष्टि से उत्कृष्ट थी।

सामाजिक स्थिति

इस युग में राजनीतिक स्थिति के ही समान सामाजिक अवस्था भी पतन के मार्ग पर काफी बढ़ चुकी थी। चौदहवीं शताब्दी तक भारत आकंठ विलासमग्न हो चुका था। हिन्दू

राजा तथा नवाब सभी विलासिता के मद में चूर थे। सुरा सुन्दरी के उपभोग में ही जीवन का रस समझने वाले ये शासक वर्ग वीरता, शौर्य, बुद्धि, तेज, बल एवं अपने क्षत्रिय गुणों को महत्त्व न देकर विलास के उपकरण सुलभ करवाने वाले व्यक्तियों को अधिक महत्त्व प्रदान किया करते थे। परिणामस्वरूप समाज में प्रतिष्ठित पद उन्हीं व्यक्तियों को अधिक सुलभ थे जो चाटुकार, रसिक और विलासी थे।

बहु विवाह की प्रथा प्रचलित थी। विवाह में दहेज रूप में दासियों को भी दान करने की प्रथा थी। विलास के रंग में न केवल शासक अपितु उसके अधीनस्थ उच्चपदाधिकारी भी अद्यतन डूबे हुए थे। अन्तःपुरों में षड्यन्त्र, द्वेष और स्पर्द्धा चलती रहती थी, जिसका कारण यही था कि हरम और रनिवासों को अपनी दैनन्दिन दिनचर्या में राजाओं, नवाबों, सामन्तों, अमीर उमरावों एवं सरदारों ने आवश्यकता से बहुत अधिक महत्त्व दे रखा था। अन्तःपुरों व हरमों में चलने वाली आन्तरिक राजनीति का गहरा असर शासकीय व्यवस्था और इसके परिणामस्वरूप सामाजिक जीवन पर पड़ा। अभिजात्य कहलानेवाला यह उच्चवर्ग अपने अनअभिजात्य कार्यों के द्वारा समाज के लिए अस्वास्थ्यकर सिद्ध हो रहा था। वेश्यावृत्ति एवं द्यूतक्रीड़ा का प्रचार और प्रसार जिसमें मुख्य है। यही नहीं ये दोनों ही व्यसन राजकीय आय के अच्छे खासे स्रोत भी बन गए थे।

शासन व्यवस्था में उच्चाधिकार प्राप्त करने का मापदंड व्यक्ति के गुण और उसके सत्कार्य न होकर शासक का अनुग्रह प्राप्त करना था। इस अनुग्रह प्राप्ति के लिए उनके अन्तःपुर की सर्वाधिक प्रभावशाली महिला की कृपादृष्टि प्राप्त करना एवं स्वयं शासक के लिए विलास के उपकरण जुटाना सर्वाधिक उपयुक्त समझा जाता था।

उच्च-वर्ग के इन अकुलीन क्रियाकलापों का प्रभाव प्रजा पर पड़ना भी स्वाभाविक था। अपनी-अपनी यथाशक्ति वे भी उच्चवर्ग की नकल करने लगे अतः नैतिक दृष्टि से ये सारी स्थितियाँ बड़ी शोचनीय थीं।

इस समय तक राजस्थानी समाज में अनेक वर्ग बन गए थे :

- सामन्त और युद्ध व्यवसायी वर्ग।
- पुरोहित, सैयद, जैनियों के यती आदि के वर्ग।
- भक्त समुदाय।
- चारण या भाट वर्ग।
- गायक एवं नर्तक वर्ग।
- कलाकारों एवं दस्तकारों का वर्ग।
- खेतिहर वर्ग।
- व्यापारी वर्ग।

इस युग में वर्ग व्यवस्था का कठोरता से पालन किया जाता था। सामाजिक दृष्टि से सर्वाधिक सम्पन्न और भौतिक सन्तुष्टि की दृष्टि से सर्वाधिक सुखी वर्ग सामन्तों तथा युद्ध्र-व्यवसायियों का ही था। (चूँकि न्याय के आधार पर राज्यसत्ताधिकार समाप्त कर दिया गया था और दंड की शक्ति पर राज्यसत्ता आधारित थी अतः दंड शक्ति के बल

पर राज्य शासन चलाया जा रहा था। फलस्वरूप सामन्तगण सरदार आदि अपनी शक्तियों का दुरुपयोग करते थे एवं जन सामान्य के लिए भय के प्रतीक थे। वे मनचाहा व्यवहार कर उनका शोषण करते थे।

यदि शासक दयालु भी होता था तो उसके सामन्त एवं सरदार इत्यादि जनसामान्य की पुकार उसके कानों तक पहुँचने की प्रत्येक सम्भावना पर रोक लगा देते थे। ऐसी परिस्थिति में राजागण प्रजा के कष्टों से अनभिज्ञ रहते थे और उन्हें दूर करने के उद्देश्य से कुछ न कर पाते थे।

क्षत्रियवर्ग में आत्मपूजा का भाव अत्यधिक था। उन्हें अपनी कुलीनता पर गर्व था, नारियों द्वारा परदा प्रथा का पालन, कुलीन परिवार में विवाह सम्बन्ध एवं भूमि पर अधिकार ये तीनों विशेषताएँ उनकी कुलीनता के दर्प का कारण थी। मीरां का इसी वर्ग से सम्बन्ध था। मीरां ने परदाप्रथा को त्यागकर साधु संगति में जाना स्वीकार किया था। इसके अतिरिक्त उनकी साधना पद्धति में नृत्य का समावेश भी था। फिर भला यह वर्ग मीरां की इस उच्छृंखलता को कैसे सहन कर सकता था ? मीरां के मूल पदों में राजकीय वर्ग द्वारा की गई वर्जनाओं के स्पष्ट संकेत मिलते हैं।

समाज में दूसरा वर्ग ब्राह्मणों का था जिन्हें सामन्तों आदि से किसी भी प्रकार कम शक्तिशाली दर्जा प्राप्त नहीं था। इस वर्ग द्वारा ही प्रत्येक धार्मिक कृत्य सम्पन्न कराया जाता था अतः इनके बिना धार्मिक कृत्यों का संचालन असम्भव समझा जाता था। राजकीय क्षेत्र में भी ये अपने प्रभाव को मजबूत किए हुए थे। जीवन को भाग्यवादी दृष्टिकोण से परखने के लिए प्रेरणा का कार्य यही वर्ग करता था। आर्थिक अभावों के उस युग ने आम आदमी के जीवन की निश्चिन्तता को समाप्त कर दिया था, अतः ईश्वर पर दृढ़ आस्था उनके चरित्र की प्रमुख विशेषता बन गई थी। यद्यपि इस युग का ब्राह्मण वर्ग नियमादि में बँधा हुआ था, परन्तु उच्च संस्कारों, जातीयगत कर्मादि के कारण यह वर्ग बुद्धिजीवी माना जाता था। ज्ञान एवं धर्म की राह पर चलने वाला यह वर्ग स्वाभिमानी भी बहुत अधिक था। वणिकवर्ग की स्थिति सर्वाधिक सुरक्षित थी और यही वर्ग सर्वाधिक सुखी भी था। वणिक बुद्धि का चातुर्य शीश झुकाकर कार्य निकालने में है, यही इस वर्ग की विशिष्टता थी। इस वर्ग का मुख्य जीवन लक्ष्य अर्थ और काम की प्राप्ति के साथ धर्म को आदर प्रदान करना भी था। 'खेती किसानी' के कार्य से इस वर्ग ने स्वयं को हटा लिया था। विरोध, संघर्ष आदि के उस वातावरण में भी यह वर्ग उदासीन रहकर अपनी प्रगति में संलग्न था।

सर्वाधिक सन्तप्त त्रसित वर्ग शूद्रों का था। उनकी सामाजिक स्थिति सभी प्रकार से बड़ी दयनीय थी। उनके लिए सामाजिक जीवन में घृणित समझा जाता था। उनके कार्यों का निर्धारण कर कार्यक्षेत्र अत्यन्त सीमित कर दिया गया था। अपनी आर्थिक स्थिति के लिए वे उच्चवर्गों पर आधारित थे। ब्राह्मण, वैश्य एवं क्षत्रियों की कृपा प्राप्ति के लिए दास बने रहने में ही वे अपना हित समझते थे। इसके अतिरिक्त अपने जीविकोपार्जन का उनके पास कोई उपाय न था।

किन्तु मीरां के इसी युग में कुछ धाराएँ ऐसी भी प्रवाहित हुईं जो शूद्रों की सामाजिक स्थिति में सुधार लाने में सफल हुई। एक वर्ग उन क्रान्तिकारियों का था जो वर्ण-परम्परा को जड़मूल सहित समाप्त कर देने के लिए तत्पर था। दूसरी ओर एक वर्ग उन सुधारवादियों का था जो शूद्रों की स्थिति में आंशिक सुधार के पक्षपाती थे। वे भक्ति के क्षेत्र में समानता के पक्षपाती थे। केवल इसी क्षेत्र में उनका दृष्टिकोण उदार था अन्यथा वे वर्ण व्यवस्था के घोर समर्थक थे। यह वर्ग वेद-विहित मार्ग का अनुसरण करनेवालों का था। कुल मिलाकर शूद्रों की स्थिति बड़ी निम्न थी। समाज में छुआछूत आदि आडम्बरों को भरपूर स्थान प्राप्त था। जाति एवं आचार-विचार का पालन विशेष कट्टरता के साथ किया गया। संस्कृति एवं प्रथाओं की रक्षा ही इस कट्टरता का मूल थी।

मुसलमानों का आगमन होने के साथ उनके धर्म प्रचार का उत्साह भी अपूर्व था। वे अपने धर्म और संस्कृति को सर्वश्रेष्ठ मानते थे। इसके लिए कठोर नियमों का प्रचलन किया गया। बल प्रयोग के आधार पर अपने धर्म के प्रसार के लिए कटिबद्ध मुस्लिम सम्प्रदायियों ने अनेक सामाजिक, राजनीतिक समस्याओं को उत्पन्न कर विषम स्थिति निर्मित कर दी थी। उनसे सम्पूर्ण समाज संत्रस्त और भय कातर हो उठा था।

हिन्दुओं के जातीय बन्धन और भी कड़े हो गए थे। वे अपनी संस्कृति, अपने जातीय संस्कारों और परम्पराओं को जीवित रखना चाहते थे।

सूफी मतानुयायी अवश्य उदारमना थे। जनता पर इनका प्रभाव भी काफी पड़ा। परन्तु किसी अन्याय के विरुद्ध आवाज उठाने योग्य शक्ति और साहस से ये वंचित थे।

इस युग में नारी की स्थिति क्रमशः अधिक दयनीय होती चली गई। वैदिक युगीन नारी और इस युग की नारी की सामाजिक स्थिति में जमीन-आसमान का अन्तर आ गया था। नारी को जीवनपर्यन्त पुरुष के शासन में रहना पड़ता था। बाल्यकाल में पिता, वैवाहिक जीवन में पति और पुत्र के अधीन उसकी सारी स्वतन्त्रताएँ, सारे अधिकार सुरक्षित थे। पुरुष ने नारी को नानाविध नियमों व बन्धनों की शृंखलाओं में आबद्ध कर रखा था। मुस्लिमों के आगमन से नारी की रही-सही स्वतन्त्रता भी समाप्त हो गई। हिन्दुओं में परदा प्रथा प्रायः अनिवार्य थी। उच्चवर्ग में परदा प्रथा का प्रचलन मर्यादा का द्योतक था। मध्यमवर्गीय समाज में सामाजिक सुरक्षा के साथ-साथ अन्धानुकरण की प्रवृत्ति भी परदा प्रथा को अपनाने का प्रमुख कारण थी। निम्नवर्गीय नारियों में अवश्य इस प्रथा का जोर अधिक नहीं था। असुविधा एवं अर्थाभाव ही इसके प्रमुख कारक थे।

कन्या का जन्म अप्रसन्नता का कारक था। पुत्रियों की जन्मदात्री माँ को असम्मान का जीवन व्यतीत करना पड़ता था। कन्या 'दान' की वस्तु बन गई थी। लड़की पर ढेर सारे अंकुश लगाए जाते थे।

नारी को यदि सम्मान मिला तो वह माता के रूप में। राजपूत माताओं ने त्याग एवं बलिदान के अनेक उदाहरण प्रस्तुत किए हैं। राणा विक्रमादित्य की माता हाड़े रानी कर्मवती ने अपने पुत्र के अल्पवयस होने के कारण राज्य संचालन बड़ी कुशलता से किया था। बाद में युद्धक्षेत्र में भी उन्होंने उच्चस्तर पर युद्ध संचालन किया। बाल विवाह

प्रथा प्रचलित थी। स्वयं मीरांबाई का विवाह 12 वर्ष की अल्पायु में हुआ था। राजनीतिक व सामाजिक असुरक्षा इस कुप्रथा के लिए दोषी थी। विवाह सम्बन्ध तय करने के लिए लड़की की इच्छा-अनिच्छा का ध्यान न रखकर कुल और वंश देखा जाता था।

बहु-विवाह भी प्रचलित थे। यह कुप्रथा सम्पन्नता एवं ऐश्वर्य प्रदर्शन का साधन बन गई थी। सामान्य व्यक्ति एक पत्नी ही रखता था अधिक पत्नियाँ रखना आर्थिक बोझ था। अधिक पत्नियों का रहना सामाजिक रूप से स्वयं को सम्पन्न घोषित करना था। परन्तु पत्नियों को अधिकार बहुत कम प्राप्त थे। पति की प्रसन्नता या अप्रसन्नता उसके जीवन को सुखी या दुःखी बना देती थी। नारी की स्थिति दासी या भोग्या की थी। कुछ राजपरिवारों में अवश्य तीव्र बुद्धिशालिनी एवं साहसी नारियों के उदाहरण मिलते हैं जो राजकार्य में प्रेरणा देती थी, जिसे मान्यता भी मिलती थी। परन्तु ऐसे उदाहरण अपवादस्वरूप हैं। सम्बन्ध विच्छेद, पुनर्विवाह की प्रभा उच्च तथा मध्यम वर्ग में न थी। केवल मुस्लिम और नीची जाति में यह प्रथा प्रचलित थी। सतीप्रथा का पालन इस युग में पूरी निष्ठा से किया जाता था। विधवा को जीने का अधिकार न था। जीवितावस्था में अनेक लांछनाएँ एवं सन्देह उस पर किए जाते थे। पति की मृत्यु होने पर उसके संग ही पत्नी की काया को भी राख कर देना उचित माना जाता था। किसी राणा या अन्य किसी अभिजात्यवर्गीय पुरुष की मृत्यु पर उसकी विवाहिताएँ एवं दासियाँ भी सती हो जाने में गौरव का अनुभव करती थीं। कभी-कभी सती होने के लिए बाध्य भी किया जाता था।

शत्रु द्वारा पराजित किए जाने पर आत्मसम्मान की रक्षा के लिए राजपूत स्त्रियाँ एक विशाल चिता बनाकर उसमें प्रवेश कर जाती थीं। यह प्रथा जौहर कहलाती थी। चित्तौड़ के इतिहास में तीन जौहर प्रसिद्ध हैं।

शिक्षा

मीरां के युग में राजनीतिक हलचलों और प्रतिदिन के आपसी झगड़ों के कारण राजकीय स्तर पर शिक्षा की व्यवस्था नहीं थी। प्रायः पंडितगण पाठशालाएँ खोल देते थे, जिसमें शिष्यों द्वारा गुरुदक्षिणा देने का प्रचलन था। कभी-कभी सामन्तों द्वारा अनुदान भी मिल जाया करता था। मुसलमानों को शिक्षा देने के लिए मौलवियों द्वारा मकतवों में अध्यापन किया जाता था। उच्चस्तरीय शिक्षा के लिए कोई शिक्षा संस्थान नहीं थे। किसी विद्वान के पास जाकर विद्यार्थी उनसे ज्ञान प्राप्त करता था। गुरु की विद्वता द्वारा फैला यश ही शिष्य के लिए प्रमाणपत्र था। उसकी वैयक्तिक योग्यता ही उसकी शिक्षा का ज्ञान करा देती थी। पुस्तकें हस्तलिखित होती थीं अतः इसका मूल्य बहुत अधिक था। इसके अतिरिक्त इन ग्रन्थों की संख्या भी अल्प थी। इस युग में गुरु को अपरिमित मान दिया जाता था।

पर्व

पर्व और उत्सव की दृष्टि से मीरां का युग काफी समृद्ध है। हिन्दू जीवन में पर्वों और उत्सवों का विशिष्ट महत्त्व होने के कारण रामनवमी, जन्माष्टमी, वसन्त पंचमी, गौर, बैसाखी-पूर्णिमा, होली तथा पौराणिक तथा ऐतिहासिक महत्त्व वाले दिनों में विशेष उत्सव मनाने की प्रथा थी। होली का वर्णन मीरां के पदों में भी मिलता है।

मुस्लिम पर्वों का प्रचलन भी मुसलमानों के आगमन के साथ हो गया था। महाराणाओं के जन्मदिन, विवाह दिवस, राजगद्दी पर बैठने के दिवस उत्सव के दिवस बन जाते थे।

निष्कर्ष रूप से कहा जा सकता है कि इस युग की सामाजिक स्थिति भारी उथल-पुथल से युक्त थी। परिणामतः जनजीवन अस्त-व्यस्त था। अरक्षित त्रस्त एवं भयकातर जनता किंकर्त्तव्यविमूढ़-सी थी। ऐसे ही समय क्षुब्ध एवं दिशाहीन जनमानस को भक्त कवियों ने अपनी भाव-भक्तिमयी वाणी के माध्यम से नवीन प्रेरणा एवं उल्लास प्रदान किया। भावमयी सरल सुबोध जनवाणी में ही रचित इनका भक्ति साहित्य प्रत्येक जन के लिए नवीन आशा का संचार करने में सफल सिद्ध हो सका। भक्ति की यह लहर बड़ी शीघ्रता से समग्र भारत में परिव्याप्त हो गई।

धार्मिक स्थिति

मीरां का युग धार्मिक आन्दोलनों का युग था। ये आन्दोलन जन सामान्य के लिए ईश्वर प्राप्ति एवं अध्यात्म ज्ञानादि के लिए सीधे, सर्वसुलभ उपायों का प्रचार कर रहे थे। मीरां के आविर्भाव के पूर्व ही अनेक धर्मों एवं दर्शन सम्प्रदाय की परम्पराएँ विद्यमान थीं। मीरां के कुछ गीतों में विभिन्न धर्म सम्प्रदायों के सिद्धान्त कथनों का समावेश जो मिलता है। वह यद्यपि मीरां कृत नहीं है तथापि हमारी इस धारणा को पुष्ट करता है कि मीरां के समय में समस्त धर्म सम्प्रदाय अपने पूर्ण विकसित रूप में थे। मीरां पर किए गए साम्प्रदायिकता के आरोपों के निराकरण के पूर्व मीरां की पूर्ववर्ती एवं समसामयिक धर्म एवं दर्शन सम्बन्धी विचार-धाराओं पर एक दृष्टि डाल लेना उत्तम होगा।

रामनुजाचार्य ने (संवत 1037-1137) जगद् गुरु शंकराचार्य के अद्वैतवाद के विरोध में विशिष्टाद्वैत वाद का प्रतिपादन कर श्री सम्प्रदाय चलाया था।

ग्यारहवीं शताब्दी में आचार्य निम्बार्क ने द्वैताद्वैतवादी दर्शन के आधार पर निम्बार्क सम्प्रदाय चलाया था। देवविष्णु के आराधक श्री मध्वाचार्यजी ने सं. (1199-1303) द्वैतवाद के आधार पर ब्रह्मसम्प्रदाय की प्रति स्थापना की। आचार्य वल्लभ ने शुद्धाद्वैतवादी दर्शन को मूल में रखते हुए पुष्टिमार्ग चलाया। 'दो सौ वैष्णवन की वार्ता' एवं 'चौरासी वैष्णवन की वार्ता' में वल्लभ सम्प्रदायियों द्वारा मीरां को पुष्टि मार्ग अपनाने के लिए प्रेरित करने के प्रसंग मिलते हैं। यद्यपि वे सफल नहीं हो पाए।

मीरां के जन्म के पूर्व बंगाल में चैतन्य कृत चैतन्य सम्प्रदाय चल निकला था। इस सम्प्रदाय के अनुयायियों ने मीरां के नाम पर पद रचना करते हुए मीरां को 'गौर कृष्ण की दासी'[11] कहा है।

इस युग में सम्पूर्ण उत्तर भारत और राजस्थान में कबीर पन्थ, रैदासी सम्प्रदाय, नाथों, सिद्धों एवं जोगियों द्वारा चलाए गए सम्प्रदाय प्रभावशील थे। इन सभी ने या तो मीरां के पदों को अपने सम्प्रदायों के अनुसार ढाल लिया है या नवीन पद रचना मीरां के नाम से दी है जिसमें अपने सिद्धान्तों का समाहार कर सन्तोष किया गया है।

मीरां के युग में वेदान्त विरोधी अनेक सम्प्रदाय प्रचलित थे। इनमें प्रमुख रूप से वज्रयानी, सिद्ध, नाथपन्थी, जोगी, अवधूत और कापालिक थे। आचार्य रामचन्द्र शुक्ल 'हिन्दी साहित्य के इतिहास' में लिखते हैं :

"वज्रमान के अनुयायी अधिकतर नीची जाति के थे, अतः जाति-पाँति की व्यवस्था से उनका असन्तोष स्वाभाविक था। नाथ सम्प्रदाय में भी शास्त्रज्ञ विद्वान नहीं जाते थे। इस सम्प्रदाय के कनफटे घट के भीत चक्रों सहस्रदल कमल, इड़ा-पिंगला नाड़ियों इत्यादि की ओर संकेत करनेवाली रहस्यमयी बानियाँ सुनाकर और करामात दिखाकर अपनी सिद्धई की धाक सामान्य जनता पर जमाए हुए थे। वे लोगों को ऐसी बातें सुनाते आ रहे थे कि वेदशास्त्र पढ़ने से क्या होता है, बाहरी पूजा-अर्चना की विधियाँ व्यर्थ हैं।"[12]

सामान्य जनता पर तन्त्रवादियों के जादू-टोना, तन्त्र-मन्त्र, ध्यान योग आदि का सम्मोहन चल चुका था। भक्षाभक्ष्य खानेवाले अमंगल वेशधारी अघोरियों की कमी नहीं थी। जन सामान्य इनके प्रति भयमुक्त श्रद्धा करता था। धर्म के नाम पर इस समय सबसे बलवती सन्त मत का प्रसार था। सन्त मत के प्रणेता कबीर यद्यपि शास्त्रीयता एवं दार्शनिकता की ज्ञान गरिमा से मंडित आचार्य तो नहीं थे, फिर भी इन्होंने अपनी अन्तर्दृष्टि एवं गहन प्रज्ञा से सत्संग, अनुभव और आत्मचिन्तन के माध्यम से साम्प्रदायिक संघर्ष के इस युग में युगान्तर उपस्थित किया।

इस युग में सभी वेदान्त समर्थक भक्ति सम्प्रदायों को दोहरा संघर्ष करना पड़ रहा था। एक ओर तो वे इस्लाम संस्कृति के प्रभाव की प्रचंड आँधी से भारतीय धार्मिक जीवन की रक्षा कर रहे थे दूसरी ओर वेदान्त विरोधी सम्प्रदायी गुह्य साधना, अलौकिक सिद्धि और भोगवादी वृत्ति के पतनकारी मार्ग का विरोध कर जनसाधारण के मानस में नई शक्ति स्फूर्ति और चेतना का संचरण कर रहे थे।

सूफियों ने प्रेमतत्त्व की प्रतिष्ठा करके समाज के सम्मुख धार्मिक भावों के विस्तार के लिए एक नवीन भूमि का निर्माण कार्य किया था। शास्त्रज्ञ विद्वत् वर्ग में शास्त्रों के खंडन की प्रवृत्ति बहुत अधिक थी। गीता एवं अनेक उपनिषदों पर अनेक भाष्य लिखे गए। इससे भक्ति के परम्परागत मार्ग के सैद्धान्तिक पक्ष का नूतन रूप विकसित हुआ। जिस समय राजनीतिक, सामाजिक क्षेत्र में भीषण विप्लव व्याप्त था, वहाँ भक्ति एवं धर्म के क्षेत्र में कवियों ने स्थिरता लाकर जनजीवन को आशापूर्ण एवं रचनात्मक दृष्टि प्रदान की।

"इस युग में कुछ अन्य मत भी प्रचलित थे। वृन्दावन दास ने चैतन्य काल में चंडी, विषहरी तथा वाशुली आदि देवियों की पूजा का उल्लेख किया है।"[13]

प्रियादास के अनुसार मीरां को विवाह के पश्चात् देवी पूजन के लिए कहा गया था।[14]

इस प्रकार की देवी पूजाएँ राजस्थानी घरानों में काफी प्रचलित थीं। मीरां के पितामह 'रावदूदा जी' द्वारा देवी का मन्दिर निर्मित करवाना, इतिहास प्रसिद्ध है।

धार्मिक कर्मकांडों का समाज में काफी प्रचार था। चैतन्य के भक्ति आन्दोलन से लेकर कबीर तक ने इन कर्मकांडों का विरोध किया था। तिलक छापा धारण करना, कथा वार्ता श्रवण, पापोद्धारक मानना एवं विधिवत पूजन, अर्चन, इन सभी कर्मकांडों का विरोध इन सम्प्रदायों के प्रमुख लक्ष्यों में से एक था।

"सरावर्ग, सेवड़ा, अघोरी एवं प्रेत पूजकों द्वारा भी समाज में अपने-अपने तरीके से प्रचार किया जा रहा था। इन सबके बीच में भक्ति धर्म का उदय हुआ। यह भक्ति धर्म ही इस युग को स्वर्ण युग की संज्ञा से अभिहित कराने में सक्षम सिद्ध हुआ। यह मत ब्राह्मण धर्म का पूर्वानुगामी न होकर विरोधी भी न था। यह उसका अंग होकर भी स्वाधीन रहा।"[15]

इस मत के अनुसार प्रभु की भक्ति के सम्मुख जाति-पाँति, शास्त्र ज्ञान, पांडित्य, कुलाभिमान सब गौण एवं अर्थहीन हैं। सहज सच्चा एवं निराभिमानी जीवन जीना ही ईश्वर को प्रिय है। आस्तिकता, अवतारवाद, अहिंसा, श्रद्धा और प्रेम की श्रेष्ठतम अभिव्यक्ति, इस मत की प्रमुख विशेषताएँ थीं। इस भक्तिमत की दो शाखाएँ हो गई थीं, निर्गुण एवं सगुण भक्ति धाराएँ।

निर्गुण भक्ति की भी दो शाखाएँ हो गई :

ज्ञानाश्रयी शाखा और

प्रेमाश्रयी शाखा।

और सगुण भक्ति धारा की भी दो धाराएँ प्रवाहित हुई :

रामभक्ति धारा और

कृष्णभवित धारा।

कृष्णभक्ति शाखा में माधुर्य भावोपासना की प्रमुखता थी। मीरां में भी इसी माधुर्य भावोपासना की अभिव्यक्ति मिलती है।

तत्कालीन धार्मिक प्रवाहों का अनुशीलन करने पर मीरां के काव्य में इनका प्रभाव खोजना बहुत आसान है।

मीरां एक सम्प्रदायमुक्त भक्त नारी थीं। सन्त मत, नाथपन्थ आदि अनेक सम्प्रदायों का मीरां के जिन पदों पर प्रभाव मिलता है, वह वस्तुतः मीरां के मूल पद नहीं। मीरां ने केवल कृष्ण की भक्ति की थी, और सामाजिक पारिवारिक संघर्षों और आघातों ने उन्हें समाज से पूर्णतया विरक्त कर दिया था।

साहित्यिक स्थिति

मीरां के युग का अधिकांश साहित्य धार्मिक भावना से अनुप्राणित है। उसके पूर्व की काव्य परम्परा भी धार्मिक प्रेरणा से युक्त रही है। मीरां के युग को भक्तिकाल की संज्ञा दी गई है। इस काल में प्रायः सभी प्रादेशिक भाषाओं में भक्ति साहित्य रचा गया। इस साहित्य के प्रणेता प्रायः सभी भक्त थे। अपने आराध्य के चरणों के प्रति प्रेम, भक्ति और अनन्य श्रद्धा में तन्मय होकर अनेक मानवीय भावों की अभिव्यक्ति आध्यात्मिक परिवेश में की। विरह, मिलन, मान, उपालम्भ आदि नानाविध लौकिक भावनाओं को अलौकिक परिप्रेक्ष्य में प्रस्तुत कर इस युग के कवि-कवयित्रियों ने अत्यन्त हृदयग्राही काव्य रचना की। अपने प्रभु का लीला गान उनकी रूप-माधुरी के उत्कट प्रभाव की चर्चा बड़े भावभीने स्वरों में सांगीतिक लय और ताल के साथ इन कवियों द्वारा की गई। कृष्णभक्ति शाखा के प्रायः सभी कवियों ने श्रीकृष्ण के प्रति भगवत प्रेम की पुष्टि हेतु शृंगारमयी लोकोत्तर अभिव्यक्ति की। सर्व निरपेक्ष आत्म-समर्पण की भावना का इतना मर्मस्पर्शी एवं सहज चित्रण भक्तिकालीन काव्य की अन्यतम विशिष्टता है।

समग्र भारतवर्ष में अनेक धर्म सम्प्रदायों द्वारा भक्ति साहित्य की रचना की जा रही थी, परन्तु हम यहाँ मीरां से सम्बन्धित क्षेत्र की ही चर्चा प्रमुख रूप से करेंगे।

राजस्थान में राम और कृष्ण से सम्बद्ध पौराणिक गाथाओं का आधार लेकर विपुल साहित्य की रचना हुई। कृष्णभक्ति साहित्य के अन्तर्गत श्रीकृष्ण एवं रुक्मिणी को काव्य विषय बनाया गया है परन्तु श्रीकृष्ण के ब्रजबिहारी, लीलाधारी चरित्र को नहीं उभारा गया। प्राचीन गीतों में लोक काव्य के अन्तर्गत कृष्ण एवं रुक्मिणी का ही वर्णन मिलता है। राजस्थानी साहित्य की प्रमुख विशेषता यह रही कि साहित्य सृजन का कार्य राणाओं एवं जनसाधारण दोनों के ही द्वारा किया गया। राणा कुम्भ एक प्रसिद्ध भक्त एवं वैष्णव कवि थे। 'गीत गोविन्द की टीका', 'रसिक प्रिया' एवं 'कृष्ण प्रेम' के फुटकर पद' राणा कुम्भकृत मान्य हैं। राणा उदयसिंह के भी फुटकर पद, गीत, कवित्त एवं दोहे मिलते हैं। बीकानेर नरेश रावकल्याणमल के पुत्र पृथ्वीराज राठौड़ की गणना राजस्थान के उत्कृष्ट कवियों में की जाती है। 'बेलिक्रिसन रुक्मिणी' 'ठाकुरजी रा दुहा' गंगजी रा दुहा' एवं अनेक फुटकर दोहे व गीत, इनकी रचनाओं में प्रसिद्ध हैं। प्रेम दीपिका एवं 'श्यामलता' नामक ग्रन्थ इनकी ब्रज भाषा की रचनाएँ हैं। इनकी पत्नी भी कुशल कवयित्री थीं। 'जाखो मणिहार' राजस्थान के प्रमुख कवि थे। इनकी 'हरिचन्द पुराण' एवं 'सप्तसती रा छन्द' महत्त्वपूर्ण ग्रन्थ रचनाएँ हैं। नाथ एवं गोरख पन्थियों के रचित साहित्य की भाषा अंशतः राजस्थानी ही है। सन्त मत एवं वैष्णव भक्ति का साहित्य प्रायः समकालीन है। राजस्थानी साहित्य पर भी सन्त मत का स्पष्ट प्रभाव है। प्रसिद्ध सन्त दादू, सन्त बखना, सन्त रज्जब, सन्त हरिदास, सुन्दरदास आदि विशेष प्रसिद्ध सन्त कवि हुए। इनका कार्य क्षेत्र एवं रचनाएँ क्रमशः राजस्थान एवं राजस्थानी भाषा रही। मीरां पदावली की भाषा प्राचीन पश्चिमी राजस्थानी है। मीरां के ऊपर सन्त मत का कोई प्रभाव नहीं पड़ा क्योंकि

ये आत्मतल्लीन होकर कृष्णमय हो चुकी थीं।

राष्ट्रव्यापी भक्ति आन्दोलन का प्रभाव उत्तर भारत में सर्वाधिक दृष्टिगोचर होता है। भक्ति साहित्य का स्वर्णिम साहित्य यहीं रचा गया। विक्रम की 15वीं से 17वीं शताब्दी का समय निर्गुण एवं सगुण भक्ति साधकों द्वारा रचित साहित्य का था। इन्हीं दो साधनाओं (निर्गुण एवं सगुण) की धाराएँ दो अन्य भागों में विभाजित हो गईं। निर्गुण भक्ति की धारा ज्ञानाश्रयी एवं प्रेमाश्रयी में तथा सगुण भक्ति रामभक्ति एवं कृष्णभक्ति दो धाराओं में विभाजित हो गईं। निर्गुणवादी कबीर, भक्तकवि रैदास, धर्मदास, गुरु नानक, दादू दयाल, मलूकदास आदि प्रसिद्ध भक्त सन्तों की रचनाएँ इसी युग की हैं। ये सभी अद्वैतवादी होते हुए निर्गुण ब्रह्मोपासक थे।

निर्गुणियों की दूसरी धारा प्रेममार्गी सूफियों की थी। साहित्यिक दृष्टि से इनकी प्रेमगाथाएँ उच्च स्तर की हैं। प्रेम का निरूपण करते हुए इन कवियों ने 'जीव' के परमात्मपिता के लिए इहलौकिक गाथाओं का आधार ग्रहण किया। स्वामी रामानन्द की शिष्य परम्परा में रामभक्ति काव्य की निरन्तर रचना होती चली गई। यह साहित्य फुटकर पदों में रचा गया। किन्तु रामभक्ति का चरमोत्कर्ष एवं 'साहित्यिक-स्वर्ण-सुमेरु' गोस्वामी तुलसीदासजी की रामचरितमानस में मिलता है। इनका समय 17वीं शताब्दी का पूर्वार्द्ध माना जाता है।

कृष्णभक्ति परम्परा में महाकवि सूरदास तथा अन्य अष्टछाप कवियों द्वारा रचित प्रचुर साहित्य और कला दोनों ही दृष्टियों से स्वर्णयुग का निर्माता है। इन कवियों ने श्रीमद्भागवत को आधार रूप में ग्रहण कर अनेक मौलिक, नवीन एवं सरस उद्भावनाएँ की थीं, जिनका अनुसरण बहुत बाद तक के कवियों ने किया।

मीरां पदावली भी कृष्णभक्ति परक है। तथापि अन्य कृष्णभक्त कवियों की तरह मीरां ने न तो किसी सम्प्रदाय में दीक्षा ली और न ही श्रीमद्भागवत को आधारभूमि बनाया अपितु स्वानुभूति का प्रकाशन ही उनका मूल उत्स है। यही मीरां की विशिष्टता भी है।

व्यक्तित्व विश्लेषण

व्यक्तित्व का विश्लेषण मनोविज्ञान का विषय है। सामान्यतः व्यक्ति विशेष के व्यक्तित्व का विश्लेषण उसके परिवार, परिपार्श्विक स्थितियाँ, युगीन विचारधारा, रुचियाँ, संस्कार, आचार-विचार एवं जीवन संघर्ष के आधार पर किया जा सकता है। व्यक्ति मात्र की सहजात प्रवृत्तियाँ मूलतः एक-सी होती हुई भी आयु, लिंग, पर्यावरण आदि के आधार पर भिन्न-भिन्न आकार ग्रहण करतीं हैं। भक्त कवयित्री मीरां के व्यक्तित्व के सम्बन्ध में भी यही आधार रूप माना जा सकता है।

मीरांबाई के व्यक्तित्व की विशेषताएँ

मीरांबाई भक्तियुग की वह महान विभूति थीं, जिन्होंने अपने युग की मान्यताओं की अवमानना करते हुए श्रीकृष्ण की भक्ति में स्वयं को अर्पित कर दिया था। उदात्त आत्मचेता व्यक्तित्व की स्वामिनी मीरां के काव्य और ज़ीवन में कोई अन्तर नहीं। मीरां का काव्य उनके मन का ही वर्णन है। उनके गीतों का प्रतिशब्द रचयिता की मनः स्थिति की छाया लिये हुए हैं। मीरां के हृदय में चिरंतन अज्ञात प्रियतम ! श्रीकृष्ण के प्रति जो स्वाभाविक आसक्ति और तज्जन्य व्याकुलता समाई हुई थी वही उनके गीतों में मुखरित हुई है।

इस तरह मीरां का कवित्व उनके व्यक्तित्व का उद्‌बोधक है। मध्यकाल के सांस्कृतिक पराभव के विरोध में भक्तियुग के महान कवियों ने जो अप्रतिम, अगाध योग दिया उसमें मीरां की ऊर्ध्वगामी भक्ति साधना का योग उनके आस्थावान मनस्विनी नारी होने के प्रमाण हैं। मीरां का संघर्ष उनकी गरिमा के अनुकूल ही चलता रहा। अपने गिरधर के चिन्तन में पूर्णतया तल्लीन होकर मीरां ने अपनी आध्यात्मिक उन्नति के समस्त सोपानों को पा लिया था। पारिवारिक क्लेशों, सामाजिक अपमानों, लांछनों, प्रतारणाओं के साथ धर्मपन्थी एवं सम्प्रदायों की जटिल राजनीति के षड्यन्त्रों में घिरी रहकर भी वे अपने पथ पर उसी श्रद्धा, निष्ठा और विश्वास के सहारे निरन्तर बढ़ती ही चली गई।

उन्होंने समकालीन समाज में व्याप्त प्रत्येक कुपरम्परा का चुनौती के साथ सामना किया, जिसमें नारीत्व की अवहेलना एवं अपमान का बोध होता था। वे विपत्तियों में घिरी रहकर भी सम्पूर्ण व्यवधानों को निर्भीक मन से पाकर करती चली गईं।

मीरां का व्यक्तित्व निर्धारण

मीरां के व्यक्तित्व निर्धारण में चार बातें प्रमुख महत्त्व रखती हैं :

मीरां का युग अथवा समय,
मीरां की जाति एवं सामाजिक स्थिति,
समसामयिक साहित्यिक स्थिति एवं
व्यक्तिगत जीवन।

मीरां की युगीन परिस्थितियों के सम्बन्ध में विवेचन करते समय उनकी राजनीतिक, सामाजिक, आर्थिक, धार्मिक एवं साहित्यिक स्थिति पर विचार किया जा चुका है। और हम इस निष्कर्ष पर पहुँचे कि मीरां का आविर्भाव जिन परिस्थितियों में हुआ था, वे उनके सहज मानसिक विकास के विपरीत थीं। इसके लिए मीरां के जीवनवृत्त पर संक्षिप्त विचार करना आवश्यक है।

मीरां का संक्षिप्त जीवनवृत्त

राजस्थान की राठोरों की मेड़ेसिया शाखा में भक्तिमती मीरांबाई का जन्म हुआ था। मीरां के जन्मकाल को लेकर मीरां काव्य के सभी विद्वान एकमत नहीं हैं। इस सम्बन्ध में गहन विचार करने के उपरान्त मीरां की जन्मतिथि 'श्रावण सुदी, शुक्रवार संवत् 1561' निर्धारित होती है। व्यक्तित्व निर्माण में वंशानुक्रमण का भी पूरा सहयोग रहता है। अंग्रेजी के प्रसिद्ध मनोविद् श्री एफ.एल. गुडएनाफ की यह मान्यता है कि प्रारम्भ से ही जो विकास और प्रगति होती है, वह मनुष्य को अपने पूर्वजों से प्राप्त हुए आनुवंशिक गुणों और नए परिवेश के मध्य अन्तःक्रिया का परिणाम होती है।"[16]

मीरां का शैशव

मीरां का जन्म राठौर राजा राव जोधाजी के पुत्र राव दूदाजी के चतुर्थ पुत्र रतनसिंह के यहाँ हुआ था। दुर्भाग्यवश इनकी माता का देहान्त उनके शैशव में ही हो गया था। मीरां के पिता राव रतनसिंह निरन्तर युद्धरत रहते थे, अतः मीरां का पालन-पोषण उनके पितृत्व राव दूदाजी के संरक्षण में हुआ। मीरां के पितृत्व राव दूदाजी परम वैष्णव थे। मेड़ता को नए सिरे से बसाने के बाद उन्होंने वहीं चतुर्भुजजी का मन्दिर बनवाया था। मीरां को अपने पितृत्व से वैष्णव भक्ति के संस्कार प्राप्त हुए। राव दूदाजी के ज्येष्ठ पुत्र भी वैष्णव भक्त थे। मीरां के मन में भक्तिभाव का यह अंकुर जो शैशव से ही विद्यमान था, वह निरन्तर पारिवारिक, धार्मिक वातावरण और सन्त सत्संग से पल्लवित होता रहता था। अनेक युद्धों में चिर-परिचितों व सम्बन्धियों का अन्त मीरां के वैराग्य को चैतन्य करने में गहरी भूमिका अभिनीत करने का माध्यम बना। मीरां ने संवत् 1584 में पितामह राव दूदाजी का निधन देखा, संवत् 1584 में कन्हवा के युद्ध में पिता रतनसिंह को खो दिया और संवत् 1595 में चाचाराव वीरमदेव का शरीरान्त देखा। ये सभी घटनाएँ मीरां के भावुक हृदय पर सांसारिक क्षणभंगुरता के प्रति वैराग्य प्रेरक सिद्ध हुईं।

विवाह

मीरां के विवाह की तिथि के सम्बन्ध में प्रायः एक ही तिथि सर्वमान्य है। संवत् 1573 में उनका विवाह भोजराज के साथ हुआ था। महाराणा सांगा उनके श्वसुर थे। मीरां के विवाह के कारणों में राजनीतिक कारण भी प्रमुख था। मेड़ता का राजनीतिक महत्त्व था। राव दूदाजी का पराक्रम और कुशल कूटनीतिज्ञता उनके सफल राजनीतिज्ञ होने का प्रमाण था। अतः तत्कालीन राजनीतिक परिस्थिति को दृष्टि में रखते हुए राणा सांगा ने मेड़ता से विवाह सम्बन्ध सूत्र स्थापित कर उसे अपने पक्ष में कर लिया जिसका शुभ परिणाम राणा सांगा को मिला किन्तु अशुभ तत्त्व मीरां के पितृकुल को भुगतना पड़ा।

उन्हें मेड़ता राज्य से सदैव के लिए हाथ धोना पड़ा।

मीरां के पति भोजराज अपने पिता महाराणा सांगा के जीवन काल में ही स्वर्गवासी हो गए थे। मीरां के जीवन में दुःखों का आरम्भ तभी से हुआ। इसके पूर्व संवत् 1594 तक मीरां को अपने श्वसुरालय में किसी भी प्रकार की कोई दुविधा न थी। सांगा और बाबर के मध्य युद्ध राणासांगा और राजा रतनसिंह की मृत्यु का कारण बना। मीरां के वैधव्य ने उसके जीवन को दुःखी और संघर्षपूर्ण बना दिया।

सती न होना

मीरां ने सती होना स्वीकार नहीं किया। जबकि राजस्थान में सती प्रथा को अत्यन्त सम्मान प्राप्त था। मीरां ने गिरधर को अपना पति स्वीकार किया था। भगवद् भक्ति का अपना अलग मनोविज्ञान है। मीरां अपने विवाह के उपरान्त भी भोग-विलास में रत नहीं हुईं। वे विवाहित होकर भी अलौकिक प्रिय के प्रेम में वियोगिनी बनी रहीं। पति की जीवितावस्था में भी वे लौकिक जीवन से मानसिक रूप से असम्बद्ध ही बनी रहीं। अतः सती होने के लिए जिस तीव्र भावोन्मेष की आवश्यकता होती है उसका मीरां में अभाव रहा क्योंकि वे दिव्य पुरुष की चिर-परिणीता थीं। अतः लौकिक वैधव्य को प्राप्त होने पर भी वे सती नहीं हुईं। स्वाभाविक है उनके विरुद्ध सामाजिक एवं पारिवारिक विरोध अपने भरपूर स्वरूप को लेकर उभरा होगा। इस सामाजिक निन्दा, लोकोपवाद और विषादपूर्ण संघर्ष एवं विषमताओं के कटु सूत्रपात का मुख्य कारण मीरां का रूप, युवावस्था तथा वैधव्य का एक साथ सम्मिलन था। शंकालु एवं अहंकारी राजा उनके लिए विशेष रूप से कष्ट प्रदाता बना। वैधव्य प्राप्ति के उपरान्त मीरां ने अपने मन को पूर्णतः गिरधर नागर के चरणों में समर्पित कर दिया तथा साधु-सन्तों की संगति में अपना जीवन व्यतीत करने लगीं। वास्तव में मीरां का जीवन संघर्ष यहीं से तीव्र गतिमान हो उठा। इस संघर्ष का विशद वर्णन अलौकिक प्रसंगों के समावेश के साथ लोकगीतों एवं जनश्रुतियों में मिलता है।

मीरां द्वारा विषपान

मीरां की साधु संगति आदि प्रवृत्तियों को देखकर राणा द्वारा मीरां को विष का प्याला भेजा गया जिसे मीरां ने बड़ी प्रसन्नतापूर्वक पी लिया। इस प्रसंग का उल्लेख मीरां के मूलपदों में मिलता है :

"म्हारां री गिरधर गोपाल दूसरां न कूयां
दूसरा णा कूंया साधां सकल लोक जूयां
राणा विषरो प्याला भेज्यां, पीय मगण हूयां

अब तो बात फेल पड़या, जाण्यां सब कूयां
मीरां री लगण लग्यां होणां हो जो हूयां।"[17]

मीरां में वैराग्य तो संस्कार रूप में वर्तमान ही था। पति भोजराज की मृत्यु के उपरान्त वह अधिक तीव्रता से उभरा। उनके आसपास राज परिवार के छल, प्रपंच और स्वार्थों के जंजाल एवं पीड़ादायक प्रवृत्तियों का आधिक्य था। यह मीरां का ही अपराजेय व्यक्तित्व था जो परिजनों द्वारा विष देने की कुत्सित भावना को जानने के उपरान्त भी दुर्दम्य जीवनी शक्ति के बल पर समस्त जगत की उपेक्षा कर अपने अमर प्रेम की ज्योति के प्रकाश में प्रियतम आराध्य के प्रति अपनी समूची प्रवृत्तियों के साथ अर्पित हो सकीं।

मीरां ने स्वयं ही कहा है :

"जग सुहाग मिथ्या री सजणी होवां हो मिल ज्याशी,
वरनू करूयां हरि अविनाशी, म्हारो काल व्यालणां श्वाशी"[18]

मीरां का चित्तौड़ त्याग

श्वसुरालय की प्राणघातक अवस्था में मीरां का रहना सम्भव नहीं था। अतः उन्होंने मेड़ता की ओर प्रस्थान किया। यह समय संवत् 1591 के पूर्व ही लगभग 1589-90 के लगभग ठहरता है।

मेड़ता निवास

मेड़ता आने पर मीरां को भजन-पूजन और सत्संग के लिए अनुकूल वातावरण मिला। मीरां के चचेरे भाई जयमल और चाचा बीरमदेव दोनों ही परम वैष्णव थे। यहाँ मीरां की भक्ति साधना का विरोध नहीं किया गया। इसीलिए मीरां को साधु सत्संगति एवं ज्ञानियों का सान्निध्य लाभ मिलने में कोई बाधा उपस्थित नहीं हुई। यहीं यह भी निश्चित हो जाता है कि मीरां किसी सम्प्रदाय में दीक्षित नहीं हुईं।

मेड़ता त्याग

मीरां के चाचा राव बीरमदेव के शासनकाल में जोधपुर के रावमालदेव ने 1595 में मेड़ता पर आक्रमण किया। बीरमदेव ने अपने परिवार को रणथम्भौर के दुर्ग में छोड़ा और शेरशाह की शरण में चले गए। ऐसी संकटापन्न परिस्थितियों में मीरां द्वारा वृन्दावन यात्रा की पूरी सम्भावना दिखती है। मीरां की तीर्थयात्रा का यह समय यद्यपि विवादास्पद है।

वृन्दावन वास

मीरां ने वृन्दावन किस तिथि में प्रयाण किया, यह विवादास्पद है, परन्तु यह पूर्णतया सुनिश्चित है कि मीरां ने वृन्दावन में वास किया था। अन्तः साक्ष्य एवं बहिर्साक्ष्य दोनों के द्वारा इस तथ्य की पुष्टि होती है।

मीरां ने वृन्दावन में कुछ समय वास भी किया था। वहीं पर 'जीव गोस्वामी' से उनकी भेंट हुई थी जिसका उल्लेख प्रियादासजी की भक्तमाल की टीका में किया गया है। जीवगोस्वामी ने किसी भी नारी का मुख देखने की जो प्रतिज्ञा की थी वही मीरां द्वारा तोड़ दी गई।

मीरां ने वृन्दावन में रहते हुए भक्ति भावना में अपने आपको आद्यंत डुबो दिया। साधुसन्तों की संगति में वे समय व्यतीत किया करती थीं। किन्तु वे किसी भी सम्प्रदाय में न तो दीक्षित हुई और न ही किसी महात्मा को अपना गुरु स्वीकार किया था। मीरां ने जिस प्रियतम को अपनी माधुर्य भावोपासना का आधार बनाया था वही उनके पन्थ गुरु थे। उनका आत्म-निवेदन किसी मध्यस्थ की कामना से सर्वथा मुक्त था। वे एक आत्मचेता स्वतन्त्र व्यक्तित्व की स्वामिनी थीं। मीरां के गुरु रूप में रैदास, हरिदास दर्जी, चैतन्य महाप्रभु, रूपस्वामी, जीवस्वामी, गजाधर पुरोहित, रघुनाथ पुरोहित, बीट्ठलदास आदि की कल्पना करने वाले विद्वानों की धारणा का कोई प्रमाण नहीं मिलता।

द्वारका निवास

मीरां का वृन्दावन के बाद द्वारका गमन की घटना पूर्ण रूप से सत्य पर आधारित है। अन्तः साक्ष्य के रूप में डाकोर की प्रति में यह पद मिलता है :

"म्हारो मण हर कीण्यां रण छोड़
मोर मुगट शिर छत्र बिराजां कुंडल री छब ओर
चरण पखार्यां रतणाकर री धारा गोमत जोर
धजा पताका तट तट राजां झाड़ा री मुकझोर
भगत जाण्यां रो काज सवार्यां म्हारा प्रभु रण छोर
मीरां रे प्रभु गिरधर नागर कर गह्यो ठाण्द किसोर।"[19]

बहिर्साक्ष्य के अन्तर्गत भी प्राचीन टीकाकारों, इतिहासकारों एवं भक्तों ने मीरां के द्वारका गमन की पुष्टि की है। सांसारिक त्रास और सम्बन्धियों से छुटकारा पाने के लिए उन्होंने द्वारिका गमन किया था परन्तु उनके राजपरिवार के पुरोहितादि बारम्बार राजमहल लौट चलने के लिए विनयपूर्वक बाध्य कर रहे थे। अतः मीरां ने अपने प्राणों का उत्सर्जन कर दिया। वे रणछोड़जी की मूर्ति में समा गईं अथवा समुद्र की लहरों ने उन्हें परम विश्रान्ति प्रदान की, इस सम्बन्ध में विविध मत मिलते हैं। मीरां के इस लौकिक

जीवन की सन्ध्या द्वारिका में समाप्त हुई। मीरां की मृत्यु तिथि निश्चित करना अत्यन्त दुश्कर है क्योंकि मीरां काव्य के प्रायः सभी विद्वानों ने अपने-अपने ढंग से तिथि निश्चित की है। फिर भी परिस्थितियों के साक्ष्य पर आधारित डॉ. प्रभात की दी हुई तिथि संवत् 1610 से 1613 के मध्य मानी जा सकती है।

मीरां के व्यक्तित्व की विशेषताएँ

मीरां का व्यक्तित्व भक्तिकालीन काव्यधारा में उज्ज्वल नीलमणि के समान देदीप्यमान है। समकालीन परिस्थितियों में मीरां के समान मनस्विनी, तपस्विनी एवं परम्पराओं को तोड़कर आध्यात्मिक उन्नति के शिखर को छू लेने वाली नारी का आविर्भाव भक्ति, साहित्य एवं संगीत की विस्तीर्ण पृष्ठभूमि पर अत्यधिक महत्त्वपूर्ण अमिट लेख है। मीरां में मनसा, वाचा एवं कर्मणा का अद्भुत सम्मिश्रण उन्हें प्रखर व्यक्तित्च की स्वामिनी घोषित करता है।

भक्तिमती मीरां

मीरां के व्यक्तित्व का यही पक्ष सर्वाधिक प्रबल है। भक्तों व सन्तों ने मीरां को जन्मजात आदर्श भक्त के रूप में प्रतिष्ठित किया है। वे एक भक्तनारी थीं। भक्ति में भी सर्वाधिक मधुर और प्रेम-जन्य माधुर्य भक्ति भावना को मीरां ने अपनाया। माधुर्यासक्ति ही मीरां की भक्तिभावना का आधार स्तम्भ थी। मीरां ने अलौकिक दिव्य पुरुष को जो अनश्वर एवं अनन्त है, अपने प्रतिरूप में स्वीकार किया। प्रेमाभक्ति के चारों अंग-नामस्मरण, रूप वर्णन, लीला-गायन एवं धाम का वर्णन मीरां ने अपने गीतिकाव्य में किया है। प्रियतम श्रीकृष्ण के रूपवर्णन में उनकी तन्मयता का भान सहज ही हो जाता है जो उनके भावुक नारीत्व के उपयुक्त ही है। सगुणोपासिका मीरां ने स्वयं को श्रीकृष्ण के चरणों में अर्पित कर दिया था। मीरां ने अपना अलग पृथक कुछ भी नहीं बचा रखा। जो कुछ है वह गिरधर का है, गिरधर में है। प्रणयभाव का चरम और अन्तिम बिन्दु भी यही है और मीरां ने इसे प्राप्त कर लिया था। अपने प्राणों का, नारीत्व का आराध्य प्रियतम के अस्तित्व में निःस्वार्थ पूर्ण समर्पण जो किसी प्रतिदान की कामना नहीं करता, मीरां के व्यक्तित्व का महत्त्वपूर्ण उज्ज्वल पक्ष है।

प्रेम के वियोग पक्ष को मीरां ने व्यक्तित्व का पूरक बना लिया है। मीरां का नाम लेते ही प्रेम वियोगिनी मीरां का चित्र-सा खिंच जाता है। उनके आत्म निवेदन में सुदीर्घ प्रतीक्षा एवं विराट विरह की छटा दिखाई देती है। उनकी वियोगाभिव्यक्ति में कृष्ण के सान्निध्य की परम आकांक्षा ही गुंजित हुई है। इसमें भी मीरां की जागरूक आत्मा का आन्तरिक अभाव और तड़पन भरी अवसन्नता पाई जाती है। उनकी वियोगाभिव्यक्तियों में नारी सुलभ संकोच और मर्यादा अद्यतन बनी हुई है।

मीरां एक सरल-हृदया नारी थीं जिनके चरित्र में कोई वक्रता नहीं, कोई दुराव-छिपाव नहीं गोचर होता। सीधी सरल वाणी में हृदय के सीधे सरल भावों का उद्घाटन मीरां के व्यक्तित्व की विशिष्टता थी। उनकी वाणी में उनकी अपनी ही विरह दशा की स्थिति से उत्पन्न करुणा देखी जा सकती है। आत्म निवेदन सम्बन्धी सभी गीतियाँ इसका प्रमाण हैं। उनके काव्य की लोकप्रियता का कारण भी यही है।

लौकिक जगत में रहकर भी मीरां ने आध्यात्मिक जगत में ही अपना जीवन व्यतीत किया। यही कारण है कि वे इस लोक की दूषित प्रवृत्तियों से निर्विकार रहकर अपनी भक्ति साधना में निरन्तर दृढ़ रह सकी। इस भावना की मूल जड़ें उनके संस्कारों में थीं जो वैष्णव भक्ति से अनुप्राणित थे। ये संस्कार मीरां के पवित्र हृदय में जन्म-जन्मान्तरों से संचित थे। जो वैराग्यमूलक साधना मीरां के अन्तस की प्रेरणा थी, वे ही उन्हें सांसारिक कर्मों से वीतरागी बनाए हुए थी। उन्हें सांसारिक सम्बन्धों की क्षणिकता का ज्ञान था अतएव उन्होंने ऐसे अमरपति का चयन किया, जिसके वरण करने में उनका सुहाग अमर हो जाए। उसी सर्वस्व की प्राप्ति के लिए उन्होंने अपना सर्वस्व अर्पित कर दिया।

श्रीकृष्ण के प्रेम की दीवानी मीरां ने लोक लाज और कुल की मर्यादा की तो तनिक भी चिन्ता नहीं की किन्तु अपने ही आत्मगोपन भाव को सुरक्षित रखने में तनिक भी कसर उठा नहीं रखी। प्रेमाभिव्यक्ति में स्वच्छन्द लीला-विलास का कहीं भी प्रदर्शन नहीं। विरह के घावों के पीछे मीरां का आत्मसमर्पण ही झलकता है। उनकी वियोग व्यंजना में सर्वत्र संयम का आवरण पड़ा हुआ है। इस प्रकार मीरां ने नितान्त सात्विक मानवीय भावों की आधारशिला पर सर्वात्म समर्पण की पराकाष्ठा ही प्रस्तुत की है।

मीरां अपने पन्थ की निर्मात्री स्वयं ही थीं। वे किसी सम्प्रदाय में दीक्षित नहीं हुई थीं। वह युग जो विविध धर्म सम्प्रदायों से ही परिचालित था एवं सम्पूर्ण समाज ही उनका प्रभाव क्षेत्र था, तब भी मीरां का किसी भी सम्प्रदाय में दीक्षित न होना उनकी स्वतन्त्र विवेक शक्ति का द्योतक है। साम्प्रदायिकता के छन्द घेरे में घिरी हुई संकुचित मनोवृत्ति मीरां जैसी उदात्तभक्त आत्मा के संस्कारों के प्रतिकूल पड़ती थी। उनके विचार अतीत और वर्तमान से सम्बद्ध होकर भी मौलिक थे, परम्परा समर्थित होकर भी पूर्णतः स्वतन्त्र थे, व्यापक होकर भी सर्वथा भक्तिनिष्ठ हैं। अतः वे किसी सम्प्रदाय में न तो प्रविष्ट ही हुई न ही किसी को अपना गुरु बनाया, न ही किसी को शिष्य बनाकर 'मीरां सम्प्रदाय' के प्रवर्तन का आदेश ही दिया। वे आत्मप्रकाशित थीं। बड़े-बड़े शास्त्रों एवं सम्प्रदायों के सारतत्त्व को उन्होंने अपनी अनुभूति के माध्यम से आत्मसात् कर लिया था। वस्तुतः वे एक आत्मजागृत सन्त शिरोमणि थीं।

संघर्ष तो उनके जीवन का अभिन्न अंग था। विवाह के कुछ समय बाद जब मीरां विधवा हो गईं और उन्होंने अपने मन को पूर्णतः गिरधर में तन्मय कर लिया, साधु संगति एवं कीर्तन भजन आदि में अपना समय व्यतीत करने लगीं तो श्वसुरालय में विशेषकर राणा विक्रमादित्य द्वारा उनका गहन एवं कटु विरोध किया गया। मीरां ने इस

विरोध के प्रति संघर्ष को जिस आत्मशक्ति के साथ निभाया वह युगीन परिपेक्ष्य में देखने पर बड़ा ही क्रान्तिकारी दृष्टिगोचर होता है। मीरां ने इन विरोधों की चिन्ता नहीं की। वे भक्ति पथ पर अविचल भाव से आगे बढ़ती चली गईं।

उनकी यह दृढ़ता-कटुताहीन थी। विरोध करके भी उन्होंने अपनी मधुरता को त्यागा नहीं। मीरां के प्रति कटु व्यवहार रखने वाले राणा एवं राजपरिवार के अन्य सदस्यों के प्रति कहीं भी मीरां ने घृणा व्यक्त नहीं की है। मीरां में प्रेम का अगाध पयोधि हिलोरें ले रहा था। गिरधर गोपाल के लिए उनका हृदय माधुर्य से भरा हुआ था फिर घृणा, प्रतिकार या कटुता के लिए रिक्त स्थान ही कहाँ था ? क्रोध, ईर्ष्या या प्रतिद्वन्द्विता आदि विरोधिनी प्रवृत्तियों का मीरां में नितान्त अभाव था। वे चेतन और अचेतन स्तर पर एकाग्रभाव से कृष्णोन्मुख थीं। मनोवैज्ञानिक दृष्टिकोण से यह तथ्य महत्त्वपूर्ण है कि मीरां का मन केवल 'प्रत्यक्ष' अथवा 'वर्तमान' तक परिसीमित नहीं। 'पूर्व दीप्ति' एवं स्वप्न में भी उसकी गति वैसी ही थी, जैसी 'प्रत्यक्ष' या 'वर्तमान' में।

कुँवर भोजराज की मृत्यु के उपरान्त चिता में सदेह भस्मीभूत न होकर अन्ततः द्वारका में श्रीकृष्ण की भुवनमोहिनी मूर्ति में समा जाने से उनकी वैयक्तिक विचारधारा और आध्यात्मिक आस्था का प्रबल प्रमाण मिलता है।

मनोविज्ञान वेत्ताओं का कहना है कि मानव मन की सहज प्रवृत्तियों पर होनेवाले परिस्थितिजन्य व्याघात के कारण उनमें विभिन्न प्रकार के प्रभाव विभिन्न विकारों को जन्म देते हैं। उदाहरणार्थ, प्रेम के क्षेत्र में असफलता प्रेमी को विद्रोही, आततायी और लुटेरा भी बना सकती है और वैरागी, महात्मा या संन्यासी भी।

मीरां पर जिन परिस्थितियों ने प्रभाव डाला वे उनकी मनोदशा के सर्वथा प्रतिकूल थीं। मध्ययुगीन संक्रमण काल में एक युद्धग्रस्त राजपरिवार में जन्मी मीरां का अल्पवय में ही मातृस्नेहविहीन होकर भक्त और परम वैष्णव पितामह की छत्रछाया में बाल्यकाल बीता था। निरन्तर युद्धरत पिता रतनसिंह के पितृस्नेह से भी उन्हें वंचित रहना पड़ा। स्नेह की आकांक्षिणी बालिका मीरां परिस्थितियों ने उन्हें आरम्भ से ही अन्तर्मुखी बना दिया और वे अपने गिरधर लाल के श्री चरणों में अपनी समस्त आकांक्षाओं सहित समर्पित हो गई। किन्तु सामयिक संस्कारों ने उनकी इस प्रवृत्ति को अप्राकृतिक व असामान्य मानते हुए विवाह बन्धन में बाँध दिया। वहाँ भी वे अपनी आध्यात्मिक पिपासा को निर्विरोध शान्त नहीं कर पाईं किन्तु 'गोपाल' के प्रति उनकी अचल आसक्ति ने उनकी आन्तरिक दुविधा का निराकरण करने के उपरान्त अटल निश्चय एवं दृढ़ संकल्प प्रदान किया। मीरां की इस असाधारण दृढ़ता ने उनके स्वत्व को भी पूर्णता एवं प्रबलता प्रदान की। वे निर्द्वन्द्व हो गईं :

"बरजी री म्हां स्याम बिणा न रहयां।
साधां संगत हरि शुख पाश्यूं जग शूं दूर रहयां
तण धण म्हारो जावां जाश्यां म्हारो सीस कहयां

मण म्हारो काम्यां गिरधारी जग रा बोल शह्यां
मीरां रे प्रभु हरि अविणासी थारी सरण गह्यां।'' [20]

कहकर वे अपनी निर्भीकता का स्पष्ट संकेत कर देती हैं। मीरां की इस निर्भीकता में विद्रोह का वह विस्फोटक रूप नहीं है, जो समाज एवं देश-काल में क्रान्ति ला दे। मीरां का विरोध 'मौन विरोध' था। उनकी प्रेम साधना अपने आप में प्रतिक्रिया थी। जो पारिवारिक एवं सामाजिक परिस्थितिवश पनपी थी किन्तु उनके भक्ति गानों, सत्संगति, भजन संकीर्तन एवं गायन-नृत्य आदि से समाज में कोई विप्लव नहीं उत्पन्न हुआ अपितु उनके इस निर्भीक आचरण से समाज में नई आस्था को जन्म दिया। अभी तक प्रेम और नारी को वासनातृप्ति का साधन मानने वाले अवहेलकों ने मीरां के नारीत्व में प्रेम का उदात्त रूप देखा। यह मीरां की विजय थी। प्रेम पथ की इस अनन्य पथिका ने समाज की ओर से दी जानेवाली सभी चुनौतियों को स्वीकारा किन्तु मन की पराजय नहीं होने दी। वे हर बाधा को पार करती हुई अपनी चरम सिद्धि में अन्ततः लीन हो गईं।

वैरागिनी मीरां और सत्संग

सैद्धान्तिक दृष्टि से भावनाओं का वशीकरण वैराग्य है, जो सांसारिक विषयों एवं भोग आदि में अनासक्ति दर्शाता है। मीरां के जीवन में भी अनासक्ति का यही रूप दिखलाई पड़ता है। मीरां ने इस लोक संसार से नाता तोड़कर आराध्य श्रीकृष्ण से अपनी प्रीति जोड़ी थी। मीरां के इस भक्तिप्रवण व्यक्तित्व के निर्माण में साधु-सन्तों का अमूल्य दुर्लभ सत्संग का बड़ा हाथ था। धर्मग्रन्थों में साधु-सन्तों का संग मिलना भी देवी कृपा माना जाता है। सच्चे महापुरुषों का संग दुर्लभ और अमोघ है। मीरां संसार से असम्पृक्त रहकर साधु-सन्तों के सत्संग में असीम हरि सुख पाती थीं।

''साधां संगत हरि शुख पाश्यूं, जग शूं दूर रहां''

साधु-सन्तों की संगति पाने के लिए मीरां को अनेक बाधाओं, अपमानों और लांछनों को सहना पड़ा पर मीरां ने साधु-सन्तों के प्रति अपनी श्रद्धा भावना में किंचित् भी कमी न आने दी। इसी से उनके चरित्र की दृढ़ता लक्ष्य के प्रति आस्था, नैतिक निष्ठा और आत्मबल का ज्ञान होता है।

प्रगाढ़ कृष्ण भक्ति ने मीरां को कवयित्री बना दिया और काव्य रचना के क्षेत्र में मीरां भी आत्म प्रबुद्ध विदुषी नारी के रूप में दिखाई पड़ीं जो रस सिद्ध संगीत सम्राज्ञी भी थीं। मीरां का प्रत्येक गीत उनके व्यक्तित्व की छाप से अंकित है। गीति की प्रत्येक पंक्ति के प्रत्येक शब्द में उनकी आत्मा ध्वनित हुई है। मीरां ने यद्यपि किसी सम्प्रदाय में प्रवेश नहीं किया न ही उन पर किसी सम्प्रदाय का प्रभाव ही पड़ सका तथापि अनेक सम्प्रदायों ने मीरां छाप से अंकित पदों की रचनाकर उन्हें अपने सम्प्रदाय या पन्थ का

अनुगामी घोषित किया। सभी सम्प्रदायों में उनके पन्थ का प्रचार-प्रसार उनके व्यक्तित्व और काव्य के गौरव का प्रतीक है।

संक्षेप में यह कहा जा सकता है कि मीरां के व्यक्तित्व में सांसारिकता से परे आध्यात्मिक चेतना और पारमार्थिक अनुभूति की विराट चेतना समाई हुई थी। उनकी चिन्तनशील आत्मा में साधन की विरक्ति प्रेमी हृदय की साधना और लगन एवं गम्भीर दार्शनिकता का गहन चिन्तन समाया हुआ था। इस तरह मीरां के व्यक्तित्व में भक्त, साधक और प्रेमिका का सम्मिलित स्वरूप दर्शनीय है। वे एक परम वैष्णवी होने के नाते जहाँ नवधा-भक्ति के समस्त अंगों को अपनाए हुए थीं, वहीं एक जागरूक आत्मा की साधनात्मक अवस्था का विकसित रूप भी उनमें मिला।

मीरां के व्यक्तित्व, भक्तिभावना और आचरण के सम्बन्ध में भक्त प्रवर नाभादास जी का यह कथन पूर्ण सत्य है :

"लोक लाज कुल शृंखला तजि मीरां गिरधर भजी
सदृस गोपिका, प्रेम, प्रगट कलजुगहिं दिखायो
निर अंकुस अति निडर रसिक जस रसना गायो
दुष्ट न दोष विचार मृत्यु को उद्दिम कीयो
वार न बांको भयो गरल अमृत ज्यो पीयो
भक्ति निसान बजाय के काहू ते नाहिन लजी
लोक लाज कुल शृंखला तजि मीरां गिरधर भजी।" [21]

लगभग चार शताब्दियों का लम्बा अन्तराल पार कर लेने के उपरान्त और मौखिक परम्परा से जीवित काव्य की स्वामिनी मीरां के व्यक्तित्व का यह अप्रतिम वैशिष्ट्य है कि वे आज भी देश, काल और वातावरण के बन्धनों से विमुक्त हो, भक्तों के भजनों, जनसामान्य के लोकगीतों एवं संगीतज्ञों के शास्त्रीय गायन के माध्यम से भारतीय समाज में अप्रतिम स्थान की स्वामिनी हैं। यहीं मीरां के व्यक्तित्व की विशिष्टता है उनके भव्य और अलौकिक व्यक्तित्व की वन्दनीय एवं प्रणम्य उपलब्धि है।

सन्दर्भ

1. उदयपुर राज्य का इतिहास, ओझा, पृ. 327
2. वीर विनोद, भाग-2, पृ. 63-64
3. मेवाड़ एवं मुगल एम्परर्स, डॉ. जी.एन. शर्मा
4. उदयपुर राज्य का इतिहास, ओझा, पहली जिल्द, पृ. 421
5. मेड़ता का इतिहास, रेउ, पृ. 95
6. मारवाड़ का इतिहास, रेउ, पृ. 135
7. मारवाड़ का इतिहास, रेउ, पृ. 131

8. उदयपुर राज्य का इतिहास, ओझा, पृ. 416
9. राजपूताने का इतिहास, जगदीश सिंह गहलोत, पृ. 123
10. "पंग पुंगल धड़ कोटड़े, बाहर बापड़मेर।
जोधो लादे जोधपुर, ठावो जैसलमेर।"
11. मीरां जीवनी और काव्य, महावीर सिंह गहलोत, पृ. 74, पद-66
12. हिन्दी साहित्य का इतिहास, आचार्य रामचन्द्र शुक्ल, छठा संस्करण, संवत-2007, पृ. 73
13. चैतन्य भागवत, आदि खंड, अध्याय-2, पृ. 15
14. श्री भक्तमाल की टीका, कवित्त-2
15. सूर साहित्य, डॉ. हजारीप्रसाद द्विवेदी, पृ. 84
16. Developmental Psychology : F.L. Goodynaph, page 160
17. डाकोर की प्रति, पद सं. 1
18. काशी की प्रति, पद संख्या-95
19. डाकोर की प्रति पद सं. 65
20. डाकोर की प्रति, पद सं. 60
21. श्री नाभादास जी कृत भक्तमाल सटीक, पृ. 247 छप्पय : 115

3

मीरां के गीतों की प्रामाणिकता

भक्तिमती गीति कवयित्री मीरांबाई के गीतिकाव्य में ग्रहीत भावों के वर्गीकरण एवं उसकी विभिन्न कोटियों पर विचार करने से पूर्व उनके गीतों की प्रामाणिकता का निर्णय करना अनिवार्य है।

मीरां के अन्तर्जगत की अनुभूति, संवेदना एवं मनोवेगों के स्वरूप का परिचय उनके गीतिकाव्य के माध्यम से ही सम्भव है। उनके काव्य में स्वानुभूति माधुर्यभावोपासना की जो अभिव्यक्ति है, वह पिछली अनेक शताब्दियों से भक्त विह्वल हृदयों से लेकर बुद्धि तर्क जाल के सुविज्ञों तक को अपनी ओर आकृष्ट करती रही है। परिणामस्वरूप देशी और विदेशी भाषाओं में मीरां पर अनेक ग्रन्थ लिखे गए जिनमें संकलित पदावलियाँ, इतिहास ग्रन्थ, निबन्ध, कथाएँ, लोकनाट्य, चलचित्र और श्रद्धामूलक प्रशस्तियाँ, शोधग्रन्थ एवं महाकाव्य प्रमुख हैं। ऐसी स्थिति में मीरां विषयक विशाल साहित्य ने मीरां के सम्बन्ध में नाना प्रकार की भ्रान्तियों को जन्म दिया है। इन सबमें प्रमुख मीरां के पदों की प्रामाणिक पाठ-निर्णय की समस्या है।

मीरां के मूल पदों की शोध अपने आप में एक स्वतन्त्र विषय है। उसके पूर्ण विश्लेषण के लिए अत्यन्त विस्तार में जाने की आवश्यकता है। प्रस्तुत अध्याय की सीमित परिधि में यद्यपि यह पूर्ण सम्भव नहीं है कि मीरां काव्य की समस्त उपलब्ध प्रतियों की पाठ सम्बन्धी समस्त समस्याओं पर अत्यन्त गहराई और विस्तार के साथ विचार किया जा सके, तथापि इस समस्या को सामने रखते हुए उनके गीतों की प्रामाणिकता एवं पदावली पाठ से सम्बन्धित महत्त्वपूर्ण प्रमुख समस्याओं पर ही विचार किया जा सकता है। देशी एवं विदेशी भाषाओं में मीरां सम्बन्धी सैकड़ों ग्रन्थ मिलते हैं जिनमें मीरां के रचना साहित्य के सम्बन्ध में विविध मन्तव्य मिलते हैं। मीरां के नाम से अनेक प्रबन्ध ग्रन्थों एवं टीकाग्रन्थों का नामोल्लेख मिलता है परन्तु फुटकर या स्फुट पद ही उनकी विश्वसनीय रचनाएँ है। ये पद उनकी काव्यसाधना का परिणाम नहीं अपितु अनुभूति सम्पृक्त हृदय के सहजोद्‌गार हैं जिनमें उनकी मर्मस्पर्शी संवेदनशील आत्मा लय-बद्ध रूप लिये अभिव्यक्त हुई है। कालान्तर में मीरां की छाप की अनेक पद, जिनके रचनाकार कोई अन्य कवि थे उनकी रचनाओं के माध्यम से प्रसिद्धि पा गए।

मौखिक परम्परा से प्राप्त इन पदों की कोई भी प्रति ऐसी उपलब्ध नहीं है जो स्वयं मीरां ने लिखी हो। मीरां के गीत मुख्यतः तीन रूपों में उपलब्ध होते हैं :

प्रथम हस्तलिखित संग्रहों में प्राप्त पद; दूसरे, मुद्रित एवं प्रकाशित पदावली साहित्य में प्राप्त पद, और तीसरे मौखिक परम्परा के आधार पर प्रचलित पद।

हस्तलिखित प्राप्त पद

काव्य का सर्वाधिक विश्वसनीय आधार कवि की स्वरचित हस्तलिखित प्रति मानी जाती है। स्वयं मीरांबाई ने अपने पदों को लिपिबद्ध किया होगा यह सर्वथा सन्दिग्ध है। स्वयं मीरां की प्रामाणिक हस्तलिखित पदावली की प्रति की अनुपलब्धि मीरां के गीतों की प्रामाणिकता के शोध की सबसे बड़ी समस्या है। ऐतिहासिक प्रमाणों के आधार पर मीरां का जीवनकाल संवत् 1561 से लेकर संवत् 1613 तक माना जा सकता है। मीरां के जीवनकाल में लिखी गई कोई हस्तलिखित पदावली भी उपलब्ध नहीं है।

मीरां ने कुल कितने पदों की रचना की यह संख्या निश्चित कही नहीं जा सकती क्योंकि मीरां जीवनपर्यन्त नटवर नागर के प्रेम में विभोर होकर नाच-नाचकर गीत गाती रहीं। मीरां स्वयं अपने पदों को लिपिबद्ध करती रही हों, इसकी सम्भावना कम ही जान पड़ती है। हाँ, उनकी सखी एवं दासी ललिता द्वारा अवश्य उनके पदों को लिपिबद्ध किए जाने का संकेत मिलता है। इतिहास ललिता दासी के अस्तित्व का समर्थन करता है।

मीरां के पदों की जो अन्य हस्तलिखित प्रतियाँ मिलती हैं उन सभी में पाठ सम्बन्धी अन्तर भी प्रामाणिक पाठ निर्णय को समस्या का रूप प्रदान करते हैं। विभिन्न हस्तलिखित पदावलियों एवं प्रकाशित संकलनों में एक ही पद विभिन्न पाठों के साथ मिलता है।

अस्तु मीरां की प्रामाणिक पदावली की अनुपलब्धि के कुछ महत्त्वपूर्ण कारण है :

एक तो, मीरां एक सम्प्रदाय-मुक्त कवयित्री थीं। उन्होंने न तो किसी का शिष्यत्व धारण किया, न किसी को प्रदान ही किया। अतः शिष्य सम्प्रदायियों द्वारा भी उनके पदों को सुरक्षित रखने का प्रयास नहीं किया गया। सम्प्रदाय-मुक्त होने के ही कारण कुछ सम्प्रदाय के अनुयायी उन्हें कुत्सित विशेषणों से विभूषित करने में नहीं हिचकिचाते थे। बाद में जब मीरां के पद लोकप्रियता की चरमावस्था पर पहुँच गए तब अवश्य उनके पदों को साम्प्रदायिक पोथियों में व्यक्तिगत अभिरुचियों अथवा विशेष सिद्धान्त निरूपण के साथ स्थान मिलने लगा।

दूसरे, मीरां के समस्त गीतों की कोई प्रामाणिक प्रति उपलब्ध न होने के कारणों में एक प्रमुख कारण यह भी है कि उन्हें राजकीय संरक्षण नहीं मिल सका। उन्होंने राजकीय मर्यादा का उल्लंघन कर भक्ति मार्ग को अपनाया था। साधु सत्संग के पीछे उन्होंने राजकुल की मर्यादा और प्रतिष्ठा तिरोहित कर दी थी। अतः चित्तौड़ और उदयपुर के राजपरिवार वाले उन्हें कुल-कलंकिनी कहते थे। ऐसी स्थिति में उनके द्वारा राजकीय संग्रहालय में मीरां की रचनाओं को सुरक्षित रखने का प्रश्न ही नहीं उठता।

तीसरे, राज्याश्रित भाट चारणों ने भी मीरां की रचनाओं को सुरक्षित नहीं रखा। इन राज्याश्रित साहित्य व्यवसायी वर्गों का कार्य महत्त्वपूर्ण राजनायकों द्वारा लिखित या अलिखित साहित्य को ही महत्त्व प्रदान करना था। राजनीतिक दृष्टि से महत्त्वहीन ही नहीं राजवर्ग द्वारा उपेक्षिता एवं तिरस्कृता मीरां के भक्तिभाव गीतों से इन राज-कृपापालित रचनाकारों द्वारा सुरक्षित रखने की सम्भावना सर्वथा समाप्त हो जाती है।

यह तो मीरां के गीतों की अद्वितीय विशिष्टता है कि किसी भी आधार एवं संरक्षण के बिना भी वह मात्र अपनी हृदयग्राहिता एवं उत्कृष्ट भावानुभूति एवं गीतिकाव्यात्मकता के बल पर भक्तों, सद्गृहस्थों, संगीतज्ञों एवं सहृदयों के हृदयों पर शासन करती आई और आज भी जीवित है।

संकलनकर्त्ताओं, सम्पादनकर्त्ताओं एवं विभिन्न साम्प्रदायिकों ने वैयक्तिक अभिरुचि एवं व्यक्तिगत हितों को दृष्टिगत रखते हुए मीरां के पदों का उपयोग किया है। 'बेलवेडियर प्रेस, प्रयाग से प्रकाशित मीरांबाई की 'शब्दावली' एक महत्त्वपूर्ण उदाहरण है। इस ग्रन्थ में 168 पद संकलित हैं जिन्हें अनेक विद्वानों ने मीरां सम्बन्धी आलोचनाओं में प्रामाणिक रूप में ग्रहण किया है किन्तु मूल पदावली से तुलना करने पर एकदम स्पष्ट हो जाता है कि ये पद मीरां की मूल बानी नहीं हैं। 'मीरांबाई की शब्दावली के सम्पादन कार्य में सन्त बानी का प्रचार-प्रसार प्रमुख लक्ष्य बनाकर रखा गया है। यही कारण है कि उसमें मीरां के पद 'शब्द' शीर्षक से अभिहित किए गए हैं। इन 'शब्दों' का वर्गीकरण 'कबीर ग्रन्थावली' के ही समान किया गया है, जैसे 'चेतावनी का अंग', 'उपदेश का अंग', 'विरह का अंग', 'प्रेम का अंग, विनती और प्रेम का अंग', 'मिश्रित अंग' आदि।

"इस प्रकार की चेष्टा का प्रभाव बाद के अनेक आलोचक विद्वानों पर पड़ा जिन्होंने मीरां पर सन्त मत और नाथ सम्प्रदाय का गहरा प्रभाव सिद्ध करने की भूल की है।"[1]

डॉ. पद्मावती शबनम लिखती हैं :

"बहुत सम्भव है कि राजपरिवार से सम्बन्धित होने के कारण मीरां भी कुछ विशिष्ट योगियों के सम्पर्क में आई हों और इनसे प्रभावित भी हुई हों। अतः नाथ सम्प्रदाय से प्रभावित पदों की रचना अयुक्त नहीं कही जा सकती।"[2]

इसी प्रकार डॉ. श्रीकृष्णलाल[3], डॉ. हीरालाल माहेश्वरी[4]; डॉ. सावित्री सिन्हा[5], प्रो. मुरलीधर श्रीवास्तव[6] के मत भी मीरां पर सन्त मत एवं नाथ सम्प्रदाय का प्रभाव मानने के पक्ष में हैं।

नाथ सम्प्रदाय का प्रभाव दर्शाने वाले अनेक पद मीरां नाम से प्रचलित हैं। एक पद उदाहरणार्थ प्रस्तुत है :

"मैंने सारा जंगल ढूँढ़ा रे, जोगिड़ा ना पाया
काना बिच कुंडल, जोगी गले बिच सेली
घर घर अलख जगाए रे
अगर चन्दन की धुची, जोगी, धकाई,
अंग बिच भभूत लगाए रे

मीरां के प्रभु गिरधर नागर,
सबद का ध्यान लगाए रे।"[7]

गुजराती भाषा में प्राप्त इस पद की अन्तिम पंक्ति पर सन्त मत का एवं शेष पर नाथ सम्प्रदाय का स्पष्ट प्रभाव है। पद में प्रयुक्त भाषा भी मीरां की गीत शैली से मिलती-जुलती नहीं है।

इसी प्रकार मीरां के गुरु के रूप में रैदास और गौरांग महाप्रभु का उल्लेख करने वाले प्रक्षिप्त पदों की परम्पराएँ भी साम्प्रदायिक भावना जन्य हैं। उदाहरणार्थ :

"मीरां मनमानी सूरत सैल असमानी
जब जब सुरत लगे वा घर की, पल पल नैनन पानी
ज्यां हिये पीर तीर सम सालत, कसक कसक कसकानी
रात दिवस मोहिं नीद न आवत, भावै अन्न न पानी
ऐसी पीर बिरह तन भीतर, जागत रैन बिहानी
ऐसो बैद मिलै कोई भेदी, देस बिदेस पिछानी
खोजत फिरों भेद वा घर को, कोई करत बखानी
रैदास सन्त मिले मोहि सत गुरु दीनी सुरत सहदानी
मैं मिली जाय पाय पिय अपणा, तब मोरी पीर बुझानी
मीरां खाक खलक सिर डाली, मैं अपना घर जानी"[8]

मीरां के पदों पर सम्पादकों, लिपिकारों एवं संकलनकर्त्ताओं की स्वयं की भाषा का भी गहरा प्रभाव पड़ा है। गुजराती भाषा में मीरां के 'गिरधर नागर' का 'गिरधर नागुण' रूप बन गया है। महाराष्ट्र में लिपिबद्ध थुलिया (पं. खानदेश) के रामदासी संशोधन की प्रतियों में मीरां के स्थान पर 'मिरा' पाठ मिलता है। 'मीरां छाप' से प्रचलित कुछ गीतों में पंजाबी एवं भोजपुरी के शब्द प्रयोग मिलते हैं वह भी सम्पादकों या लिपिकारों की निज भाषा के प्रभाववश ही है एक पद पंजाबी भाषा में इस प्रकार मिलता है :

"सांसरे दी मालन भाए, सानू प्रेम दी कटारियाँ
सखी पूछे दोऊ चारे, व्याकुल क्यों भैया नारे
रंग के रँगीले मोसे, दृग भर मारियाँ
व्याकुल बेहाल भैयो, सुध बुध भूल गेयाँ
अजहूँ न आए श्याम, कुंज बिहारियाँ
यमुना की घाटी बाटी, असो तेरी चाल पछानी
बसियाँ बजावी कान्हा, मेया मन वारियाँ
मीरांबाई प्रेम पाया, गिरधर लाल ध्याया
तू तो मेरा प्रभुजी हो प्यारा, दासी हो तिहारियाँ।"[9]

यही पद गुजराती भाषा में इस प्रकार मिलता है :

"शामरे की दृष्टि मानुं प्रेम की कटारी है,
माई सामरे की दृष्टि मानुं।
चान्दां त्यां चकोर बसे, दीपक जले पतंग,
जल बिना मरे गीत ऐसी प्रीत प्यारी है।
गोकुल शाम उजारी कीनां,
मथुरो में सादेर लीनो,
कुबजा कुँ राज दीनो,
राधे तो बिसारी है।
कुब्जा कुँ कहीयो जाय,
बिनती सुनत ब्रजराय
इतनी अरज हमारी,
मीरां तो तुम्हारी है।'[10]

उपर्युक्त दोनों पदों में वियोगाभिव्यक्ति अवश्य हुई है परन्तु भाषा सम्बन्धी अन्तर दोनों ही पद गीतियों को प्रकीर्ण सिद्ध करता है। एक अन्य पद अवधी भाषा का भी प्रस्तुत है। यह रचना मीरां कृत है, इसमें सन्देह है।

उदाहरणार्थ :

"हमरे रोरे लागिल कैसे छूटे
जैसे हीरा हनत हनाई, तैसे हमारे रौरे बनिजाई
जैसे सोना मिलत सुहागा, तैसे हम रौरे दिल लागा
जैसे कमल नाल बिन पानी, तैसे हम रौरे मन मानी
जैसे चन्दा मिलत चकोरा, तैसे हम रौरे दिल जौरा
जैसे मीरां पति गिरधारी, तैसे मिली रहुं कुंजबिहारी"[11]

खड़ी बोली में मीरां नाम से प्रचलित अनेक पद इस प्रकार के मिलते हैं :

"मीरां को प्रभु साँची दासी बनाओ
झूठो धन्धो से मेरा फन्दा छुड़ाओ
लूटे ही लेत विवेक का डेरा
बुद्धि बल यदपि करूँ बहुतेरा
हाय राम कछु नहिं बस मेरा
मरत हूँ विबस प्रभु धाओ सबेरा
धर्म उपदेश नित प्रति सुनती हूँ
सदा साधु सेवा करती हूँ
सुमिरण ध्यान में चित्त धरती हूँ

भक्ति मार्ग दासी को दिखाओ
मीरां को प्रभु साँची दासी बनाओ।"[12]

कुछ सम्पादकों ने मीरां पदावली को प्रामाणिक रूप प्रदान करने के उद्देश्य से सम्पादन कार्य करते हुए व्यक्तिगत अभिरुचियों को पर्याप्त स्थान प्रदान किया है।

परिणामतः एक ही पद विभिन्न पद संग्रहों के भाव एवं भाषागत विभेदों का समूह बन जाता है। कुछ संग्रहों में सम्पादकों ने अपने विशेष पांडित्य का परिचय देकर प्राप्त पदों में भी संशोधन कर दिया है।

कुछ ने नवीन और मौलिक जानकारी देने के प्रयास में सम्पादित संस्करणों में भ्रान्ति मूलक विवादास्पद पदों को स्थान दे दिया है। इस सम्बन्ध में डॉ. परशुराम चतुर्वेदी द्वारा सम्पादित पूर्व की पदावली एवं बाद में डाकोर की प्रति के आधार पर परवर्ती संस्करण के प्रकाशन का उल्लेख किया जाना महत्त्वपूर्ण है। इन दोनों संस्करणों में भाषा की दृष्टि से अन्तर है।

डॉ. पद्मावती शबनम द्वारा मीरां बृहत पद संग्रह में संकलित पदों में ब्रज राजस्थानी, गुजराती एवं मिश्रित भाषा के पदों का संग्रह भी समस्या को उजागर करता है।

मीरां के पदों की भाषा क्या थी ? इस अनिश्चित स्थिति से उबरने के लिए विद्वानों ने मीरां की वाणी में त्रिवेणी की कल्पना की और यह प्रतिस्थापना की कि मीरां के गीत राजस्थानी, गुजराती एवं ब्रज इन तीनों ही भाषाओं में हो सकते हैं। क्योंकि मीरां अपने जीवनकाल में इन तीनों भाषा क्षेत्रों के सम्पर्क में आई थीं।

डॉ. श्रीकृष्णलाल जैसे मीरां साहित्य के अधिकारी विद्वान का यह मत अत्यन्त संशय में डाल देनेवाला है :

"आज मीरां के नाम से सैकड़ों पद मिलते हैं। वे सभी उस मधुर भाव की प्रतियाँ मीरां की रचनाएँ नहीं हैं वरन् मीरां की भक्ति भावना के प्रति श्रद्धा रखने वाले एक समुदाय की रचनाएँ हैं। अतः वैज्ञानिक दृष्टि से मीरां के नाम से प्रसिद्ध अधिकांश पद अप्रामाणिक अवश्य हैं परन्तु भावना की दृष्टि से उन सभी पदों को मीरां की रचना मानने में कोई आपत्ति नहीं होनी चाहिए क्योंकि प्रतीक रूप से वे मीरां की ही रचनाएँ हैं।"[13]

यदि उपुर्यक्त मत को सही मान लिया जाए तो यह भावनात्मक औदार्य न केवल मीरां अपितु समस्त विवादग्रस्त कवियों की रचनाओं की पाठालोचन सम्बन्धी समस्याओं का समाधान बन जाए। अस्तु डॉ. श्रीकृष्णलाल के मत को हम अस्वीकारने के लिए विवश हैं। वस्तुतः मीरां के प्रामाणिक पाठ निर्णय की समस्या बहुत जटिल इसलिए भी है क्योंकि उनके पद मौखिक परम्परा पर आधारित हैं।

मीरां के पदों की प्रामाणिक प्रति का निर्णय

मीरां के पदों की जितनी भी हस्तलिखित प्रतियाँ अथवा प्रकाशित संग्रह मिलते हैं उन सभी का गहन अनुशीलन करने के उपरान्त हम यह निश्चय के साथ कह सकते हैं कि श्री ललिता प्रसाद सुकुल द्वारा उल्लिखित डाकोर एवं काशी की हस्तलिखित प्रतियाँ ही मीरां की प्रामाणिक रचनाएँ हैं।

डाकोर की प्रति अब तक की उपलब्ध सभी हस्तलिखित प्रतियों में सर्वाधिक प्राचीन है। इसकी भाषा भी प्राचीन पश्चिमी राजस्थानी है जो मीरां की मातृभाषा थी। डाकोर वाली प्रति में जो पद संग्रहित हैं वे प्रायः सभी प्रतियों में पाए जाते हैं। यह अवश्य है कि इनमें विविध पाठ भेद मिलते हैं।

डाकोर की प्रति का इतिहास

इस प्राचीनतम प्रति का विस्तृत इतिहास जो श्री गोवर्धनदास भट्ट ने बताया था जिसके अनुसार मीरांबाई जब मेड़ते से वृन्दावन की तरफ चलीं तो उनके साथ श्रीकृष्ण के भक्तों का एक काफी बड़ा समुदाय भी चला। मीरां के साथ उनकी ललिता नाम की दासी भी साथ थी। ललिता राजकुल की दासी थी जो मीरां के बाल्यकाल से ही अनुचरी के रूप में उनके साथ रहती थी। मीरां के प्रत्येक सुख और दुःख में बराबर साथ देने वाली यह दासी मीरां की सखी तुल्य थी। अवस्था में वह मीरां से कुछ ही बड़ी थी पर भक्ति, स्नेह, वात्सल्य और मैत्री का सम्मिलित भाव वे मीरां पर रखती थीं। कहा जाता है कि ललिता दमे के रोग से पीड़ित थीं, अतः वृन्दावन यात्रा के लिए मीरां ने उन्हें रोका किन्तु मीरां को अपने जीवन का अभिन्न अंग मानने वाली ललिता उन्हें छोड़ भी कैसे सकती थी। मीरां भी स्नेह के प्रतिदान स्वरूप उसे साथ ही वृन्दावन ले आईं। जहाँ ललिता दमे की व्याधि से पूर्ण मुक्त हो गई थी। उन्हीं के शब्दों में :

"जोग जतण णा म्हारो कोई, श्याम तुम्हारी माया
वृन्दावन रो दरसण पायां, कंचन हो गई काया।"

कंचन काया को प्राप्त कर लेने वाली ललिता के सम्बन्ध में प्रसिद्ध है कि वह जीवनपर्यन्त मीरां के साथ ही रही और मीरां के समाधिस्थ होने के एक दिन पूर्व ही रात्रि में नवविवाहिता-सा शृंगार करके मीरां को प्रणाम करके अगाध सागर में समा गई। यही वह महान विभूति थी जिसने मीरां के गीतों को लेखबद्ध करके सुरक्षित रखने का महत्कार्य किया था।

ललिता द्वारा लिखी गई मीरां की पदावली की प्रति डाकोर में रणछोड़जी के मन्दिर के खजाने में बहुत दिनों तक सुरक्षित रही। लोक श्रद्धा की पात्र वह प्रति लोगों द्वारा पूजी जाती थी। मन्दिर में उपासना के विविध अवसरों पर इन पदों को गाने की परम्परा

का भी अभिज्ञान होता है। किसी भक्त द्वारा उस पोथी को सोने और जवाहरात से मढ़ाकर श्रद्धा सुमन के रूप में अर्पित किए जाने की कथा भी सत्य पर आधारित है। 17वीं शताब्दी के उत्तरार्ध में गुजरात के मुस्लिम शासक रणछोड़जी के मन्दिर के खजाने को लूटते समय उक्त पोथी को भी रत्नों एवं स्वर्ण के लोभ में उठा ले गया था। उसी शासक की द्वितीय पीढ़ी में एक प्रसिद्ध दीवान नाना लाल भगत उत्पन्न हुए। उन्होंने वह पोथी पुनः रणछोड़जी के मन्दिर में अर्पित की, यद्यपि तब तक वह पोथी जवाहरात और स्वर्ण से मढ़ी नहीं रह पाई थी। गोवर्धनदास भट्ट से प्राप्त पोथी, उनके पूर्वजों द्वारा इसी मूल प्रति के आधार पर संवत् 1642 में लिखी गई थी।

उपर्युक्त विवरण के आधार पर निष्कर्ष स्वरूप कहा जा सकता है कि डाकोर में प्राप्त हस्तलिखित प्रति मीरां की मूल पदावली है। मीरां के इन मूल पदों को ललिता दासी ने लिपिबद्ध किया था। ललिता दासी के अस्तित्व की सत्यता का समर्थन इतिहास के अतिरिक्त कई भक्तों ने भी किया है।

भक्त ध्रुवदास ने कहा है :

''ललिता हूँ लई, बोलि के तासों हो अति हेत,
आनन्द सों निरखत फिरै वृन्दावन रस खेत।''

ललिता द्वारा लिपिबद्ध उस प्रति को पं. गोवर्धनदास भट्ट के पूर्वजों ने लिपिबद्ध किया था।

इसी डाकोर की प्रति से प्राप्त 69 पद इस बात की सूचना देते हैं कि मीरां ने डाकोर छोड़ने तक 69 पद ही रचे थे। यदि उन्होंने डाकोर छोड़ने तक 69 से अधिक पदों की रचना की होती तो अवश्य ही ललिता उन पदों को डाकोर की प्रति में लिपिबद्ध करतीं किन्तु ऐसा नहीं हुआ है। काशी और कानपुर की प्रतियों में जिनका लिपि काल संवत् 1727 है तथा डाकोर निवासी पं. गोवर्धनदास भट्ट द्वारा प्रस्तुत मीरां के पदों की दूसरी प्रति, जिसका लिपिकाल संवत् 1805 है, में एक सौ तीन-तीन पद एक ही भाषा में सामान्य लिपिभेद को छोड़कर एक ही क्रम से विद्यमान हैं, विशेष तौर पर डाकोर की पहली संवत् 1642 की प्रति और काशी की संवत् 1805 की प्रति में भाषा एवं भावधारा की जो समानता दिखाई देती है, उससे ऐसा ज्ञात होता है कि संवत् 1642 वाली प्रति के बाद जो 34 पद अतिरिक्त मिलते हैं, वे मीरां द्वारा डाकोर त्यागने के बाद द्वारका जाते समय मार्ग में या बाद में कभी रचे गए। यहीं पर एक नई सम्भावना भी जन्म लेती है कि मीरां ने कुछ और भी पद रचे होंगे।

डाकोर एवं काशी की हस्तलिखित प्रतियों की भाषागत समानता और उसके स्वरूप को देखते हुए मीरां की भाषा का स्वरूप भी स्पष्ट हो जाता है। भाषा के स्वरूप के निश्चित हो जाने पर यह निर्णय करना भी सरल हो जाता है कि ब्रज, गुजराती एवं अन्य भाषाओं में लिपिबद्ध मीरां के पद या तो प्रामाणिक पदों के गेयात्मक अनुवाद है अथवा प्रकीर्ण हैं। डाकोर एवं काशी की प्रतियों में मीरां की भाषा प्राचीन

पश्चिमी राजस्थानी है।

मीरां के सम्बन्ध में गुजराती साहित्य में किए गए नवीनतम शोध-ग्रन्थ की लेखिका डॉ. निर्मला लाल भाई झवेरी भी उक्त मत की पुष्टि करती हैं। वे लिखती हैं :

"येना (मीरांनां) पदोनी मूल भाषा मारवाड़ी राजस्थानी कही छे, ते छे, या जूनी पश्चिमी राजस्थानी डॉ. टेसीटरी ने मते गुजराती तथा मारवाड़ी नी जननी छे।"

[इन (मीरां के) पदों की मूल भाषा राजस्थानी कही गई है, यह पुरानी पश्चिमी राजस्थानी डॉ. टेसीटरी के मतानुसार गुजराती तथा मारवाड़ी की जननी है।]

निष्कर्ष

इस प्रकार भाषा की दृष्टि से भी डाकोर एवं काशी की प्रतियाँ ही मीरां की प्रामाणिक रचना ठहरती हैं। उक्त प्रतियों में लिपि सम्बन्धी जो सामान्य भेद पाए जाते हैं, वे लिपिकारों की असावधानी का परिणाम हैं।

इतिहास सम्बन्धी प्रमाणीकरण के आधार पर भी काशी एवं डाकोर की हस्तलिखित प्रतियों में संगृहीत पद मीरां के मूल पद हैं, यह सिद्ध है।

परन्तु प्रश्न उठता है कि क्या मीरां ने मात्र 103 पदों की ही रचना की ? इसी प्रश्न पर अनेक विद्वानों ने मीरां के इन पदों की प्रामाणिकता पर सन्देह व्यक्त किया है। श्री ब्रजरत्नदास ने लिखा है :

"मीरांबाई का रचनाकाल लगभग 40 वर्षों का था और ऐसी अवस्था में उनके रचे हुए 500 पदों का या इससे कहीं अधिक का होना असम्भव नहीं। वास्तव में इनके बहुत से पद अवश्य ही विलुप्त हो गए और इसी प्रकार कुछ पद मीरां के भक्तों के बनाए इनकी पदावली में भी मिल गए, किन्तु केवल किसी छोटे संग्रह की हस्तलिखित प्रति प्राप्त हो जाने से उन पदों के सिवा अन्य सभी को प्रक्षिप्त मान लेना अनुचित ही नहीं, मतिभ्रम भी है।"[15]

उक्त विद्वान की शंकाओं के समाधान हेतु इतना कहना ही पर्याप्त होगा कि मीरांबाई के तथाकथित 500 पद या इससे अधिक संख्या वाले पद वस्तुतः भक्तों एवं सन्तों संगीतज्ञों द्वारा मौखिक परम्परा के अनुसार नई पद रचना कर देने का परिणाम हैं।

मीरां के जीवन, मानसिक विकास, भक्ति भावना एवं तत्कालीन परिस्थितियों के परिप्रेक्ष्य में यही सर्वाधिक युक्तिसंगत जान पड़ता है कि मीरां अपने जीवन का अधिकांश समय पूजा पाठ, संकीर्तन एवं सत्संग में व्यतीत करती रही होंगी, उनकी दिनचर्या एक सी ही रही होगी। अतः दैनिक पूजन-भजन, कीर्तन एवं साधु-संगति में वे अपने पुराने पदों को दोहराती रही होंगी। महाकवि सूरदास की तरह न तो उन्हें किसी सम्प्रदाय विशेष में दीक्षित होना पड़ा था, न ही किसी पूजन पद्धति विशेष में नित्य नवीन पदों की रचना ही करनी पड़ती थी।

उनके गीत तो आत्मतल्लीनता की स्थिति के अन्तः उच्छ्वास हैं। अतएव उनके गीतों की अल्प संख्या आश्चर्य करने की वस्तु नहीं जैसा कि डॉ. भगवानदास तिवारी का कथन है :

"मीरां साम्प्रदायिकता की अँगुलियों से झंकृत होनेवाली सितार नहीं बल्कि अन्तःप्रेरणा से भाव विभोर हो कूक उठनेवाली भक्ति-कोकिल थीं। प्राणों के मूक समर्पण को, आत्मा के ऐकान्तिक प्रेम को, हृदय की अगाध विरहजन्य पीड़ा को वे जीवन-वीणा के तारों पर भाव विभोर हो मुखरित किया करती थीं। ऐसी परिस्थिति में कोई आश्चर्य नहीं कि उन्होंने बहुत अल्प संख्या में पद रचे हों। फिर अधिक रचनाएँ लिखने से ही कोई साधक महान नहीं बन सकता। थोड़ा किन्तु मर्मस्पर्शी साहित्य का प्रणेता भी महान हो सकता है।"[16]

मीरां ने विशाल ग्रन्थों का प्रणयन नहीं किया, इसकी अपेक्षा आत्मा की घनीभूत अनुभूति से परिपूर्ण मर्मस्पर्शी संक्षिप्त पद रचना कर हिन्दी साहित्य की ही नहीं विश्व के श्रेष्ठतम गीतिकारों में अग्रगण्य स्थान सुशोभित किया है।

यह मान्यता भी बहुत सुनिश्चित नहीं कि मीरां ने मात्र 103 पदों की रचना की थी किन्तु अन्य प्रामाणिक पदों के अनुपलब्ध होने के कारण से जो पद काशी एवं डाकोर की प्रति में संकलित है, मीरां के प्रामाणिक पद माने जाएँगे।

मीरां की प्रामाणिक पदावली मिलने के उपरान्त भी हिन्दी जगत के कुछ विद्वानों ने संशय प्रकट किया है। डॉ. हीरालाल माहेश्वरी श्री ललिता प्रसाद सुकुल द्वारा प्रकाशित पदावली [17] के विरोध में लिखते हैं :

"उन्होंने दो प्रतियों संवत् 1642 की डाकोर की प्रति तथा संवत् 1727 की काशी की प्रति के आधार पर मीरां स्मृति ग्रन्थ में मीरां की पदावली दी है; पर खेद है कि इसका कोई प्रमाण उन्होंने नहीं दिया है। तथाकथित पदावली को देखने पर पता चलता है कि उनकी भाषा बिल्कुल भ्रष्ट है। उसमें व्याकरण की भद्दी भूलों की भरमार है।"[18]

एक अन्य स्थान पर वे लिखते हैं :

"प्राचीनता की दुहाई देने मात्र से ही प्रति प्रामाणिक नहीं बन जाती उलटे इससे गुमराह हो जाने की आशंका रहती है।"

उक्त पदावली के सम्बन्ध में डॉ. मोतीलाल मेनारिया ने भी सन्देह व्यक्त किया है :

"भूल भुलैया की तरह एक विचित्र परिस्थिति में इस प्रति के मिलने का वर्णन किया गया है, जो मन में सन्देह उत्पन्न करता है। मालूम पड़ता है राजस्थानी भाषा से अनभिज्ञ किसी व्यक्ति ने यह सारा जाल रचा है। यदि मीरांबाई ने इस तरह कर्णकटु और भद्दी भाषा में कविता की होती तो वह कदापि इतनी लोकप्रिय न हो पातीं। अतः इसकी भाषा को मीरांबाई की मूलभाषा मानना भारी भूल है।"[19]

श्री शम्भु सिंह मनोहर का वक्तव्य भी दृष्टव्य है :

"वस्तुतः उक्त पदावली से बढ़कर मीरां का भ्रष्ट और भ्रान्त पाठ शायद ही किसी संकलन में देखने को मिले। जिसे राजस्थानी भाषा की प्रकृति का तनिक भी ज्ञान है,

वह उक्त पाठ की कल्पनातीत विकृतियों से स्तम्भित हुए बिना न रहेगा। अतः मीरां के प्रामाणिक भाषा रूप का ज्ञान कराने के लिए उक्त प्रति पर आधारित संकलन को मान्यता देना अयुक्त है।"[20]

अनिर्णय की स्थिति में इन्हीं विद्वान का कहना है :

"ऐसी स्थिति में मीरां के सही भाषा-रूप का निर्णय जब तक उसकी पदावली का किसी प्राचीनतर प्रति के विधिवत पाठालोचन के आधार पर कोई प्रामाणिक संकलन नहीं निकल जाता, अत्यन्त कठिन है।"[21]

उपर्युक्त विद्वानों के विचारों के प्रकाश में मीरां की प्रामाणिक पदावली की मूल प्रति की समस्या सुलझती नहीं दिखलाई देती। डॉ. माहेश्वरी नरोत्तमदास स्वामी की 'मीरां मन्दाकिनी' को प्रामाणिक मानते हैं, जिसकी अप्रामाणिकता के विषय में आगे विस्तृत उल्लेख किया जाएगा।

मेरी राय में मीरां की प्रामाणिक पदावली के रूप में डाकोर एवं काशी की प्रतियाँ प्रामाणिक हैं, जिसका प्रकाशन 'मीरां स्मृति ग्रन्थ' के अन्त में श्री ललिता प्रसाद सुकुल के सौजन्य से हुआ है।

काशी एवं डाकोर की प्रतियों को मान्यता देने के उपरान्त पूर्व में विवादग्रस्त अनेक धारणाओं का खंडन स्वतः ही हो जाता है। पूर्व के इन पदों के प्रचलन से मीरां के व्यक्तित्व, सम्प्रदाय, विचारधारा एवं पारिवारिक संघर्षों के सम्बन्ध में बड़ी ही भ्रान्त धारणाओं का प्रचार एवं प्रसार हो गया है।

प्रो. ललिता प्रसाद सुकुल द्वारा प्रकाश में लाई गई पोथियाँ

मीरां पदावलियों की कुछ हस्तलिखित पोथियों की चर्चा श्री ललिता प्रसाद सुकुल ने की है। वे लिखते हैं :

"यह माना कि हमारे देश की भक्तिकालीन विभूतियाँ अपनी कृतियों को लेखबद्ध करने की चेष्टा प्रायः नहीं किया करती थीं या शायद इने गिनों को छोड़कर उनकी यह परम्परा ही नहीं थी, किन्तु फिर भी इससे इन्कार नहीं किया जा सकता कि उनके सन्देश भक्त जनों के द्वारा ही सही लेखबद्ध होकर सुरक्षित तो रहते ही थे। मीरांबाई ने भी शायद अपने पदों को स्वयं न लिखा होगा किन्तु उनके द्वारा विविध अवसरों पर गाए गए पद हस्तलिखित ग्रन्थों के रूप में देश के विविध भागों में और विदेशों के संग्रहालयों में अवश्य वर्तमान हैं। हमारे संग्रहकर्त्ता यदि इस सामग्री का उपयोग करने का उद्योग कर लेते तो कदाचित् साहित्य की सेवा और अच्छी बन पड़ती। समीक्षकों की मीरां साहित्य विषयक समीक्षा भी अधिक प्रौढ़ और सुलझी हुई सामने आ सकती।"

सन् 1934 के 29 दिसम्बर में उन्हें देश के पश्चिमी भाग मुम्बई, बड़ौदा, द्वारका, डाकोर इत्यादि की ओर भ्रमण करने का कलकत्ता विश्वविद्यालय की कृपा से अवसर प्राप्त हुआ था।

डाकोर में श्री सुकुल की कुछ विशिष्ट व्यक्तियों में एक गुजराती दम्पति से भेंट हुई जिनका नाम था श्री गोवर्धनदास भट्ट। इनके पूर्वज द्वारकाधीश मन्दिर के प्रधान सेवकों में से थे। उन्हीं के संग्रह में उन्हें दो पोथियाँ मीरांबाई के पदों की देखने को मिली। दोनों देवनागरी मिश्रित गुजराती लिपि में थीं। एक की तिथि संवत् 1642 थी और दूसरी की जिसमें नागरी लिपि के अक्षर कम थे गुजराती के अधिक, संवत् 1805 की थी। संवत् 1642 वाली प्रति में केवल 69 पद थे, किन्तु 1805 वाली में 103 पद संग्रहित थे। उन्हीं के द्वारा उन्हें सूचना मिली थी कि किसी समय उनके काशी प्रवास में वे डॉ. श्याम सुन्दरदास से भी मिले थे और उन्हीं के अनुरोध से डॉ. श्यामसुन्दर दास ने नागरी प्रचारिणी सभा, काशी की ओर से मीरां के पदों का एक आधारयुक्त संस्करण प्रकाशित करने की योजना बनाई थी।

भट्ट जी की कृपा से सुकुल जी को भी उपर्युक्त दोनों संग्रहों की प्रतिलिपि मिल चुकी थी। इसके उपरान्त वे निरन्तर मीरां के पदों की हस्तलिखित प्रतियों की खोज में व्यस्त रहे। सन् 1642 तक लगभग 16 हस्तलिखित संग्रह उनके देखने में आए। चार काशी में, दो कानपुर में, दो रायबरेली में, तीन मथुरा में और शेष पाँच उदयपुर एवं जोधपुर के निवासी कुछ साहित्यिक मित्रों के पास। किन्तु ये सभी प्रायः 18वीं सदी के थे। विदेशों के संग्रहालयों के सूची पत्रों से 12 अन्य हस्तलिखित प्रतियों का पता चला। उनकी तिथियों से भी ज्ञात होता है कि वे प्रायः सब 18वीं शताब्दी के उत्तरार्द्ध की ही हैं।

"इन विविध देशी और विदेशी हस्तलिखित प्रतियों में संग्रहीत पदों की संख्या (डाकोर की सर्वप्राचीन हस्तलिखित प्रति को छोड़कर) प्रायः 96 से 124 तक हैं। राजस्थान और कानपुर की प्रतियों में भी पदों की संख्या 103 से लेकर 124 तक मिली किन्तु उनमें से अधिकांश के प्रक्षिप्त तथा पिष्टप्रेषित होने की सम्भावना इतनी स्पष्ट है कि सन्देह के लिए कोई स्थान नहीं रह जाता। कानपुर की दो प्रतियों में से एक जिसके दर्शन मुझे अपने परम मित्र बहेरा निवासी पं. शिवदास अवस्थी की कृपा से हुए थे, अधिक प्राचीन और प्रामाणिक जान पड़ी। उपर्युक्त कानपुर की तथा इस प्रति में एक सौ तीन-तीन पद हैं और आश्चर्य तो यह है कि दोनों ही प्रतियों में पदों का क्रम बिल्कुल एक-सा है लिखावट और अक्षरों में भिन्नता काफी है, दोनों ही संवत् 1727 की लिखी हुई हैं और आश्चर्य नहीं कि दोनों का मूल स्रोत एक रहा हो।...इसीलिए पदावली एक होते हुए भी संग्रह में मैंने काशी की ही प्रति का उल्लेख किया है और जहाँ डाकोर की प्रति का उल्लेख है, वहाँ प्राचीन संवत् 1642 वाली प्रति से ही अभिप्राय है।"[22]

निष्कर्ष रूप में श्री सुकुल को मीरां के पदों की निम्नलिखित हस्तलिखित प्रतियाँ उपलब्ध हुई हैं :—

(1) डाकोर के श्री गोवर्धनदास भट्ट से प्राप्त दो प्रतियाँ :

1. संवत् 1642 की प्रति से 69 पद और

2. संवत् 1805 की प्रति से 103 पद

(2) काशी की चार प्रतियाँ :

1. सेठ गोपालदास के संग्रह से प्राप्त संवत् 1727 की प्रति

2. नागरी प्रचारिणी की 4 प्रतियाँ

(3) कानपुर की 2 प्रतियाँ

(4) रायबरेली की 2 प्रतियाँ

(5) मथुरा की 3 प्रतियाँ

(6) जोधपुर और उदयपुर की 5 प्रतियाँ

राजस्थान में प्राप्त हस्तलिखित प्रतियाँ

महाराजा जोधपुर के पुस्तक प्रकाश, उम्मेद भवन, जोधपुर पुरातत्व मन्दिर, जोधपुर रामद्वारा धोली बावड़ी, उदयपुर आदि स्थलों में मीरां के अनेक हस्तलिखित पद संग्रह मिलते हैं। इन सभी की भाषा ब्रज मिश्रित राजस्थानी है। इनकी लिपि देवनागरी है। इन गुटकों में संग्रहीत पदों का रचनाकाल 18वीं शताब्दी और उसके बाद का है। इन सभी गुटकों में एक बात समान रूप से पाई जाती है कि सभी पद मौखिक परम्परा के आधार पर लिखे गए हैं। स्मृति के आधार पर ही संकलनकर्ताओं ने इन्हें संचित किया है। इन हस्तलिखित प्रतियों को कई कारणों से प्रामाणिक नहीं माना जा सकता। भाव और भाषा दोनों ही दृष्टियों से इनकी प्रामाणिकता सन्दिग्ध है।

रामद्वारा धोली बावड़ी उदयपुर से प्राप्त हस्तलिखित प्रति

रामद्वारा धोली बावड़ी, उदयपुर में अनेक हस्तलिखित गुटकों में मीरां के पद दिए गए हैं। इन प्रतियों में मीरां को किसी जोगी की जोगिन बनाने की चेष्टा स्पष्ट लक्षित होती है। उनमें से एक पद जिसका रचनाकाल सम्भवतः सन् 1828 है, इस प्रकार है :[23]

"जोगीयाज दरसण दीज्यो राजी
कर जोड्या करणी करूँ म्हारी वाहा गहवा की लाज ॥टेक॥
लोक लाज सब सारी डारी, छाड्यो जग उपदेश।
ब्रह्म अग्नि में प्रान दाझे, म्हारो सुणि लीज्यो आदेश ॥.1.॥
साँच मुद्रा भाव कंथा, साज्यौ नब सब साज
जोगणि होइ जुग ढुढस्यूं, म्हारी घर घर फेरी आस ॥.2.॥
दरध दिवाणी तन देषि आपनूँ मलीया परम दयाल।
मीरां के मनि आनन्द हुंवां, रूम रूम खुसियाल ॥.3.॥[24]

भाव और भाषा की दृष्टि से यह सम्पूर्ण पद प्रकीर्ण जान पड़ता है। पद किसी

नाथ सम्प्रदाय की देन है। उपलब्ध ऐतिहासिक प्रमाण यह सिद्ध करते हैं कि मीरां ने कभी किसी जोगी से बाँह गहे की लाज रखने के लिए करबद्ध प्रार्थना नहीं की थी। साँच मुद्रा व भाव कथा का जोगियोंवाला शृंगार भी मीरां ने नहीं अपनाया था। 'लोक लाज' सब 'सारी डारी' में शुद्ध खड़ी बोली का प्रयोग है। यह पद पूरा ही प्रकीर्ण है। प्रतीत तो यह होता है कि किसी परमदयाल जोगी ने ही इस पद की रचना की है।

पुरातत्त्व मन्दिर जोधपुर की हस्तलिखित प्रतियाँ

पुरातत्त्व मन्दिर जोधपुर के संग्रहालय में भी मीरां के विभिन्न पद उपलब्ध होते हैं। भाव एवं भाषा की दृष्टि से इनमें से कोई भी पद मीरां की रचना नहीं कहा जा सकता। मीरां के मूल पदों में वियोग की सच्ची करुण पुकार वियोग की टीस में उभरी है। परन्तु इन हस्तलिखित गुटकों में कबीर आदि सन्त कवियों के समान प्रयुक्त सांकेतिक भाषा का भरपूर प्रयोग कर मीरां कृत कहे जाने वाले इन पदों को रूपक शैली में बाँध दिया गया है। इसमें मीरां के प्रभु गिरधर नागर के अतिरिक्त भक्तिमती मीरां के भावनानुरूप कुछ भी नहीं है। उदाहरणार्थ :

"मैं तो येक घड़ी नहीं कातू अे माम, हरि बिन
जिबड़ो निकस्यो जाए ॥टेक॥
सुरत सुतार्‍यो रांटयो घड़ीयो, सुरता संग लगाई ये माये 1.1.1
सुरत निरत की बांगड़ी करल, निर हरि माल बणाई ये माये 1.2.1
प्रेम पुजारो पूणी पीजी, माया को हाट भराणों ये माये। 1.3.1
पंच पचीस मिल कातण बैठी, आड़ी जोड़े ड़े ये माये 1.4.1
प्रेम सूत की गांडी कर ले, चली सिखरगढ़ हारौ ये माये 1.5.1
मीरां के प्रभु गिरधर नागर, सहजै मुगती पाई ये माये 1.6.1"[25]

इसी पद की भाँति राजस्थान में प्राप्त प्रत्येक गुटके में ऐसे छन्दों की भरमार है। ये सभी हस्तलिखित गुटके मीरां के सन्त एवं नाथ-सम्प्रदाय में दीक्षित या प्रभावित सिद्ध करने में सफल रहे हैं।

गुजराती भाषा में उपलब्ध मीरां के पदों की हस्तलिखित प्रतियाँ

गुजराती भाषा में उपलब्ध मीरां पदावलियों की बहुत-सी हस्तलिखित प्रतियाँ फार्ब्स गुजराती सभा, भारतीय विद्या-भवन, बम्बई प्राच्य विद्या मन्दिर, बड़ौदा और गुजरात वर्नाक्युलर सोसायटी, अहमदाबाद में पाई जाती हैं। फार्ब्स गुजराती सभा बम्बई में सुरक्षित हस्तलिखित प्रतियों में मीरां के लगभग 20 पद पृथक् दो पोथियों में संकलित हैं इनमें एक 'गरबी' है। मीरां के पदों की कोई पृथक् से पोथी नहीं है। सूर, तुलसी, कबीर, नरसी, नन्ददास, प्रेमानन्द, रामकृष्ण, नरसिंह, ब्रह्मानन्द, राजे, नरमेराम आदि के

पदों के साथ ही मीरां के भी पद दे दिए गए हैं।

उपर्युक्त सभी हस्तलिखित प्रतियाँ मीरां के पदों के सम्बन्ध में संशय उत्पन्न करनेवाली हैं। ये सभी पद मौखिक परम्परा के आधार पर लिपिबद्ध किए गए हैं। इसके अतिरिक्त मीरां गुजराती भाषा की कवयित्री थी भी नहीं। इन पदों के विरोध में सबसे महत्त्वपूर्ण तथ्य यह भी विद्यमान है कि इनमें प्रवहमान भावधारा असन्तुलित और मीरां की प्रवृत्ति के अनुरूप नहीं है। भाषा की दृष्टि से ये सभी पूर्णतया सन्दिग्ध हैं। इन सभी पदों का पृथक-पृथक विश्लेषण यहाँ सम्भव नहीं है, अतः कुछ उदाहरणों द्वारा इनकी प्रामाणिकता के सम्बन्ध में अन्तिम निर्णय दिया जा सकता है।

'फार्ब्स गुजरात सभा बम्बई' की हस्तलिखित प्रति से उद्धृत एक पद में मीरां और उनकी माँ के मध्य संवाद प्रस्तुत किया गया है। सम्पूर्ण पद किसी नाटकीय दृश्य का अंश प्रतीत होता है। पद स्थल भी अव्यवस्थित है :

> "परणी छु श्री गोपाल माई में तो समणां मां श्री गोपाल ॥टेक॥
> घेली मीरां घेलु सुं बोलो समणु छे आल जंजाल ॥.1.॥
> जो तने मीरां समणुं रे आवु, समणा नो अरथ बताव
> मरि मरि हुं तो समणा मां परिणी गोपाल ॥.2.॥
> अरधी पीठी अंगे लपेटी, भेदी लाल गुलाल माई ॥.3.॥
> बाहे बाजूबंद अंगाली ऐ मुझी का, सिर सोहैवरमाल
> माइ मे तो अंग केसरिया वागा विरोज मुस्तक पचरीजी पाघ माइ
> तेत्रीस कोट देवता जाए पधारा, अति रूड़ानन्द लाल माई
> मीरां के प्रभु गिरधर नागर, लहु रे नन्द कुमार।"[26]

'गुजरात वर्नाक्युलर सोसायटी, अहमदाबाद' की हस्तलिखित प्रतियाँ

गुजरात की वर्नाक्युलर सोसायटी, अहमदाबाद की हस्तलिखित प्रतियों में अनेक पद मीरां कृत दर्शाए गए हैं। इन पदों की प्रामाणिकता के निर्णय के लिए एक पद उद्धृत करना ही पर्याप्त होगा।

> "तेरो रूप देखी लटकी।
> देह थि बिदेह भई, गिरी परी शिरे मटकी
> तात मात सजन बन्धु, सजनी मिलि हटकी
> सदि थि मोहो टरत नही छवी नागर नट की
> अब तो मन बासु मांन्यो, लोक कहत भटकी
> मीरां प्रभु गिरधर बिना, को जाणे आ घटकी।"[27]

सम्पूर्ण पद की भाषा ठेठ गुजराती नहीं है। "तात मात सजन बन्धु, जननी मिलि

हटकी' पंक्ति में ब्रज भाषा का प्रयोग है। पूरे पद में ही ब्रज भाषा का प्रभाव दृष्टिगोचर होता है। ब्रज भाषा का पद गुजराती लिपि में मिलने से भी इन गुटकों की प्रामाणिकता की सन्दिग्धता का आधार और भी सुदृढ़ हो जाता है।

मुद्रित एवं प्रकाशित साहित्य में प्राप्त पदावली

मुद्रित एवं प्रकाशित रचना के अन्तर्गत सन्तों, भक्तों और कवियों के सम्मिलित संकलनों में फुटकर रूप से संकलित गीतों के अतिरिक्त कुछ स्वतन्त्र पद संकलन और पत्रिकाओं, शोध-ग्रन्थों व स्मृति-ग्रन्थों में प्रकाशित पद आते हैं। मीरांबाई के जीवन और काव्य के सम्बन्ध में आलोचनात्मक प्रकाश डालने वाले ग्रन्थों में भी कुछ पद प्रकाशित हुए हैं।

यदि मीरां पदावलियों के सभी संकलनों को भाषा की दृष्टि से देखा जाए तो उन्हें तीन भागों में विभाजित किया जा सकता है :

हिन्दी एवं राजस्थान पदावलियाँ,
गुजराती पदावलियाँ और
अन्य भाषाओं के पद संग्रह

हिन्दी एवं राजस्थानी पदावलियाँ

उदयपुर के एक गौड़ ब्राह्मण 'कृष्णानन्द' व्यासदेव रामसागर के 'संगीत राग कल्पद्रुम' नामक संगीत सम्बन्धी ग्रन्थ का प्रकाशन सन् 1842 में हुआ था। मीरां के गीतों का सर्वप्रथम मुद्रित रूप यही ग्रन्थ है। इसमें रागों के उदाहरणस्वरूप मीरां के कुल 43 पद दिए गए हैं। ये गीत प्रामाणिकता की अपेक्षा संगीतात्मकता को दृष्टिगत रखते हुए देश के विभिन्न भागों से एकत्र किए गए हैं। इस ग्रन्थ में संगृहीत गीतों को बाद में श्री वियोगी हरि, श्री ब्रजरत्नदास और ग्रियर्सन जैसे विद्वानों ने मान्यता प्रदान की।

देश के विभिन्न भागों में विभिन्न विद्वानों द्वारा संकलित एवं सम्पादित मीरां पदावली के संग्रह हिन्दी में प्राप्त हुए हैं। अध्ययन की दृष्टि से इनमें से जो सामान्य श्रेणी के हैं उनका तो नामोल्लेख मात्र करना पर्याप्त होगा। विवेचन की दृष्टि से महत्त्वपूर्ण ग्रन्थों पर ही विचार किया जा रहा है।

अध्ययन की दृष्टि से सामान्य संग्रहों के सभी पद परवर्ती सम्पादित पदावलियों में मिल जाते हैं। जिनकी सूची इस प्रकार है :

(1) भजन संग्रह, लिथो छापा (2) राग रत्नाकर तथा भक्त चिन्तामणि। (3) भजन मीरांबाई (फर्रुखाबाद से प्रकाशित) (4) मारवाड़ी भजन सागर-रघुनाथ प्रसाद सिंहानियाँ (5) महिला मृदुवाणी : मुंशी देवीप्रसाद (6) ब्रजनिधि ग्रन्थावली—महाराजा प्रतापसिंह (7) मीरांबाई के भजन—मनोहरलाल मिश्रा (8)मीरां की पदावली सदानन्द भारती (9) स्त्री

कवि कौमुदी-ज्योति प्रसाद मिश्र 'निर्मल' (10) भक्त शिरोमणि मीरांबाई के भजन, सिद्धेश्वर प्रेस काशी। (11) भक्त मीरांबाई—दयाशंकर दुबे। (12) भजन संग्रह भाग-3 : वियोगी हरि (13) बृहद भजन माला—हरि प्रसाद भागीरथी (14) मीरां की प्रेमवाणी : रामलोचन शर्मा, कंटक (15) मीरां : श्यामापति पांडेय। (16) मीरां सहजो एवं दया का पद संग्रह : वियोगी हरि। (17) भजन मीरांबाई : अमृतसर से प्रकाशित (18) डाबर गीतावली, डॉ. एस.के. बर्मन (19) भजन मीरांबाई : श्याम काशी प्रेस, मथुरा (20) मीरां माधुरी : डॉ. रसाल। (21) भजन मीरांबाई : हिन्दी पुस्तकालय, मथुरा (22) मीरांबाई के भजन : हिन्दी प्रचारक पुस्तकालय, कलकत्ता (23) मीरां सुधा लहरी : आनन्द स्वरूप (24) मीरांबाई के भजन : पं. ईश्वरी प्रसाद रामचन्द्र सन् 1897, मेरठ से प्रकाशित। (25) मीरांबाई का जीवनचरित, इसमें केवल 21 पद संगृहीत हैं। प्रकाशन सन् 1903 है।

उपर्युक्त सम्पादित पदावलियों के अतिरिक्त मीरां की गीति रचनाओं के कुछ महत्त्वपूर्ण संग्रह इस प्रकार हैं।

मीरांबाई की शब्दावली

मीरां पदावलियों के सम्पादित संस्करणों के इतिहास में बेलवेडियर प्रेस, प्रयाग से प्रकाशित 'मीरांबाई की शब्दावली' का प्रमुख स्थान है। इसमें मीरां के कुल 168 'शब्द' (पद) प्रकाशित हुए हैं। मीरां सम्बन्धी अनेक परवर्ती ग्रन्थों में उक्त संग्रह को आधार रूप में ग्रहण किया गया है। डॉ. रामकुमार वर्मा द्वारा लिखित 'हिन्दी साहित्य का आलोचनात्मक इतिहास' तथा डॉ. श्री कृष्णलाल के 'मीरांबाई : जीवनी और आलोचना' में यही पद-संग्रह प्रामाणिक माना गया है। मीरां की मूल पदावली[28] के तुलनात्मक अध्ययन से यह संग्रह मीरां की प्रामाणिक पद-रचना नहीं माना जा सकता।

सन्त सम्प्रदाय एवं उसकी वाणियों के प्रचार और प्रसार के लिए सन्तों में प्रचलित मीरां के कुछ प्रक्षिप्त पदों को इस 'शब्दावली' में स्थान दिया गया है। सन्तों के मध्य प्रचलित शब्दों से युक्त एक उदाहरण पर्याप्त होगा :

> "रमैया मैं तो थारे रंग राती ॥टेक॥
> औरां के पिय परदेस बसत हैं, गूँज करूँ दिन राती ॥.1.॥
> चूरा चोला पहिर सखी री, मैं झुरमुट रमवा जातीं
> झुरमुट में मोहिं मोहन मिलियाँ, खोल मिलूँ गलबाँही ॥.2.॥
> और सखी मद पी पी माती, मैं, बिन पीयां मदमाती
> प्रेम भटी को मैं मद पीयो, छनी फिरूँ दिन राती ॥.3.॥
> सूरत निरत को दिवला संजोया, मनसा पूरन बाती
> अगम धाणि का तेल सिंचाया, बाल रही दिन राती ॥.4.॥

जाऊँ नी पीहरिए जाऊँ नी सासुरिए, सतगुरसैन लगाती
दासी मीरां के प्रभु गिरधर, हरि चरनाँ की मैं दासी ॥.5.॥''[29]

यही पद प्रामाणिक रूप में इस प्रकार का मिलता है :

'म्हां गिरधर रंग राती
पंचरंग चोला पहेर्‌यां सखी म्हां झरमट खेलण जाती
वा झरमट मां मिलयां सांवरो देख्या तणमण राती
जिणरो पिया परदेस बसयां री लिख लिख भेज्यो पाती
म्हारां पियां म्हारे हीयड़े बसतां ना आवां ना जाती
मीरां रे प्रभु गिरधर नागर, मग जोवां दिण राती।'[30]

भाव और भाषा की दृष्टि से दोनों पदों का अन्तर स्पष्ट है। इसके अतिरिक्त शब्दावली में मीरांबाई और कुटुम्बियों की कहा-सुनी भी प्रकाशित हुई है। 'शब्दावली' में राग होली[31] राग सावन[32] राग सोरठ[33] जैजेवंती, कान्हड़ा, मारू, कल्याण, जंगला और भोग रागों के पद अलग-अलग दिए हैं।

उक्त पहला पद मीरां की किसी भी पदावली का संग्रह नहीं है किन्तु अनेक विद्वानों द्वारा इसे प्रामाणिक आधार रूप में ग्रहण करने के कारण मीरां के सम्बन्ध में नाना प्रकार की भ्रान्तियों को जन्म मिला है।

मीरां : जीवनी और काव्य

इस शोध ग्रन्थ के लेखक श्री महावीर प्रसाद गहलोत हैं। इन्होंने पुस्तक के अन्त में 108 पदों की माला में 40 अप्रकाशित पद[34] भी संगृहीत किए हैं। किन्तु इन पदों के स्रोत के सम्बन्ध में लेखक मौन है।

मीरां मन्दाकिनी

सन् 1930 में 'मीरां मन्दाकिनी' प्रकाशित हुई जिसके संकलन तथा सम्पादनकर्त्ता श्री नरोत्तमदास स्वामी थे। साहित्यिक अध्ययन की दृष्टि से 'मीरां मन्दाकिनी' का महत्त्व अत्यधिक है। क्योंकि पूर्ववर्ती संस्करणों में इसे भी आधार रूप में ग्रहण किया गया है। इस संग्रह में कुल 161 पद हैं। इस संकलन का पाठ एक प्राचीन हस्तलिखित प्रति के आधार पर लिया गया है परन्तु सम्पादक ने उस प्रति के बारे में कोई जानकारी नहीं दी है। 'मीरां मंदाकिनी' को प्रथम धारा[35], द्वितीय धारा[36] एवं तृतीय धारा[37] में विभाजित किया गया है। सम्भवतः सभी पद मौखिक परम्परा पर आधारित हैं।

मीरां पदावली

पूर्व प्रकाशित पदावलियों के आधार पर श्रीमती विष्णु कुमारी श्रीवास्तव ने 'मीरां पदावली' का प्रकाशन सन् 1938 में हिन्दी भवन लाहौर में कराया। इसमें कुल 201 पद है। ग्रन्थ की भूमिका में लेखिका ने किसी भी हस्तलिखित प्रति को आधार रूप में ग्रहण न करने की पुष्टि की है। इस पदावली संग्रह में 'मीरां मन्दाकिनी', 'मीरांबाई की शब्दावली', 'मीरां की प्रेम साधना', 'मीरांबाई, दयाबाई, सहजोबाई का पद संग्रह' को आधार बनाया गया है।

मीरां और उनकी प्रेमवाणी

श्री ज्ञानचन्द जैन द्वारा सम्पादित इस मीरां पदावली में 176 पद हैं जिसका प्रकाशन सन् 1945 में हुआ। इस संग्रह के पदों को विभिन्न राग-रागिनियों सहित पाँच खंडों में बाँटा गया है। प्रायः सभी पद 'मीरांबाई की शब्दावली' से लिए जाने के कारण प्रामाणिक नहीं कहे जा सकते।

मीरांबाई की पदावली

सन् 1932 में ब्रज, राजस्थानी एवं मिश्रित भाषाओं के 201 पदों का चयन करके श्री परशुराम चतुर्वेदी ने 'मीरांबाई की पदावली का संग्रह' साहित्य सम्मेलन, प्रयाग से प्रकाशित करवाया। लेखक ने स्वयं भी स्वीकार किया है कि 'पुरानी हस्तलिखित मूल प्रतियों के अभाव में केवल कुछ के आधार पर छपी प्रतिलिपियों के सहारे ही, इसमें आए हुए पदों के रूप निश्चित करने पड़े हैं। इसके अधिकांश पद मीरांबाई की शब्दावली (बेलवेडियर प्रेस) तथा मीरां मन्दाकिनी (नरोत्तमदास स्वामी) के आधार पर दिए गए हैं। सन् 1950 में इस संग्रह का सप्तम संशोधित संस्करण प्रकाशित हुआ जिसमें अपने पूर्व संस्करणों की तुलना में बहुत कुछ परिवर्तन किए गए हैं। इस संस्करण में पिछले संस्करण के लगभग 77 पदों को छोड़कर नए पद रख दिए गए हैं। इसमें सन्तमत प्रभाववाले, पंजाबी प्रभाव द्योतक, रैदास को मीरां का गुरु सिद्ध करनेवाले एवं जोगी प्रियतम के प्रति मीरां की प्रणय भावना दर्शाने वाले पदों को स्थान प्राप्त है। ये सभी पद मीरां की रचना नहीं हो सकते। मूल पदावली से तुलना करने पर इनका प्रकीर्ण होना सिद्ध हो जाता है।

मीरां स्मृति ग्रन्थ

सन् 1949 में बंगीय हिन्दी परिषद कलकत्ता की ओर से मीरां स्मृति ग्रन्थ प्रकाशित किया

गया था। सम्पादक श्री ललिता प्रसाद सुकुल ने स्मृति ग्रन्थ के अन्त में डाकोर एवं काशी की प्रतियों के आधार पर मीरां के प्रामाणिक 103 पदों का संकलन प्रस्तुत किया है। इसमें 'ळ' के स्थान पर 'ड़' मुद्रित हुआ है। इस ग्रन्थ का विशेष महत्त्व स्वीकृत है।

मीरां दर्शन

प्रो. मुरलीधर श्रीवास्तव ने सन् 1956 में 'मीरां दर्शन' नामक पुस्तक प्रकाशित की जिसमें 103 पद प्रामाणिक पदावली के रूप में प्रस्तुत किए गए हैं। ये पद भाषा परिवर्तन के साथ 'मीरां स्मृति ग्रन्थ' की प्रामाणिक पदावली के आधार पर संगृहीत हैं। इनके विषय में श्रीवास्तव का कहना है कि इस पदावली की भाषा गुजराती है या गुजराती मुखी हिन्दी है। अन्य प्रकाशित पाठों से इसमें अन्तर बहुत है। यह पाठ हिन्दी के सामान्य पाठकों को संगीत प्रेमियों को और प्रचलित पाठ से सुपरिचित जनों को अप्रिय लग सकता है।"[38]

अतः संगीत प्रेमियों, सामान्य पाठकों की सुविधा को दृष्टिगत रखते हुए विद्वान लेखक ने मीरां की भाषा में परिवर्तन आवश्यक समझा और पद भाषा को आधुनिक काल भाषा सापेक्ष बना डाला।

मीरां की प्रेम साधना

मीरां की प्रेम साधना के लेखक श्री भुवनेश्वर मिश्र माधव हैं। इसके प्रथम संस्करण सन् 1934 में, जहाँ 126 पद थे वहीं सन् 1946 में प्रकाशित द्वितीय संस्करण में पदों की संख्या बढ़ाकर 217 कर दी गई। इस संग्रह में संकलित पदों के साथ-साथ टिप्पणियों में मीरां के पदों के भावनात्मक सौन्दर्य भी दिए हैं। इसके पदों का आधार कोई हस्तलिखित प्रति न होकर श्री परशुराम चतुर्वेदी की 'मीरांबाई की पदावली' का पुराना संस्करण और 'बेलवेडियर प्रेस' की 'मीरांबाई की शब्दावली' के पाठ ही हैं।

मीरां सुधा सिन्धु

'मीरां सुधा सिन्धु' मीरां पदावली का सबसे बड़ा संग्रह है जो सन् 1957 में 'श्री मीरां प्रकाशन समिति भीलवाड़ा द्वारा प्रकाशित हुआ। इसमें कुल 1312 पद हैं। संकलन-कर्त्ता स्वामी आनन्दस्वरूप जी महाराज ने अपने इस संग्रह में हस्तलिखित गुटकों, प्रकाशित ग्रन्थों और मौखिक परम्परा से प्राप्त राजस्थानी, ब्रज, गुजराती, पंजाबी, खड़ी बोली एवं मिश्रित भाषाओं के सभी पदों को स्थान दिया है। कहना न होगा कि इसमें उपलब्ध अधिकांश पद प्रक्षिप्त हैं। इस संग्रह की विशिष्टता इतनी अवश्य है कि इसमें एक साथ

इतने सारे पदों को प्रस्तुत किया गया है जिनका विवेचन पदों की दृष्टि से बड़ा महत्त्वपूर्ण है।

मीरां वृहद पद संग्रह

सन् 1952 में 'लोक सेवक प्रकाशक' बनारस से मीरां बृहद पद संग्रह प्रकाशित हुआ। इसकी लेखिका श्रीमती पद्मावती शबनम ने मीरां के नाम से प्रचलित 590 पद संकलित किए हैं। पदों को विषय एवं भाषा के अनुरूप विभाजित किया गया है। प्रत्येक पद के सम्बन्ध में उसके अन्त में दी गई टिप्पणी इस पुस्तक के महत्त्व की वृद्धि करती है। लेखिका ने इस संग्रह का आधार निम्नलिखित ग्रन्थों को बनाया है :

मीरांबाई की पदावली—पंडित परशुराम चतुर्वेदी (प्रथम संस्करण),
लोकगीत परम्परा से प्राप्त 14 पद,
मीरां माधुरी, बाबू ब्रजरत्न दास,
श्री सूर्यनारायण चतुर्वेदी द्वारा संगृहीत 200 पद और
श्री परशुराम चतुर्वेदी द्वारा किसी दादू पन्थी सन्त के हस्तलिखित संग्रह से प्राप्त 62 पद (इनमें से केवल 12 ही नवीन पद हैं।)

लेखिका ने मीरां के प्रामाणिक पदों को कहीं से पृथक स्थान नहीं दिया। इस संग्रह का भी आधार मूल हस्तलिखित प्रति न होने से मीरां के मूल पदों का संकेत नहीं मिलता।

राजस्थान में हिन्दी के हस्तलिखित ग्रन्थों की खोज

साहित्य संस्थान राजस्थान विद्यापीठ उदयपुर, के तत्त्वावधान में श्री उदयसिंह भटनागर द्वारा सम्पादित 'राजस्थान में हिन्दी ग्रन्थों की खोज' सन् 1952 में प्रकाशित हुई। इसके परिशिष्ट में मीरां के 54 अप्रकाशित पद प्रकाश में लाए गए हैं। प्रथम आठ पदों का लिपिकाल संवत् 1879 दिया गया है। परन्तु अन्य गुटकों से प्राप्त पदों का लिपि काल नहीं दिया गया। इन पदों के रचयिता का नाम भी नहीं मिलता। इससे यह स्पष्ट ज्ञात होता है कि सभी पद मौखिक परम्परा के आधार पर लिपिबद्ध हैं। इन पदों में सन्त मत और नाथ पन्थ का मीरां पर गहन प्रभाव दर्शाया गया है। उर्दू एवं पंजाबी भाषा के शब्दों का इन पदों में भरपूर उपयोग हुआ है। अनेक अनैतिहासिक घटनाओं का उल्लेख भी इन पदों की विशिष्टता है। इसी खोज ग्रन्थ में जेतराम द्वारा 68 पद मीरां नाम से दिए गए हैं। इन सभी पदों की भाव और भाषा सम्बन्धी विशेषताएँ इन्हें प्रक्षिप्त सिद्ध करती हैं। कुछ पद उदाहरणार्थ प्रस्तुत हैं :

सन्त मत से प्रभावित पद

"राम जी पधारे धन आज री धरी
आज री धरी वो भाव री भरी ॥टेक॥
गुर रामानन्द अर माधवाचारज, नीमान द बिसन स्याम हरी
आजि भैरो आंगणूं सुहावणूं, बरसण लागे पीया प्रेम हरी
अरसि परसि मिलि हरि गुण गास्या, धनि मेरी इषी भाव भरी
मीरां के प्रभु हरि अविनाशी, पकड़ि पावौं प्याला पेमहरी"[39]

सम्भवतः यह पद किसी रामानन्दी साधु की रचना है, जिसमें गुरु रामानन्द, माधवाचार्य, नीमानन्द, विष्णु श्याम और हरि को एक साथ मीरां के आँगन में शोभा वृद्धि हेतु उपस्थित कर दिया गया है।

जोगी सम्बन्धी पद

"जोगीया तू मारे धर रम तो ही आव ॥टेक॥
कानां बिच कुंडल, गले बिच सेली, अंग भभूत रमाय।
तुज देष्यां बिन कल ना परत है, ग्रहै अंगणै न सुहाय।
मीरां के प्रभु हरि अविनासी, दरसण दौने मोंकू आय।"[40]

गिरधर नागर को अपने जन्मजन्मान्तर का स्वामी और सर्वस्व मानने वाली मीरां किसी भस्मीधारी जोगी के लिए व्याकुल हों, यह पूर्ण असम्भव है। अतः यह पद जोगी मतावलियों की देन है।

उर्दू-फारसी शब्दों के प्रयोगवाले पद

"सांइया अरज बन्दी की सुन दो
मैं नुगणी तुम सगुणा सायब, औगुण गारीरा गुण हो।"[41]

मीरां पदावली की मूल प्रति (डाकोर एवं काशी की हस्तलिखित प्रतियाँ जिनका प्रकाशन मीरां स्मृति ग्रन्थ में किया गया है) से तुलना करने पर उक्त पद प्रक्षिप्त और त्रुटिपूर्ण सिद्ध होते हैं।

गुजराती पद संग्रह : वृहद काव्य दोहन

गुजराती भाषा में 'वृहद् काव्य दोहन' एक वृहदाकार काव्य संकलन है, जिसमें अनेक भक्तों एवं कवियों के पद श्री इच्छाराम सूर्यकान्त देसाई द्वारा संकलित किए गए हैं।

इस संग्रह के दस भाग हैं। प्रथम, द्वितीय, पंचम, षष्ठ और सप्तम भाग में मीरां के क्रमशः 9, 17, 15, 5 तथा 113 पद दिए गए हैं। इस संग्रह के विभिन्न भागों के प्रथम संस्करण सन् 1887 से सन् 1911 के मध्य प्रकाशित हुए हैं।

प्राचीन काव्यसुधा

श्री छगनलाल विद्याराम राव द्वारा 'प्राचीन काव्यसुधा' ग्रन्थ में मीरां के कुछ पद संगृहीत हैं। इस ग्रन्थ में प्रथम, द्वितीय, तृतीय व चतुर्थ अध्याय में क्रमवार 16, 13, 4 व 17 पद प्रकाशित किए गए हैं।

मीरांबाई नां भजनो

इस संग्रह के प्रणेता श्री हरिसिद्ध भाई दिवेरिया द्वारा मीरां नाम से प्रचलित कुल 227 पद दिए गए हैं। कुछ पदों की भाषा ब्रज होते हुए भी उनकी लिपि गुजराती है। ये सभी पद मीरां कृत नहीं हैं।

भक्त मीरां

यह एक संक्षिप्त रचना है, जिसमें मीरां के 54 पद प्रकाशित हुए हैं। इसके लेखक श्री शान्तिलाल ठाकर हैं।

मीरांबाई नां भजन

इस संग्रह में मीरां के कुल 63 पद संकलित हैं। इनका आधार भी मौखिक परम्परा ही है। भक्तराज दावजीराव माधवराज खैरे ने अपने पूर्व की परम्पराओं का ही अनुसरण किया है।

सन्त समाज भजनावली

'श्री हरिहर पुस्तकालय सूरत' से प्रकाशित इस ग्रन्थ में मीरां के 107 पद प्रकाशित किए गए हैं।

उपर्युक्त संग्रहों के अतिरिक्त भी गुजराती में विभिन्न पद-संग्रह छुट-पुट छपते रहे हैं। इन सभी में मीरां के पदों की प्रामाणिकता का ध्यान नहीं रखा गया है। कई संग्रहों में ब्रज तथा राजस्थानी भाषा के पदों को भी गुजराती लिपि में उतार लिया गया है। इन संगृहीत पदों में 'बाई मीरां', 'मीरां दास', 'जनमीरां', 'दासी मीरां' छाप के पद बहुत

से मिल जाएँगें, जो संशयात्मक हैं। भाषात्मक एवं भावात्मक दृष्टियों से भी इन्हें मीरां कृत मानने में सन्देह उठता है।

बँगला एवं अंग्रेजी के पद-संग्रह

मीरांबाई

'उद्बोधन कार्यालय, कलकत्ता' से बँगला भाषा में प्रकाशित इस ग्रन्थ के लेखक स्वामी वामदेवानन्द हैं। इस संग्रह में कुल 51 पद हैं। ये सभी पद ब्रज तथा राजस्थानी भाषा के हैं। केवल इनकी लिपि ही बँगला है।

द स्टोरी ऑफ मीरांबाई

'गीता प्रेस ग़ोरखपुर' से प्रकाशित 'द स्टोरी ऑफ मीरांबाई' में मीरां की जीवनी के साथ-साथ 32 पदों का अंग्रेजी रूपान्तर भी किया गया है। लेखक श्री बाँके बिहारी ने ये पद पूर्वग्रन्थों से लिए हैं। अतः ये पद अविकल अनुवाद मात्र हैं।

सांग्स ऑफ मीरांबाई

'हिन्दी मन्दिर इलाहाबाद' से सांग्स ऑफ मीरांबाई का प्रकाशन किया गया। श्री सी. आर. टंडन ने मीरां के 50 पदों का इस पुस्तक के माध्यम से अंग्रेजी में अनुवाद प्रस्तुत किया है। संक्षिप्त भूमिका, टिप्पणी और पद-सूची भी साथ ही दी गई है।

कुछ अन्य स्फुट संकलित पद

मीरां के सम्बन्ध में स्फुट पद से छपने वाले ग्रन्थों में कुछ पद ऐसे भी प्रकाशित हुए हैं जिनका किसी संकलन में उपयोग नहीं किया गया है।

(1) नागरी दास कृत 'पद प्रसंग माला' में मीरां के 6 पद उद्धृत हुए हैं।

(2) श्री जगदीश प्रसाद गुप्ता ने 'मीरां स्मृति ग्रन्थ' (सन् 1949) में 8 अप्रकाशित पदों का प्रकाशन किया है। ये पद उन्हें गुजरात विद्यासभा, भद्र अहमदाबाद के सं. 1695 में लिपिबद्ध एक गुटके से प्राप्त हुए थे।

(3) सन् 1897 में मुंशी देवीप्रसाद द्वारा लिखित 'मीरांबाई के जीवन चरित्र' में मीरां के तीन पूर्ण एक अपूर्ण पद संकलित हैं।

(4) पं. पुरुषोत्तम दास पुरोहित कृत 'आदर्श भक्त मीरांबाई' (नाटक) में मीरां की जन्मभूमि मेड़ता बतलाई गई है। इसमें उद्धृत पद मौखिम परम्परा पर आधारित हैं।
(5) इसके अतिरिक्त कुछ पद हिन्दी, गुजराती एवं मराठी क्षेत्रों में आए हैं जिनका संकलन, विद्यार्थियों के लिए किया गया है। इन संकलनों में किसी विश्वसनीय आधार को नहीं अपनाया गया है।
(6) इसी तरह धार्मिक दृष्टिकोण से भी अन्य भक्त कवियों की रचनाओं की ही तरह मीरां के भजन संग्रह प्रकाशित किए गए हैं। कुछ संग्रह ऐसे भी हैं जिनमें मीरां के विशिष्ट प्रभावकारी एवं रसात्मक पदों का संकलन साहित्यिक दृष्टि से कर लिया गया है। इन सभी संकलनों का महत्त्व इसीलिए अधिक नहीं है, क्योंकि ये सभी शोध की दृष्टि से या प्रामाणिक पदावली की दृष्टि से महत्त्व-शून्य हैं।

मीरां के नाम से प्रचलित कुछ अन्य रचनाएँ

भक्तिमती मीरांबाई ने अपनी प्रेमभक्ति के आवेश में स्फुट गीतों की ही रचना की थी किन्तु उनके नाम से कुछ प्रबन्ध रचनाओं एवं टीका ग्रन्थों का उल्लेख भी मिलता है। कहना न होगा कि ये सभी रचनाएँ मीरां-कृत नहीं हैं किन्तु इन पर एक दृष्टि डालना उपयुक्त होगा।

टीका ग्रन्थ : गीत गोविन्द की टीका

इस ग्रन्थ के सम्बन्ध में प्रमुख तथ्य इस प्रकार हैं :

'गीत गोविन्द की टीका' की कोई भी हस्तलिखित या प्रकाशित प्रति अनुपलब्ध है। जोधपुर के राजकीय ग्रन्थागार 'पुस्तक-प्रकाश' में अवश्य मीरां के पाँच पदों का छोटा-सा संग्रह है, पर वह मीरां कृत गीत गोविन्द की टीका नहीं है। इसके अतिरिक्त मीरां संस्कृत की ज्ञाता भी नहीं थीं अतः उन्होंने जयदेव कृत गीत गोविन्द की टीका लिखी हो, ऐसी सम्भावना नहीं है। इनमें से कुछ पदों में राधा-कृष्ण की सुरति-लीला का बड़ा शृंगारिक वर्णन मिलता है जो मीरां की सात्विक प्रवृत्ति के सर्वथा विपरीत है। गिरधर के रंग में सराबोर मीरां को टीका ग्रन्थों के समान नियोजित कार्य करने का अवकाश ही कहाँ था ?

अतः गीत गोविन्द की टीका को मीरां रचित मानना मीरां के सम्बन्ध में व्याप्त भ्रान्तियों में से एक है। इसका कोई ऐतिहासिक या प्रामाणिक आधार नहीं है।

प्रबन्धात्मक रचनाएँ

मीरां के नामोल्लेख के साथ जो प्रबन्धात्मक रचनाएँ प्रचलित हैं उनमें 'नरसी जी का

मायरा' या 'नरसी रो माहेरो', 'सन्त मामानुं रूसणं', 'रुक्मिणी मंगल', 'नरसी मेहता नी हुंडी चरीत' (चरित्र) प्रमुख हैं।

नरसी जी का मायरा (माहेरो)

इस ग्रन्थ का नामोल्लेख सर्वप्रथम मुंशी देवी प्रसाद ने 'महिला मृदुवाणी' में किया है। उनके उपरान्त मीरां काव्य के ऊपर लिखने वाले प्रायः सभी विद्वानों ने इस रचना पर विचार किया है।

डॉ. श्रीकृष्ण लाल[42], डॉ. मोतीलाल[43], मेनारिया जैसे विद्वानों ने इसके मीरां कृत होने पर आपत्ति उठाई है वहीं डॉ. सावित्री सिन्हा[44], श्री. के.का. शास्त्री[45], इस रचना को मीरां कृत मानने का दावा करते हैं।

माहेरो की कथा नरसिंह मेहता के वृन्दावन की कथा है। इस ग्रन्थ की कई प्रतियाँ अलग-अलग स्थानों में मिलती हैं जिनके स्वरूप में पर्याप्त अन्तर होते हुए भी सभी में मीरां का नाम किसी न किसी रूप में विद्यमान है। किन्तु ऐतिहासिक दृष्टि से शोध करने पर यह रचना मीरां कृत सिद्ध नहीं होती क्योंकि नरसी जी का समय संवत् 1569 से संवत् 1690 के मध्य माना जाता है। मायरों में जो कथा वर्णित है उससे प्रतीत होता है कि श्री नरसी मेहता की वृद्धावस्था में भगवान ने उनके स्थान पर मायरो (भात) दिया था। इस घटना को काव्यबद्ध रूप स्वभावतः बहुत बाद में मिला होगा जबकि मीरां का 1620-25 के बाद जीवित रहने का कोई साक्ष्य नहीं मिलता। अतः निश्चय ही यह किसी परवर्ती कवि की रचना है जिसने गुजरात और मध्यभारत में प्रचलित मीरां छाप लोकगीतों का स्वर मिल जाने से इसे मीरां की रचना मानने का भ्रम होता है।

परवर्ती गुजराती ग्रन्थों की तुलना करने पर यह पूर्णतया निश्चित हो जाता है कि यह 'माहेरो' काफी बाद में रचा गया। छन्द योजना तथा शब्दावली पर रामचरितमानस का प्रभाव है। मीरां तुलसी की पूर्ववर्ती थीं, अतः यह कृति मीरां कृत नहीं हो सकती।

कुल मिलाकर 'माहेरो' रामानुज सम्प्रदाय के किसी सम्प्रदायी द्वारा रचित है। इसकी प्रायः सभी प्रतियाँ रामानन्दी या रामानुज सम्प्रदायों से सम्बन्धित व्यक्तियों द्वारा लेखबद्ध हुई हैं। ग्रन्थ में विशेष तौर से रामानन्द की स्तुति एवं प्रशस्ति गायन किया गया है फिर गिरधर नागर को अपना सर्वस्व समझने वाली मीरां द्वारा इस रचना की सम्भावना आधारहीन सिद्ध हो जाती है।

सतभामानुं रूशणु (सत्य भामाजी नुं रूसण)

सत्य मामानु रूशणुं (20-4) अस्सी चरणों की एक संक्षिप्त रचना है। इस ग्रन्थ की पूर्ण कही जा सकने वाली दो ही प्रतियाँ मिली हैं :

सरस्वती भंडार पुस्तकालय, उदयपुर और
महाराजा रामेश्वरदास, डाकोर के संग्रह से।

यह कृति भी मीरां कृत नहीं है। इस सत्यता के पीछे निम्नलिखित आधार हैं :

यह रचना एक गरबा है। गरबा शैली का आरम्भ सवंत् 1761 के आसपास विद्यमान गुजरात के कवि वल्लभ से माना जाता है, जबकि मीरां उनसे लगभग 15 वर्ष पूर्व ही स्वर्गारोहण कर चुकी थीं। इसके अतिरिक्त इस रचना में काव्यात्मक नाटकीयता का ही आधिक्य है। साथ ही मीरां के प्रामाणिक पदों में जिस प्रकार की छाप मिलती है, उसका रूप भी यहाँ परिवर्तित है। इसमें 'मीरां नो स्वामी' छाप मिलती है जो रचयिता 'मीरां' की अपेक्षा आराध्य कृष्ण की वाची है जैसे तुलसी के राम, सूरदास के श्याम वैसे ही मीरां नो स्वामी शब्द का प्रयोग किया गया है। भाषा और शैली की दृष्टि से भी यह मीरां के युग की रचना कदापि नहीं हो सकती।

नरसी महताचि हुंडि

धुलिया के रामदासी संशोधन मन्दिर में एक हस्तलिखित पोथी में 'नरसिं महताचि हुंडि' नाम की एक रचना सुरक्षित है।'[46]

यह हुंडि 58 कड़ियों की एक संक्षिप्त रचना है। इसमें गहन भगवद्-भक्ति एवं हरि नाम जप की महत्ता पर प्रकाश डाला गया है। मीरां छाप का प्रयोग इस रचना में होने के कारण इसे मीरां कृत मानने का भ्रम विद्वानों द्वारा किया जाता रहा है। इस ग्रन्थ का अन्तिम अंश इस प्रकार है :

> "ये हि हुंडि मीरां गाय
> नाचत गावत परम पद पाय
> इति नरसिंह महतानों हुंडि समाप्त"

इस रचना की सबसे बड़ी विशेषता यही है कि मीरां स्वयं ही अपने परम पद पाने की बात कह रही हैं। अतः यह रचना मीरां की नहीं हो सकती।

रुक्मिणी मंगल

माना जाता है कि मीरांबाई द्वारा 'रुक्मिणी मंगल' नामक एक प्रबन्धात्मक रचना की गई थी। अनेक विद्वानों ने इस तथ्य की सत्यता पर विश्वास प्रकट किया है। श्रीमती शबनम के 'वृहद् पद संग्रह' में ऐसे दो पद मिलते हैं जिसमें रुक्मिणी का उल्लेख किया गया है। इनमें रुक्मिणी का आत्म निवेदन है। किन्तु इन दो पदों के अतिरिक्त किसी अन्य मीरां पदावली संग्रह में इन पदों का उल्लेख नहीं है। इस कृति के मीरां द्वारा रचे जाने के विरोध में सर्वाधिक प्रमुख प्रमाण यही है कि यह ग्रन्थ सम्पूर्ण रूप से कहीं नहीं मिलता।

स्फुट पद

राग सोरठा का पद

इस रचना का सर्वप्रथम उल्लेख काशी नागरी प्रचारिणी सभा की सन् 1902 की शोध रिपोर्ट में किया गया है। मुंशी देवी प्रसाद ने भी 'राजपूताने में हिन्दी पुस्तकों की खोज' और उनकी सूची में इसका उल्लेख किया है।

वर्तमान समय में जोधपुर के 'पुस्तक प्रकाश' में एक हस्तलिखित प्रति उपलब्ध है। उसमें 'राग सोरठा' शीर्षक से अभिहित 5 पृष्ठों में मीरां के पद दिए गए हैं।

वस्तुतः ये पद मीरां का कोई स्वतन्त्र ग्रन्थ नहीं है। मीरां के गीतों की तीव्र संगीतात्मक सम्प्रेषणीयता के कारण भक्त एवं संगीतज्ञों ने उनके पदों को राग-रागिनियों में आबद्ध कर रखा है। ये पद राग सोरठा में बद्ध उनके कुछ पदों के केवल संकलन मात्र हैं।

मीरांबाई का मलार राग

'मीरांबाई की मलार' इसे भी कुछ विद्वानों ने एक पृथक ग्रन्थ माना है। श्री हीरानन्द ओझा[47] एवं श्री बलवन्त सिंह मेहता[48] ने इसका उल्लेख अपने ग्रन्थों में किया है।

वस्तुतः यह मीरांबाई के राग सोरठा में गाए जाने वाले पदों की ही भाँति राग मलार में गाए जानेवाले पदों का संग्रह अंश ही है।

मीरांबाई नी गरबी

गुजरात में मीरांबाई की गरबी बहुत प्रसिद्ध है। गरबी भाव प्रधान एक प्रकार का लघु गीत है, जिसे पात्र विशेष द्वारा लोक-नृत्य करते हुए गाया जाता है। मीरां ने किसी गरबी की रचना की होगी, यह सम्भव नहीं है। क्योंकि गरबी गुजरात प्रदेश में ही प्रचलित थी जबकि मीरां मेवाड़िनी थीं। इसके अतिरिक्त श्रीकृष्ण के प्रेम में मधुर गान बनकर गूँजने वाली प्रेम वियोगिनी मीरां से किसी गरबी के रचे जाने की सम्भावना बहुत कम है।

विद्यासभा, अहमदाबाद, फार्ब्स गुजराती सभा बम्बई, डाही लक्ष्मी लाइब्रेरी, नाडियाड आदि संग्रहों में लगभग 37 गरबियाँ मीरां नाम से संगृहीत हैं पर इनकी रचयिता मीरांबाई नहीं हैं।

राम गोविन्द या राग गोविन्द

राजस्थान में जोधपुर के पुस्तक प्रकाश में संगीत गुटकों में मीरां के गोविन्द सम्बन्धी

गीत हैं। वैसे राग गोविन्द मीरां की कोई पृथक कृति नहीं है। यह राग-रागिनियों में बद्ध उनके गोविन्द सम्बन्धी पदों का अंश ही है।

मीरां के नाम से प्रसिद्ध कुछ प्रक्षिप्त अंश

मीरां के काव्य और जीवनी के सम्बन्ध में जितनी भ्रान्त धारणाएँ व्याप्त हैं उतनी किसी अन्य कृष्णभक्ति काव्य परम्परा के कवि के सम्बन्ध में नहीं।

मीरां के प्रामाणिक उपलब्ध पदों की संख्या मात्र 103 है किन्तु मीरां छाप से अंकित उनके अधिकतम पद गीतियों की संख्या 1407 तक पहुँचती है। कहना न होगा कि शेष सभी पद या तो मीरां के मूल पदों के विविध रूपान्तर हैं अथवा मौखिक परम्परा पर आधारित सर्वथा नवीन पद। ये सभी पद प्रक्षिप्त हैं।

इन प्रक्षिप्त पदों ने मीरां के सम्बन्ध में कल्पनातीत प्रभाव डाला है। यहाँ पर कुछ प्रमुख प्रक्षिप्त अंशों पर विचार किया जा रहा है। ये पद वे ही हैं जिनकी अप्रामाणिकता पूर्णतया स्पष्ट है किन्तु विविध पद संकलनों में इन्हें स्थान प्राप्त होता चला आ रहा है।

1. मीरांबाई के नाम से प्रचलित कुछ पदों पर नाथ एवं सन्त मत का प्रभाव लक्षित होता है उनमें से एक दृष्टव्य पद है :

> "धूतारा जोगी एकर सूं हंसि बोल
> जगत बदीत करी मनमोहना, कहा बजावत ढोल
> अंग भभूति वाले मृगछाला, तू नजगुढ़िया खोल
> सदन सरोज बदन की शोभा, अभी जोऊं कपोल
> सेली नाद बभूत न बटवो, अजूं मुनि मुख खोल
> चढ़ती बैस नैण अनियाले, तू घरि घरि मत डोल
> मीरां के प्रभु हरि अवनासी, चेरी भई बिन मोल।"[49]

उक्त पद से ऐसा ज्ञात होता है कि मीरां का प्रियतम कोई जोगी था। 'चढ़ती वयस नैण अनियाले' जैसी पंक्तियाँ मीरां की लेखनी से निस्सृत नहीं हो सकतीं। इसी भाँति एक अन्य पद में जोगिया की निष्ठुर प्रीति का चित्रण कर उसके प्रति मीरां की वियोग भावना का चित्रण है :

> "कबहूँ मिलोगे मोहि भाई रे तू जोगिवा
> तेरे ही कारण जोग लिया है घर घर अलख जगाई
> दिवस न भूख रैण नहि निद्रा, तुम बिनु कछु न सोहाई
> मीरां के प्रभु गिरधर नागर मिलकर तपन बुझाई"[50]

अन्तिम सत्य तो यह है कि मीरां जिस योगी की योगिनी थीं वह कंठ मुद्रा नाद सेली धारण करनेवाला नाथ सम्प्रदायी नहीं था, अपितु साँवरी सूरतवाले मुरली धारक

गिरधर ही उनके नेत्रों में स्थायी निवास बना चुके थे, अतएव उसमें किसी अन्य के लिए स्थान ही कहाँ था ? मीरां के पदों की लोकप्रियता का लाभ उठाने के उद्देश्य से नाथ सम्प्रदाय वालों ने मीरां के मूल पदों में वर्णित उनके आराध्य प्रियतम की पूरी छवि ही परिवर्तित कर दी है। मूल पद में वर्णित साँवरी सूरत को जोगियारी सूरत बना दिया है।

उदाहरणार्थ :

"सावरी सूरत मण रे बशी
गिरधर ध्यान धरां निशबासर, मूरत मोहण म्हारे बशी
कहा करां कित जावां सजणी, म्हा तो स्या डसी
मीरां रे प्रभु कबरे मिलोगां णित णव प्रीत रशी।"[51]

इस मूल पद का रूपान्तर नाथ सम्प्रदायवालों ने इस रूप में कर डाला है।

"जोगियारी सूरत मन में बसी
नित प्रति ध्यान धरत हूँ दिल में,
निस दिन होत खुसी
कहा करूँ कित जाऊँ मोरी सजनी, मानो सरप डसी
मीरां कहे प्रभु कबरे मिलोगो, प्रीत रसीली बसी।"[52]

सन्त सम्प्रदाय के प्रचारकों ने भी मीरां पर अपने सम्प्रदाय के प्रभाव को दर्शाने के लिए उनके मूल पदों में परिवर्तन कर दिया है। ये पद अनेक प्रतियों में संगृहीत होकर मीरां पर सन्त मत के प्रभाव को दर्शाते हैं। इस प्रकार मीरां की छवि ही परिवर्तित कर देते हैं।

उदाहरणार्थ :

"गली तो चारों बन्द हुई मैं हरि से मिलूं कैसे जाई
ऊँची नीची राह रपटीली पाँव नहि ठहराई
सोच-सोच पग धरूं जतन से बार-बार डिग जाई
ऊंचा नीचा महल पिया का, हमसे चढ़्या ना जाई
पिया दूर पन्थ म्हारो झीणो, सूरत झकोला खाई
कोस कोस पर पहला बैठ्या, पैंड पैंड बटमार
हे बिधना कैसी रच दीन्हीं दूर बस्यो म्हारो गाँव
मीरां के प्रभु गिरधर नागर, सतगुर दई बताई
जुगन जुगन के बिछड़ी मीरां, घर लीन्हीं लाय"

ऐसे अनेक उदाहरण मिल जाते हैं। यद्यपि मीरां पर सन्त सम्प्रदाय का प्रभाव पड़ना सर्वथा असम्भव तो नहीं है किन्तु मीरां की भावना का स्वरूप माधुर्य प्रेम भावोपासना

का था अतः उन्होंने निर्गुण निराकार उपासक सन्त मत को नहीं अपनाया, यह निश्चयपूर्वक कहा जा सकता है।

निष्कर्ष रूप में कह सकते हैं कि मीरां के पदों में नाथ सम्प्रदाय और सन्त मत की शब्दावली एवं भावनाओं का जो आरोपण किया गया है उसका मूल कारण है मीरां के पदों की लोकप्रियता का लाभ प्राप्त करने का साम्प्रदायिक प्रयास। मीरां पर नाथ सम्प्रदाय एवं सन्त मत का प्रभाव कदापि नहीं माना जा सकता। तभी तो डॉ. तिवारी ने कहा है :

"वल्लभ सम्प्रदायी आचार्य महाप्रभून के दूत जिस कार्य को बार-बार मीरां से मिलजुलकर नहीं कर सके, वही काम और जोगियों ने मीरां के नाम से पद गढ़-गढ़कर आसानी से कर दिया। इसीलिए मौखिक परम्परा से प्राप्त मीरां के पदों में वल्लभ सम्प्रदाय की तो छाया नहीं मिलती किन्तु सन्त मत और नाथ सम्प्रदाय का बड़ा व्यापक प्रभाव प्रतीत होता है।"[53]

सगे-सम्बन्धियों से विवाद एवं संघर्षाभिव्यक्ति सम्बन्धी पद

मीरां के पदों में संघर्षाभिव्यक्ति और अपने सगे-सम्बन्धियों से साधु-सन्तों की संगति एवं ईश्वरोपासना को लेकर जो विवाद पाया जाता है उसका एक बड़ा अंश पूर्णतया प्रक्षिप्त है। इन पदों में मीरां और अन्य पात्रों के मध्य लम्बे-लम्बे संवाद बड़ी नाटकीयता सहित दिए गए हैं। मीरां के मूल पदों के रूप में इन लम्बे-लम्बे नाटकीय अंशों को कदापि नहीं लिया जा सकता। ये समस्त माँ, सास, नन्द, ऊदा, जेठ, राणा जी के बरसने और मीरां के मनमानी करने के प्रसंग हैं। उदाहरणस्वरूप राजस्थानी मिश्रित ब्रज भाषा में मीरां का एक पद इस प्रकार मिलता है :

'मीरां' : माई म्हाने सुपने में परण गया जगदीश
सोती को सुपना आविया जी, सुपनाविस्वा बीस
'माँ' : 'गेली दीखे मीरां बावली, सुपना आल जंजाल
'मीरां : 'माई म्हाने सुपने में परण गया गोपाल
अंग अंग हल्दी में करी जी, सुधे भीजूयो गात
माई म्हाने सुपने में परण गया दीनानाथ...
छप्पन कोट जहाँ जान पधारे, दूल्हा श्री भगवान
सुपने मे तोरण बाँधियो जी, सुपने मे आई
मीरां को गिरधर मिल्यो जी, पूर्व जन्म के
सुपने में म्हारे परण गया जी, हो गया अचल।"[54]

उपरोक्त पद का मूल रूप डाकोर की प्रति में इस प्रकार मिलता है :

"माई म्हाणों सुपणा मां परण्यां दीणानाथ
छप्पण कोटां जणां पधार्‌यां, दूल्हो सिरी ब्रजनाथ
शुपणां मां तोरण बंध्या री, शुपणा मां गह्यां हाथ
शुपणां मां म्हारो परण गयां, पायां अचल शुहाग
मीरां रो गिरधर मिल्यारी, पूरब जनम रो भाग।"[55]

'साहित्य संस्थान, राजस्थान', विश्वविद्यापीठ उदयपुर संस्था के तत्त्वावधान में श्री उदयसिंह भटनागर द्वारा सम्पादित ग्रन्थ राजस्थान में हिन्दी के हस्तलिखित ग्रन्थों की खोज (सन् 1952) में मीरां के पारिवारिक संघर्ष सम्बन्धी यह पद दिया गया है :

"लाजै पीहर सासरों, लाजै माई मोसाल
नितका आवै ओलंबा थारो भरम घटे संसार
आग लगाऊँ पीहर सासरे, जत जीवै मोसाल
मीरां सरणै राम के, झख मारौ संसार"[56]

प्रथम दो पंक्तियों में 'ऊंदा' और अन्तिम दो पंक्तियों में 'मीरां' का कथन नौटंकी शैली के पद्यबद्ध संवाद की तरह प्रतीत होता है। मतभेद एवं संघर्षाभिव्यक्तिद्योतक अधिकांश पद वर्णनात्मक एवं कथोपकथन शैली में प्राप्त हैं। इनकी शैली नौटंकियों के पद्यबद्ध वार्तालाप की तरह प्रतीत होती है।

डॉ. श्रीकृष्णलाल लिखते हैं :

"मध्यकालीन भारत में प्रमुख भक्तों और महापुरुषों की स्मृति अनेक गीतों, कथा-वार्ताओं और प्रसंगों तथा रूपकों द्वारा जीवित रखी जाती थी। कवि और गायक गीतों और पदों में उन महात्माओं की कीर्ति गाते फिरते थे।"[57] अस्तु उपर्युक्त पद भी इसी श्रेणी के अन्तर्गत परिगणित किए जाने चाहिए।

भाभी मीरां एवं ननद ऊंदा के मध्य बड़े-बड़े संवादवाले पद भी मिलते हैं :
ऊंदा—'माया थे क्यूं रे तजी भाभी मीरां, क्यू रे लियो बैराग कांई थारे मन बसी
मीरां—'यही म्हारे मन बसी ऊंदा, यूं लियो बैराग, माया यूं रे तजी।
ऊंदा—ऊँचा नीचा बेसणा ये भाभी, उत्तम तिहारी जात
राणा सो बर पाइयो है भाभी, नो कूँ राँ में धारो राज'
मीरां—ऐसा तो मोती ओस का ये बाई, जैसी यो संसार
लगे झकोलो पोन को ये बाई, छिन में सब ढल जाए

उपर्युक्त प्रकार के पद मीरांबाई की रचना कदापि नहीं कहे जा सकते। भाव और शैली की दृष्टि से ये अत्यन्त सतही अनुभूति जगाते हैं। मीरां आत्मविभोर होकर अपनी तन्मयता में गीत गा उठती थीं। इस प्रकार की नाटकीय शैली और तुकबन्दी की न तो उनकी प्रवृत्ति थी, न वैसी रुचि ही। मीरां अगर संवादात्मक गीति रचना करतीं तो संवाद के पात्रों में स्वयं नहीं होतीं। मीरां की भाषा प्राचीन पश्चिमी राजस्थानी थी।

जबकि इन पदों की भाषा आधुनिक राजस्थानी और गुजराती है।

इनके अतिरिक्त किसी भी प्राचीन हस्तलिखित प्रति में मीरां के ये संवादबद्ध गीत नहीं मिलते जो प्रामाणिकता की पहली शर्त है।

मीरां के जीवन, व्यक्तित्व और काव्य की विलक्षणता में एक अप्रकट गहन आकर्षण होने के कारण बाद की विभिन्न नाटक मंडलियों ने मीरां के ऊपर विविध पद्यबद्ध संवाद रच डाले। ये संवादात्मक गीत उसी चेष्टा के प्रतिफल हैं। कुछ पदों के अन्त में मंडलियों की छाप भी उद्धृत हैं, जैसे :

"राणो मन में बहुत सरमायो, गुण जागरण मंडल गाए।"

अतः उक्त प्रकार के पद भी मीरां की रचना कदापि नहीं हो सकते।

मीरां के नामोल्लेख मात्र से मीरां कृत माने गए पद

जिस प्रकार कबीर के दोहों की 'कहत कबीर सुनो भाई साधो' पंक्ति को लेकर किन्हीं भी अन्य कवियों की रचनाओं को कबीर की रचना मान लिया गया, इसी प्रकार मीरां के गीतिकाव्य में प्रक्षिप्त अंशों की समस्या को अभिवृद्धि देने वाली एक अन्य प्रवृत्ति यह भी रही है कि वे सभी पद जिनमें मीरां का उल्लेख हो गया है, चाहे वे किसी अन्य कवि की क्यों न हों, मीरां कृत मान लिए गए, जैसे हरिदास दर्जी का यह पद मीरां के पद संग्रहों में स्थान पा गया है :

"पावड़ी पगलियाँ चापसी माला बुझै मन की हरिदास
दरजी की बीनती, जी, धोला बस्तर सिमाओ जी
देर नगारो मीरां चढ़ गई, माता हियो मत हारोजी
बागां में बोली कोयली, बन मे दादुर मोर
मीरां के गिरधर मिलिया जी, नागर नन्द किसोर।"[58]

गुजराती कवि छोटमदास और जैतराम के भजनों की पंक्तियाँ भी मीरां के पदों के रूप में प्रचलित हैं। कुछ पद जो यद्यपि मीरां प्रणीत नहीं हैं किन्तु मीरां के मुख से कहलवाए गए हैं, मीरां कृत प्रतीत होते हैं। ये पद वे ही हैं जो किसी कथात्मक प्रसंग में मीरां द्वारा कहलवाए गए हैं।

रूणजी ग्राम के मीरांदास की रचनाएँ भी भ्रमवश मेवाड़ कोकिल मीरां की मान ली गई हैं :

"ले जा रे कगदवा नरसी के पासि रे
राम राम कह दी ज्यो सबन को ओर वहज्यो साबाश रे
कागज की बिधि होय तुम्हार, तो आज्यो रथ साज रे
सम्बन्धी मिलि है इन अवसर कठिन रहन की लाजि रे

वचन विप्र आनन्द उर धर के गावत मीरां दासि रे।"[59]

कुछ ऐसे पद भी हैं जो लम्बे समय से मीरां पदावली संग्रहों में स्थान पाते रहे हैं जो थोड़े-बहुत परिवर्तन के साथ किसी प्रसिद्ध कवि के नाम से भी मिलते हैं। प्रस्तुत पद मीरां एवं कबीर में अति सामान्य परिवर्तन के साथ मिलता है :

"विरहिनी फिरै है प्रभु जी अधीरा
जाये परै सोई भली जानै, और न जाने पीरा
कान्हा जानै जिन यहु लाई के जिन चोट सही
संग की बिछुरी मिलन, मिलन ना पावै सोवत मन ही रही
दीन भई बूझै सखियन कौ, कोई मोहि राम मिलावै
दासी मीरां मीन ज्यूं तलपै मिलै भलै सचु पावै।"[60]

कबीरदास की रचनाओं में यही पद इस प्रकार मिलता है :

"विरहिनी फिरै है नाथ अधीरा।
उपजि बिनां कुछे समझ न परई, बाँझ न जाने पीरा
या बड़ बिथा सोइ भल जानें राम बिरह सर मारी
कैसी जानै जिनि यहु लाई, कै जिनि चोट सही
संग की बिछुरी मिलन न पावे, सोच करै अरू
जतन करै अरू जुगति बिचारै, रहे राम कूँ चाके
दीन भई बूझे सखियन को, कोई मोहि राम मिलावै
दास कबीर मीन ज्यू तलपै, मिले भलै सकुपावै।"[61]

दोनों पदों के तुलनात्मक अध्ययन ये यह निष्कर्ष सहज ही दिया जा सकता है कि मीरां की रचना यह नहीं हो सकती। गिरधर गोपाल को ही अपना सर्वस्व और प्राण आधार माननेवाली मीरां 'कोई मोहि राम मिलावै' की भावाभिव्यक्ति कैसे दे सकती हैं ! भाषा की दृष्टि से भी यह पद मीरां की रचना नहीं हो सकता क्योंकि मीरां की भाषा प्राचीन पश्चिमी राजस्थानी थी जबकि यह पद ब्रज भाषा का है।

परमानन्द कवि के एक पद का रूपान्तर मीरां के नाम से प्रचलित पद में भी मिलता है :

"मैं अपनो मन हरि सौ जोर्‌यो
हरि सौ जोरि सबन सौ तोर्‌यो
नाच नच्यौ तो घूँघट कैसी
लोक लाज डरूँ फटकि बिछोर्‌यौ
आगे पीछे सोच मिट्यो

सब माँझ बाट मटका लै फोरियो
कहना होय सौ कहौ सखी री
का हु भयो मुख मोर्‌यो
परमानन्द प्रभु लोक हंस न दे
लोक वेद ज्यों तिनका तोर्‌यो।''[62]

—परमानन्द

मीरां का पद :

''मेरा मन हरि सूँ जोर्‌यो
हरि सूँ जोर्‌यो सकल सूँ तोर्‌यो
मेरी प्रीत निरन्तर हरि सूँ
ज्यूँ खेलत बाजीगर गोर्‌यो
जब मैं चली साध के दरसण कूँ
तब राणा मारण कूँ दोर्‌यो
जहर देन की घात बिचारी
निरमल जल मे लै विष घोर्‌यो
जब चरणोदक सुण्यो सरवण
राम भरोसे मुख में ढोर्‌यो
नाचन लागी तब घूँघट कैसो
लोक लाज तिनका त्यूँ तोर्‌यो।'' [63]

इस पद पर मीरां की छाप यद्यपि नहीं है तथापि मीरां के नाम से ही यह पद प्रचलित है। मीरां से सम्बन्धित जनश्रुतियों को इस पद में स्थान प्रदान कर इसे मीरां रचित माना गया है। अन्यथा यह पद परमानन्द के पद का गेय परम्परा से रूपान्तरण ही है। इस पद की भाषा भी मीरां की मूल भाषा नहीं है।

इसी प्रकार सूरदास, तुलसी, नन्ददास, कबीरदास, रैदास, श्री हित हरिवंश, गदाधर भट्ट, सूरश्याम, खुशाल, कृष्ण प्रिया, दास गोपाल, जय श्री भट्ट, हरविलास, ब्रजनिधि, नरसी मेहता, मीरांदास, नानूदास, जन लछमन आदि कवियों की लम्बी सूची है जिनके पदों के रूपान्तर थोड़े बहुत अन्तर के साथ मीरां की रचनाओं के रूप में मिल जाते हैं, कहना न होगा, ये सब प्रक्षिप्त हैं।

ऐतिहासिक दृष्टि से असत्य एवं काल्पनिक घटना वर्णन सम्बन्धी पद

मीरां के कुछ पद ऐसे भी मिल जाते हैं जिनमें ऐतिहासिक घटनाओं का वर्णन है। ये घटनाएँ यद्यपि मीरां के जीवन में कभी घटित नहीं हुईं तथापि इनका वर्णन मिलता है। जैसे मीरां का तानसेन एवं अकबर के साथ मिलने का प्रसंग :

"माई री साँवलिया जान्यो नाथ
लेन परचो अकबर आयो, तानसेन ले साथ
राग तान इतिहास श्रवण करि, नाय-नाय सिर माथ
मीरां के प्रभु गिरधर नागर कीन्हों मोहि सनाथ"[64]

उक्त पद प्रक्षिप्त है क्योंकि तानसेन का जन्म मीरां के बाद हुआ था। इसी प्रकार तुलसी के नाम मीरां के पत्र प्रेषण की घटना भी सत्य नहीं प्रतीत होती। गोस्वामी जी का समय भी मीरां के उपरान्त का ही है।

अस्तु मीरां के नाम से प्रकाशित तथा अप्रकाशित पदों का गहराई के साथ ऐतिहासिक व तुलनात्मक अध्ययन, परीक्षण एवं विवेचन करने के उपरान्त निम्नलिखित निष्कर्ष निकलते हैं :

(1) डाकोर एवं काशी की हस्तलिखित प्रतियों में उपलब्ध पद ही मीरां के मूल प्रामाणिक पद हैं।

(2) डाकोर एवं काशी की इन प्रतियों में संगृहीत 103 पद मात्र ही मीरां के उपलब्ध प्रामाणिक पद हैं।

(3) सन्त मत, नाथ सम्प्रदाय एवं अन्य किसी भी सम्प्रदाय के प्रभाव को दर्शाने वाले सभी पद प्रक्षिप्त हैं।

(4) संवाद तथा नाट्य शैली में निबद्ध पद जो उनके परिवार एवं समाज से मतभेद वाद एवं विवाद को दर्शाते हैं, प्रक्षिप्त हैं।

(5) ब्रज, गुजराती एवं अन्य भाषाओं में मिलने वाले पद भी मीरां कृत नहीं हैं। मीरां की भाषा प्राचीन पश्चिमी राजस्थानी थी एवं इसी भाषा में उन्होंने अपने गीतिकाव्य का प्रणयन किया था।

मीरांबाई की प्रामाणिक पदावली का निर्णय हो जाने के उपरान्त मीरां के गीतों का विश्लेषण एवं वर्गीकरण अधिक वैज्ञानिक और सुगम होगा।

सन्दर्भ

1. सन्त मत और मीरां, श्री परशुराम चतुर्वेदी, मीरां स्मृति ग्रन्थ, पृ. 63 से 74
2. मीरां वृहत्, पद संग्रह, डॉ. पद्मावती शबनम, पृ. 19
3. मीरांबाई, डॉ. श्रीकृष्णलाल, पृ. 129
4. राजस्थानी भाषा और साहित्य, डॉ. हीरालाल माहेश्वरी, पृ. 329
5. मध्यकालीन हिन्दी कवयित्रियाँ, डॉ. सावित्री सिन्हा, पृ. 126
6. मीरां दर्शन, प्रो. मुरलीधर श्रीवास्तव, पृ. 108
7. मीरां पदावली, डॉ. पद्मावती शबनम, पद संख्या, 74, पृ. 494

8. मीरां बृहद पद संग्रह, डॉ. शबनम, पृ. 319, पद-580
9. मीरां पदावली, डॉ. शबनम, पृ. 359
10. मीरां पदावली, डॉ. शबनम, पृ. 359-360
11. मीरां पदावली, डॉ. शबनम, पृ. 361, पद-7
12. मीरां पदावली, डॉ. शबनम, पृ. 362, पद संख्या-14
13. मीरांबाई, डॉ. श्रीकृष्णलाल, पृ. 82
14. मीरां जीवन अनवन, डॉ. निर्मला लाल भाई झवेरी, पदोनी भाषा, पृ. 253
15. मीरां माधुरी, श्री ब्रजरत्नदास, पृ. 176-177
16. मीरां की भक्ति और उनकी काव्य साधना का अनुशीलन, डॉ. भगवानदास तिवारी, पृ. 29
17. मीरां स्मृति ग्रन्थ में प्रकाशित पदावली, डाकोर एवं काशी की प्रति के आधार पर दी गई, अतः प्रामाणिक है।
18. राजस्थानी भाषा और साहित्य, डॉ. हीरालाल भा., पृ. 323
19. राजस्थान का पिंगल साहित्य, डॉ. मोतीलाल मेनारिया, पृ. 64
20. मीरां पदावली, श्री शम्भु सिंह मनोहर, पृ. 68
21. मीरां पदावली, श्री शम्भु सिंह मनोहर, पृ. 68
22. मीरां स्मृति ग्रन्थ, पदावली परिचय, श्री ललिता प्रसाद सुकुल, पृ. ग-च
23. रचनाकाल सम्भवतः सन् 1828 है।
24. राजस्थान में हस्तलिखित गुटकों की खोज (तृतीय भाग उदय सिंह भटनागर, पद-4, पृ. 220
25. पुरातत्त्व मन्दिर जोधपुर, हस्तलिखित प्रति नं. 10864, पद-1
26. फार्ब्स गुजरात सभा, बम्बई, हस्तलिखित, प्रति पद-199, पृ. 71
27. गुजरात वर्नाक्युलर सोसायटी, अहमदाबाद, हस्तलिपि : न.द. 477 क, पृ. 9
28. डाकोर एवं काशी की प्रतियाँ ही मीरां की मूल गीत रचनाएँ हैं।
29. 'मीरांबाई की शब्दावली' विरह और प्रेम का अंग, शब्द-62, पृ. 27-28
30. डाकोर की प्रति, पद संख्या 10
31. मीरांबाई की शब्दावली, पृ. 42-46
32. मीरांबाई की शब्दावली, शब्द 1-10, पृ. 46-49
33. मीरांबाई की शब्दावली, पृ. 50-52
34. मीरां जीवनी और काव्य, महावीर सिंह गहलोत, प्रथम संस्करण, भूमिका, पृ. 5
35. मीरां मन्दाकिनी, नरोत्तमदास स्वामी, द्वितीय संस्करण, पृ 1 से 42
36. मीरां मन्दाकिनी, नरोत्तमदास स्वामी, द्वितीय संस्करण, पृ. 45-57
37. मीरां मन्दाकिनी, नरोत्तमदास स्वामी, द्वितीय संस्करण, पृ. 61-74
38. मीरां-दर्शन, प्रो. मुरलीधर श्रीवास्तव, पृ. 119
39. राजस्थान में हिन्दी के हस्तलिखित ग्रन्थों की खोज, पद : 10
40. राजस्थान में हिन्दी के हस्तलिखित ग्रन्थों की खोज, लेखक श्री उदयसिंह भटनागर, पद-16, पृ. 224
41. राजस्थान में हिन्दी के हस्तलिखित ग्रन्थों की खोज, लेखक—श्री उदयसिंह भटनागर, पद-32, पृ. 226
42. मीरांबाई, डॉ. श्रीकृष्णलाल, पृ. 80
43. राजस्थान का पिंगल साहित्य, डॉ. मेनारिया, पृ.61
44. मध्यकालीन कवयित्रियाँ, डॉ. सावित्री सिन्हा, पृ. 131
45. कविचरित, पृ. 195

46. वाडांक : 756
47. उदयपुर राज्य का इतिहास भाग-1, पृ. 360
48. भक्तिमती मीरांबाई, पृ. 8
49. मीरां पदावली, डॉ. शबनम, पद 58, पृ. 340
50. मीरां की प्रेम साधना, श्री भुवनेश्वर मिश्र 'माधव', पद सं. 53, पृ. 223,
51. काशी की प्रति, पद-77, पृ. 22,
52. मीरां पदावली, डॉ. शबनम, पृ. 230
53. मीरां की भक्ति और उनकी काव्य साधना का अनुशीलन, डॉ. तिवारी, पृ. 36
54. मीरांबाई की शब्दावली, मिश्रित, शब्द (35), अंग पृ. 68
55. डाकोर की प्रति, पद संख्या-36
56. मीरां पदावली, डॉ. शबनम,, पद सं. 32, पृ. 226
57. मीरांबाई : डॉ. श्रीकृष्णलाल,
58. मीरां पदावली : डॉ. शबनम, पद-7, पृ. 10
59. मीरांबाई : डॉ. प्रभात, पृ. 294
60. मीरांबाई : डॉ. प्रभात, पृ. 294
61. कबीर ग्रन्थावली : नागरी प्रचारिणी सभा, पद-284
62. मीरां शब्दावली : डॉ. पद्मावती शबनम्, पद-22, पृ. 249
63. मीरां शब्दावली : डॉ. पद्मावती शबनम्, पद-22, पृ. 250
64. मीरां वृहद् पद-संग्रह : डॉ. शबनम, पृ. 130

4

मीरां के गीतों का वर्गीकरण

गीतिकाव्य मानव के भावावेगों तथा हृदयजगत के नाना संघर्षों की बाह्याभिव्यक्ति है। मानव जीवन के साथ गतिशील नित्य नवीन तथा सर्वाधिक नियमविहीन काव्य-विधा होने के कारण गीतिकाव्य के वर्गीकरण में समीक्षकों ने कठिनाई का अनुभव किया है। यही कारण है कि विद्वानों द्वारा किए गीतिकाव्य के भेदोपभेद अन्तिम और पूर्ण नहीं हैं।

मीरां के गीत मीरां के भाव विभोर मानस के सहज उद्‌गार हैं। इन गीतों में मीरां के नारी हृदय के सहज भावोद्रेकजन्य उच्छ्‌वास हैं। आराध्य के प्रति अनन्य समर्पण एवं सम्मिलन-जन्य आनन्द और वियोग की तीव्र वेदना एवं नैराश्य की व्यंजना ही प्रत्येक गीत का मूल अभिप्रेत रहा है। मीरां अपने इन स्वान्तः सुखाय गीतों के माध्यम से समूचे पाठक वर्ग के हृदयों पर शासन करती आई हैं।

मीरां के गीतों का वर्गीकरण

मीरां के गीतों का विभाजन यदि बाह्याभिव्यंजना की दृष्टि से किया जाए तो उसमें वैविध्य का सर्वथा अभाव ही दृष्टिगोचर होता है। वे भारतीय संस्कृति की मध्ययुगीन गीति-कवयित्री थीं, अतः पाश्चात्य वर्गीकरण के निकष पर उनके गीतों की विवेचना नहीं की जा सकती। दूसरी ओर भारतीय गीतिकाव्य परम्परा वस्तुपरक होने के कारण उसके विभाजन का आधार अन्तरंग-विभाजन है, जिसमें भावगत वैविध्य को मूलाधार बनाया गया है, किन्तु इस आधार पर भी मीरांबाई के गीतों का विभाजन नहीं किया जा सकता क्योंकि मीरां के गीतों में भावजगत एवं वर्ण्य विषयों की ऐसी समरसता है कि उनका पृथक-पृथक विश्लेषण असम्भव है।

वे एक अवतारी जीवात्मा थीं। उनका सम्पूर्ण प्रेम, सुदीर्घ विरह, क्षणिक मिलन, अपूर्व हर्ष, भावावेग प्रधान उत्कंठा, मर्म को छू लेने वाली करुणा और विनीत आत्मनिवेदन, सभी कुछ आध्यात्मिक भावभूमि पर आधारित था।

कुछ विद्वानों ने मीरां के गीतों को वर्गीकृत करने का प्रयास किया है, जिसमें डॉ. विपिन बिहारी त्रिवेदी कृत वर्गीकरण रसानुभूति पर अवलम्बित है। उनके अनुसार समग्र

मीरां पदावली का पर्यवेक्षण करने पर दो रस प्रधान रूप से मिलते हैं :

1. शृंगार रस और
2. शान्त रस

कुछ स्थलों पर करुण रस का भी चित्रण है, परन्तु वह वियोग शृंगारजन्य करुणा है। केवल दो-एक पद में अद्भुत रस की झाँई दीख पड़ती है। वीर, रौद्र, भयानक और बीभत्स का इनके पदों में कोई स्थान ही नहीं है। इन रसों का एक शुद्ध भक्तिभाव वाले हृदय में स्थान ही कहाँ सम्भव है।[1]

इस सम्बन्ध में यह दृष्टव्य है कि डॉ. विपिन बिहारी त्रिवेदी ने मीरां के काव्य में उपलब्ध रसों पर ही प्रमुख रूप से प्रकाश डाला है, समग्र गीतों का पृथक वर्गीकरण नहीं किया गया है। मीरां के गीतों के वर्गीकरण के सम्बन्ध में डॉ. तिवारी अपने शोध ग्रन्थ में लिखते हैं :

"उनके पदों में भाव अपने वर्ण्य विषयों से इतने तदाकार हो गए हैं कि प्रत्येक भाव एक विशिष्ट वर्ण्य विषय का द्योतक है और प्रत्येक वर्ण्य विषय एक विशिष्ट भाव धारा से अनुप्राणित है। ऐसी स्थिति में मीरां की सम्पूर्ण पदावली में व्याप्त अन्तःस्रोत का क्रमिक विवेचन ही उनके काव्य-विषयों के वर्गीकरण का आधार माना जा सकता है।"[2]

और इसी आधार पर लेखक ने मीरां के काव्य विषयों के 26 खंड, किए हैं। वस्तुतः यह खंड-विभाजन मीरां के गीतिकाव्य की आधारभूमि पर नहीं किया गया है अपितु मीरां के काव्य में उपलब्ध विषयों का वर्णन किया गया है, जैसे : 'मीरां द्वारा देखी गई मूर्तियों का वर्णन,' 'आराध्य के नाम और मीरां का उनसे सम्बन्ध', 'उपासना पद्धति का स्वरूप', 'मीरां की छाप', 'मीरां भाव', 'नाम माहात्म्य' आदि।

अस्तु, मीरांबाई के गीतों का वर्गीकरण किसी भी पूर्व निश्चित ढाँचे में ढालकर नहीं किया जा सकता। वे सहज अनुभूति की सहज अभिव्यक्ति करनेवाली भक्ति गायिका थीं। उनके गीतों का वर्गीकरण उनमें उपलब्ध भावों के आधार पर ही किया जा सकता है। मीरांबाई के गीतों को दो प्रकार से वर्गीकृत किया जा सकता है :

जीवन के विकास क्रम के आधार पर और
भाव निरूपण के आधार पर।

जीवन के विकास क्रम के आधार पर वर्गीकरण

प्रथम तो उनके जीवन के विकास क्रम के अनुरूप ही भावों के क्रमशः विकास के आधार पर गीतों का भावगत वर्गीकरण किया जा सकता है। इस दृष्टि से मीरां के गीतिकाव्य का उत्तरोत्तर विकसित रूप मिलता है :

1. परिवार एवं अन्य कारणों वश मीरां पर दुःख एवं व्यथा का तीव्र प्रहार हुआ। यही दुःख और व्यथा मीरां के गीतों में ढली हुई है।

2. दूसरा चरण वह है जब मीरां पर राजकीय रोष, नाना प्रकार की वर्जनाएँ एवं नियमादि थोपने का प्रयास किया गया। सामाजिक नीति एवं प्रतिष्ठा के नाम पर सांसारिक क्लेशों, निन्दाओं ने उनके मन में संघर्ष एवं रोष को जन्म दिया। यही रोष व संघर्ष मीरां के गीतों में प्रारम्भ में मिलता है।

3. उनके कुछ पदों में उस सामन्तीय समाज के पक्षपातपूर्ण रवैये पर भी आक्रोश झलकता है, जिसमें 'मूरख सिंहासन विराजते' एवं 'पंडित दर दर भटकते फिरते थे।'[3]

4. इस संसार की असारता एवं नश्वरता को जानने में मीरांबाई ने विलम्ब नहीं किया और शीघ्र ही उनका कोमल निष्कपट हृदय संसार सागर में पड़े आर्त जीवों के लिए करुण क्रन्दन से भर गया। क्रमशः मीरां के मन में वैराग्य जागा और वे विश्व के झूठे बन्धनों को सारहीन बतलाते हुए कृष्णोन्मुख हो गईं।[4]

5. कृष्णोन्मुख होकर उनके रूप सौन्दर्य से मीरां आकृष्ट तो हुईं किन्तु आराध्य की गरिमा व अपनी लघुता की सीमा रेखा ने उनको साधना की सीमा से भी परिचित करा दिया। इस अवस्था में विनय सम्बन्धी गीतों की सृष्टि हुई। एक आर्त भक्त की नाईं भक्त वत्सल, भयहारी भगवान श्रीकृष्ण से अपनी लाज बचाने और आराध्य के चरणों में स्थान पाने के लिए उन्होंने पुकार लगाई। वे अपनी पीर को हर लेने के लिए निरन्तर प्रार्थनारत रहती थीं। उनकी यही आर्त भावना क्रमशः श्रद्धा में बदली और श्रद्धा से अनुराग में। यही अनुराग उनके समस्त गीतों का, समस्त काव्य का केन्द्रबिन्दु है। आध्यात्मिक क्षेत्र में उनका यही अनुराग, नारीत्व की पूर्ण गरिमा के साथ संयोग और वियोग भावना द्योतक गीतों में अपने सम्पूर्ण आवेश के साथ उभरा है। माधुर्योपासना सम्बन्धी गीत इसी मानसिक स्थिति में रचे गए हैं और मीरां के गीतिकाव्य की चरम परिणति भी इन्हीं गीतों में दृष्टिगोचर होती है।

भाव निरूपण के आधार पर वर्गीकरण

मीरां के गीतों को भाव निरूपण के आधार पर निम्न रूपों में विभाजित किया जा सकता है :

(क) लौकिक जीवन एवं सांसारिक क्लेशों के वर्णन सम्बन्धी गीत

(ख) आराध्य सम्बन्धी गीत

1. रूप वर्णन सम्बन्धी गीत
2. लीला वर्णन सम्बन्धी गीत और

(ग) भक्ति भावना सम्बन्धी गीत

1. आत्म निवेदन सम्बन्धी
2. माधुर्य भावना सम्बन्धी
3. विरह भावना सम्बन्धी मिलन एवं आत्मोल्लास सम्बन्धी

(घ) प्रकृति वर्णन सम्बन्धी और

(ङ) आध्यात्मिक रहस्य भावना सम्बन्धी

मीरां के गीतों के दोनों ही वर्गीकरणों में द्वितीय वर्गीकरण अधिक उपयुक्त है। इसमें मीरां की समस्त गीति-रचनाओं का सम्यक रूप से समाहार करने का लक्ष्य पूरा हो सकता है। प्रथम वर्गीकरण में मीरांबाई के जीवन का कथासूत्र जुड़ा-सा तो लगता है परन्तु वहीं एक त्रुटि यह रह जाती है कि उनके सभी गीत इस वर्गीकरण में वर्गीकृत नहीं हो पाते। यथा, आध्यात्मिक रहस्यभाव या प्रकृति वर्णन सम्बन्धी गीत। अतएव द्वितीय वर्गीकरण को आधार रूप में ग्रहण कर मीरां के गीतों का अनुशीलन करना समीचीन है।

(क) लौकिक जीवन एवं सांसारिक क्लेशों सम्बन्धी गीत

मीरां की प्रामाणिक मूल पदावली में उनके पारिवारिक क्लेशों का वर्णन मिलता है। उनमें से कुछ उदाहरण निम्नांकित हैं :

- "माया छाड्यां बंधा छाड्यां, छाड्यां सगा सूयां
  साधा संग बैठ बैठ लोकलाज खूयां।"[5]
- "पग बाँध घुंघर्‌यां णाच्यांरी
  लोक कह्यां मीरां बावरी, शाशू कह्या कुल नाशीरी"[6]

कुछ गीतों में लोक निन्दा का वर्णन है :

- "मीरां गिरधर हाथ बिकाणी, लोक कह्यां बिगड़ी"[7]
- "कड़वाबोल लोक जग बोल्यां
  करश्यां म्हारी हाँशी।"[8]

मीरां द्वारा राणा को सम्बोधित करने वाले गीतों में पारिवारिक विवाद की गहन व्यंजना है :

"सांवरियो रंग रांचा, राणां सांवरियो रंग रांचा।
ताल पखावजां मिरदंग बाजां, साधा आगे णांचा,
बूझयां माणे मदण बावरी, श्याम प्रीत म्हां कांचा।"[9]

इस प्रीत में राणा विक्रमादित्य की ओर इंगित किया गया है जो मीरां की तन्मयता को 'मदण बावरी' और उनकी प्रेम भावना को 'श्याम प्रीत म्हां कांचा' समझता था।

इन्हीं राणा ने मीरां को विष का प्याला और पिटारी में काला नाग भेजा था। मीरां कहती है :

'राणा भेज्यां बिखरो प्याला, चरणामृत पी जाणा
काला नाग पिटांर्यां भेज्यां शालगराम पिछाणा''[10]

जहर का प्याला, साँप की पिटारियाँ भेजकर मीरां का अन्त करने के लिए अनेकानेक राजकीय प्रयत्न किए गए। किन्तु इन दुष्प्रयासों को निष्फल करती हुई, सम्पूर्ण बाह्याचारों से मुक्त होकर मीरां अपने आराध्य श्याम की पद-सेवा में रत हो गईं। उनके गीतों में एक स्वच्छन्द उन्मुक्तता और भयहीनता के दर्शन होते हैं। मीरां अपने प्रियतम के अनुराग से विमुख नहीं हुईं अपितु उनकी प्रेम साधना अनेकानेक बाधाओं के बाद तपकर और भी निखर गई। ये सभी गीत गीतिकाव्य की दृष्टि से बड़े सुन्दर बन पड़े हैं। इनमें हृदय को छू लेने की गहरी शक्ति है।

अन्य मीरां पदावलियों में एक बड़ा अंश उनके जीवन में घटित संघर्षों, सांसारिक क्लेशों एवं सम्बद्ध पारिवारिक जनों से हुए मतभेदों को लेकर मिलता है। इनमें से कुछ संवाद शैली में हैं। गेय परम्परा से प्राप्त इन पदों की प्रामाणिकता सर्वथा सन्दिग्ध है। इस श्रेणी में आनेवाले गीत वे ही हैं जिनमें मीरां और उनकी सास, नन्द ऊंदा बाई तथा राणा के साथ कथोपकथन मिलता है। अधिकांश पदों में कथोपकथन शैली तथा वर्णनात्मक शैली का समन्वित रूप मिलता है।

उदाहरणार्थ

ऊंदा बाई

''थाने बरज बरज में हारी, भाभी मानो बात हमारी
राणे रोस कियो था ऊपर, साधो में मत जारी
कुल को दाग लगै छे भाभी, निन्दा हो रही भारी
साधो रे संग बन बन भटको, लाज गमाई सारी
बड़ा घरां में जनम लिया है, नाचो दै दै तारी
बर पायो हिंदवाणे सूरज, अब बिदल में काई धारी
मीरां गिरधर सांध संग तज, चलो हमारी लारी।''

मीरां

''मीरां बात नहीं जग छानी, ऊंदा समझो सुघर सयानी
साधु मात पिता मेरे, सजन सनेही ग्यानी
''सन्त वरण की सरण रैण दिन, सत्त कहत है बानी
राणा ने समझाओ जाओ, मैं तो बात न मानी
मीरां के प्रभु गिरधर नागर, सन्ता हाथ बिकानी''

ऊंदा

"भाभी बोलो बात बिचारी, साधो की संगति दुःखभारी
छापा तिलक गलहार उतारो, पहिरो हार हजारी
रतन जड़ित पहिरो आभूषण, भोगो भोग अपारी
मीरां जी थे चालो महल में, थाने सोगन म्हांरी"

मीरां

"भावगत भूषण साजे सील सन्तो सिंगार
ओढ़ी चूनर प्रेम की, म्हारो गिरधर जी भरतार
ऊंदाबाई मन समझ, जाओ अपने धाम
राज पाट भोगो तुमही, हमसे न तासूं काम"[11]

उपर्युक्त पद में मीरां एवं ऊंदाबाई के मध्य जिस प्रकार के नाटकीय संवाद बोले गए हैं वे किसी नाटक मंडली द्वारा रचित जान पड़ते हैं। भाषा की दृष्टि से भी यह पद मीरांकृत नहीं हो सकते। खड़ी बोली का प्रयोग मीरां की प्राचीन राजस्थानी भाषा के विरुद्ध है। अतः यह मीरांकृत नहीं है।

श्री महावीर सिंह गहलोत का विचार है :

"मीरां के कुछ कहे जानेवाले पदों में उसका और उसकी सास या श्वसुर का या पति का विवाद मिलता है। ये नितान्त झूठी कल्पनाएँ हैं। मीरां और उसकी ननद ऊंदा बाई का विवाद, सम्भव है हुआ हो, पर उसे पद रूप में किसने स्थान दिया ? यह चिन्त्य विषय है।"[12]

मीरां का सास, ननद एवं पति से हुए विवाद वाले पदों में मीरां का जो पारिवारिक संघर्ष दर्शाया गया है वह परवर्ती भक्तों और मीरां गुण-गायकों की कृपा का परिणाम है। मीरां जैसी भक्तात्मा, सम्भ्रान्त नारी द्वारा इस प्रकार के अशिष्ट संवाद अविश्वसनीय ही हैं।

मीरां की संघर्षाभिव्यक्ति को लेकर एक प्रश्न प्रायः विद्वत्समाज में उठाया जाता है कि मीरां के प्रति समाज और परिवार का यह विरोध उनकी भगवद्भक्ति के कारण था अथवा साधु समागम के कारण ? मीरां के नाम पर प्रचलित पदों में मीरां एवं उनके परिवार वालों के साथ हुई बातचीत के आधार पर इतना तो निश्चित कहा जा सकता है कि मीरां के प्रति समाज और परिवार का यह विरोध उनका साधु-सन्तों के साथ मिलने, संगति करने के कारण ही था। मीरां के भगवद् प्रेम के प्रति विरोध का प्रश्न ही नहीं उठता। श्री शम्भुप्रसाद बहुगुणा के शब्दों में :

"घरवालों की जो बातचीत मीरां से उनके काव्य में हुई है वे जोगिया पन्थ और सन्त कहे जाने वाले, समाज में निम्न समझे जाने वाले समुदायों में जाने-आने और नाचने के ही निषेध विषयक है। राजघराने की कुलवधू चमारों, धुनियों, जुलाहों और वेद मर्यादा भंग करनेवाले क्रान्तिकारियों के साथ जाए, यह कब तक राजवंश को सह्य हो सकता

था। जिसे भोग करना है, राज रजाना है, वह मुड़ियों के धर्म को क्यों अपनाने लगा ?"[13]

मीरां का साधु सत्संग के प्रति रुझान अपने आराध्य की अधिकाधिक निकटता प्राप्त करने हेतु था जो एक भक्त हृदय की सहज स्वाभाविक प्रवृत्ति है।

मीरां के संघर्षमय जीवन और अन्य घटनाओं की वर्णनात्मक अभिव्यंजना करने वाले गीतों की संख्या प्रामाणिक पदावली में अत्यल्प है। परन्तु अन्य पद-संग्रहों में इनकी संख्या बहुत अधिक है। यहाँ तक कि एक ही पद विभिन्न पाठान्तर के साथ कई-कई बार स्वीकृत हुआ है।

वर्णनात्मक अभिव्यंजना करने वाले अधिकांश पदों की प्रामाणिकता के आगे प्रश्नचिह्न लगा हुआ है। इन्हें प्रामाणिक न मानने के कई कारणों में से एक तो यही है कि गेय परम्परा द्वारा प्राप्त ये पद अपने शुद्ध स्वरूप में कुछ और ही रहे होंगे। अनेक जनकंठों से गुजरते हुए आज जिस स्वरूप में हमारे समक्ष हैं, उन्हें मूल रूप से मीरांकृत नहीं कहा जा सकता।

मीरां के कुछ पदों में अलौकिक घटनाओं (यथा—विष के प्याला का अमृत हो जाना, नाग की पिटारियों में से स्वर्ण की मुहरें निकलना) के उल्लेख की पृष्ठभूमि में भक्तों एवं श्रद्धालुओं की मीरां के प्रति अपरिमित अन्ध-भक्ति ही जान पड़ती है। इन प्रकीर्ण पदों में मीरां के सम्बन्ध में प्रचलित विभिन्न जनश्रुतियों को मीरां रचित बनाकर प्रस्तुत किया गया है।

अस्तु मूल पदावली में संघर्षाभिव्यक्ति, लौकिक क्लेशों एवं सांसारिक भावनाओं सम्बन्धी थोड़े से जो गीत मिलते हैं, उनमें भाव गाम्भीर्य अवश्य झलकता है किन्तु इस भाव गाम्भीर्य का स्तर एवं गीति काव्य सम्बन्धी प्रायः सभी तत्त्वों का स्तर उनके माधुर्योपासना-द्योतक पदगीतियों से कहीं निम्न है।

(ख) आराध्य सम्बन्धी गीत

मीरां ने अपने गीतों में आराध्य देव श्रीकृष्ण को विभिन्न नामों से पुकारा है जिनमें गिरधर गोपाल, स्याम, गिरधर नागर, मोहन, कान्हा, हरि, अविनासी, ठाकुर, बलवीर, भुवनपति, प्यारे, महाराज, कमलदल लोचणां, ब्रज वणतां रो कंत, जणम जणम रो शाथी, ओलगियाँ, सावरियाँ, आदि-आदि कहकर स्मरण किया है।

ऐसी स्थिति में विभिन्न भक्ति-सम्प्रदायों द्वारा मीरां के आराध्य कौन थे, इस पर विचार किया गया है :

कृष्णोपासक सम्प्रदायों का मत

वल्लभ सम्प्रदाय की चौरासी वैष्णवन की वार्ता के अनुसार मीरां ने ठाकुर जी के पदों के अतिरिक्त अन्य किसी की आराधना हेतु पद गाना स्वीकार नहीं किया।

इस प्रसंग के अतिरिक्त श्री नागरीदास द्वारा प्रस्तुत पद मीरां की आराध्य सम्बन्धी भावना को स्पष्ट करता है :

"आपुन गिरधर न्याव कियो यह, छान्यो दूधरू पानी
मीरां प्रभु गिरधर नागर के, चरण कमल लपटानी।"

वास्तव में मीरां के गीतों में उनके आराध्य वृन्दावनबिहारी गिरधर नागर के अतिरिक्त अन्य ईश्वर रूपों का उल्लेख नहीं है। इस तथ्य की पुष्टि में अनेक सम्प्रदायों के विद्वान पुरुषों ने मत प्रस्तुत किए हैं :

राधा वल्लभ श्री ध्रुवदास[15] चैतन्य सम्प्रदायी प्रियादास[16], निम्बार्क सम्प्रदायी वैष्णवदास[17], अवधूत नाथपन्थी राधाबाई[18] आदि विभिन्न सम्प्रदायों के कृष्णोपासक उक्त धारणा से पूर्णतः सहमत हैं। महाराष्ट्र के वारकरी सम्प्रदाय के किसी अज्ञातनामा व्यक्ति द्वारा नाभा के नाम से लिखित 'मीरां चरित्र'[19] में भी इसी आशय का उल्लेख है।

रामोपासकों का मत

अग्रदास के शिष्य रामोपासक श्री नाभादास ने स्पष्ट रूप से गिरधर को मीरां का आराध्य माना है। उनका कथन है :

"लोक लाज कुल शृंखला को तजकर मीरां ने गिरधर को भजा।"[20] प्रायः सभी रामोपासकों ने मीरां का उपास्य देव श्रीकृष्ण को माना है।

सन्त सम्प्रदाय का मत

सन्त राधोदास की 'भक्तमाल' इस सम्बन्ध में विशेष विचारणीय है।

राधोदास का कथन है

"मीरां ने श्री हरि भजे। ये हरि रसिक राय थे, गिरधर थे, जिनके प्रति मीरां का भाव पत्नी का भाव था और प्रेम गोपियों का-सा था।"[21]

सन्त श्री दरिया साहब ने अपनी वाणी में इसी तथ्य की पुष्टि की है।"[22]

लोक मत

लोक परम्परा में एक उक्ति प्रसिद्ध है :

'नरसी के प्रभु सांवलियां हो, सूरदास के श्याम
मीरां के प्रभु गिरधर नागर, तुलसीदास के राम।

इस प्रकार की अनेक उक्तियाँ लोकवाणी में प्रचलित हैं।

उपर्युक्त मतों के अतिरिक्त स्वतन्त्र रूप से अनेक भक्तों व साहित्यिकों ने मीरां के आराध्य श्रीकृष्ण को मान्यता दी है। इनमें कुँवरी, छोटमदास, बरसावर, नन्दराम, सुन्दरदास आदि प्रमुख हैं।

मीरां के आराध्य के सम्बन्ध में कुछ नवीन शोधों ने पूर्व स्थापित मान्यता से हटकर मीरां के आराध्य में अनेक विरोधी रूपों की उद्भावना करके उनकी उपासना पद्धति एवं उपास्य देव को विरोधाभासों का केन्द्र बना दिया है। डॉ. श्रीकृष्णलाल लिखते हैं :

"मीरां के भगवान उनके प्रियतम नागर हैं, जो कितने ही भिन्न रूपों में हमारे सामने आते हैं।...उनका पहला स्वरूप निर्गुण ब्रह्म का है, जो क़बीर, नानक आदि सन्त कवियों के निर्गुण निराकार ब्रह्म के बहुत निकट जान पड़ता है। वह दूर ऊँचे महल का रहने वाला है। मीरां के गिरधर नागर का एक दूसरा स्वरूप जोगी का है। उस योगी की खोज में मीरां ने भी योग लिया है।...मीरां के गिरधर नागर का तीसरा स्वरूप सगुण ब्रह्म का है।" [23]

डॉ. हीरालाल माहेश्वरी ने इनके मत से समानता स्थापित करते हुए लिखा है :

"मीरां के समस्त व्यक्तित्व एवं काव्य में नाथपन्थी जोगी, सगुण कृष्ण एवं निर्गुण ब्रह्म से सम्बन्धित अभिव्यक्ति की मिली-जुली त्रिवेणी बह रही है। उनका रोम-रोम इसमें रम गया है। मीरां की काव्य-वीणा के तीन ही तार हैं—जोगी, कृष्ण, निर्गुण ब्रह्म।"[24]

डॉ. पीताम्बर दत्त बड़थ्वाल का मत भी अत्यन्त महत्त्वपूर्ण है :

"यद्यपि मीरांबाई व्यवहारतः सगुणोपासिका थीं और कृष्ण की उपासना रणछोड़ के रूप में किया करती थीं फिर भी यह सच है कि उनके कहे जाने वाले पदों में निर्गुण विचारधारा स्पष्ट दीखती है। उन्होंने अपनी प्रेम सम्बन्धी विनय कृष्ण एवं ब्रह्म दोनों के प्रति एक साथ की है।" [25]

उपर्युक्त मतों के प्रतिपादन के साथ ही हिन्दी साहित्य क्षेत्र में यह धारणा बलवती होती चली गई कि मीरां निर्गुणधारा से पर्याप्त प्रभावित थीं। यहाँ तक कि किसी नाथपन्थी योगी से उनका लौकिक प्रणय भाव भी था।

श्री भुवनेश्वर नाथ मिश्र 'माधव' की मान्यता सर्वाधिक निराली प्रतीत होती है, जब वे कहते हैं :

"यह योगी स्वप्न में आए हुए श्री गिरधारीलाल जी का उद्धृत रूप हो सकता है अथवा रैदास जी या अन्य सन्त योगी हो सकते हैं जिससे मीरां की प्रेम साधना में सहायता मिली हो।" [26]

इन विद्वानों के विचारों की पृष्ठभूमि का कोई ऐतिहासिक आधार नहीं दिखाई देता। मीरां को उनके आराध्य श्रीकृष्ण के अतिरिक्त किसी और से बाँधना या मीरां को किसी पन्थ या सम्प्रदाय से जोड़ना, उनके साथ एक प्रकार से अन्याय करना होगा।

डॉ. हजारीप्रसाद द्विवेदी से सुविज्ञ साहित्यिक का मत वास्तविकता पर आधारित है। वे मीरां के मनोगत औदार्य को मान्यता देते हुए लिखते हैं :

"मीरांबाई अत्यन्त उदार मनोभावापन्न भक्त थीं, उन्हें किसी पन्थ विशेष का आग्रह नहीं था।"[27]

अतः मीरां 'गिरधारी' या 'गिरधर गोपाल' की ही अनन्य उपासिका थीं। वे वस्तुतः सगुणोपासिका थीं। उन्हें किसी निर्गुण या नाथ सम्प्रदाय से जोड़ना उचित नहीं है। मीरां ने अपने आराध्य प्रियतम श्रीकृष्ण को विविध रूपों और गुणानुसार—नन्दलाल, मोहन, हरि, बंसीवारे, नन्दनन्दन, नटवर नागर, साँवरिया, गोविन्दा, पिया, सतगुरु, जोगिया, जोगी, साहब, असरण सरण, ओलगिया, सामरिया, ब्रजवाशी, प्रभु, अविनाशी, रणछोड़, तरण तारण, काण्हड़ो, अन्तरजामी, गुणागार, सरताज, जणम जणम रो शाथी, शुख सागर स्वामी, सिरी ब्रजनाथ, ब्रज वणतां रो कंत, गिरधारी, ळाळा, महाराज, स्याम सुन्दर, दीणानाथ, मुरारी, भुवनपति, प्यारे, बनवारी, मदण-मोहण, बाँके बिहारी, कहकर स्मरण किया है। मीरां की भक्ति इन्हीं सगुण साकार लीला पुरुष कृष्ण के प्रति निवेदित हुई है। डॉ. भगवान दास तिवारी का कथन है :

"मीरां के आराध्य के सभी नाम भगवान विष्णु के द्वापर में लिये गए कृष्णावतार से सम्बद्ध हैं अतः मीरां की भक्ति के आलम्बन के रूप में कृष्ण ही एकमात्र उपास्य देव हैं और आश्रय के रूप में मीरां उनकी जन्म-जन्म की दासी और पत्नी हैं। इस तथ्य से यह निष्कर्ष निकलता है कि मीरां को माधुर्य भाव से भक्ति करनेवाली परम वैष्णवी कृष्णोपासिका ही मानना चाहिए।"[28]

"म्हारां री गिरधर गोपाल दूसरां णा कूया"[29]

कहकर मीरां स्पष्ट रूप से घोषणा करती हैं कि उन्होंने एकनिष्ठ भाव से अनन्यतापूर्वक अपने गिरधर गोपाल की आराधना की है। मीरां के अनेकानेक गीतों में उसी सगुण साकार कृष्ण को ही अपने आराध्य रूप में स्वीकार किया है। वे ही मीरां के प्रियतम हैं, सर्वस्व हैं।

"मैं गिरधर के रंग राती अथवा 'या छब देख्यां मोह्या मीरां गिरवर धारी जी' अथवा 'मेरो मण बसियो गिरधर गोपाल सों" कहकर मीरां ने अपने आराध्य के स्वरूप को पूर्णतयता स्पष्ट कर दिया है कि उसमें विवाद के लिए कहीं भी स्थान नहीं रह पाता। गिरधर नागर उनके प्रभु हैं, उनके जीवन के एकमात्र अभिप्रेत बिहारी हैं, जिनकी आराधना के गीत बनाकर वे भक्ति के स्वर गुंजाती रहीं। मीरां की जन्म-जन्म की प्रीति के आलम्बन उनके गिरधर हैं। उनके अतिरिक्त लौकिक या अलौकिक जगत की किसी अन्य सत्ता के प्रति उनका हृदय अनुरागाभिभूत नहीं हुआ।

रूप वर्णन सम्बन्धित गीत

मीरां काव्य में श्रीकृष्ण के व्यक्तित्व की कामना करनेवाले गीतों का विश्लेषण, अवगाहन करने पर निम्नलिखित पद सम्मुख उपस्थित होते हैं :

अवतारी कृष्ण : रूप, गिरधर नागर (निराकार रूप)
विष्णुरूप : देवत्वमय सगुण तत्त्व जो श्रीकृष्ण को अवतारी सिद्ध करता है।
हरि अविनाशी रूप, असीम निराकार, जो समग्र ब्रह्मांड में व्याप्त हैं और उसके परे भी हैं। और
जोगी रूप।

अवतारी कृष्ण रूप, गिरधर नागर सम्बन्धी गीत

मीरां की प्रेम भावना और साधना श्रीकृष्ण के सगुण साकार व अवतारी रूप पर आधारित है। मीरां के प्रियतम श्रीकृष्ण के अवतारी रूप ने उन्हें अपने सौन्दर्य से अभिभूत कर लिया था। कृष्ण के रूप में जो लावण्य है, जो मोहकता है, और आकर्षण का जो गहन प्रसार है वह विष्णु के किसी अन्य अवतार में नहीं मिलता। मीरां इस तथ्य से पूर्ण परिचित थीं।

अनुराग का उदय सर्वप्रथम सौन्दर्य दर्शन से होता है। सौन्दर्य में कुछ ऐसा आकर्षण है कि जिसकी ओर हृदय बरबस खिंच जाता है। मीरां के नेत्र श्रीकृष्ण के युवामोहक रूप को देखकर वहीं अटककर रह जाते हैं। सौन्दर्य की साकार प्रतिमा श्रीकृष्ण साक्षात् कामदेव के समान सभी को लुभाने में पूर्ण समर्थ हैं :

"निपट बंकट छब अटके, म्हारे नेणा निकट बंकट छबि अटके
देख्यां रूप मदण मोहण री पियत पियूखण मटके
बारिज भवो अड़क मंतवारी नैण रूप रस अटके
टेढ़्या कट टेढ़े कर मुरली, टेढ़्या पाग लर लटके
मीरां प्रभु के रूप ळुभाणी, गिरधर नागर नटके"।[30]

जिस रूप पर मीरां का मन लुब्ध हुआ वह सम्पूर्ण विश्व को मोह लेने वाला है। उसके सुन्दर मुख, कमल की पंखुड़ियों के समान विशाल नेत्र और उनसे झाँकती मन्द मधुर मुस्कुराहट, बंकिम कटाक्ष पर मीरां अपना सर्वस्व अर्पित करने को तैयार हैं। प्रस्तुत गीत में इसी भावना का चित्रण है :

"म्हां मोहण रो रूप ळुभाणी
सुन्दर बदण कमळ दळ ळोचण,
बाँका चितवण नैणा समाणी
जमणा किणारे कान्हा धेणु चरावाँ,
बंसी बजावाँ मीठाँ बाणी
तण मण धण गिरधर पर बाराँ,
चरण कमल मीरां बिळमाणी"[31]

प्रियतम गिरधर नागर के रूपांगों और मनोहर वेश का चित्रांकन करती हुई मीरां का कथन है :

"बस्यां म्हारे नेणण मां नन्दलाळ
मोर मुगट मकराक्रत कुंडल अरुड़ तिळकशोहां भाळ
मोहण मूरत सांवरी सूरत नैणां बण्या बिशाळ
अधर सुधार्‌या मुरली राजा उर बैजण्तां माळ
मीरां प्रभु सन्ता शुखदायी, भगत बछळ गोपाल।"[32]

यह मूर्ति मीरां के हृदय में स्थायी रूप से बस चुकी है। उनका एक एक रोम इसी सौन्दर्यामृत से सिंचित है। श्रीकृष्ण के सौन्दर्य का इतना साकार एवं सजीव चित्रण मीरां के गीतों में है मानो वर्णन करते समय वे साकार उनके नेत्रों के समक्ष विद्यमान हों। कृष्ण सौन्दर्य से अभिभूत मीरां को लोक परलोक कुछ नहीं सुहाता। जब से नेत्रों ने उस दिव्य पुरुष की रूप माधुरी को निरखा है, उसके प्रति मीरां का अन्तस बिक जाने के लिए व्यग्र हो उठा है।

"आळी री म्हारे णेणा बाण पड़ी
चित्त चढ़ी म्हारे माधुरी मूरत, हिवड़ा आणि गड़ी
कब री ठाढ़ी पन्थ निहारां, अपने भवण खड़ी
अटक्यां प्राण सांवरो प्यारो, जीवण मूर जड़ी
मीरां गिरधर हाथ बिकाणी, लोक कहै बिगड़ी"[33]

क्षण-भर के दर्शन में ही प्रियतम की वह माधुरी मूरत नेत्रों के माध्यम से अन्तः स्थल में ऐसी गहरी पैठ गई है कि निकाले नहीं निकलती। लोक मर्यादा, सांसारिक बाधाएँ, वर्जनाएँ किसी भी प्रकार रूपासक्त नेत्रों को उस सौन्दर्यशाली के प्रति आकृष्ट होने से नहीं रोक सकीं। नारी की लाज नेत्रों में ही बसती है पर वे भी प्रिय के दर्शनों के समय अपनी सारी सीमाएँ तोड़कर एक-एक छवि निहारने में मगन हो जाते हैं। सौन्दर्य का कैसा उत्कृष्ट प्रभाव है। श्याम सलोने का सौन्दर्य मीरां के प्राणों का आधार बन जाता है और गिरधर के हाथों वे बिक तक जाती हैं।

लोक निन्दा से परे स्वयं को गिरधर पर वार देती हैं। इस सलोने सौन्दर्य और उसके पड़ने वाले प्रभाव का ऐसा उदात्त अभिव्यंजन केवल मीरां के लिए ही सम्भव है। मीरां की रूपासक्ति प्रियतम गिरधर के प्रति अत्यन्त प्रगाढ़ है, वे स्पष्ट कहती हैं :

"स्याम रूप हिरदां बसां, म्हारे और णा भावां।"[34]

एक अन्य स्थान पर मीरां ने नटनागर गिरधर का रूप वर्णन करते हुए कहा है :

"हे सखी, मैंने जब से सांवरे नन्दनन्दन को देखा है, तब से मैंने लोक-लाज खो

दी, अपनी सुधबुध बिसरा दी है। वे नटनागर मोर चन्द्रिका का किरीट धारण किए हैं और ललाट पर अंकित केसर का तिलक नेत्रों को अप्रतिम सुख से भर देनेवाला है। कुंडलों की परछाईं कपोलों पर झलकती है और कुटिल अलकें लहरा रही हैं, मानो मछलियाँ सरोवर त्यागकर मकर से मिलने निकल आई हों। प्रभु ने नटवर का वेश धारण कर संसार को लुभा लिया है। ऐसे गिरधर प्रभु के अंग-प्रत्यंग पर मैं बलिहारी जाती हूँ :

"सांवरो णद णन्दण दीठ पडयां माई
डारयां शब लोक लाज शुध बुध बिशराई
मोर चन्द्रिका किरीट मुगट छब शोहाई
केसर रो तिळक भाल ळोचण शुखदाई
कुंडल झंळका कपोल, अळकां लहराई
मीणा तज सरवरज्यों मकर मिलण धाई
नटवर प्रभु भेख धरयां रूप जग ळोभाई
गिरधर प्रभु अंग अंग मीरां बळ जाई।"[35]

इस चिरन्तन दिव्य सौन्दर्य के अंकन में मीरां समर्थ सिद्ध हुई हैं। अलंकारों का सहज आगमन उनकी अभिव्यक्ति को अधिक प्रखरता प्रदान करता है। अलंकारों की शोभा लादने का आग्रह मीरां को कदापि न था।

मीरां के प्रियतम गिरधर की रूप सज्जा में चार अलंकरण प्रमुख हैं।

(1) मोर पंख का मुकुट (2) तन पर पीताम्बर की शोभा (3) कानों में मकराकृत कुंडल और (4) अधर सुधारस मुरली—इन सभी में मुरली का स्थान सर्वोपरि है।

कृष्ण का बाना मुरली से ही पूर्णता प्राप्त करता है। मीरां भी मुरली निनाद के प्रभाव को नहीं भूली हैं। वंशी का स्वर मीरां को सम्मोहन की स्थिति में ला देता है। मुरली के प्रभाव से देवांगनाएँ आत्मविस्मृत हो जाती थीं। उनके वेणी गुम्फित कुसुम गिर जाते थे तथा वस्त्राभूषण सहित सम्पूर्ण तन की सुध-बुध खो देती थी। वही मनोहर वंशी निनाद मीरां को अप्रभावित कैसे छोड़ सकता है !

"नागर णंदकुमार लाग्यो थारो णेह
मुरली धुण सुण बीसरां म्हारों कुणबो गेह।"[36]

कुनबा और गेह के नेह को भूलकर वे यमुना के तट पर बावरी-सी पहुँच जाती हैं। प्रकृति के समस्त कार्य-कलापों में व्याप्त संगीत की प्रतीक कृष्ण की बाँसुरी की माधुरी का उल्लेख करते हुए मीरां कहती हैं :

"मुरळिया बाजाँ जमणा तीर
मुरळी म्हारो मण हर ळीन्हो चित धरां णा धीर
श्याम कण्हैया स्याम कमर्यां स्याम जणम रो नीर

धुण मुरळी शुण शुध बुध बिशरां जर जर म्हारा सरीर
मीरां के प्रभु गिरधर नागर बेग हर्‌या म्हा पीर।"[37]

वंशी का प्रभाव मन को हर लेता है और उसके उपरान्त प्रेयसी की कैसी व्यग्र अवस्था हो जाती है इस भाव को मीरां ने तीव्र भावोद्रेक के साथ उतारा है। यह पद अपनी गीतात्मकता में उच्च कोटि का बन पड़ा है।

मीरां ने मुरली का अध्यात्मपरक अर्थ नहीं ग्रहण किया। मुरली के प्रति वे पूर्ण सहृदय रही हैं। मुरली को उन्होंने सौतिन, मानवती पत्नी और तन जारनेवाली तपस्विनी के रूप में नहीं देखा। 'वह' उन्हीं कृष्ण की है जो मीरां के प्रियतम हैं, इसीलिए वह मीरां को भी प्रिय है। उनकी आत्मीया है।

अस्तु कृष्ण का सौन्दर्य मीरां की चेतना का उज्ज्वल वरदान है। अनन्त अभिलाषाओं के स्वप्नों का साकार रूप है। कृष्ण के सौन्दर्य में वे अपने जीवन का चरमोत्कर्ष अनुभव करती हैं। यही उनके जीवन की सार्थकता है। मीरां में सौन्दर्य दृष्टि स्वभावज और सहज है। उनके प्रेम का मूल कारक भी यही सौन्दर्य है।

मीरां के गीतों में श्रीकृष्ण के सौन्दर्य वर्णन के सम्बन्ध में डॉ. प्रभात का मत है :

"सुन्दर बदन कमल दल लोचन...और नयनों में समा जानेवाली वारिज भँवर मतवारी अलकें—ये सब उस मनमोहन की भुवन मूर्ति के अनन्त आकर्षण हैं। मीरां उस रूप के नख-शिख में नहीं उलझीं। कलात्मक रूप वर्णन उनका उद्‌देश्य भी नहीं था। अतएव कमल, कदली, सिंह, शंख, शुक आदि उन्हें दिखाई नहीं पड़े। उन्होंने देखा मनमोहन रूप, आकर्षक चितवन और उसके साथ असाधारण मंजुल लीला का परम प्रकाम्य रस।"[38]

डॉ. सावित्री सिन्हा मीरां के रूप वर्णन की प्रशंसा में कहती हैं :—

"यह कृष्ण का चिर कल्पित रूप है, जिसके सौन्दर्य की चेष्टा में बड़े-बड़े कवियों ने अलंकारों की राशि खड़ी कर दी है, पर मीरां के श्याम की सजीवता अनुपम है।"[39]

विष्णु रूप : देवत्वमय सगुण तत्त्व, जो श्रीकृष्ण को अवतारी सिद्ध करता है

मीरां के गीतों में श्रीकृष्ण का एक सगुण तत्त्वमय रूप भी मिलता है जिसका अवतरण ही इसलिए हुआ है कि वह अपने भक्तों का उद्‌धार और पापियों का संहार करे।

इस रूप वर्णन में विष्णुत्व की प्रतिष्ठा स्वयमेव हो गई है। मीरां के इन गीतों में श्रीकृष्ण अनेक भवभयहारी कार्य करते दिखाई देते हैं। एक पद में मीरां अपने आराध्य प्रियतम के इन्हीं महान कार्यों की महिमा का गान गाती दिखती हैं :

"पिया थारे णाम रूप ळुमाणी जी।
णाम ळेतां तिरतां सुण्या जग, पाहण पाणी जी।

कीरत काई णा कियां घणां करम कुमाणी जी।
गणकां कीर पढ़ावतां बैकुंठ बसाणी जी।
अरध णाम कुंजर लयां दुःख अवध घटाणी जी
गरुड़ छाड़ पग धाइयां पसु जूण पटाणी जी
अजा मेळ अध ऊधरे जम त्रास णसाणी जी
पूतणाम जश गाइयां जग सारा जाणी जी
सरणागत थे वर दियां परतीत पिछाणी जी
मीरां दासी रावली अपणी कर जाणी जी''[40]

एक अन्य गीत में मीरां अपने आराध्य के गुणों का वर्णन बड़े करुणापूर्ण भाव विह्वल स्वर में करती हैं कि अपने आर्त भक्तों की कातर पुकार सुनकर भगवान श्रीकृष्ण अत्यन्त व्यग्र हो उठते हैं और अपने भक्तजन की सहायतार्थ शीघ्र आ पहुँचते हैं। जिनके नामोच्चारण मात्र से अधमाधम, पतितों में पतित प्राणी भी सहज ही मोक्ष का पद प्राप्त कर लेते हैं। जिन्होंने द्रौपदी की लाज बचाकर अपने चरणों से दुःशासन का मद कुचल कर रख दिया, ध्रुव की प्रतिज्ञा को सिद्ध कर दिखाया और भक्त प्रहलाद के राक्षस पितृत्व का उदर विदारण कर प्रह्लाद को अपनी अचल भक्ति दी, जिन्होंने ऋषि पत्नी अहिल्या को शाप मुक्ति दी, जिन्होंने विप्र बन्धु बाल्यसखा सुदामा की विपत्ति का नाश कर उसे भ्रातृवत अपनाया, ऐसे प्रभु के चरणों में मीरां बारम्बार स्वयं को स्थान प्रदान करने हेतु प्रार्थना करती हैं :

''म्हा सुण्या हरि अधम उधारण
अधम उधारण भव भय तारण
गज बूड़तां अरज सुण धांयां भगतां कष्ट निवारण
द्रुपद सुता णो चीर बढ़ायां दुःसासन मद मारण
पह्लाद परतग्यां राख्यां हरणाकुस णो उदर विदारण
मीरां रे प्रभु अरजी म्हारी अब अबेर कुण कारण''[41]

श्रीकृष्ण के विराट रूप में उनकी पूर्ण आस्था है। मीरां के आराध्य ये ही सगुण रूप मूर्त भगवान हैं। ये गोपाल अनन्त शक्ति सम्पन्न हैं। ये अवतारी पुरुष हैं। कृष्ण के इस गरिमामय रूप के प्रति मीरां के गीतों में माधुर्य भावना के स्थान पर आस्था, विनय, याचना के स्वर उभरते हैं।

पुराणों एवं वैदिक साहित्य में उल्लिखित कृष्ण के रूपों (यथा विष्णु, सौर देवता, सूर्य के अन्यतम प्रकार हैं) का वर्णन मीरां के काव्य में नहीं है।

मीरां के कृष्ण तो ब्रज में गोपियों के अपराजेय प्राणनाथ हैं जिन्होंने शंख, चक्र, गदा, पद्म धारण कर रखा है। जो सन्तोष के रक्षक हैं गोवर्धन पर्वत को अपने कर कमलों पर साधकर समूचे ब्रज को डूबने से बचाया।

"जणम लयां मधुरा नगरी मां, व्रिदांवण पग धारो
× × ×
मोर मुगट मकराकृत कुंडल करमा मुरली धारो
जळ बूडंतां राख्यां ब्रजवासी, छागण गिरवर धारो।" [42]

मीरां स्वयं नहीं जानतीं कि उनके प्रिय, उनके आराध्य ने जाने कितने भक्तों, सन्तों और पतितों को अपनी कृपा का पात्र बनाया है, कितने भक्तों को उनकी मनोवांछनानुकूल भाव सन्तुष्टि प्रदान की है। भगवान कृष्ण की उदारता, करुणा एवं अपराजित शक्तिमत्ता के चित्र मीरां के गीतों में बड़ी संख्या में मिलते हैं।

'गिरधारी शरणां धारी, आयां राख्यां किरपानिधाण
अजामेळ अपराधी तार्‌यां तार्‌यां नीव सदाण
डूबतां गजरात राख्यां, गणकां चढ्यां विमाण
ओर अधम बहुतां थे तार्‌यां, भाख्यां सणत सुजाण
मीळण कुबजां तार्‌यां गिरधर जाण्या शकल जहाण
बिरद बखाणां गणतां णा जाणां थाकां बेंद पुराण।
मीरां प्रभु री सरण रावली बिणतां दीश्यो काण' [43]

इस प्रकार के विवरणों से सम्बन्धित सभी गीत श्रीकृष्ण के विष्णु रूप तथा उनकी अपराजित शक्तिमत्ता और निरंकारी अपरिमित उदार व्यक्तित्व को दर्शाने वाले हैं।

हरि अविनाशी अगम रूप (निर्गुण निराकार सम्बन्धी गीत)

"मीरां के भगवान में मूर्त तथा अमूर्त का अद्‌भुत सम्मिलन है।" [44]

मीरां के गीतिकाव्य की अन्तःचेतना में जहाँ सगुण रूप कृष्ण के प्रति अनन्य अनुरक्ति की धारा आद्‌यन्त परिव्याप्त है वहीं मीरां ने अपने आराध्य के लिए निर्गुण ब्रह्म वाची उपाधियों का भी प्रयोग किया है।

सगुण रूप में जहाँ ईश्वर का निर्गुण रूप अन्तर्निहित रहता है वहीं निर्गुण में सगुण रूप की अवस्थिति नहीं रहती। परिणामतः सगुणोपासना का क्षेत्र अत्यन्त व्यापक एवं विस्तृत है। 'मीरां सगुणोपासिका थीं। यही कारण है कि जहाँ-जहाँ सगुणोपासिका मीरां ने निराकार का चित्रण किया है वहाँ वे अपने ईश्वर के साकार स्वरूप का स्मरण भी दिला देती हैं। वे कहती हैं :

"भज मण चरण कंवल अविनाशी" [45]

यहाँ मीरां ने अपने अनश्वर आराध्य को अविनाशी ब्रह्म कहकर उसके चरण कमलों में अनुरक्ति प्रकट की है। निर्गुण अविनाशी के चरण कमलों की कल्पना कर

निर्गुण ब्रह्म के साथ सगुण परमात्मा की प्रतिष्ठा भी कर देती हैं। मीरां के हरि के चरण 'सुभग' 'शीतल' कोमल और 'जगत ज्वाला हरण' हैं। यही नहीं, अपनी विराटता में वे कल्पनातीत हैं। समग्र ब्रह्मांड उन पर न्यौछावर है। परन्तु इन चित्रों के साथ ही मीरां अपने अविनाशी प्रियतम की साकार प्रतिमा भी उपस्थित कर देती हैं यह कहकर :

"इण चरण कालि णाग नाथ्यो गोपळीळा करण"[46]

मीरां के आराध्य अगम देश के वासी हैं जहाँ काल का प्रवेश वर्ज्य है :

"चाळां अगम वा देस, काळ देख्या डरां
भरां प्रेमरां होज हंस केल्यां करा"[47]

सन्तों की निर्गुण प्रेमलीला से सादृश्य रखनेवाले कुछ गीत भी मीरां से मिलते हैं पर वे सामान्य प्रभाव के द्योतक हैं। सगुणोपासिका मीरां की निर्गुण भावना उनकी सगुणभाव चेतना में डूबकर एक सरस भावानुभूति में परिवर्तित हो जाती है। यह सरस भावानुभूति उनके इस प्रकार के गीतों के लिए एक विशिष्ट गरिमा का निर्माण करती है। मीरां के समग्र गीतिकाव्य में निर्गुण निराकार की उपासना द्योतक गीतों की संख्या अत्यल्प है।

जोगिया सम्बन्धी गीत

हिन्दी में कुछ विद्वानों ने मीरां को जोगी सम्प्रदाय या जोगी विशेष से जोड़ने की चेष्टा की है। इनमें डॉ. हीरालाल माहेश्वरी, डॉ. सावित्री सिन्हा, डॉ. श्रीकृष्णलाल, डॉ. पद्मावती शबनम, प्रो. मुरलीधर श्रीवास्तव प्रमुख हैं। मीरां के जोगिया के सम्बन्ध में ऐसी धारणा के पीछे एक प्रमुख कारण इस शब्द का ठीक मर्मज्ञान न होना है। वस्तुतः मीरां जब किसी योगी या जोगिया को सम्बोधित करती हैं तो वह सम्बोधन उनके नटवर, गिरधर गोपाल के प्रति ही किया जाता है। इनके गीतों में प्रयुक्त यह शब्द नाथ पन्थ या नाथपन्थानुगामी के लिए अर्थपूर्ण न होते हुए प्रियतम कृष्ण का अर्थव्यंजक है।

जैसे—"जोगीड़ा णे लाख बधायां रे आश्यां म्हारो स्याम"[48]

राजस्थानी प्रेमाख्यान परम्परा में नायक या प्रियतम के लिए सर्वमान्य रूप से जोगिया, ओलगिया आदि अनेक प्रकारों के सम्बोधन मिलते हैं। स्पष्ट है कि जोगी या जोगिया शब्द का प्रयोग मीरां ने अभिध्यार्थ में प्रयुक्त करने की अपेक्षा लक्ष्यार्थ में किया है।

मीरां के कहे जानेवाले कुछ पदों में जोगिया सम्प्रदाय एवं नाथ पन्थ की विशिष्ट साधना एवं उनके आचार-विचार का बड़ा विस्तृत वर्णन मिलता है। कुछ पदों में मीरां के प्रियतम योगी का चित्रण मिलता है जिसकी वेशभूषा जोगियों के ही समान है—उदाहरणार्थ एक पद प्रस्तुत है :

"अंग भभूत गले मृग छाला तू जनगुढ़िया खोल
सदन सरोज बदन की शोभा, ऊ भी जोऊँ कपोल
सेलीनाद बभूत णा बटवो अजूं मुनि मुख खोल
चढ़ती वैस नैण अनियारे तू घरि घरि मत डोल।"[49]

यह जोगी किशोरवय का है, सहज यौवन का आकर्षण उसके रूप की अन्यतम विशिष्टता है। साथ ही रक्तिम वर्णी नेत्रों की शोभा भी अप्रतिम है। शरीर के अंगों में भभूति रमाए हुए है। एक मात्र मृगछाला शरीर का आवरण है। सेली, नाद, वाद्यों को धारण करने वाले एक पूर्ण जोगी का वर्णन उपर्युक्त पद में किया गया है। एक अन्य मीरां छाप वाले पद में योगी के वेश का चित्रण है :

"म्हारे घर रमतो ही आइ रे तू जोगिया
कान बिच कुंडल, गले बिच सेली, अंग भभूत रमाई री
तुम देख्यां बिन कल ना परत है, गृह अंगणो ना सुहाई री
मीरां रे प्रभु हरि अविनासी, दरसण दा मोई आइ रे।"[50]

इस योगी पुरुष की वेशभूषा से मीरां का राजरानी मन बिल्कुल भी विरक्ति अनुभव नहीं करता, अपितु उसके दर्शन किए बिना उन्हें चैन नहीं पड़ता। मीरां के लिए सारा संसार उसके अभाव में व्यर्थ जान पड़ता है।

"वा मूरति मेरे मन बसो रे जोगी
छिन भर रह्यो न जाई।"[51]

अपने योगी प्रियतम के लिए मीरां संन्यास तक ले चुकी थीं। किन्तु वह विश्वास को क्षण-भर में तोड़कर परदेस चला जाता है। तब मीरां की व्यथा का पारावार नहीं रहता।

"कबहूँ मिलोगे मोहि माई रे तू जोगियाँ
तेरे ही कारण जोग लिया है, घर घर अलख जगाई रे।
दिवस न भूख रैण नहिं निंदिया, तुम बिनु कछु ना सोहाई
मीरां के प्रभु गिरधर नागर, मिलकर तपन बुझाई।"[52]

जोगी प्रियतम की निष्ठुरता मीरां को यह कहने पर बाध्य कर देती है :

"जोगिया री प्रीतड़ी है दुखड़ा री मूल
हिलमिल बात बनावत मीठी, पीछे जावत भूल।"[53]

मीरां उस निर्मोही की प्रीति को पहचान गई हैं। पहले अमृत का प्याला पिलाकर विष का प्याला पिलानेवाला योगी 'गरज का मीत' ही तो था। परन्तु मीरां का प्रेम इतने पर भी बड़ा दृढ़ है। उसके पीछे वे स्वयं जोगिन होने की आकांक्षा रखती हैं। इसी

मनोभावना को व्यक्त करनेवाला मीरां के नाम से प्रचलित एक पद ऐसा ही है :

वे यह भी कहती हैं :

"तेरे कारण जोगण हूँगी करवट लूँगी कासी"

इसी प्रकार निम्न पद में मीरां का योगिनी वेश-भूषा का कल्पित चित्र प्रस्तुत किया गया है। माला, खप्पर, मेखला, मुँदरी आदि उपकरणों से सज्जित मीरां का 'योगिनी' वेश नाथ पन्थी योगिनी सदृश् ही है :

"करि किरपा प्रतिपाल मो परि राखो अपणे देस
माला मुँदरी मेखलारे वाला खप्पर लूँगी हाथ
जोगणि हुई जुग ढूँढ़ कूँ रे, म्हारा रावलियारी साथ।" [54]

मीरां के इन पदों के अध्ययन के उपरान्त डॉ. सावित्री सिन्हा द्वारा व्यक्त प्रतिक्रिया मीरां के नैसर्गिक व्यक्तित्व के साथ लौकिक भावना का सम्बन्ध स्थापित करके मीरां के प्रति हमारी निष्ठा एवं विश्वास भावना पर गहरा आघात करती है। वे लिखती हैं :

"योगी के प्रति लिखे गए उनके पदों में उनकी चिर परिचित माधुर्य भावना तथा आराध्य का मधुर रूप सर्वत्र नहीं मिलता। पदों के लौकिक संकेत जिज्ञासा को शान्त करने में असमर्थ रहते हैं। वह योगी जिसने आकर उनके नगर में वास किया है, जिसने हिलमिल कर मीठी बातें बनाई तथा परदेश में जाकर उन्हें भूल गया है, जिसकी प्रीति उनके लिए दुःख का मूल बन गई है।

"जोगियारी प्रीतड़ो दुखड़ा रो मूल
हिल मिल बात बनावत मीठी, पीछे जावत भूल"

वह जोगी आध्यात्मिक जगत का आदर्श पुरुष है, सहसा विश्वास नहीं किया जा सकता। [55]

डॉ. पद्मावती शबनम ने अपने शोध ग्रन्थ में मीरां के जोगी को इसी जगत का प्राणी मानते हुए जोगी विशेष के प्रति गहरे व्यक्तिगत दाम्पत्य सम्बन्ध को व्यक्त करने वाले अन्तःस्रोत की कल्पना की है। [56]

मीरां के ऊपर नाथ सम्प्रदाय का प्रभाव घोषित करनेवालों में डॉ. श्रीकृष्णलाल का विचार है कि मीरां के आविर्भाव काल में राजस्थान में नाथ पन्थ का अत्यधिक प्रभाव प्रसार था। मीरां के इन जोगिया तथा जोगी सम्बन्धी पदों की पृष्ठभूमि में नाथ पन्थ का तीव्र प्रभाव परिलक्षित होता है। परन्तु मीरां के सम्बन्ध में ऐसी धारणाओं का निराकरण मीरां की इस पंक्ति से हो जाता है। जब वे कहती हैं :

"म्हाराँ रो गिरधर गोपाल दूसरा णा कूयाँ।"[57]

मीरां काव्य में जोगियाँ या नाथ पन्थी विचारधारा का कोई भी पद नहीं है। जिन पदों में उक्त विचारधारा का प्रभाव लक्षित होता है वे सारे प्रकीर्ण पद हैं। डॉ. प्रभात जैसे विद्वान इन्हें प्रणामी सम्प्रदाय की मीरांबाई तथा अन्य सन्तों की रचनाएँ मानते हैं।

वास्तविकता भी यही है। मीरां की प्रामाणिक पदावली में उनके आराध्य का सगुण स्वरूप मिलता है और यह स्वरूप योगियों की साधना पद्धति के बिल्कुल प्रतिकूल है। मीरां के रचनाकाल में उत्तर के कृष्णोपासक भक्त कवियों में नाथ सम्प्रदाय का प्रभाव किंचित् मात्र भी नहीं था अतएव मीरां पर उसके प्रभाव की कल्पना भी निराधार है। यदि मीरां नाथ सम्प्रदाय या अन्य किसी जोगी से सम्बन्धित या प्रभावित होतीं तो अन्य वैष्णव सम्प्रदाय इस सम्बन्ध में मौन नहीं साधते।

मीरां-सी भक्त आत्मा के निश्छल, पारलौकिक दिव्य प्रेम और चरित्र पर, प्रचलित मीरां छाप युक्त जोगियाँ सम्बन्धी ये समस्त पद कालिमा का आवरण चढ़ाते हैं, जो सर्वथा अनुचित है।

मीरां के पदों की गेयता, लोक प्रसिद्धि एवं लोकप्रियता का लाभ उठाने के लिए विभिन्न सम्प्रदायों के अनुयायियों ने अपने सम्प्रदाय के अनुसार पद रचना कर उसे मीरां छाप से अंकित कर दिया है।

मीरां की मूल प्रामाणिक पदावली में एक-दो गीतों के अतिरिक्त कहीं भी जोगी सम्बन्धी उल्लेख नहीं मिलता। यहाँ भी मीरां ने जोगी सम्बोधन प्रियतम श्रीकृष्ण के लिए दिया है। अतएव शेष समस्त जोगी या जोगिया सम्बन्धी पद मीरांबाई की गीतिरचना नहीं।

लीला वर्णन सम्बन्धी गीत

मीरां के गीतिकाव्य में श्रीकृष्ण का लीलापुरुष के रूप में अवतरण विशेष रसात्मकता का व्यंजक है। कृष्ण चरित्र का यही वह मधुर पक्ष है जो मीरां के अन्तस में बाल्यकाल से ही अंकित हो गया था। मीरां ने कृष्णलीला सम्बन्धी गीतों की सृष्टि अत्यल्प मात्रा में की है। इसके पीछे उनकी अन्तर्मुखी प्रवृत्ति ही मुख्य थी। माधुर्य भावना के रंग में रँगी मीरां को अपने प्रियतम के अन्य क्रियाकलापों का अथवा लीलाओं का वर्णन विस्तार के साथ करने का ध्यान ही न था।

मीरां के कृष्ण अवतारी पुरुष हैं। भक्तों के भय को दूर करनेवाले हैं। काली नाग को नाथ कर वे समग्र ब्रज के त्रास को दूर करते हैं :

"कमळ दळ ळोचणां थे णाथ्यां काळ भुजंग
काळिन्दी दह णाग णथ्यां काळ फण फणनिरत करतं
कूँदा जळ अन्तरणां डरयां थे एक बाहु अणरवत
मीरां रे प्रभु गिरधर नागर ब्रज बणतां रो कंत।"[59]

मीरां के ये लीला पुरुषोत्तम किशोर वयस के हैं। जमुना के किनारे मधुर वंशी वादन करते गाते हुए, बलवीर के साथ विभिन्न क्रीड़ाएँ करते हैं।

"बंसी बजावां गावां कान्हां संग लियां बळवीर
मोर मुगट पीताम्बर सोहां कुंडळ झळक्यां हीर
मीरां रे प्रभु गिरधर नागर क्रीडयां संग बलवीर।"[60]

मीरां ने एक अन्य गीत में भी गौचारण, वंशी वादन का उल्लेख किया है : जमुना के किनारे-किनारे लीलाधारी कृष्ण गौओं को चराते फिरते हैं और बड़े ही मीठे स्वरों में वेणुवादन करते हैं :

"जमणा किणारे कान्हां धेणु चरावां
बंसी बजावां मीट्ठा बाणी।"[61]

इन गीतों में कल्पनात्मकता तथा वातावरण चित्रण विशेष रूप से दर्शनीय है।

मीरां के नाम पर प्रचलित अनेक अप्रामाणिक गीतों की ही भाँति लीला विषयक गीतों की सृष्टि भी हो गई है। उदाहरणार्थ, बाल लीला का एक वर्णन देखिए :

"आज अनारी ले गयो सारी, बैठ कदम की डारी, हे माय
मारे गेल पड्यो गिरधारी हे माय, आज अनारी हे माय
मैं जल जमुना मां भरन गई थी, आ गेयो कृष्ण मुरारी हे माय
ले गया सारी अनारी म्हारी जल में, अभी उघारी हे माय
सखी सयानी मीराँ हँसत है, हँसि हँसि दे मोहितारी हे माय।"[62]

श्रीकृष्ण का यहाँ रसिक रूप ही उजागर हुआ है। मीरां के कृष्ण पनघट पर पानी भरने जा रही गोपिकाओं की राह में आ खड़े होते हैं और उन्हें विभिन्न प्रकार की कौतुक क्रीड़ाओं से छेड़ते हैं, खिझाते हैं। मीरां कृत कहा जानेवाला यह पद भी प्रक्षिप्त है :

"छोड़ो लंगर मोरी बहियाँ गहो ना
मैं तो नार पराए घर की, मोरे भरोसे गुपाल रहो ना
जो तुम बहियाँ मेरी गहत हो, नयन जोर मोरे प्राण हरो ना।
वृन्दावन की कुंज गलिन से रीत छोड़ अनरीत करो ना"[63]

भाषा की दृष्टि से भी पद मीरां की रचना होने में सन्देह उत्पन्न करते हैं। मीरां की भाषा प्राचीन पश्चिमी राजस्थानी थी और इन पदों की भाषा में ब्रज तथा खड़ी बोली का प्रभाव स्पष्ट है।

वस्तुतः श्रीकृष्ण की लीलाओं का वर्णन करना मीरां का मुख्य अभिप्रेत नहीं था। इसकी अपेक्षा रूप-वर्णन सम्बन्धी गीत मीरां में अधिक हैं। इस सम्बन्ध में डॉ. सावित्री सिन्हा का मत उल्लेखनीय है :

"कृष्ण के लीलारूप के अंकन इतने कम हैं कि प्रभाव मात्र ज्ञात होते हैं, जो मीरां की सर्वग्राह्य प्रवृत्ति के परिचायक हैं।"[64]

श्रीकृष्ण के लीला वर्णन सम्बन्धी चित्रों की अधिकता न होने से मीरां के गीतों की गीतात्मकता में अभिवृद्धि ही हुई है।

मीरां के आराध्य सम्बन्धी गीतों के सम्बन्ध में समग्रतः यही कहा जा सकता है कि उन्होंने विभिन्न सम्प्रदायों के प्रभाव से स्वयं को यथाशक्ति पृथक रखकर स्वतन्त्र रूप से कृष्ण के सौन्दर्य और उनकी क्रीड़ाओं को परखा है एवं तदनुरूप उनके आराध्य में निर्गुण ब्रह्म की शक्ति का तेज है और वे ही सुन्दर मनोहारी, युवा कृष्ण उनकी कल्पना के पूर्ण पुरुष भी हैं।

मीरां ने तर्क और ज्ञान के आधार पर अपने आराध्य का चित्रांकन नहीं किया। उनके आराध्य उनके पूर्वजन्म के साथी हैं। वे ही बाल्यकाल की स्मृति के साथ अवतरित हुए हैं, और बढ़ती वय के साथ ही सौन्दर्य, रूप एवं गुणों की सम्मिलित प्रतिभा दिखलाई देते हैं। मीरां में माधुर्य भावना की प्रधानता है अतः श्रीकृष्ण के प्रति दर्शाई आसक्ति को लौकिक दृष्टिकोण से देखना उचित नहीं।

उक्त विवरण से स्पष्ट होता है कि मीरां के गिरधर नागर मोर मुकुट मकराकृत कुंडल, पीताम्बर तथा बैजन्ती माल धारण करने वाले ब्रज-बनिताओं के कन्त नन्दनन्दन श्रीकृष्ण हैं। वे बलराम के साथ यमुना के तट पर विभिन्न क्रीड़ाएँ करते हैं। वे ही मीरां को अचल सुहाग प्रदान करने स्वप्न में आए थे। वे गोवर्धनधारी, द्रौपदी की लाज के रक्षक, अधमोद्धारक और भव भय तारण हैं। इन्हीं कृष्ण का अनुपम सौन्दर्य मीरां की कल्पनाओं का मूलाधार है। बुद्धि नहीं, हृदयजनित भावों का अपार सागर मीरां के अन्तस में उमड़कर अपने आराध्य के चरणों में समर्पित है।

(ग) भक्ति भावना सम्बन्धित गीत

मीरां की भक्ति पद्धति एवं भक्ति गीत

आरम्भ काल से मानव की सर्वोपरि अभिलाषा दुःखों से चिर-निवृत्ति और अनन्त आनन्द के उपयोग की रही है। उपनिषदों के अनुसार यह कामना मानव को दो भागों की ओर प्रवृत करती हैं :

1. संसार की भौतिक रमणीयता का मार्ग अर्थात् प्रेममार्ग
2. परम कल्याण के साधन का मार्ग अर्थात् श्रेयोमार्ग।

मीरां ने परम कल्याण के साधन मार्ग को ही अपनाया। अलौकिक प्रणयोपलब्धि की सरस साधिका मीरां ने ज्ञान, कर्म और भक्ति में भक्तियोग को अपनाया। साथ

ही भक्ति योग के बाह्याडम्बरों से वे परम विमुख रहकर भक्ति के प्राण तत्त्व प्रणय के साथ तदनुरूप हो गईं। अतएव मीरां के भक्ति भावना सम्बन्धी गीतों के अध्ययन में उनकी भक्ति को समझ लेना परमावश्यक है।

भक्ति का अर्थ

भक्ति शब्द के विभिन्न अर्थ प्रचलित हैं। परन्तु व्युत्पत्ति के आधार पर भक्ति का अर्थ है, भगवान की सेवा करना। भक्ति की जो परिभाषाएँ सर्वमान्य हुई हैं उनमें शांडिल्य प्रमुख हैं :

"सा परानुर्राक्तरीश्वरे" [65]

अर्थात् ईश्वर में परम अनुरक्ति ही भक्ति है। उन्होंने भक्ति की एक अन्य परिभाषा भी दी है :

"अविच्छिन्न रूप से शुद्ध आत्मस्वरूप में रत रहना ही आत्मरति है," कहकर शांडिल्य ने निर्गुण निराकार की उपासना का दृष्टिकोण उपस्थित किया है।

इस प्रकार शांडिल्य ने भक्ति की परिभाषा में भगवान की सगुण और निर्गुण दोनों ही प्रकार की उपासना पद्धतियों को स्थान दिया है।

'नारद रचित भक्ति सूत्र' में कहा गया है :

"भगवान की कथा आदि में अनुराग होना ही भक्ति है। अपने समस्त आचरणों, व्यवहारों को ईश्वर के प्रति अर्पित करना और प्रभु के विस्मरण में व्याकुलता का अनुभव ही भक्ति है। जैसे ब्रज गोपिकाओं की भक्ति।"[66]

नारद पाँचरात्र में कहा गया है :–

"सर्वोपाधि विनिर्मुक्तं तत्परत्वेन निर्मलम्
हृषी, हृषीकेश सेवनं भक्तिरवच्यते।" [67]

अर्थात्

समस्त उपाधियों से विमुक्त होकर तत्परता के साथ निर्मलता पूर्वक हृषीकेश भगवान की सेवा को ही भक्ति माना गया है। भक्ति सिद्धान्त के प्रतिपादक ग्रन्थों में भागवत का विशेष महत्त्वपूर्ण स्थान है। उसमें कहा गया है :

"वेद विहित कर्मों में लगे हुए जनों की ईश्वर के प्रति अनन्य भावमयी, स्वाभाविकी सात्विक प्रवृत्ति का नाम भक्ति है जो अन्तरयामी के गुण श्रवणों से उपजती है तथा निरन्तर बनी रहती है। मध्यकालीन भक्ति आन्दोलन का नेतृत्व करनेवाले आचार्यों ने भी इन्हीं व्याख्याओं को स्वीकार किया है।

'श्री वैष्णवमताब्जभास्कर' में कहा गया है :

"सा तैल धारा सम नित्यसंस्मृति सन्नान रूपेशि परानुरक्तिः।
भक्तिर्विवेकादिक सप्तजन्या तथा यमाद्यष्ट सुबोध कांड्गा।" [68]

अर्थात्

"विवेकादि सप्त साधनों से जिसकी उत्पत्ति है, जिसके आठ अंग यम नियमादि हैं एवं जो तैलधारावत निरन्तर संस्मृति से उत्पन्न होती है, ऐसी अनुरक्ति का नाम ही पराभक्ति है।"

महाप्रभु वल्लभाचार्य ने भक्ति की व्याख्या करते हुए कहा है :

"माहात्म्यज्ञान पूर्वस्तु सुदृढ़ सर्वतोधिकः
सेहोभक्तिरिंति प्रोक्तस्तया भुक्तिर्नचान्यथा" [69]

तात्पर्य यह है कि :

"भगवान माहात्म्य में ज्ञानयुक्त सुदृढ़ सर्वाधिक सतत स्नेह ही भक्ति है। मुक्ति का इसके अतिरिक्त अन्य कोई उपाय नहीं है।"

उपर्युक्त परिभाषाओं से भक्ति के सम्बन्ध में चार बातें विशेष उल्लेखनीय हैं :

1. भक्ति का सम्बन्ध भावना से है।
2. इस भावना का केन्द्र बिन्दु और अन्तिम लक्ष्य वही चिरन्तन आनन्द तत्त्व ब्रह्म या भगवान है।
3. भक्ति को ज्ञान का समर्थन भी प्राप्त है।
4. आराध्य के प्रति एक निष्ठा एवं अनन्यता भक्ति में अनिवार्य है।

मीरां की भक्ति भावना

मीरां की भक्ति प्रेम रसमार्गी थी। नाभादास का मीरां के प्रति कथन है :

"मीरां ने प्रेम भाव की भक्ति की थी। उनका प्रेम यथा ब्रजगोपिका नाम था और उनके प्रेम का आलम्बन रसिक शिरोमणि श्रीकृष्ण थे।"[70]

मीरां के बाल्यकाल के संस्कारों, आध्यात्मिक विचारों एवं भावनाओं का प्रस्फुटन माधुर्य भाव की भक्ति में हुआ। सन्त सम्प्रदाय के विचारक सन्त राघौदास ने भी कहा है कि मीरां ने गिरधर का भजन पति के रूप में किया है।"[71]

मीरां एवं कृष्ण के मध्य जो भावनात्मक सम्बन्ध था वही मीरां की प्रेमाभक्ति थी जिसे भक्तों एवं सन्तों ने स्पृहणीय और सर्वोत्तम माना है। मीरां के गीतों में यही प्रेमाभक्ति लक्षित होती है :

(1) "प्रेमभगति रो पैण, म्हारो और णा जाणोरीत"[72]
(2) "या छव देख्यां मोह्यां मीरां, मोहन गिरवरधारी री"[73]
(3) "मीरां सिरी गिरधर नट नागर, भगति रसीली जांची री"[74]
(4) "णां छांका रस रूप माधुरां छोण थक्यां डगरीरी"।[75]

प्रेम रूपा भक्ति के आवरण में संयोग एवं वियोग की नानाविध दशाएँ मीरां ने चित्रित की हैं। प्रणय भाव सम्पदा पर ही उन्होंने अपने गीतिकाव्य का आधार भवन खड़ा किया है। नितान्त एकाकिनी मीरां साधना मार्ग में प्रवृत्त हो सकीं, उनका यह साहस प्रेममूला भक्ति में छिपा है।

मीरां की प्रेमाभक्ति में कहीं-कहीं वैराग्यमूलक दास्य भावना का समावेश भी हुआ है। सम्भवतः पारिवारिक, सामाजिक क्लेशों प्रतारणाओं और निन्दा आदि बाधाओं के सम्मुख आने पर मीरां का अन्तस जब स्वयं को आश्रयहीन अनुभव करता होगा तब उन्हीं क्षणों में प्रभु की समर्थता, भक्तवत्सलता के समक्ष दया याचना करने की ओर वे प्रवृत्त हुई होंगी।

नारद भक्ति-सूत्र में भक्ति को द्विधा कहा गया है :

1. प्रेमरूपा और

2. गौणी

कर्म, ज्ञान एवं योग से भी श्रेष्ठ 'प्रेमरूपा भक्ति' को मान्यता मिली है। मीरां के गीतों में सर्वत्र प्रेमरूपा भक्ति का ही मूल स्वर बिखरा हुआ है। इस भक्ति में डूबकर मीरां पूर्णतया गिरधरमय हो गई थीं। सांसारिक राग, विषयों को विष सदृश् ही त्याग दिया था। मीरां की यही प्रेमरूपाभक्ति निम्न पंक्तियों से गोचर होती है :

"भयाँ बावरा सुध बुध भूलाँ, पीव जाण्या म्हारी बात"[76]

"इमरित पाई विषा क्यूँ दीजै"[77]

"प्यालो इमरित छाड्यां रे कुण पीवां कडवां नीर पांरी"[78]

इस भक्ति को प्राप्त करके भक्त समस्त सांसारिक बन्धनों से मुक्त हो जाता है। वह सिद्ध, अजर और तृप्त हो जाता है।[79]

मीरां के गीतों से भी यही ध्वनित होता है कि वे इस प्रेमरूपा भक्ति का प्रसाद पाकर सांसारिक बन्धनों से पूर्णतया मुक्ति पा चुकी थीं और सिवाय गिरधर के उनकी सारी आकांक्षाएँ समाप्त हो चुकी थीं।

गौणी भक्ति

मीरां के गीतों में गौणी भक्ति के उदाहरण बहुत कम मिलते हैं। गौणी भक्ति के गुणभेद के आधार पर (1) तामसी, (2) राजसी एवं (3) सात्विकी—भेद किए गए हैं। उनमें से केवल सात्विकी गौणी भक्ति मीरां में है। मीरां की एकमात्र कामना यही है :

"मीरां रे प्रभु कब रे मिलोगां, थे विण रह्या णा जाये।"[80]

सात्विकी भक्ति के अन्तर्गत मीरां ने अपने समस्त कर्म-फलों को भगवान के श्री चरणों में समर्पित कर दिया था। भवसागर से उद्धार की चिन्ता, लोक लाज भय सब

कुछ अपने गिरधारी के प्रति समर्पित कर स्वयं निश्चिन्त हो गई थीं।

राजसी एवं तामसी गौणी भक्ति की मीरां को न तो आवश्यकता ही थी, न अवकाश।

गौणी भक्ति के आर्त विभेद के अन्तर्गत तीन भेद और भी किए गए हैं :

(1) अर्थार्थी, (2) जिज्ञासु, (3) आर्त।"[81]

इनमें से मीरां में केवल आर्त भक्ति के उदाहरण मिलते हैं। साधन भेद की दृष्टि से भक्ति के दो भेद किए जाते हैं :

(1) अपरा और

(2) परा

मीरां की भक्ति 'परा भक्ति' के अन्तर्गत आती है। इस भक्ति पद्धति में लक्ष्य की प्राप्ति ही सब कुछ है। इसके विपरीत 'अपरा' भक्ति साधनों पर जोर देती है। मीरां की समस्त आकांक्षाएँ, आशाएँ और साधना का लक्ष्य प्रियतम श्रीकृष्ण की प्राप्ति है। अतः परा भक्ति ही मीरां को अभिप्रेत है।

मीरां के गीतों में संयोग, वियोग सम्बन्धी समस्त चित्रों का केन्द्र एक मात्र कृष्ण है। उन्हीं के प्रेम में, वियोग में वे व्याकुल हो उठती हैं। संयोग के क्षण उन्हें आन्तरिक उमंग से भर देते हैं। शास्त्रीय दृष्टि से परा भक्ति के 6 भेद किए गए हैं–(1) सिद्धा, (2) प्रेम लक्षणा, (3) निष्कामा, (4) दुर्लभा, (5) अनन्या, (6) निर्गुण। ये सारे भेद मीरां के गीतों में मिल जाते हैं।

सिद्धा

प्रत्येक अवस्था में भगवान का स्मरण करते रहना।

मीरां कहती हैं :

"मग जोवां दिण बीतां सजणी रैन पड़्या दुख राशी।"[82]

एक अन्य गीत में वे प्रियतम गिरधर को जन्म-जन्मों का साथी घोषित करती हैं : "जणम जणम रो शाथी थाणे नां विशर्यां दिणराती"[83]

प्रेम लक्षणा पराभक्ति

भगवान के प्रेम में मग्न होकर संयोग में आह्लाद और उनके वियोग में विकलता का अनुभव होना प्रेमलक्षणा परा भक्ति की अन्यतम विशेषता है। प्रेमलक्षणा भक्ति के उदाहरण तो मीरां के गीतों में अद्यतन बिखरे हुए हैं। यथा :

"साँवरियो रंग रांचा राणां सांवरियो रंग राचां
मीरां रे प्रभु गिरधर नागर, जणम जणम रो साँचा।"[84]

प्रियतम के वियोग में मीरां की व्याकुलता अवर्णनीय हो जाती है :

"पिया बिण सूणो म्हारां देस।
ऐसा णा कोई पीव मिळावां, तण मण वारां असेस
थारे कारण वण वण डोल्यां, ल्यां जोगण रो भेस
बीतां चुमसां मासा बीतां, पंढ़र री म्हारा केस
मीरां रे प्रभु कबरे मिलोगां, तज दूयां णगर णरेस"[85]

निष्कामा

आराध्य के अतिरिक्त अन्य कुछ की चाह न रखना निष्कामा परा भक्ति का लक्षण है। भक्त अपने भगवान के अतिरिक्त किसी भी सुख, यहाँ तक कि मोक्ष प्राप्ति के प्रति भी उदासीन रहता है।

मीरां तो निष्काम भाव से अपने प्रियतम को समर्पित थीं। वे स्पष्ट कहती हैं : "गंगा जमणा काम णा म्हारे, जावां दरयावांरी"[86]

अनन्या

एक मात्र भगवान का ही आश्रय ग्रहण करना, अनन्या परा भक्ति है। मीरां ने अनन्य भाव से गिरधर को भजा था। वे कहती हैं :

"म्हारां रो गिरधर गोपाळ दूसरां णा कूयां"[87]

अन्यत्र भी वे यही भाव व्यक्त करती हैं :

"और आसरो णां म्हारां थे विणा, तीनू लोक मंझार,
थे विणा म्हारे जग णा सुहावां निरख्यां जग संसार।"[88]

परा भक्ति के सभी भेद मीरा में मिलते हैं। ये वस्तुतः भक्ति भाव के छः पहलू हैं, जो एक-दूसरे से पूर्णतः भिन्न नहीं हैं। मीरां के गीतों में भी यही तथ्य दृष्टव्य है। एक ही गीति में कई भेद एक साथ समाहित हो गए हैं।

मीरां की भक्ति में विधि-विधानों का विरोध तो नहीं झलकता जैसा कि कबीर में है, परन्तु उनकी भक्ति विधि-विधानों की आश्रित कदापि नहीं थी। पूजा-पाठ, नर्तन-कीर्तन, भजन आदि द्वारा प्रिय को रिझाना मीरां के लिए स्वभावज था, सायुज्य प्राप्ति की कामना से नहीं।

"म्हारो मण सांवरो णाम रट्या री
सांवरो णाम जपां जग प्राणी, कोट्यां पाप कट्यांरी"[89]

पुराणानुरूप हरि के स्वरूप का ज्ञान उन्हें नहीं था। अनेक पदगीतियाँ इसका प्रमाण हैं :

"विरद बखाणी गणितां णा जाणा, थाकां वेद पुराण"[90]

अतएव मीरां 'सहजा अविहित' भक्ति पथ की पथिक थीं।

रूप गोस्वामी ने 'भक्ति, रसामृत सिन्धु' तथा 'उज्ज्वल नील मणि' में चैतन्य सम्प्रदाय की दृष्टि से भक्ति का विवेचन किया है। इस आधार पर मीरां की भक्तिभावना का परीक्षण करने पर उनकी भक्ति को 'उत्तमा' के अन्तर्गत माना जा सकता है।

उत्तमा भक्ति तीन प्रकार की है :

(1) साधन भक्ति

(2) भाव भक्ति और

(3) प्रेमाभक्ति।

साधन भक्ति

साधन भक्ति में बाह्य साधनों द्वारा भक्त ईश्वर की ओर आकृष्ट होता है। इस भक्ति में दो विभेद हैं :

(i) वैधी भक्ति और

(ii) रागानुगा भक्ति

(i) वैधी भक्ति शास्त्रोक्त है एवं 64 अंगों से युक्त हैं। मीरां काव्य में कुछ भक्ति अंग स्वयमेव आ गए हैं, जैसे साधुसंग, कृष्ण हेतु भोगादि त्याग, संगीत, संकीर्तन आदि। किन्तु सम्पूर्ण 64 भक्ति अंगों का वर्णन मीरां के गीतिकाव्य में नहीं मिलता।

(ii) रागानुगा भक्ति ब्रजवासियों की भक्तिभावना के समान है। इस भक्ति में सप्रयत्न ईश्वर के स्वरूप आदि का विधान है। मीरां को इस दृष्टि से भिन्न रखा जा सकता है क्योंकि मीरां ने आयासहीन होकर कृष्ण के प्रति सहज तन्मयता से भक्ति अर्पण किया था। अतएव मीरां की भक्ति का स्तर अधिक ऊँचा है।

भाव भक्ति

भाव भक्ति ही मीरां की भक्तिभावना का मूल है। मीरां में आन्तरिक भाव भक्ति पाई जाती है। अपने एक गीत में वे श्रीकृष्ण से याचना करती हैं :

"चाकरी मां दरशण पाश्यूं
शुमरण पायूं खरची
भाव भगत जागीरा पाश्यू
जणम-जणम री तरशी।"[91]

प्रेमाभक्ति

भाव भक्ति की परिपक्व अवस्था रसरूप 'प्रेमाभक्ति' है और मीरां के सर्वाधिक गीत इसी प्रेमाभक्ति की भावना से गुंजरित हैं। इस भक्तिभेद के अनेक उदाहरण पूर्व में ही दिए जा चुके हैं। इस प्रकार उत्तमा भक्ति के तीनों प्रकार मीरां में मिलते हैं।

प्रेमाभक्ति के चार अंग

शास्त्रीय दृष्टि से प्रेमाभक्ति में चार अंगों का समावेश मिलता है। इस दृष्टि से भी मीरां काव्य की चर्चा अप्रासंगिक न होगी।

नाम स्मरण

भक्ति के क्षेत्र में 'नाम माहात्म्य' अत्यन्त महत्त्वपूर्ण है। सगुण एवं निर्गुण भक्ति साधना में भगवन्नाम स्मरण की बड़ी महिमा गाई गई है। श्रीमद्भागवत् गीता में स्वयं भगवान ने कहा है :

"यज्ञानां जपयज्ञोऽस्मि"

श्रीमद्भागवत में भी नाम स्मरण की महिमा का वर्णन है :

"एतन्निर्विद्यमानानाभिच्छ ताम् कुतो भयम्
योगिनां नृप निर्णीतं हरेर्नामानुकीर्तनम् ॥"[92]

अर्थात्

संसार से विरक्ति का अनुभव करने वाले साधकों एवं सिद्धि प्राप्त भोगियों को पापनाश और सांसारिक सुखों की प्राप्ति के लिए नहीं, निर्भय मोक्षपद की कामना से भगवान श्री हरि के नामों का स्मरण करना चाहिए। हरिनाम में पापों का नाश और दुःख शमन की अमोघ शक्ति है :

"नाम संकीर्तनं यस्य सर्व पाप प्रनाशनम्।
प्रमाणो दुःख शमनस्तं नमामि हरिं परम्।"[93]

मीरां भी अपने गिरधर के नाम स्मरण को पापनाशक और मोक्ष-प्रदायक मानती थीं। उन्होंने अपने गीतों में कई स्थानों पर नाम स्मरण का उल्लेख किया है :

"म्हारो मण सांवरो णाम रट्यां री
सांवरो णाम जपां जग प्राणी, कोट्यां पाप कट्यां री
जणम जणम री खतां पुराणी, णायां स्याम मट्यां री"[94]

मीरां को यह गहन आस्था थी कि नाम स्मरण जीवात्मा के लिए मोक्ष प्रदाता है। उन्होंने इसी भावना को लेकर कहा है :–

> ''पिया थारे णाम ळुमाणी जी।
> णाम लेतां तिरतां सुण्यां जग पाहण पाणी जी।
> कीरत काई पग किया, घणां करम ळुमाणी जी।
> गणकां कीर पढ़ावतां बैकुंठ बसाणी जी।
> अरध णाम कुंजर लयां दुःख अवध घटाणी जी।
> गरुड़ छांड पत्र धाइयाँ, पुसु, जूण पटाणी जी।
> अजामेळ अघ ऊधरे जम त्रास णसाणी जी।
> पूत णाम जश गाइयाँ जग सारा जाणी जी।
> सरणागत थे बर दियाँ परतीत पिछाणी जी।
> मीरां दासी रावली, अपणी कर जाणी जी।''[95]

मीरां के ये गीत श्रीकृष्ण के नाम-स्मरण पर उनकी आस्था को दर्शाते हैं।

रूप वर्णन

सगुणोपासिका मीरां के आराध्य ब्रह्म स्वरूप श्रीकृष्ण विष्णु रूप के द्वापर युगीन अवतारी थे। उन्होंने द्रौपदी की लज्जा बचाने से लेकर अनेक गोपियों, अधमों को तारने का कार्य किया था। वे भक्तों के लिए सुखदाई और भव-भय-हारी थे। ऐसे 'ब्रज वणतां रो कंत' का रूप वर्णन मीरां के गीतिकाव्य की विशिष्टता है। श्रीकृष्ण के रूप वर्णन सम्बन्धी गीतों की एक बड़ी संख्या मीरां के काव्य में उपलब्ध है :

> ''सांवरो ळादणंदण दीठ पड़्या भाई
> डार्‌यां शब लोक लाज शुध बुध बिशराई
> केसर रो तिळक भाळ लोचण शुखदाई
> कुंडल झळकां कपोल अळकां लहराई
> मीणा तज सरवर ज्यों मकर मिलण धाई
> नटवर प्रभु भेख धर्‌यां, रूप जग ळोभाई
> गिरधर प्रभु अंग अंग मीरां बळ जाई।''[96]

मीरां ने जहाँ कहीं अपने आराध्य का रूप वर्णन किया है वहीं वह उनके वर्णन में तन्मय हो उठी हैं। यही कारण है कि सभी रूप वर्णन बड़े सजीव एवं आकर्षक बन पड़े हैं।

लीला गायन

मीरां के गीतों में आत्मगाभिव्यक्ति का प्रकाशन प्रमुख है। अतः लीला गायन में उनकी वृत्ति अधिक नहीं रमी। डाकोर की प्रति में नाग नाथन लीला का वर्णन है, वहाँ भी शुद्ध लीला गायन न होकर आराध्य की शक्तिमत्ता का प्रदर्शन मूल अभिप्रेत रहा है।

> "कमळ दळ ळोचणा थे नाथूया काळ भुजंग
> काळिंदी दह णामा णाश्यां ळाळ फड फड़ निरंत करंत।"[97]

कुछ अन्य लीला गीतों में श्रीकृष्ण का वंशीवादन, धेनु चराना भी उल्लेखित हैं।

धाम

मीरां ने परम धाम का वर्णन भी किया है जहाँ उनकी भावना रहस्योन्मुख हो उठी है।

> "चालाँ अगम वा देस काळ देख्याँ डराँ
> भरा प्रेम राँ होज हंस केल्याँ कराँ
> साधा संत रो शंग ग्याण जुगतां करां
> धरा सांवरो ध्यान चित्त उजळो करां
> सींल घूंघरा बांध, तोस निरतां करां
> साजा शोल सिंगार शोणा रो राखड़ां
> सांवळयां शूं प्रीत औरां शू आखड़ा"[98]

मीरां वर्णित यह 'अगम देश' वही है जिसे वैष्णव भक्तों ने 'मोक्ष' कहा है। जहाँ काल का प्रवेश वर्ज्य है। इस प्रकार मीरां की प्रेम साधना में प्रेमाभक्ति के चारों अंगों का समावेश शुद्ध रूप में, साथ ही गरिमापूर्ण ढंग से हुआ है।

मीरां की नवधा भक्ति

मीरां की सम्पूर्ण पदावली पर विशद दृष्टि डालने पर नवधा भक्ति के प्रायः समस्त उपादान लक्षित होते हैं।

श्रीमद्भागवत में कहा गया है :

> "श्रवणं कीर्तनं विष्णोः स्मरणं पाद सेवनम्
> अर्चनं वंदनं दास्यं सरव्यमात्म निवेदनम् ॥"[99]

अर्थात्

श्रवण (गुण), कीर्तन, ईश्वर स्मरण, पादसेवन, अर्चन, वन्दना, दास्य भक्ति, सख्य और आत्मनिवेदन, भक्ति इन्हीं नौ प्रकार की होती है। मीरां काव्य में नवधा भक्ति का रूप निम्न प्रकार है :

श्रवण

मीरां की श्रवण भक्ति सन्त समागम से बलवती हुई थी। साधु सन्तों से उनकी भगवद् चर्चा तो जग-प्रसिद्ध है ही। इतिहास भी इसका समर्थन करता है। श्री हरि की लीला और उनके गुणों का श्रवण मीरां के भक्ति भाव को पुष्ट करने में सबल सिद्ध हुआ था। मीरां अपने विश्वास को व्यक्त करती कहती हैं :

"म्हां सुण्या हरि अधम उधारण
अधम उधारण भव भय तारण"[100]

कीर्तन

मीरां की दृष्टि में कीर्तन भक्ति का प्रधान अंग था।
"मीरां के प्रभु गिरधर नागर भजण बिणा नर फीका"[101]

भगवद्कीर्तन में उनकी सहज अभिरुचि थी इसीलिए वे साधु सन्तों के बीच भजन, कीर्तन व नृत्य किया करती थीं :

"साधा संगत हरि गुण गाइयां, और णा म्हारी लार"[102]
"गायां गायां हरि गुण णिस दिण काल ब्याल री बांची"[103]

मीरां के युग में हरि कीर्तन की परम्परा सर्वत्र व्याप्त थी। मध्यकालीन धर्म-साधना की कीर्तन प्रणाली मीरां ने स्वाभाविक रूप से अपनाई थी।

स्मरण

मीरां अपने आराध्य का नाम स्मरण प्रति क्षण किया करती थीं। प्रियतम के नाम पर लुभा जानेवाली मीरां अपने प्रियतम की नाम महिमा से पूर्ण परिचित थीं।

"पिया थारे णाम ळुभाणी जी
णाम ळेतां तिरतां सुण्यां जग पाहण पाणी जी।
कीरत काई णा कियां घणां करम कुमाणी जी।

गणका कीर पठावंतां बैकुंठ बसाणी जी।
अरधणम कुंजर लयां दुःखं अवध घटाणी जी।''[104]

नाम स्मरण को स्वीकारती मीरां एक अन्य गीत में स्पष्ट करती हैं :

''म्हारो मण सांवरे णाम रट्यां री
सांवरो णाम रट्यां जग प्राणी, कोट्यां पाप कट्यां री
जणम जणम री खंता पुराणी णामां स्याम मट्यां री''[105]
सांवरो उमरण, सांवरो, शुमरण, सांवरो ध्यान धरां री''[106]

अतः मीरां की भक्ति में स्मरण नवधा भक्ति के अनेक उदाहरण मिलते हैं।

पाद सेवन

मीरां श्री हरि के चरणों की सेवा कर उनकी कृपा दृष्टि चाहती थीं। इस अगम संसार सागर से जो पार करा सकने की सामर्थ्य रखता है ऐसे हरि के चरणों में मीरां अपने मन को लगाती हुई कहती है :

''मण थे परसि हरि के चरण
सुभग सीतल कँवळ कोमळ जगत ज्वाला हरण
दासि मीरां लाल गिरधर अगम तारण तरण।''[107]

मीरां ने अपने सांसारिक सम्बन्धों, संसार की माया और अपनी सम्पूर्ण भावनाओं को भगवान के श्री चरणों में तिरोहित कर दिया था। उनकी लगन गिरधर के चरणों में लगी थी। भावविभोर होकर वे गा उठीं :

''म्हां लागा लगण सिरि चरणा री।
दरस विणा म्हाणे कुछ णा भावां, जगमाया या सुपणां री
मो सागर भय जग कुळ बंधण डार दयां हरि चरणा री
मीरां रे प्रभु गिरधर नागर, आस गह्यां थे सरणां री।''[108]

अर्चना

मीरां की भक्ति में अर्चन नवधा भक्ति का भी विवरण मिलता है। एक गीत में वे श्रीकृष्ण की पूजा-अर्चना में मोतियों द्वारा चौक पुरवाने को कहती हैं और अपना सर्वस्व समर्पण करने में उत्फुल्लता का अनुभव करती हैं :

''मोती चौक पुरावां णेणां तणमण डारां वारी।''[109]

अन्य एक गीत में अपने प्रभु के लिए राजभोग लगाकर अर्चना में अपनी तल्लीनता एवं हार्दिक रुचि का वर्णन मिलता है :

"छप्पन भोग छतीशां बिंजण पावां डाण प्रतिपाल
राजभोग आरोग्यां गिरधर सण्मुख राखा थाल
मीरां दासी सरणा ज्यांशी, कीज्या वेग निहाल।"[110]

वन्दन

मीरां अत्यन्त विनीत भक्त आत्मा थीं। वे बारम्बार गिरधर से अपनी ओर कृपा कोर फेरने के लिए वन्दना किया करती थीं। विभिन्न भक्तों के उदाहरण दे-देकर वे भक्त वत्सल गिरधारी से स्वयं को भी उन्हीं बड़भागी आर्त जीवों में सम्मिलित कर लेने की प्रार्थना करती हैं :

"थे बिण म्हारे कोण खबर ळे गोबरधन गिरधारी
मोर मुगट पीताम्बर शोभां कुंडल री छब ण्यारी
भरी सभा मां द्रुपद सुतां री, राख्या लाज मुरारी
मीरां रे प्रभु गिरधर नागर, चरण कँवल बलिहारी'[111]

दास्य भक्ति

मीरां ने बारम्बार स्वयं को श्रीकृष्ण की 'जनम जनम की दासी'[112] कहा है। मानव जीवन की सफलता श्रीकृष्ण के चरणों की दासी बनी रहने में ही समझती हैं। मीरां की दास्य भावना के सम्बन्ध में एक उल्लेखनीय विशिष्टता यह है कि उनकी दास्य भक्ति तुलसी आदि भक्तों की दास्य भावना से भिन्न है। मीरां की दास्य भावना उनकी माधुर्य भावोपासना का ही एक अंश है। मीरां दाम्पत्य भाव से अपने प्रियतम हरि के चरणों की सेवा करना चाहती हैं।

"म्हारो चाकर राखां जी, गिरधारी ळाळा चाकर राखा जी
चाकर रहश्यूं बाग लगाश्यूं, णित उठ दरशन पाश्यूं
ब्रिंदावण री कुंज गैळ मां, गोविन्द ळीळा गाश्यूं
चाकरी मां दरशण पाश्यूं, शुमरण पाश्यूं खरची।
भाव भगत जागीरा पाश्यूं, जणम जणम री तरशों।"[113]

सख्य

मीरां की सख्य भावना के सम्बन्ध में विद्वानों के मतभेद मिलते हैं। डॉ. प्रभात जहाँ मीरां

में सख्य भक्ति का एकान्त अभाव मानते हैं वहीं डॉ. भगवानदास तिवारी मीरां में सख्य भावना की अवस्थिति तो मानते हैं पर उसका स्वर अष्टछाप के भक्त कवियों से कुछ भिन्न मानते हैं। मीरां ने कृष्ण को मित्र की तरह ग्रहण नहीं किया। उनके प्रति मीरां का दृष्टिकोण 'बाल्यपने की मित्रता' का न होकर 'जन्म जन्म रो शाथी' का था जो पति-पत्नी के रूप में सम्बधायित है। वे कहती हैं :

> "म्हारो जणम जणम रो शाथी
> थाणे णा बिशर्‌यां दिन राती।"[114]

आत्म निवेदन

मीरां का सम्पूर्ण गीतिकाव्य उनके अन्तस का सच्चा भावपूर्ण आत्मनिवेदन ही है जहाँ वे गिरधर के रंग में पूरी तरह रँगकर स्वयं को अपनाने की प्रार्थना करती हैं, जहाँ वे आत्म-विस्मृति में आत्मोद्धार की बात कहती हैं, अथवा जहाँ वे अपने साँवरे के रूप और गुणों का बखान करती हुई उनसे संयोग की चाह प्रकट करती हैं, वे सारे स्थल मीरां के आत्मनिवेदन की सुन्दर भावगीतियाँ हैं। निम्न गीत में भगवान कृष्ण को अपने जीवन का प्राणाधार मानकर कृपादृष्टि पाना चाहती हैं :

> "हरि म्हारां जीवन प्राण अधार
> और आसिरो णां म्हारां थे विणा तीणूं लोक मझार
> थे बिणा म्हारे जग णां सुहावां, निरख्यां जग संसार
> मीरां रे प्रभु दासी रावली, ळीज्यो णेक निहार।"[115]

एक प्रेमाकुल नारी का हृदय अपने प्रियतम के प्रति जितनी आशाएँ रखकर सम्पूर्ण विश्वास के साथ आधार चाहता है, वह आधार मीरां ने अपने हरि से भी चाहा था। सहजता एवं स्वाभाविकता के समावेश से मीरां का आत्मनिवेदन भक्तिकाव्य एवं गीतिकाव्य दोनों ही दृष्टियों से अत्यन्त उत्कृष्ट कोटि का बन पड़ा है।

> "स्याम म्हां बांहड़िया जी गह्यां
> मो सागर मझधार अधारां थे बिण घणा अकाज
> जुग जुग भीर हरां भगतां री, दीश्यां मोच्छ नेवाज
> मीरां सरण गह्यां चरणां री लाज रखां महाराज।"[116]

मीरां के आत्म निवेदन में सुदीर्घ प्रतीक्षा और विरह की लम्बी घड़ियों के बाद तीव्र मिलन की लालसा दिखाई पड़ती है। मीरां श्रीकृष्ण से केवल सान्निध्य की कामना करती हैं। उन्होंने स्वर्ग के सुख नहीं चाहे। उनकी कामना इसी लोक में अपने प्रियतम गिरधर से मिलन की थी। यही आकांक्षा, यही कामना अपने स्वस्थ रूप में उनके आत्मनिवेदन सम्बन्धी गीतों में मुखरित हुई है।

उपर्युक्त विवेचन से स्पष्ट है कि मीरां के गीतों में नवधा भक्ति के सभी अंग उपलब्ध होते हैं किन्तु सर्वाधिक महत्त्वपूर्ण तथ्य यह है कि मीरां ने नवधा भक्ति के उदाहरण प्रस्तुत करने की दृष्टि से गीति-रचना नहीं की थी अपितु स्वमेव उनके गीतों में नवधा भक्ति के समस्त अंगों का सम्मिलन हो गया है। यही सहजता, यही स्वाभाविकता और अकृत्रिमता, गीतिकाव्य की अन्यतम विशिष्टता के रूप में मीरां के काव्य में चरितार्थ हुई है।

एकादश आसक्तियाँ और मीरां के गीत

नारद भक्ति सूत्र के अनुसार :

"गुणमाहात्म्यासक्ति रूपासक्ति, पूजासक्ति, स्मरणासक्ति, दास्यासक्ति, सख्यासक्ति, कान्त्यासक्ति, वात्सल्यासक्ति, आत्म निवेदनासक्ति, तन्मयासक्ति, परम विरहा सक्ति, रूपा एकधाप्येका दशधापति"

अर्थात :

प्रेम रूपाभक्ति एक होकर भी ग्यारह प्रकार की होती है –(1) गुणमाहात्मयासक्ति, (2) रूपासक्ति, (3) पूजासक्ति, (4) स्मरणासक्ति, (5) दास्यासक्ति, (6) सख्यासक्ति, (7) कान्त्यासक्ति, (8) वात्सल्यासक्ति, (9) आत्मनिवेदनासक्ति, (10) तन्मयासक्ति, (11) परमविरहासक्ति।

मीरां के काव्य में वात्सल्यासक्ति के अतिरिक्त अन्य दसों आसक्तियाँ विद्यमान हैं। इनमें भी कान्त्यासक्ति, परमविरहासक्ति एवं तन्मयासक्ति ही विशेष पल्लवित हुई हैं।

गुण माहात्म्यासक्ति

मीरां ने अपने प्रभु श्रीकृष्ण के अनन्त गुणों का गायन किया है। वे बड़े ही कृपालु हैं, दया के निधान हैं, शरणागत रक्षक हैं। उन्होंने अजामिल एवं गणिका जैसे पापियों तक को मोक्ष प्रदान किया। डूबते गजेन्द्र की प्राण रक्षा की। भीलनी एवं कुब्जा को स्नेह पात्र बनाया। उनकी विरुदावली गाते-गाते वेद पुराण भी थक गए किन्तु उनके गुणों की थाह न पा सके। ऐसे ही प्रभु के चरणों में मीरां अपनी अरज कर रही है :

"गिरधारी शरणां थारी आयां, राख्यां किरपानिधान
अजामेळ अपराधी तार्‌यां, तार्‌यां नीच सदाण
डूबतां गजरात राख्यां गणकां चढ़या विमाण
और अधम बहुतां थे तार्‌यां, भाख्यां सणत सुजाण
भीलण कुब्जां तार्‌यां गिरधर, जाण्यां शकळ जहाण

बिरद बखाणां गणतां णां जाणां, थाकां, वेद पुराण
मीरां प्रभु री सरण रावली, विणतां दीश्यो काण।''[117]

प्रभु के चरणों की महिमा अपरम्पार है। वे सुभग शीतल कँवल कोमल जगत ज्वाला हरण है। इन चरणों के प्रताप से ही प्रह्लाद एवं ध्रुव जैसे भक्तों को अटल वैराग्य पद की प्राप्ति हुई। वे कहती हैं :

''मण रे परस हरिके चरण।
सुभग सीतल कंवळ कोमलं जगत ज्वाळा हरण
इण चरण प्रहलाद परस्यां, इन्द्र पदवी धारण
इण चरण ध्रुव अरड़ कर्‍स्यां सरण असरण सरण
इण वरण ब्रह्मांड मेट्‌यां नख सिखा सिरि भरण
इण चरण वालियां णाश्यां, गोपळीळा करण
इण चरण धार्‍यां गोवणधण गरब मधवां हरण
दासिं मीरां लाल गिरधर, अगम तारण तरण''[118]

इसी प्रकार मीरां के काव्य में गुण माहात्म्यासक्ति के अनेक उदाहरण ढूँढ़े जा सकते हैं :

''पिया थारे णाम ळुभाणी जी।
णाम लेतां तिरतां सुण्यां जगपाहण पाणी जी''[119]

''भरी सभां मां द्रुपद सुतां री राख्यां ळाज मुरारी''[120]
''मीरां प्रभुं संतां शुखदायां भगत बछळ गोपाल।''[121]

रूपासक्ति

मीरां सगुणोपासिका थीं। अपने आराध्य प्रियतम की रूप माधुरी पर मुग्ध थीं। श्रीकृष्ण का रूप वर्णन करती हुई वे अपनी मुग्धावस्था का वर्णन भी करती हैं :

''णेणा ळोभां अटकां शक्यां णा फिर आय
रूम रूम णख शिख लख्यां ळळक ळुळक अकुळाय
म्हां ठाड़ी घर अपणे मोहण णिकळयां आय
बदन चन्द परणासतां मण्द मण्द मुस्काय
शकळ कुटुम्बां बरजतां बोळयां बोल बणाय
णेणा वंचळ अटत णाभाख्या पर हथ गया टिकाय
मलो कह्यां कांई कह्यां बुरौरी शब लयां सीश चढ़ाय
मीरां रे प्रभु गिरधर नागर बिणा पळ रह्यां णा जायं।''[122]

जिस क्षण से मीरां ने अपने प्रियतम को देखा वे उन्हें भुला नहीं सकीं। सांवलिया उनके हृदय में गहराई से पैठ गया। प्रभु के रूप सौन्दर्य के दर्शनों के प्रति गहन और तीव्र ललक, आसक्ति मीरां को प्रारम्भ से ही रही और अधिकाधिक रूप दर्शन की पिपासा जीवनपर्यन्त मन को मथती रही।

"ज्यां दिण णेणा श्याम निशहार्‌यां, बिशर्‌यां णाहि घरी
चित्त बश्यां म्हारे सांवरो मोहण तण मण शुध बिशरी।'
णा छाकयां रस रूप माधुरी, छाण धक्यां डगरी री
मीरां हरि के हाथ बिकाणी, जग कुळ काण सरीरी।"[123]

मीरां की रूपासक्ति के केन्द्र वही एक मोहन, मदन और बाँकेबिहारी हैं :

"म्हां मोहण रो रूप लुभाणी"[124]
"म्हारो परनाम बांके बिहारी जी

या छब देख्यां मोह्यां मीरां मोहण गिरिधरधारी जी।"[125]
"देख्यां रूप मदण मोहण री पियत पियूखन भटके

मीरां प्रभु रे रूप लुभाणी गिरधर नागर नट के।"[126]

पूजासक्ति

पूजासक्ति के अन्तर्गत सेवन, वन्दन एवं अर्चन का समावेश होता है। मीरां के गीतों से यह स्पष्ट रूप में व्यंजित होता है कि वे मन्दिर जाया करती थीं। प्रभु के दर्शनोपरान्त चरणामृत ग्रहण करती थीं और गोविन्द का गुणगान करते-करते आत्मविस्मृत होकर नृत्य कर प्रभु को रिझाया करती थीं।

माई म्हां गोविन्द गुण गाश्यां
चरणामृत रो णेम शकारे णित उठ दरशण जाश्यां
हरि मंदिर मां निरत करावां, घूंघरया धमकाश्यां
श्याम नाम रा भांझ चढाश्यां, भो सागर तरणाश्यां
यो संसार बीड रो कांटो गेळ प्रीत अटकाश्यां
मीरां रे प्रभु गिरधर नागर, गुण गांवा सुख पाश्यां।"[127]

स्मरणासक्ति

मन ही मन ईश्वर का ध्यान और नाम लेना ही स्मरणासक्ति है। मीरां स्मरण, जप और कीर्तन तीनों ही करती थीं।

"म्हारो मणं सांवरो णाम रट्यां री
सांवरो णाम जपां जग प्राणी कोट्यां पाप कट्यां री"
मीरां रे प्रभु अविनाशी, तण मण स्याम पढ्या री"[128]
"माई म्हां गोविन्द गुण गांवा"[129]

मीरां अपने मन को सम्बोधित करके कहती हैं कि हे मन तू अविनाशी प्रभु के कमल चरणों का स्मरण कर।"[130]

मीरां की उपासना पद्धति में ईश्वरीय रूप, गुण, विभूति आदि का गायन, कीर्तन आदि स्वीकृत अंग थे। यही कारण है कि उनके गीतिकाव्य में स्मरणासक्ति के अनेक उदाहरण मिल जाते हैं।

दास्यासक्ति

मीरां की दास्यासक्ति एक विशिष्ट स्वरूप लिये हुए है। उनकी दास्यासक्ति सेवक सेव्य भाव की न होकर कान्त्यासक्ति का ही एक अंग है। मीरां स्वयं को कृष्ण की परिणीता मानती थीं अतः वे स्वयं को पत्नी मानकर श्रीकृष्ण को पति रूप में ग्रहण कर उनके चरणों की दासी बनी रहना चाहती हैं। स्वयं को दासी सम्बोधन मीरां ने विभिन्न गीतों में प्रदान किया है :

"मीरां दासी गिरधर नागर चेरी चरण धरी री।"[131]
मीरां स्वयं को श्रीकृष्ण की जन्म जन्म की दासी मानती हैं।[132]

एक अन्य पद में रूपक के माध्यम से मीरां ने अपनी सेवा चाकरी और उसके उचित पुरस्कार की सीमा भी निर्धारित कर दी है।

"म्हाणे चाकर राख्यां जी गिरधारी ळाळा चाकर राखां जी
चाकर रहश्यूं बाग ळगाश्यूं णित उठ दरशण पाश्यूं
ब्रिंदावण री कुंज गैळ मां गोविन्द ळीळा गाश्यूं
बाकरी मां दरशण पाश्यूं, शुमरण पाश्यूं खरची
भाव भगत जागीरा पाश्यूं, जणम जणम री तरशी।"[133]

सख्यासक्ति

सख्य भावना का अनुभव सामान्य भक्त नहीं कर सकता क्योंकि इस भक्ति के वरण हेतु विकार रहित मन, निर्मल बुद्धि, सद्विचार एवं शुद्ध आचरण अनिवार्य है। पाप रहित जीव, पवित्रात्मा एवं ज्ञानी ये ही सख्यासक्ति के अधिकारी हो सकते हैं। अर्जुन की भक्ति को सख्यासक्ति का श्रेष्ठ उदाहरण माना जाता है। मीरां के काव्य में शुद्ध

सख्यासक्ति का अभाव है। उनकी सख्य भावना कान्त्यासक्ति के ही अन्तर्गत परिगणित होनी चाहिए।

मीरां ने लौकिक जगत के पति का वरण नहीं किया था। वे तो जीवन-मरण के आवागमन से पूर्णतया मुक्त उस अमर व्यक्तित्व को पति रूप में वरण करना चाहती थीं ताकि वे भी सदैव सुहाग की दीप्ति से दीप्त होती रहें। यही कारण है कि उन्होंने अलौकिक दिव्य पुरुषोत्तम श्रीकृष्ण को अपने जीवन साथी रूप में ग्रहण किया।

"जाणा रे माहेणा, जाणां थारी प्रीत
प्रेम भगति रो पैंडा म्हारो और ण जाणां रीत
इमरित पाई विषा क्यूं दीज्यां कूण गांव री रीत
कूण गांव री रीत
मीरां रे प्रभु हरि अविनाशी अपणो जण रो मीत।"[134]

कान्त्यासक्ति

मीरां ने श्रीकृष्ण के प्रति इसी आसक्ति का विशेष रूप से परिचय दिया है। कृष्ण भक्ति परम्परा में 'कान्त्यासक्ति' का महत्त्वपूर्ण सोपान मीरां के गीतों से जुड़ता है। मीरां ने कृष्ण को पति रूप में अंगीकार किया था। स्वप्न में श्रीकृष्ण से उनका परिणय हुआ था। छप्पन करोड़ बरातियों के साथ आकर दूलह श्री ब्रजनाथ ने मीरां को अचल सुहाग प्रदान किया था। पूर्वजन्मों के सौभाग्य एवं पुण्य से उनके चिर प्रकाम्य गिरधर पति रूप में मिल गए थे।

"माई म्हाणो शुपणां मां परण्यां दीणाणाथ
छप्पण कोट्यां जणा पधार्‌यां दूल्हो सिरी ब्रजनाथ
शुपणां मां तोरण बंध्या री, शुपणां मां गह्यां हाथ
शुपणां मां म्हारो परण गया पायां अचळ शुहाग
मीरां रो गिरधर मिड़्या रो, पुरव जणमरो भाग।"[135]

मीरां के गीतों में कान्त्यासक्ति की दोनों ही दशाओं के भरपूर चित्र हैं। वियोग भावना सम्बन्धी समस्त गीतों में विरह कान्त्यासक्ति है और मिलन व संयोगात्मक गीतों में कान्त्यासक्ति की संयोगात्मक स्थिति का वर्णन मीरां ने किया है।

विरह कान्त्यासक्ति

"पीया बिण रह्यां ण जावां
तण मण जीवण प्रीतम बारयां

निसदिण जोवां बाट कब रूप लुभावां
मीरां रे प्रभु आसा थारी, दासी कंठ आवां।"[136]

मीरां की कान्त्यासक्ति स्वकीया भाव की थी। परकीया भाव के लिए उनमें कहीं स्थान नहीं था।

संयोग कान्त्यासक्ति

कृष्ण से मिलन की अवस्था में वे कहती हैं, श्रीकृष्ण मेरे घर आए हैं। मेरा मन आनन्द और उमंग से भरा हुआ है। मेरी आत्मा अत्यन्त सुख से अभिभूत है। शरीर के पंच तत्त्व रूपी पाँच सहेलियाँ मिलकर प्रियतम को रिझा रही हैं। सर्वत्र आनन्द मंगल व्याप्त है।

"म्हारे आनन्द उमंग भरूयां री जीव लह्या शुखधाम
पांच शाख्यां मिल पीव रिझावां आणन्द ठामा ठाम
बिशर जावां दुख निरखां, पियारी सुफळ मनोरथ काम
मीरां रे शुख सागर स्वामी, भवन पधारूया स्याम"[137]

क्या वियोग और क्या संयोग, मीरां काव्य का प्रत्येक गीत इसी प्रकार के स्वाभाविक चित्रों से भरपूर है। कान्त्यासक्ति की जैसी मनोरम और हृदयग्राही अभिव्यंजना मीरां ने की है, वह किसी नारी हृदय की ही सृष्टि हो सकती है। मीरां में नारीत्व तो प्रबल था ही, साथ ही उनके प्रेम के दिव्य स्वरूप का समन्वय उनकी कान्त्यासक्ति को भी बड़ा दिव्य बड़ा ही भावापन्न बना देता है।

वात्सल्यासक्ति

मीरां की भक्ति प्रेमरूपा थी अतएव वात्सल्यादि के लिए उनके काव्य में कहीं स्थान ही नहीं था। श्रीकृष्ण प्रियतम के युवा रूप पर ही वे मोहित थीं। यही कारण है, अन्य कृष्णभक्त कवियों की भाँति उन्होंने श्रीकृष्ण की बाल-लीलाओं आदि का चित्रण नहीं किया।

आत्मनिवेदनासक्ति

विश्व की प्रायः सभी साधना पद्धतियों में भक्त का अपने आराध्य के प्रति आत्मनिवेदन स्वीकृत है। सांसारिक दुःखों एवं माया जगत के मोह जंजालों से छुटकारा प्राप्त करने के लिए भक्त बारम्बार ईश्वर से करुण याचना करता है। वैष्णव सम्प्रदायाचार्यों ने आत्मनिवेदन को भी छह विभागों में विभाजित किया है।

"अनुकूलस्य संकल्पः प्रतिकूलस्य वर्णनम्
रक्षिष्यतीति विश्वासो गोप्तृप्वरणं तथा।
आत्मनिक्षेप कार्पण्य षड्विधा शरणागतिः।"[138]

अर्थात्

अनुकूल का संकल्प, प्रतिकूल का त्याग, गोप्तृप्त वरण, रक्षा का विश्वास, आत्मनिक्षेप एवं कार्पण्य आत्म निवेदन के छह अंग हैं। मीरां के काव्य में छहों अंगों की स्थिति इस प्रकार है :

अनुकूल का संकल्प

हरि की प्राप्ति के लिए जो साधन अनुकूल हों उन्हें अपनाने का संकल्प अनुकूल का संकल्प है। मीरा ने यह संकल्प दृढ़ता से अपनाया। उनकी संकल्प निष्ठा इतनी सुदृढ़ थी कि वे किसी भी वर्जना के प्रभाव से पूर्णतया मुक्त होकर घोषित करती हैं :

"बरजी री म्हां स्याम बिणा न रह्यां,
साधु संगत हरि शुख पाश्यूं जगशूं दूर रह्यां
तण धण म्हारो जावां जाश्यो म्हारो सीस ळह्यां
मण म्हारो लाग्यां गिरधारी जगरा बोळ शह्यां।"[139]

मीरां को साधु-संग में सुख की असीमता का अनुभव होता था क्योंकि वह उनकी भक्ति के लिए प्रेरणास्पद था। कृष्ण-प्रेम और साधु-समागम वे आजीवन नहीं छोड़ पाईं, 'जबकि उनका सम्पूर्ण जीवन संघर्षों, विपरीत परिस्थितियों और वर्जनाओं का केन्द्र रहा। परन्तु मीरां सच्ची भक्त आत्मा थीं। वे भावानुकूल संकल्प में रत रहीं।

प्रतिकूलता का त्याग

ईश्वर-प्राप्ति के मार्ग की बाधाओं को त्याज्य समझना ही प्रतिकूल का त्याग है। मीरां ने अपने रसिक प्रियतम श्रीकृष्ण को प्राप्त करने के लिए जिस मार्ग का अनुकरण किया उसमें नानाविध बाधाएँ आईं, मीरां उनका परित्याग करती चली गईं। उनके अनेक पदों में प्रतिकूल त्याग आचरण का उल्लेख मिलता है। मीरां अपने रसिक प्रिय को रिझाने के लिए गिरधर के समक्ष 'स्याम प्रीति के घुँघरू' बाँधकर नृत्य करती थीं। इस नृत्य को करते समय लोक लाज, कुल की मर्यादा को उन्होंने त्याग दिया था :

"स्याम प्रीत रो बांध घुंघर्‌यां मोहण म्हारो सांच्या री
ळोक ळाज कुळरां मरज्यादां जग मां णेक णा राख्यां री"[140]

मीरां ने भक्ति मार्ग के अवरोधक भाई-बन्धुओं और सगे-सम्बन्धियों को भी छोड़ दिया था :

"भायां छाड्यां बंध्या छांड्या, छांड्या सगा सूयां
साधा संग बैठ बैठ लोक लाज खूयां।"[141]

और अन्त में उनकी यह घोषणा उन्हें पूर्ण उन्मुक्त सिद्ध कर देती है।

"मीरां री लगन लग्यां होणां हो जाइयां।"[142]

प्रिय के प्रतिकूल सब कुछ त्याग देने की चरम परिणति मीरां में तब मिलती है जब वे अपनी जन्मभूमि मेवाड़ को अपने राजकीय ऐश्वर्य और अधिकारों को तृणवत त्यागकर वृन्दावन चली आईं :

"राजा रूठ्यां नगरी त्यांगा"[143]

गोप्तृप्त वरण

प्रभु के उद्धारक और रक्षक रूप में आस्था रखना गोप्तृप्त वरण है। मीरां ने अपने गीतों में कृष्ण द्वारा भक्तों के कष्ट निवारण सम्बन्धी कथाओं को बारम्बार स्थान दिया है।"[144] साथ ही अपना स्मरण भी गिरधारी को कराती रहती हैं कि हे गोवर्धनधारी नाथ आप मेरी भी खबर लीजिएगा।

"थे बिण म्हारे कोण खबर ळे गोबरधन गिरधारी
× × ×
भरी सभा मां द्रुपद सुतां री राख्यां लाज मुरारी
मीरां रे प्रभु गिरधर नागर, चरड़ कमळ बलिहारी"[145]

रक्षा का विश्वास

प्रभु की शरण जाते ही रक्षा का विश्वास भक्त की आत्मशक्ति को बल प्रदान करता है। मीरां के पदों में यह विश्वास अत्यन्त प्रबल है। उन्हें भक्ति पथ पर अग्रसर करने में यही रक्षा का विश्वास निरन्तर प्रेरणा प्रदान करता रहा। जाने कितनी बाधाओं ने, आन्तरिक व्यथाओं ने इनका मार्ग अवरुद्ध करना चाहा, पर मीरां को अपने आराध्य का रक्षक रूप हमेशा स्मृति पटल पर अंकित दीख पड़ा, अतः वे प्रभु की शक्ति पर गहन आस्था रखते हुए प्रेम पथ पर आगे बढ़ती गईं।

"लोक कह्यां मीरां बावरी, शाशूं कह्यां कुलनाशा री
विषरो प्यालो राणा भेट्यां पीवां मीरां हांशा री

तण मण वार्‌यां हरि चरणां मां दरसण अमरित पाश्यां री
मीरां रे प्रभु गिरधर नागर, थारी शरणां आश्यां री।"[146]

आत्मनिक्षेप

अपनी सम्पूर्ण भावना सहित अपने आपको भगवान के हाथों सौंपना 'आत्मनिक्षेप' है। मीरां में आत्मनिक्षेप सर्वाधिक प्रबल है। उन्होंने सर्वात्म भाव से गिरधारी के चरणों में स्वयं को अर्पित कर दिया था। उनकी वैयक्तिकता श्रीकृष्ण में तदाकार हो गई थी। श्रीकृष्ण से पृथक उनकी सत्ता की कल्पना ही नहीं की जा सकती। मीरां का आत्मनिक्षेप निम्न गीत में अत्यन्त उत्कृष्ट बन पड़ा है :

"अब तो निभायां बांह गह्यां री लाज
असरण सरण कह्यां गिरधारी, पतित उधारण पाज
भो सागर मझधार ऊधारां थे, विणु घणो अकाज
जुग जुग भीर हरां, भगतां री, दीश्यां मोच्छ नेवाज
मीरां सरण गह्यां चरणारी, लाज रखा महाराज"[147]

मीरां की भक्ति भावना सम्बन्धी अनेक विशेषताएँ एक ही गीत में एक साथ देखने को मिल जाती हैं। इसका प्रमुख कारण यही है कि मीरां ने अपने गीतों में भक्ति भावना का प्रतिपादन शास्त्रोक्त रीति से नहीं किया था। उनका काव्य तो उनके हृदय की सहज उद्वेलित भावनाओं का गीतिकाव्य है। यही कारण है कि उनके एक ही गीत में भक्ति के विभिन्न भेदों के उदाहरण मिल जाते हैं।

कार्पण्य

अत्यन्त कातर अवस्था में प्रभु के समक्ष भक्त का दैन्य प्रदर्शन कार्पण्य कहलाता है। अपनी लौकिक स्थिति से मुक्ति की कामना, प्रभु के दर्शनों की तृष्णा, उनका सामीप्य और कृपादृष्टि की कामना—ये समस्त आकांक्षाएँ भक्त को प्रभु के समक्ष दैन्य प्रदर्शन करने की ओर प्रेरित करती हैं। मीरां में कार्पण्य भक्ति भावना का समावेश अत्यन्त उच्च भावभूमि पर मिलता है। उनके वियोग भावना सम्बन्धी गीत, भगवान की भक्त वत्सलता और कृपास्नेह के उदाहरण प्रस्तुत करने वाले गीत ये सभी कार्पण्य के उदाहरण हैं, मीरां कहती हैं :

"हरि म्हारा जीवण प्राण अधार
ओर आसिरो णा म्हारा थे बिणा तीनू लोक मँझार
थे बिणा म्हारे जगणा सुहावां, निरख्यां जग संसार
मीरां रे प्रभु दासी रावली, ळीज्यो णेक निहार।"[148]

तन्मयासक्ति

यह भक्ति की प्रौढ़ावस्था है। इस अवस्था में आकर भक्त ईश्वर के रूप, गुण, लीला आदि के ध्यान में ही प्रतिपल डूबा रहता है। उसके सांसारिक क्रियाकलाप, दैनिक व्यवहार सभी इस तन्मयावस्था में बिखर जाते हैं। मीरां के काव्य में तन्मयासक्ति आद्यन्त विद्यमान है। मीरां के प्रत्येक गीत में तन्मयता अपनी पराकाष्ठा पर है। यही तन्मयता उनके गीतिकाव्य की सच्चाई, स्वाभाविकता का मूल कारण है। निम्न गीत में मीरां कहती हैं—मैं तुम्हारे ध्यान में, रूप सागर में डूबकर मग्न हो चुकी हूँ किन्तु अन्य लोगों का यही कहना है कि मैं भटक गई हूँ :

> "थारो रूप देख्यां अटकी
> कुंळ कुटुम्ब सजण सकळ बार-बार हटकीं
> विशर्‌या णां लगण लगां मोर मुगट णटकी
> म्हारो मण मगण स्याम लोक कह्‌यां भटकी
> मीरां प्रभु सरण, गह्‌यां जाणवां घर घर की।"[149]

अन्यत्र वे कहती हैं कि मैं साँवरे की मनमोहन मूर्ति का ही निस दिन ध्यान मनन करती रहती हूँ :

> "साँवरी सुरत मण रे बशी
> गिरधर ध्यांण धरां निशबासर, मूरत मोहण म्हारे बशी।"[150]

परमविरहासक्ति

भगवान के वियोग में भक्त की स्थिति अत्यन्त करुण हो जाती है। परमविरहासक्ति में प्रेम साधना की पवित्रता निवास करती है। "परमविरहासक्ति पुनीत प्रेम साधना की पवित्र आत्मा है और उसका शाश्वत शृंगार भी। इसीलिए संसार का समस्त श्रेष्ठ काव्य विरही प्राणों की दारुण व्यथा और अन्तर्पीड़ा की कचोट से पैदा हुआ है। विरह विदग्ध प्रेमी के प्रत्येक अश्रु बिन्दु में अमर काव्य सृजन की शक्ति है। इसीलिए सरस काव्य का प्रत्येक पद आँसुओं से भीगकर कागज पर उतरता है, सिसकियों से सज कर वाणी का शृंगार बनता है और आत्मक्रन्दन के रूप में संगीत को मधुरिमा प्रदान करता है। मीरां का काव्य यहीं से आरम्भ होता है।"[151]

मीरां के गीतिकाव्य में उनकी विरहासक्ति का सविस्तार वर्णन है। उनकी प्रेमबेलि का सिंचन उनके आँसुओं से ही हुआ था। श्रीकृष्ण के अनुपम दिव्य रूप ने उनके हृदय में आसक्ति का बीजारोपण किया था। प्रिय के वियोग ने उनके प्राणों को अधीर बना दिया। वे उद्विग्नता से प्रभु को पुकार-पुकार कर कहती हैं :

"प्रभु जी कह्या गयां नेहड़ा लगाय
छोड्या म्हां बिसवास संगाती प्रीतरी बाती जळाय
बिरह समंद में छोड़ गयां छो नेह की नाव चळाय
मीरां रे प्रभु कबरे मिलोगा, थे बिण रह्या णा जाय।"[152]

"हे विश्वासघाती प्रियतम, तुम प्रीति लगाकर कहाँ चले गए ? तुमने मेरे हृदय में नेह की ज्योति जला दी है। किन्तु फिर त्याग क्यों कर गए ? स्नेह नौका में मुझे बैठाकर विरह के समुद्र में किसके सहारे छोड़ दिया ? हे प्रभु, तुम कब मिलोगे ?

एक अन्य गीत में वे अपनी विरह व्यथित अवस्था का चित्रण करती हुई कहती हैं :

"आवां मोहणा जी जोवां थारी बाट
खाण पाण म्हारे णेक णा भावां णेणा खुलां कपाट
थे आयां विण शुख णा म्हारो हिवड़ो घणो उचाट
मीरां थे विण भई बावरी, छांड्यां णा बिरबाट।"[153]

मीरां की परमविरहासक्ति देखते ही बनती है। उसका वर्णन वियोग की सही स्थिति को दर्शाने में असफल रहता है। वियोग की पीड़ा के असह्य हो जाने पर वे 'कासी करवट' ले लेना चाहती हैं। वे बारम्बार यही कहती हैं, "हे प्रभु जी, आपके वियोग में मुझे किसी भी भाँति चैन नहीं पड़ता, मेरा सुख-चैन सब चला गया है। हे दुःखनाशक प्रभु, आप कब मिलेंगे ?"[154]

परम वियोगिनी मीरां आत्मलीन रहने लगती हैं। वे अपनी पीड़ा में डूबी समस्त सांसारिक उपकरणों से विरत हो जाती हैं। किसी का उपदेश वे सुन नहीं पातीं। उनकी निद्रा समाप्त हो गई है। वे अपनी व्यथा किसी से कह नहीं पातीं। उनकी पीड़ा अनुभवगम्य है, इन्द्रियातीत है।

इस प्रकार मीरां के गीतिकाव्य के अधिकांश चित्र परम विरहासक्ति सम्बन्धी हैं। सत्य तो यह है कि मीरां का सम्पूर्ण काव्य परमविरहासक्तिमय ही है।

पंच कर्म और मीरा

'प्रपत्ति वैष्णवभक्त की मानसिक भावना है। उसी प्रकार व्यावहारिक अनुष्ठान के लिए पंच कर्म की संज्ञा दी गई है :

वैष्णव जन भगवद्पूजा हेतु रात्रि एवं दिन को पाँच भागों में बाँटते हैं, इन्हें पंचकर्म कहा गया है।"[155]

ये पंच कर्म निम्नलिखित हैं :

(1) अभिगमन, (2) उपादान, (3) इज्या, (4) अध्याय, (5) योग, (अष्टांग योग का अनुष्ठान)

मीरां के गीतिकाव्य में इन पंच कर्मों का उल्लेख नहीं है किन्तु यह विश्वास किया जा सकता है कि उनके वैयक्तिक जीवन में 'अष्टांग योग' को छोड़कर अन्य कर्मों को स्थान प्राप्त होगा।

मीरां की भक्ति भावना का शास्त्रीय विवेचन करने के उपरान्त यह सिद्ध हो जाता है कि वे शास्त्रीय ज्ञान से अनभिज्ञ नहीं थीं। जीव गोस्वामी से उनका वार्तालाप प्रसिद्ध है। प्रेमलक्षणा भक्ति में जीव एवं ब्रह्म के परस्पर सम्बन्ध का ज्ञान भी उन्हें था। श्रीमद्भागवत के कुछ प्रसंग उनके गीतिकाव्य में गृहीत हुए हैं। दर्शन एवं शास्त्र सम्बन्धी ज्ञान होने के उपरान्त भी उन्होंने अपने गीतिकाव्य का प्रणयन शास्त्रीयता के आधार पर नहीं किया। इससे हमारी यह धारणा पुष्ट होती है कि मीरां शास्त्राभ्यासी नहीं, शास्त्र-सिद्ध थीं। मीरां की भक्ति पर शुद्ध भावनात्मक दृष्टिकोण से विचार करने पर दो भावनाओं का प्राधान्य दृष्टिगत होता है।

(1) विनय भावना और

(2) माधुर्य भावना।

मीरां की विनय भावना

मीरां का जीवन संघर्षों की कटु अनुभूतियों से परिपूर्ण था। इतने लांछन और प्रतारणाओं को पाकर उनका भावुक हृदय अशरण शरण भगवान श्रीकृष्ण के चरण कमलों के प्रति सहज ही अनुरक्त हो गया था। संसार के प्रति उनके मन में अमिट रोष और उपेक्षा थी। ईश्वर-सान्निध्य, सन्त-संगति और भगवद् भजन से उनकी उपर्युक्त भावनाओं की अन्तिम परिणति वैराग्य में हुई। इसमें संसार को समझ लेने का भाव ही प्रमुख था। मीरां का मन संसार की आसक्तियों से विरक्त हो गया और तब उन्होंने अपने सर्वशक्तिमान प्रभु के प्रति अत्यन्त आर्त होकर आत्मनिवेदन किया। विनय भावना सम्बन्धी समस्त गीतों में उनका आर्त हृदय और उसकी करुण पुकार ही उजागर हुई है।

"मीरां के विनय सम्बन्धी गीतों के आलम्बन ब्रजनायक रसिक लीला पुरुष नहीं, अपितु वह महिम अलौकिक पुरुष हैं जिसके पद-कमलों के स्पर्श मात्र से पतितों के नायक और अधमों में अधम नीच से नीच प्राणी भी तर जाते हैं।"[156]

इन पतित उद्धारक के प्रति मीरां के हृदय में गहन आस्था एवं अपरिमित विश्वास है। अपनी सामाजिक प्रतिष्ठित स्थिति से सर्वथा निर्लिप्त, सामाजिक लोक-लज्जा का परित्याग कर, अदम्य विश्वास के साथ श्रीकृष्ण को अपना सर्वस्व समर्पित कर देने वाली मीरां की भक्ति-भावना अपने आपमें अद्वितीय है।

'म्हारां' रो गिरधर गोपाळ दूसरां णा कूयां, कहनेवाली मीरां अपने आराध्य के प्रति अनन्य श्रद्धायुक्त हैं।"

भगवद् अनन्यता के लिए मर्यादा का ऐसा त्याग अत्यन्त उत्कृष्ट भक्तिभावना को

दर्शाता है। वे अपने 'हरि' से विनय करती हैं :

"हरि म्हारा जीवन प्राण अधार
ओर आसिरो णा म्हारा थे विणा तीणू लोक मझार
थे बिणा म्हाणे जग णां सुहावां निरख्यां जन संसार
मीरां रे प्रभु दासी रावली ळीज्यो णेक णिहार।"[157]

एक गीत में मीरां पतितोद्धारक भगवान से विनय करती हैं :

"अब तो निभायां बांह गह्यां री ळाज
असरण सरण कह्यां गिरधारी पतित उधारण पाज
भो सागर मझधार अधारां, थे विंग धणो अकाज
जुग जुग भीर हरां भगतां री, दीश्या मोच्छ नेवाज
मीरां सरण गह्या वरणां री, लाज रखां महाराज।"[158]

'तरण तारण प्रभु' ने न जाने कितनों को मोक्ष प्रदान किया। अपनी बाल भगवान से प्रार्थना करती वे कहती हैं, प्रभु मेरी बिनती पर भी ध्यान दीजिए। मीरां कहती हैं, इस संसार में मेरा कोई सगा स्नेही नहीं है। मैं निःसहाय हूँ। हे आर्तोद्धारक आपसे मीरां अरज करती है, मुझे सहारा दीजिए मुझे भी संसार सागर से उबार लीजिए :

"राव डो बिड़द म्हाणो णूढ़ो ळागां पंडित म्हारो प्राण
शगां शणेहां म्हारे णां काई बरयां सकल जहाण
ग्राह्य गह्यां गजराज उबार्यां अछत करयां वरदान
मीरां दासी अरजां करतां, म्हारो सहारो णाआणं।"[159]

भवसागर के मँझधार में डूबते भक्त को एक मात्र भगवान ही आलम्बन दृष्टिगत होते हैं। मीरां ने अपनी ऐसी ही दशा का वर्णन करते हुए कहा है कि अपार सागर में अकेली मैं ही नहीं हूँ, मेरे ऊपर अपरिमित पापों का बोझ भी लदा हुआ है; अतः एक मात्र स्याम ही सहारा हैं। अपने हरि अविनासी से वे प्रार्थना करती हैं :

"स्याम म्हां बांहडियां जी गह्यां
भो सागर मँझधार बूडयां थारी सरण लह्यां
म्हारे अवगुण बार अपारां थे विण कूण सह्यां
मीरां रे प्रभु हरि अविणासी ळाज बिरद री बह्यां।"[160]

संसार की ओर से सच्चे भक्त का मन विरक्त हो जाता है। संसार के समस्त बन्धन उसे झूठे जान पड़ते हैं। मीरां का मन भी संसार के सुख-दुःख और इसकी माया से हट गया था। वे जगत के क्रियाकलापों, व्यवहारों से परांगमुखी हो, प्रतिक्षण हरि की ओर उन्मुख होने लगीं :

"यो सागर-जग-बन्धन झूठां झूठां कुण रां ण्याती।
पल पल थारां रूप निहारां, णिरख णिरस मदमाती
मीरां रे प्रभु गिरधर नागर, हरि चरणा वित राती।"[161]

वे अपने मन को भगवान के चरण कमलों की वन्दना करने के लिए बारम्बार प्रेरित करती हैं। तीर्थों, व्रतों की निस्सारता का उपदेश देती हुई मीरां मानव देह की नश्वरता का बार-बार ध्यान दिलाती हैं। जो कुछ इस संसार में है वह सब क्षणिक है। एक निश्चित अवधि में समाप्त हो जानेवाला है, फिर भी मन ईश्वर के चरणों से अनुराग क्यों नहीं करता ! अबला मीरां करबद्ध प्रार्थना करती हैं, आप अपनी शरण में मुझे स्थान दीजिए।"[162]

मीरां को अपनी लघुता और आराध्य की महत्ता का ज्ञान होता है। आध्यात्मिक साधना, जैसे एक निश्चित सीमा में बँधे साधना-मार्ग पर चलकर उस अपार असीमित प्रभु को कैसे पाया जा सकता है ? यह प्रश्न उनके अन्तस् को मथकर रख देता है, उनके अन्तर्चक्षु खोल देता है। आन्तरिक हीनता का बोध होने पर वे अत्यन्त दीनता से भरकर आर्तकातर स्वर में जगतारण, भवभीत निवारण प्रभु से अपनी लाज रख लेने की प्रार्थना करती हैं :

"छोड़ मत जाज्यो जी महाराज
म्हां अबला बड़ म्हारो गिरधर थे म्हारे सरताज
म्हा गुनहीन गुणासागर नागर म्हां हिबड़ो रो साज
जगतारण मो मीत निवारण थे राख्यां गजराज
हारयां जीवण सरण रावलां कंठे जावां ब्रजराज
मीरां रे प्रभु ओरणा कांई राणां अबरी लाज।"[163]

मीरां की अरज है, हे प्रभु ! मेरा बेड़ा पार कीजिए। इस जगत में मैंने बहुत दुःख झेले, बहुत कुछ भोगा, बहुत शोक मिला, कर्मों के इस बन्धन में बँधी मैं संसार सागर की चौरासी लाख योनियों की धाराओं में बही जा रही हूँ। अब आपका ही एक मात्र आसरा है। अब आप ही मुझे बारम्बार आवागमन के चक्र से उबार सकते हैं।

"कांई म्हारो जणम बारम्बार
पुरबला कोई पुन्न खूट्यां माणशां अवतार
बढ़या छिण छिण घट्या पळ पळ जात णा कछ बार
बिरछ रां जो पात टूट्यां लाम्यांणा फिर डार
मै समुंद अपार देखां अगम ओखी धार
ळाळ गिरधर तरण तारण बेग करश्यों अपार।"[164]

मीरां की ये सभी गीतियाँ अपनी आत्माभिव्यक्ति की सहजता एवं गेयत्व की दृष्टि से अतुलनीय हैं।

मीरां को अपने प्रभु की करुणा पर अगाध विश्वास है। मीरां का विश्वास प्रमाणों के सुदृढ़ आधार पर निर्मित है। राणा जी द्वारा भेजे विष के प्याले को इन्हीं गिरधर ने अमृत के प्याले में परिवर्तित कर दिया। 'नाग पिटार्‌या' को सेली सोने की बना दीं। अन्य जीवों के ऊपर उनकी करुण वर्षा करने की जाने कितनी सत्य कथाएँ प्रचलित हैं। मीरां को अब तक तो विश्वास का संबल था कि देर सबेर भवभयहारी प्रभु मेरी विनती अवश्य ही सुनेंगे, पर अबेर होती देख वे भगवान को उनके विरद की स्मृति दिलाकर कातरता से भरकर पूछती हैं:

"म्हां सुण्यां हरि अधम उधारण।
अधम उधारण भवमय तारण
गज बूड़तां अरज सुण धावां, भगतां कष्ट निवारण
द्रुपद सुतां रो चीर बवण्यां दुसासण मद मारण
प्रहलाद परतग्या राख्यां हरणाकुस रो उदर विदारण
थे रिख पत्नी किरपा पायां विप्र शुदामा विपत विदारण
मीरां रे प्रभु अरजी म्हारी, अब अबेर कुण कारण।"[165]

मीरां के अनेक पदों में यही भावना बारम्बार दोहराई गई है। मीरां विभिन्न उदाहरण दे देकर स्वयं को भी सामने रख देतीं हैं—'मीरां दासी सरण तिहारी।'

शरणागत की कैसी सुन्दर विनय है। मीरां के विनय सम्बन्धी अनेक गीतों में इसी शीलगत सौन्दर्य के दर्शन होते हैं। मीरां को उन्हीं प्रभु का एक मात्र सहारा है। स्वयं को उन्हीं के आश्रित छोड़कर वे पूर्ण निश्चिन्त हो जाती हैं।

उन्हें भरोसा है कि प्रभु उद्धार करेंगे, चाहे जैसे भी हो।

ऐसा विश्वास, ऐसी गहन दृढ़ता, भक्ति की चरमावस्था में ही उपज सकती है। मीरां ने उस दिव्य स्थिति को हस्तगत कर लिया है :

"पिया म्हारे णेणां आगां रहज्यो जी।
णेणा आगां रहज्यो म्हाणे, भूळ णा जाज्यो जी
भो सागर म्हां बूड़यां, चाहां, स्याम बेग सुध लीज्यो जी
राणा भेज्या बिखरो प्यालो थे इमरित बर दीज्यो जी
मीरां रे प्रभु गिरधर नागर, गिळ बिछरण मत कीज्यो जी"[166]

मीरां की इस भक्ति का प्रसाद उन्हें मिला : ईश्वर सान्निध्य, पूर्ण मिलन एवं अक्षुण्ण आत्मानन्द। धीरे-धीरे जग छूटता गया, भव-बन्धन टूटते गए, मीरां का साधनाजन्य विश्वास बढ़ता गया। उनके विरह कातर हृदय की पुकार, करुण पुकार ईश्वरीय श्रद्धा में और श्रद्धा गहन प्रगाढ़ अनुराग में रँग गई। यही अनुराग, ईश्वरीय प्रेम का भाव अन्ततोगत्वा मीरां की प्रेम साधना का, उनके भक्तिपूर्ण जीवन का मूल बिन्दु बन गया।

मीरां की माधुर्य भावना

माधुर्य भाव भक्ति को अपार्थिव श्रृंगार की संज्ञा दी गई है। शास्त्रों में इसे उज्ज्वल रस मणि माना गया है। रूप गोस्वामी ने भक्ति रस की विवेचना करते हुए 'मधुर रस' का निरूपण भी किया है।

मधुर रस के आलम्बन ब्रजवासी श्रीकृष्ण हैं। मुरलीनाद, सखा, सखी आदि उद्दीपन हैं। अश्रु रोमांच, प्रकम्पन, वैवर्ण्य आदि अनुभाव हैं। निर्वेद, हर्ष, औत्सुक्य, संचारी भाव के अन्तर्गत आते हैं। इसके दो भेद हैं : संयोगात्मक एवं वियोगात्मक मधुर रस।

माधुर्य भावना और श्रृंगार भावना में केवल आलम्बनगत भेद ही होता है। माधुर्य भावना अलौकिक आलम्बन के प्रति होने के कारण प्रिय की प्रत्यक्ष रूप में प्राप्ति नहीं हो पाती इसीलिए अतृप्ति की भावना प्रमुख होती है। यद्यपि मिलन-भावना सम्बन्धी चित्र भी माधुर्यासक्ति में मिलते हैं परन्तु ऐन्द्रिय तृप्ति के नहीं। आराध्य मनोस्थित होता है। अतः काल्पनिक अथवा मानसिक संयोग ही सम्भव है। अतः अध्यात्म पुरुष के प्रति शारीरिक विह्वलता अथवा प्रिय से कल्पित मिलनानुभूति की तन्मयता जब अभिव्यक्ति में काव्य का रूप ग्रहण करती है, तभी सच्ची माधुर्यानुभूति की सृष्टि होती है।

मीरां की भक्ति उनकी कान्त्यासक्ति के अन्तर्गत आती है, उन्होंने अपने आराध्य गिरधर नागर को आजीवन पति रूप में स्वीकार किया तथा अनेक गीतों में उन्हें स्वामी, जणम जणम रो शाथी, 'मेरो पति' कहकर स्मरण किया है। इस दृष्टि से मीरां का प्रेम स्वकीया प्रेम का द्योतक है। परकीया प्रेम में जहाँ मान, दूती आदि साधनों की आवश्यकता होती है वैसी स्थिति मीरां के प्रेम में नहीं है।

मीरां एक गीति में स्वप्न में श्रीकृष्ण के साथ अपने परिणय की बात कहती हैं। अतएव श्रीकृष्ण की चिरसंगिनी के रूप में स्वयं को मान्यता प्रदान करनेवाली मीरां सर्वात्मभावेन एकनिष्ठता से आत्म निवेदन और आत्मसमर्पण द्वारा कृष्ण के प्रति अपने मधुर सम्बन्ध को प्रकट करती हैं।

मीरां के गीतों में माधुर्य भावना के दोनों पक्षों—संयोग एवं वियोग की गहन अनुभूतियों को वाणी मिली है। उनकी माधुर्यासक्ति में लौकिक प्रेम के सदृश् जो उद्दाम वेग है, प्राणवंतता एवं सजीवता है, वह अनुपम है।

डॉ. प्रभात इस सम्बन्ध में लिखते हैं :

"सामान्यतः नारी के कर्त्तव्य की चरम सीमा उसके प्रेयसी होने में ही समाप्त नहीं होती, उस पर मातृत्व का गुरु भार भी आता है, पर मीरां के जीवन में मातृत्व अंकुरित नहीं हो पाया। वैधव्य की अनल ने उसे असमय में ही झुलसा दिया। इसी अतृप्त प्रणय और अनंकुरित मातृत्व के कारण आध्यात्मिक क्षेत्र में उनका माधुर्य भाव (रमणीत्व) लौकिक तीव्रता के साथ उभरा। मीरां का प्रणय भाव आध्यात्मिक होते हुए भी लौकिक दृष्टि से स्वाभाविक और सहज है। सामाजिक सम्बन्धों और रूढ़ नैतिकता के सबल बाँधों की उपेक्षा करके, नारीत्व के प्राणों में मचलती हुई आत्मसमर्पण की चिरन्तन दुर्दम्य

कामना ही मीरां के काव्य का मूल उत्स है।"[167]

प्रेम के प्रायः सभी सांसारिक सम्बन्धों को मीरां ने इस लोक से उठाकर पारलौकिक स्तर पर श्रीकृष्ण से जोड़ा है। मीरां का प्रेम अलौकिक भूमि पर लौकिक है।

मीरां का प्रेमभाव प्रियतम के रूप-सौन्दर्य एवं गुणों से आकर्षित होकर उत्पन्न होता है। मीरां के नेत्रों ने संसार के सौन्दर्य को नहीं देखा। गिरधर की रूप माधुरी से उनके नेत्र बँध जो गए थे। उनकी श्रवणेन्द्रिय इस लोक के स्वरों को अनसुनी कर चुकी थी। उनके कानों में कृष्ण की वेणु की मधुर ध्वनि पड़ चुकी थी। जिह्वा इस जगत के स्वादु पदार्थों को पूरी तरह भूलकर कृष्ण के अधरपान की तृष्णा में डूबी हुई थी। उनकी त्वचा प्रिय के स्फूर्तिप्रद स्पर्श और उनका मन श्रीकृष्ण के संग रमण करने में मगन हो चुका था। प्रियतम के चरणों में उन्होंने अपनी समस्त कामनाओं और आकांक्षाओं को समर्पित कर दिया था।

मीरां की माधुर्य भावना सम्बन्धी पदों में संयोग एवं वियोग दोनों ही पक्ष प्रबल है। संयोग का आत्मोल्लास एवं वियोग के उच्छ्‌वास दोनों ही उनके पदों में अपने चरम रूप में सफलतापूर्वक अभिव्यक्त हुए हैं। मीरां के प्रियतम अपार्थिव हैं अतः संयोग की अनुभूति अप्रत्यक्ष रूप से कल्पनाजनित है।

वियोगजनित गीतों में जिस परिपक्वता और आन्तरिकता के दर्शन होते हैं, वह अद्वितीय है क्योंकि प्रिय का अभाव यथार्थतः है ही, अतः प्रेम की पराकाष्ठा वियोग में अभिव्यक्त हुई है। अन्य कृष्णभक्त कवियों की अपेक्षा मीरां की माधुर्य भक्ति निराली है जिसके अपने कुछ विशेष कारण हैं :

मीरां की शैली प्रत्यक्षानुभूतिपरक थी। वे अपनी प्रेम-भावना की आश्रय स्वयं ही हैं, अन्य कवियों की भाँति गोपियों या राधा के रूप की कल्पना उन्हें नहीं करनी पड़ी। गोपियों अथवा राधा के स्थान पर स्वयं को रखा है। अपने गिरधर की प्रेयसी मीरां अपने प्रायः समस्त गीतों में प्राण प्रिया, पत्नी, दासी बनी हुई हैं। माधुर्य भाव का ऐसा सीधा, सरल स्पष्ट प्रकाशन अन्यत्र नहीं मिलता। परिणामतः इनके काव्य में हृदय को स्वाभाविक रूप से अभिभूत कर लेने की अपरिमित शक्ति है।

आंचार्य रामचन्द्र शुक्ल जी का यह कथन सर्वथा उपयुक्त है :

"माधुर्य भाव की जैसी व्यंजना स्त्री भक्तों के द्वारा हुई है वैसी पुरुष भक्तों के द्वारा न हुई है, न हो सकती है। पुरुष के मुँह से वह अभिनय रूप में प्रतीत होती है। उनमें वैसा स्वाभाविक भोलापन, वैसी मार्मिकता और कोमलता नहीं आ सकती। पतिप्रेम के रूप में ढले हुए भक्ति रस में मीरां की संगीत-धारा का जो माधुर्य है वह भावुक हृदयों को और कहीं शायद ही मिले।"[168]

माधुर्यभावोपासक अनेक भक्त कवियों ने स्थान-स्थान पर शुद्ध शृंगारिकता के सागर में गोते लगाए हैं। लौकिक शारीरिकता का स्वर इनमें अत्यन्त तीखा सुनाई पड़ता है। ये माधुर्यभावोपासक नीवीबन्धन, परिरम्भन, चुम्बन, आलिंगन के चित्रांगों को भी बड़ी सहजता से आत्मसात् कर गए हैं। मीरां की माधुर्योपासना इन सब दोषों से सर्वथा

मुक्त है। माधुर्य भाव का ऐसा शुद्ध सात्विक प्रकाशन मीरां की अन्यतम विशिष्टता है। मीरां अपने प्रभु की प्रिया हैं किन्तु संयोग के क्षणों में भी उनका भाव प्रकाशन अत्यन्त सीमित है, ये उल्लेखनीय तथ्य हैं।

मीरां सम्प्रदाय-मुक्त थीं। दार्शनिक मतवाद के फेर में वे नहीं पड़ीं। ना ही किसी विशिष्ट सम्प्रदाय की साधना-पद्धति या सेवा-विधि के प्रति वे आकृष्ट हुईं। अतएव उनकी अभिव्यक्ति में कहीं भी सायास भावारोपण की प्रवृत्ति नहीं दीख पड़ती। वे केवल भक्त थीं, प्रेमासक्त भक्त। अतएव उनके कोमल, निश्छल हृदय की अन्तःसलिला का निर्बाध प्रवाह उनके गीतों में भी उतना ही निर्बाध एवं निर्द्वन्द्व है।

मीरां के प्रियतम यद्यपि सगुण साकार गिरधर हैं तथापि वास्तविक रूप में वे निर्गुण निराकार ही हैं। इस कारण मीरां के काव्य में रहस्यात्मकता का सहज समावेश हो गया है। किन्तु यहाँ भी उनकी रहस्यभावना अन्य भक्त रहस्यवादियों से सर्वथा विलक्षण है।

तात्विक दृष्टि से मीरां के गीतिकाव्य में माधुर्य भाव के अन्य चारों रूपों का समावेश भी हो गया है।

दाम्पत्य भाव की माधुरी के अतिरिक्त माधुर्य भक्ति के जिन अन्य चार रूपों का मीरां के गीतों में चित्रण स्वतः हो गया है वे क्रमशः इस प्रकार हैं :

ऐश्वर्य माधुरी,
वेणु माधुरी,
विग्रह माधुरी और
क्रीड़ा माधुरी।

उपर्युक्त में प्रथम तीनों माधुर्य भक्ति रूपों का उनके काव्यों में विस्तृत वर्णन है, अन्तिम क्रीड़ा माधुरी का वर्णन उन्होंने आंशिक रूप में किया है। भगवान श्रीकृष्ण द्वारा कालीनाग नाथने की लीला का वर्णन मीरां ने अपने एक गीत में किया अवश्य है किन्तु वहाँ भी उनका प्रमुख भाव श्रीकृष्ण की शक्तिमत्ता का परिचय देना है।

इसका कारण प्रमुख रूप से यही है कि मीरां के आराध्य बालकृष्ण नहीं, अपितु किशोर व युवा श्रीकृष्ण थे जिन्हें मीरां ने पति रूप में वरण किया था।

अन्ततः मीरांबाई की माधुर्य भावना के सम्बन्ध में यही कहा जा सकता है कि माधुर्य भावोपासना सम्बन्धी सभी गीत उनके जीवन के साक्षात् अनुभव है।

जिस प्रेमभावना का उदय प्रियतम श्रीकृष्ण की रूपछटा एवं गुणों में आकर्षण पाकर होता है, वही प्रिय के वियोग में तप्त स्वर्ण की भाँति निखर उठती है, प्रियतम में अधिकाधिक आसक्ति जगाती है। वियोग की अपार व्यथा को सहती मीरां की यह प्रेमासक्ति अन्त में अपने चरम ध्येय को जो अन्तिम लक्ष्य बिन्दु श्रीकृष्ण के मिलनानन्द में प्राप्त कर लेती है। मीरां के ये सभी अनुभव बड़े तीव्र प्रभावकारी जीवन्त एवं स्वाभाविक और सहज हैं। इस सम्बन्ध में डॉ. देवकृष्ण झारी का यह कथन उद्धृत करना अप्रासंगिक न होगा :

"मीरां की माधुर्य भावना में जो भक्ति की सत्यता, प्रेम की जो टीस, अनुभूति

की जो गहराई और प्रामाणिकता पाई जाती है वह अन्य किसी भी कवि में नहीं।"[169]

मीरां के वियोग भावना सम्बन्धी गीत

प्रेम की चरम परिणति विरह में होती है। वियोग प्रेम का तप्त स्वर्ण है। प्रेम का परिपूर्णत्व, घनीभूत वियोग पीड़ा में ही माना गया है। यह भी कहा गया है कि विश्व के सर्वाधिक सफल और अमर काव्य वे हैं जिन्हें अश्रुओं से लिखा गया है।

वियोग प्रणय की साधना है, संयोग उसकी सिद्धि है। मीरां के गीतिकाव्य में यही साधना पक्ष प्रबल है। मीरां की चिरन्तन विरह साधना उनकी अनन्य प्रेमाकुलता की प्रतीक है। मीरां का लगभग सम्पूर्ण गीतिकाव्य इसी विरह वेदना से आपूरित है। उसमें मीरां के अतीन्द्रिय, अलौकिक प्रियतम के लिए विरहाग्नि जल रही है जो उनके मनोजगत का मन्थन कर रही है। इस विरह सागर की थाह प्राप्त करना अत्यन्त दुष्कर है। शब्दों के बाँध में मीरां की व्यथा बाँधी नहीं जा सकती।

मीरां का प्रेमी हृदय विरह अग्नि में तप-तपकर कृष्णमय हो गया था। मीरां का प्रेम अनोखा है जो विरह से आरम्भ होकर विरह में ही समाप्त हुआ है। विलक्षण गाम्भीर्य और मर्यादित स्थितियों का सहज समावेश मीरां के विरह सम्बन्धी गीतों की अन्यतम विशिष्टता है। मीरां की विरह साधना जन्म-जन्म की बिछुड़ी हुई आत्मा की आराध्य के प्रति प्रगाढ़ अनुरक्ति और दर्द-भरी वियोग-व्यग्रता की विरह साधना है जिसमें उनके नारीत्व ने बड़ी सहजता, जीवन्तता और तन्मयता ला दी है। तीव्र विरहात्मक स्वभावोक्तियाँ मीरां के गीतों की प्राण हैं।

मीरां के वियोग का आरम्भ यहीं से होता है :

"सांवरे मार्‍या तीर
री म्हारा पार निकल गयां तीर, सांवरे मार्‍या तीर
विरहा अनळ लगा उर अन्तर, व्याकुल, म्हारां सरीर
चंचल चित्त चल्यां णा चाळां बांध्या प्रेम जंजीर
क्यां जाणा म्हारो प्रीतम प्यारो या जाणा म्हारा पीर
म्हारो कांई णा बस सजणी नैण झरयां दो नीर
मीरां रो प्रभु थे बिछुड्यां बिण प्राण धरत णा धीर"[170]

मीरां के वियोग सम्बन्धी शीर्षस्थ गीतों में से यह गीत एक है। म्हारों कांई णा बस सजणी नैण झरयां दो नीर" इस पंक्ति में नारीत्व की निरीहता का बड़ा ही सजीव अंकन हुआ है। व्यथा की पराकाष्ठा है। चंचल चित्त चलना नहीं चाहता, प्रेम की जंजीर ने उसे बाँध रखा है। मीरां की व्यथा का पारावार तो वह प्रियतम भी नहीं पा सके जिन्होंने यह पीड़ा प्रदान की है। अपने प्रियतम के बिना मीरां का प्रेम पिपासु हृदय क्षण-भर भी चैन नहीं पाता :

"घड़ी वैण णां आवडां, थे दरसण विण
धाम णा भावां नींद णा आंवा, विरह सतावा
घायड री घुमां फिरां; म्हारो दरद णा जाण्यां कोय
प्राण गुमायां झूरतां रे णेण गुमायां रोय
पंथ निहारां डगर मंझारा, अभी मारग जोय
मीरां रे प्रभु कब रे मिलोगां, थे मिळया शुख होय"[171]

मीरां की वेदना अनेक युगों से प्रियतम से बिछुड़ी प्रणयातुर आत्मा की वेदना है। वे स्वयं को आराध्य प्रियतम की जन्म-जन्म की दासी समझती हैं। मन के सम्पूर्ण आवेश के साथ सर्वस्व समर्पण की भावना उनके प्रत्येक गीत में निःसृत हुई है :

"पीया बीणां रहयां णा जांवां
तण मण जीवण प्रीतम बासां
निसदिण जोवां बाट कब रूप लुभावां
मीरां रे प्रभु आसा थारी, दासी कंठ आवां।"[172]

वियुक्त प्रियतम से मिलन की लगन में ही उनका जीवन टिका हुआ है। अन्यथा प्राण-पखेरु कब के मुक्त होकर उड़ गए होते। मीरां की प्रतीक्षा अनन्त है। सारी रात्रि पन्थ निहारते आँखों ही आँखों में जागते रहकर काट देती हैं। सखियों का समझाना, सीखें देना, कुछ भी मन को अच्छा नहीं लगता। अन्तस् की पीर भीतर ही भीतर व्याकुलता को बढ़ाती रहती है, उसे कोई जान भी तो नहीं सकता।

"सखी म्हारी णीद णसाणी हो।
पिय रो पंथ निहारतां शब रेण बिहाणी हो
सखियां शव मिल शीख दयां मण एक णामाणी हो
बिन देख्यां कळ णा पड़ा, मण रोस णा ठाणी हो
अंग खीण व्याकुळ भैया मुख पिव पिव वाणी हो
अण्तर बेदण बिरह री, म्हारी पीड़ णा जाणी हो
ज्यूं चातक घण कूं रढा मछरी ज्यूं पाणी हो
मीरां ब्याकुल बिरहणी, सुध बुध बिसराणी हो।"[173]

चातक और मछली प्रेमादर्श के सर्वप्रमुख भारतीय उदाहरण माने जाते हैं। मीरां की पीड़ा को यद्यपि अभिव्यक्त नहीं किया जा सकता तथापि 'चातक' एवं 'मीन' को ही मीरां ने अपनी व्यथा की अभिव्यक्ति के लिए उचित चुना।

प्रियतम परदेस जा बसे हैं और वहाँ जाकर विरहिणी को भूल भी गए हैं, मीरां उन्हें पाने के लिए चारों दिशाओं में भगवा धारण किए ढूँढ़ती फिरती हैं। उनके मिलन बिना यह जीवन अपूर्ण ही मानती हैं :

"सांवड़िया म्हारो, छाय रह्या परदेस
म्हारा बिछड्या फेर ना मिळया, भेज्यां णा एक शन्नेस
रतन आभरण भूषण छाड़या खोर कियां शर केस।
भगवां भेख धर्यां ले कारण ढूढ़या चारयां देस
मीरां रे प्रभु स्याम मिलण बिणा जीवणं जणम अषेस"[174]

स्याम के बिना उन्हें 'जग खारा' लगता है और 'जग सारी बातां' उन्हें 'कांची' जान पड़ती है।[175]

वियोगिनी रात्रिपर्यन्त सो नहीं पाती। निद्रा की प्रतीक्षा करती है, वह तो आती नहीं और कैसे प्रातःकाल शीघ्र आ जाए, यह वह जानती नहीं। सिर्फ एक बेबसी है जिसे मीरां ने अपने गीत में उतारकर रख दिया है :

"तड़फां तड़फां जीयरां जायां, कब मिळयां दीणाणाथ
भवां बावरां शुध बुध भूळां पीव जाण्या म्हारी बात
मीरां पीड़ा शोई जाणा भरण जीवण जिण हाथ।"[176]

ज्वालामुखी के लावे के समान ज्वलन्त वेदना मीरां के गीतों की मूलभूत विशेषता है। अधीन प्राणों की उद्विग्नता से वे अपने प्रभु को ढूँढ़ती और पुकारती थीं—हे प्रभुजी, तुम प्रीति लगाकर कहाँ चले गए ? हे विश्वासघाती, तुमने मेरे हृदय में प्रेम की ज्योति जलाकर क्यों छोड़ दिया ? नेह की नौका में बैठाकर तुम मुझे विरह के समुद्र में किसके सहारे छोड़ गए ? प्रियतम, अब तुम्हारे बिना पल-भर काटना भी दुस्साध्य है। तुम कब दर्शन दोगे ?

"प्रभु जी थे कह्यां गया मेहडा लगाय
छोड्या म्हां विसवास संघाती प्रीतरी बाती जळाय
बिरह समंद मे छोड़ गया छो, नेह री नाव चळाय
मीरां रे प्रभु कबरे मिलोगां ये बिण रह्यां णा जाय"[177]

मीरां आजीवन उद्वेलित रहीं, पर इस उद्वेग में कहीं भी वासना का अंश नहीं। उनमें आत्मा के तल से उठकर ऐसा असन्तोष है जो सामान्य हृदय लेकर देखा नहीं जा सकता। अपूर्ति का अवसाद, विरह की व्याकुलता और निरपेक्ष तल्लीन आत्मविस्मृति मीरां की कविता की केन्द्रीय भावानुभूति है।

"सजणी कब मिलश्यां पिव म्हारां।
वरण कंवळ गिरधर शुख देश्यां राख्यां णेणां तेहं
णिरखां म्हारो चाव घणेरो, मुखड़ा देख्यां थारां
प्राण धरयां णा धीरज बेग हरयां म्हा पीरां
मीरां रे प्रभु गिरधर नागर थे विण तपण घणेरा"[178]

अंचल जी का कहना है :

"मीरां की वेदना के पीछे एक कुचले हुए स्वप्न की, एक प्रेमदग्ध हृदय की विकलता है। उस वेदना में एक पार्थिव यथार्थता है। मीरां ने कृष्ण के लिए उसी तीव्र वेदना का अनुभव किया होगा जो एक प्रेमिका अपने हाड़-मांस के प्रेमी के लिए करती है। स्पष्ट है, जब किसी अशरीरी अतीन्द्रिय प्रियतम के लिए वह यातना भोगी जाएगी, वह विरह की आकुलता झेली जाएगी, जो एक स्थूल पार्थिव प्रियतम के लिए अनुभव की जाती है तब उसके सजीव वास्तविकता, जीती जागती यथार्थता के साथ-साथ वैसी भव्यता और दिव्यता होगी। मीरां में इसीलिए मैं मज़ाजी और हकीकी, पार्थिव और अपार्थिव दोनों का मिलन मानता हूँ, उसकी वेदना से इतने सच्चे और सात्विक, इतने स्वाभाविक और देवत्वपूर्ण, इतने साकार और सदेह पर चिर सौन्दर्योन्मुख होने का यही रहस्य है।"[179]

मीरां को प्रिय दर्शन का रसानुभव हो चुका था। इसी दर्शन की पिपासा मीरां को व्यथित किए थी। मीरां का प्रेम स्वकीया का प्रेम था जिसमें विश्वासपूर्ण आत्मसमर्पण की चाहना ही मीरां का अभिप्रेत है :

"स्याम मिळण रे काज सखि उर आरत जानी
तड़फ तड़फ कळ णा पड़ा विरहाणळ ळागी
निश दिन पंथ णिहारा पिवरो पळक णा पळ भर ळागी
विरह भुवंगम डश्यां बड़ेज्या ळहर हळाहळ जागी।
मीरां व्याकुल अत अकुळाणी, स्याम उमंगा ळागी।"[180]

मीरां ने इन्द्रियों के माध्यम से अतीन्द्रिय जगत का प्रेम साकार किया है और श्रीकृष्ण को मानवीय धरातल पर ला खड़ा किया है। मीरां की अनुभूति की तीव्रता और तन्मयता ने दैवीय अलौकिक सत्ता के अधीश्वर कृष्ण को भी देहधारी प्रियतम का बाना धारण करने पर बाध्य किया है। उन्होंने यह सिद्ध कर दिया है कि एक अलौकिक शक्ति से वैसी ही तड़प, बैचेनी, अकुलाहट और एकाग्रता के साथ प्रेम किया जा सकता है जैसा एक मानव से।

"री म्हां बैठ्यां जागां जगत शब शोवां
विरहण बेठ्यांरंग महळ मा णेण लडयां पोबां
तारां गणतां रेण बिहावां शुख घड्यां री जोवां
मीरां रे प्रभु गिरधर नागर, मिळ बिछड़ण णां होवा"[181]

जब सम्पूर्ण विश्व निन्द्रामग्न हो जाता है तब वियोगिनी मीरां निरन्तर झरते अश्रुओं की माला बनाती रहती हैं और अश्रुसिक्त नेत्रों से तारों को गिनते-गिनते प्रभात कर देती हैं पर विरह की इस कष्टप्रद निशा का अन्त नहीं।

"मीरां के ये पद प्रेम-पीड़ा की ऐसी ऋचाएँ हैं जिनमें कल्पना का कृत्रिम विलास

न होकर, अनुभूति का सच्चा आवेग है। प्रेम की निर्धूम ज्वाला में जलते हुए प्राणों के ये सिसकते उच्छ्वास है।"[182]

मीरां की व्यथा को वही समझ सकता है जो भुक्त भोगी हो। आँसुओं के जल से जिस प्रेम बेलि को मीरां ने सींचा था, उसकी विकसित अवस्था को वे ही नेत्र देख सकते हैं जिनकी आँखों में अश्रुओं का गीलापन हो और साथ ही हार्दिक भावना का समायोग। दरद दीवाणी मीरां कहती हैं :

"हेरी म्हां तो दरद दीवाणी,
म्हारा दरद णा जाण्यां कोय।
घायळ री गत घायळ जाण्यां,
हिवड़ो अगण संजोय
जौहर कीमत जौहरां जाण्यां
क्या जाण्यां जिण खोय
दरद री मारयां बण बण डोळयां
बैद मिल्या णा कोय
मीरां री प्रभु पीर मिटांगां
जब वैद सांवरो होय।"[183]

प्रिय दर्शन के लिए मीरां अहर्निश प्रार्थना अनुरोध करती रहती हैं। तड़पन-भरे स्वर की ऐसी अनुगूँज मीरां की स्थिति का किंचित् अनुमान लगा देने के लिए पर्याप्त है :

"प्यारे दरशणं दीश्यो आय, थे बिणा रह्या णा जाय,
जड़ बिणा कंवळ चंद बिणा, रजणी, थे बिणा जीवन जाय
आकुळ ब्याकुळ रैण बिहावां, बिरह कळेजो खाय
दिवस णा भूख निदरां रेणां, मुख शूं कहयां णा जाय
कोण सुणे काशूं कहियां री, मिळ पिय तपण बुझायं
क्यूं तरशावां अन्तरजानी, आय मिळो दुख जाय
मीरां दासी जणम जणम री थारो णेह लगाय।"[184]

बिरह की कातरता यद्यपि मीरां के गीतों की अन्यतम विशिष्टता है तथापि दृढ़ता भी उनमें कम नहीं है। प्रेम मार्ग की नानाविध बाधाओं का ज्ञान उन्हें है, साथ ही उन्हें दृढ़तापूर्वक वहन करने की सामर्थ्य भी उनमें अपूर्व है। लोक लाज मर्यादा का अवरोध तो वे सहज ही तोड़ चुकीं थीं :

"बरजी री म्हां स्याम बिणा ण रहयां
साधा संगत हरिशुख पाश्यूं जग शूं दूर रहयां
तण धण म्हारो जावां, जाश्यां, म्हारो सीस ळहयां

मण म्हारो ळाग्यां गिरधारी जग का ळोळ शहयां
मीरां रे प्रभु हरि अविणाशी, थारी सरण गहयां।''[185]

अपनी गहन प्रीति के लिए उन्होंने अपने सम्पूर्ण जीवन को ही न्यौछावर कर दिया था–

''स्याम सुन्दर पर वारां जीवड़ा डारां स्याम
थारे कारण जग जण त्यागां ळोक ळाज कुळ डारां
थे देख्यां बिणकळणा पड़तां, णेणां चळतां धारा''[186]

इसीलिए सामाजिक आलोचना, बदनामी और लोकापवाद के सामने वे कभी भी कुंठित होती नहीं दीख पड़तीं।

मीरां के विरह की गहनता, आन्तरिकता उनके काव्य की व्यापकता के अभाव को पूर्णतया ढक देती है। मीरां की वृत्तियाँ अन्तर्मुखी थीं, अतः ब्राह्य जगत पर उनका दृष्टि-निक्षेप हो ही न पाया। उन्हें प्रकृति के नानाविध रूपों एवं ऐश्वर्य विलासों से तादात्म्य स्थापित करने का ध्यान ही नहीं था। उन्होंने तो बस अपने भोले-भाले नारी हृदय की पीड़ा को किसी आवरण से, किसी रूपक से, प्रच्छन्न न करके, सीधे-साधे शब्दों के माध्यम से गीतों में ढाल दिया है। यही उनके गीतों का वैशिष्ट्य है।

''बिरहा अनळ लागां उर अन्तर, व्याकुल म्हारा सरीर
चंचळ चित्त चळयां णा चाळां बांध्या प्रेम जंजीर।''[187]

विरहाग्नि उनके प्राणों को तप्त करती है, हृदय उस अग्नि से व्याकुल तो है ही, तन की दहन भी कम नहीं है। उनकी एकमात्र आशा बस प्रिय से मिलन की है।

मीरां के वियोग-द्योतक गीतों में दरद की मारी 'नारी' की करुण आतुरता का अतिगम्भीर एवं हृदयग्राही चित्र प्रस्तुत किया गया है। अन्य भक्त कवियों में भी विरहाभिव्यक्ति मिलती है। यदि वैष्णव साहित्य राधा-कृष्ण के वियोग सम्बन्धी गीतों से भरपूर है तो सन्त साहित्य भी इस वियोगाभिव्यक्ति में (आराध्य के निराकार स्वरूप के साथ) पीछे नहीं। 'राम की बहुरिया' नारी हृदय की सहज वियोगभक्ति को अभिव्यक्त करने में सफल हुई है, लेकिन उन समस्त पदों में 'तेरा साईयां तुझ में' का अन्तःस्रोत सतत प्रवाहित परिलक्षित होता है।

मीरां की विरह व्यंजना इन दोनों से सर्वथा भिन्न है। क्योंकि यहाँ न तो वैष्णव साहित्य की अतिशयोक्ति और ऊहात्मकता है और न सन्त साहित्य का तत्त्व चिन्तन ही। बल्कि एक ऐसा दर्द है, एक ऐसी टीस है जिसे कोई नहीं जानता, सम्भवतः जान भी नहीं सकता।

''घायळ री गत घायळ जाण्या हिवड़ो आगण संजोए।''[188]

यह दर्द, यह पीड़ा अनेक मानवीय अन्तर्वृत्तियों और भावनाओं का सम्मिलित रूप है। इसमें कहीं-कहीं खीज भी है, उपालम्भ है, और मुख्य है आत्मसमर्पण की सर्वोपरिता।

मीरां के आँसू गोकुल में बाढ़ नहीं लाते अपितु मोतिन की माला बन जाते हैं जिनका हेतु आराध्य के चरणों की पूजा और समर्पण का उत्स है।

सूर की गोपियाँ मधुवन को कृष्ण वियोग में भी हरा-भरा रहने के लिए धिक्कारती हैं, कटुवचन कहती हैं, परन्तु मीरां स्वयं के कठोर और कठिन हृदय को धिक्कारती हैं जो प्रिय के वियोग में अब तक पाषाणवत स्थिर है। जो इतनी पीड़ा सहन करने के बाद भी फट नहीं गया :

"पिंड मांसू प्राण पापी निकड क्यूं णा जात"[189]

यह उनकी परिस्थितियों के वैचित्र्य से उपजी विवशता है। आराध्य के दर्शनों के लोभ से ये अब भी अटके हुए हैं :

"अबोळणां जुग बीतण ळागां कायां री कुशळात
सावण आवण हरि आवण री, सुण्या म्हाणे बात।"[190]

ये गीतात्मक अभिव्यंजनाएँ हृदयगत भावनाओं के शुद्धतम चित्र हैं। इनमें एक तड़प है, एक टीस है। अधिकांश गीतों में अपने आराध्य प्रियतम से शीघ्रातिशीघ्र दर्शन देने के लिए अत्यन्त करुण प्रार्थना की गई है। इसी सम्बन्ध में अंचल जी का यह कथन अत्यन्त उपयुक्त प्रतीत होता है :

"मीरां की वेदना काँटे के समान दिल में चुभती है, जूही की सुगन्ध के समान मस्त करती है, और आलिंगन के समान विस्मृतिकारी आनन्द से मन को पूर्ण कर देती है। इस वेदना में एक सम्पूर्ण जीवन को ही नहीं, जन्म-जन्मों की, युगों-युगों की अन्तःप्रेरणा और प्राण-पिपासा है। उनके सहज सरल उच्छ्वासों में गहरी कचोट है। जलन की मरुभूमि पर इस कवयित्री ने प्रेम का बिरवा लगाया है। विरह की बेल बोई है, जिसकी जड़ें पाताल में है और जिसकी फुनगी आकाश में गुँथ सलमों-सितारों को छूती हैं। मीरां के गीतों में यह वेदना, यह विरह व्यथा जो किसी के कहने-सुनने की नहीं, भीतर-भीतर संचित करने की पीड़ा है, मीरां के गीतों में ही मिलती है।"[191]

मीरां की वियोग भावना का शास्त्रीय विवेचन

मीरां की वियोगाभिव्यंजना में उनकी लौकिक भावनाओं का आरोपण अलौकिक अपार्थिव के प्रति है। मीरां के गीतों में उनका नारी हृदय ही साकार हुआ है। उनके मानसिक प्रेम में इस जगत की अनुभूतियों का आभास मिलता है।

प्रेम वियोगिनी मीरां के गीतिकाव्य में शास्त्रीय वियोग श्रृंगार की दशाओं की अवस्थिति विचारणीय है।

विरह की प्रचुरता के कारण मीरां काव्य में विप्रलम्भ श्रृंगार की प्रायः सभी स्थितियाँ

बड़ी मर्मस्पर्शी बन पड़ी हैं।

वियोग शृंगार को चार भागों में विभाजित किया गया है :

पूर्वराग,

मान,

प्रवास और

करुण विप्रलम्भ।

पूर्वराग

पूर्वराग के सम्बन्ध में अनेक मतभेद प्रचलित हैं। 'पूर्वराग' को वियोग शृंगार के अन्तर्गत गृहीत किया जाए या संयोग शृंगार के ? यह प्रश्न अत्यन्त प्राचीन काल से लेकर अब तक के विचारकों के मत मन्थन का कारण रहा है। प्राचीन काव्यशास्त्रों में इसे वियोग शृंगार के अन्तर्गत परिगणित किया गया है, क्योंकि पूर्वराग में मानसिक व्यथा अथवा क्लेश की स्थिति बराबर बनी रहती है। आधुनिक विचारकों को यह स्वीकार नहीं। उनका अभिमत है कि पूर्वराग संयोग के पूर्व की स्थिति है, जिसमें व्यथा के स्थान पर अभिलाषा की प्रधानता होती है, अतः इसे संयोग शृंगार के अन्तर्गत परिगणित किया जाना चाहिए।

मीरां के काव्य में इस विवाद का प्रश्न नहीं उठता। क्योंकि मीरां का प्रेम आध्यात्मिक प्रियतम के प्रति होने के कारण अपार्थिव है। उसमें प्रत्यक्ष संयोग के लिए स्थान नहीं, अतः चिरवियोग की दशा आदतन बनी रहती है। अतएव उनमें पूर्वराग विरहमूलक ही माना जाएगा।

प्रिय के रूप सौन्दर्य के दर्शन, गुण श्रवण से पूर्वराग की सृष्टि होती है। रागात्मक सम्बन्ध का एकतार प्रिय की मोहिनी से जुड़ जाने पर प्रेम का प्रस्फुटन होता है। मीरां के पूर्वराग का कारण प्रिय का अनिन्द्य सौन्दर्य ही है। कृष्ण का रूप दर्शन कर उनके हृदय में प्रेम का प्रथम अंकुर फूट पड़ता है। प्रेम के उदय के साथ ही विरह उसमें स्वतः ही रागाहित हो जाता है।

मीरां को अपने प्रिय के दरश परस का सौभाग्य स्वप्न में हुए परिणय में ही प्राप्त हुआ। वैसे देखा जाए तो मीरां का पूर्वराग पूर्वजन्मों से चला आ रहा है। क्योंकि जब वे अपने प्रिय को 'जणम जणम रो शाथी' कहती हैं तो उनका पूर्वानुराग इसी जन्म का नहीं, जन्म-जन्मान्तर की संचित साधना और अनुभूति का विषय बन जाता है।

मीरां ने प्रिय के गुणों का श्रवण एवं कीर्तन भी किया था।

''सांवरी सुरत मण रे बशी

गिरधर ध्याण धरां निश वासर, मूरत मोहण म्हारे बशी।''[192]

इस प्रकार मीरां के पूर्वराग में प्रियतम का गुण कथन, श्रवण, स्वप्न दर्शन एवं स्मृति आदि अवस्थाओं का पूर्ण समाहार है। यही उनकी आध्यात्मिक प्रेम यात्रा का

प्रथम पड़ाव भी है।

मीरां के पूर्वराग में प्रेम भावना का पूर्ण परिपाक है। साथ ही पूर्वराग में गाम्भीर्य का अभाव नहीं। यद्यपि सामान्य तौर पर पूर्वराग की दशा में वियोगानुभूति में वह तीव्रता नहीं पाई जाती जो प्रवास जन्य वियोग में निहित है, किन्तु मीरां की वियोग भावना में यह विशिष्टता है कि वियोग का यह प्रथम भाग ही अपनी तीव्रता और गहनता में अत्यन्त हृदयस्पर्शी है।

उनकी प्रेमभावना चांचल्य एवं अस्थिरता से पूर्णतया रहित है। उनके अनुराग का प्रादुर्भाव गाम्भीर्य, सौम्यता और स्थिर निष्ठा में हुआ है। यही कारण है कि उनका वियोग अद्यतन उदात्त एवं स्पृहणीय बना रहा है।

मान

'मान वियोग शृंगार की द्वितीय अवस्था है। इसे क्षणिक वियोग भी कहते हैं। जब प्रिय अथवा प्रियतमा किसी मद, ईर्ष्या या मानापमान के कारण थोड़े समय के लिए परस्पर विमुख हो जाते हैं तब मान की स्थिति उत्पन्न हो जाती है। यद्यपि बाह्य रूप से मान प्रणय में व्यवधान लानेवाला प्रतीत होता है, किन्तु उसका परिणाम प्रणय में तीव्रता लानेवाला होता है। 'मान' को भावनाजन्य विप्रलम्भ के रूप में मान्यता मिली है।

मीरां चिर वियोगिनी हैं। उन्हें प्रिय के सान्निध्य में रहकर मानक्रीड़ा करने का अवसर ही नहीं मिला। अतः मीरां के काव्य में 'मान' वियोग का अभाव है। चिर प्रतीक्षारत मीरां मान करतीं भी तो किससे ? उनके आराध्य चिर प्रवासी हैं। इसके विपरीत अनुनय विनय करके अपने प्रिय को अवश्य उन्हें मनाना पड़ता है :

"तणक हरि चितवां म्हारी ओर
हम चितवां थे, चितवो णा हरि, हिवड़ो बड़ो कठोर
म्हारी आसा चितवण थारी, ओर णा दूंजा दोर
ऊयां ठांड़ी अरज करूं हूं करतां करतां भोर।"[193]

प्रेमजन्य ईर्ष्या, मान आदि गौण तथा प्रेम की उदात्तता को हीन बनाने वाले भावों की मीरां के काव्य में कहीं गुंजाइश नहीं।

प्रवास

विप्रलम्भ शृंगार की चरमावस्था वह है जब प्रिय कहीं अन्यत्र चला जाए और प्रेमी के लिए एक-एक क्षण भारी हो उठे। इस प्रवासजन्य वियोग को ही काव्यशास्त्रियों ने वास्तविक विरह और शृंगार का सर्वाधिक मार्मिक स्वरूप बताया है।

मीरां का काव्य प्रवासजन्य वियोग पीड़ा का काव्य है। उनके प्रियतम चिरप्रवासी हैं और मीरां चिर विप्रलब्धा। उनके प्रेम का आरम्भ वियोग से होता है एवं यह वियोग साधना जीवनपर्यन्त चलती रहती है। अपार्थिव प्रिय की प्राप्ति पार्थिव जगत में असम्भव ही है।

स्वप्न में परिणय करके क्षणिक मिलन का सुख देकर प्रियतम चले गए और कभी लौटने की कौन कहे, सुधि लेने की कृपा भी उन्होंने न की। मीरां के विरह का प्रधान स्वरूप यही है। प्रवास वियोग में पीड़ा का उच्चतम रूप प्रकट होता है। प्रवास के पूर्व चूँकि प्रिय से एक बार मिलन की स्थिति आ चुकी रहती है, अतः मिलन के उपरान्त पुनः वियोग का आगमन अधिक दुःखदायी होता है। मिलनजन्य स्मृतियाँ वियोग में मर्मान्तक पीड़ादायिनी होती हैं।

मीरां के हृदय में प्रवासी प्रियतम का विरह यातनाजन्य व्याकुलता भर देता है। वे असीम दुःख से भरकर कातर स्वर में पुकार उठतीं हैं :

"प्रभु जी कह्यां गयां नेहड़ा लगाय
छोड्या म्हां बिसवास संघाती, प्रीत रो बाती जलाय
विरह समंद मां छोड़ गया छो, नेह री नाव चळाय,
मीरां रे प्रभु कब रां मिलोगां, थे बिण रह्यां णा जाय।"[194]

शीघ्र ही आने का वचन देकर प्रियतम चले गए और विरह के अपार सागर में मीरां की स्नेह नौका नितान्त असहाय रह गई। विश्वासघाती प्रियतम अब तक न लौटे। मीरां की वेदना तीव्र से तीव्रतर होती चली गई। उनकी आकुल आकांक्षाओं की तीव्रता, करुण विवशता के अनेक सजीव चित्र उनके गीतिकाव्य की संजीवनी हैं।

अभी प्रेम का आरम्भ ही हुआ था। परन्तु प्रेम का यह प्रथम पग ही निराशाओं से भरा हुआ था। मीरां प्रिय के उदासीन व्यवहार का प्रत्युत्तर उपेक्षा, रोष या ईर्ष्या से नहीं देतीं। एक करुण विवशता ही उनमें परिव्याप्त है :

"माई म्हारी हरिहू णां बूझां बात।
पिंड मां सूं प्राण पापी निकड क्यूं णा जात
पटा णा खोल्यां मुखां णा बोळयां, सांझ भया परभात।
अबोलणा जुग बीतण लागां कायां री कुशलात।"[195]

हरि उनके प्रेम का प्रत्युत्तर तक नहीं देते। मीरां के हृदय को मौन व्यथा मथे डालती है। घनीभूत पीड़ा का भार ढोती मीरां अपनी दशा का चित्रण सिर्फ यही कहकर कर पाती हैं :

"स्याम विण दुःख पावां सजणी, कुण म्हां धीर बंधावां।"[196]

बिरहिणी की विकलता और तड़पन तब पराकाष्ठा पर पहुँच जाती है, जब वे अपने

हरि की बाट जोहते-जोहते थक आए नेत्रों को तनिक विश्राम प्रदान करतीं हैं। उनकी यह क्षणिक विश्रान्ति, कि तभी प्रिय आकर उन्हें निद्रामग्न पाकर आँगन से ही लौट पड़ते हैं। विरहिन जब जागी तब प्रिय कहीं दूर जा चुका था। विरहिणी का तीव्र दुःख पश्चात्ताप की अग्नि से दहक उठा और अन्तर्व्यथा आकुल एवं तीव्र आवेश के साथ फूट पड़ी–

"जाण्यां णां प्रभु मिळण बिध क्यां होय
आया म्हारे आंगण फिर गया जाण्या खोय
जोवतां मग रैण बीतां, दिवश बीता जोय
हरि पधारां आंगणा गया मैं अभागण सोय
विरह ब्याकुल अणळ अन्तर कळणा पड़तां रोयं
दासी मीरां ळाळ गिरधर मिळणा बिछड्या कोय"[197]

हृदय पर दुख का पर्वत मानों टूट पड़ा हो, इस अपार व्यथा का प्रकाशन, इतने नैसर्गिक रूप में कर पाना मीरां की विशेषता है, जो हृदय को भावों की गहराई में ले जाकर बाँध लेती है।

प्रकृति के उपकरण उनकी भावनाओं को उद्दीप्त करने का कार्य करते हैं। वसन्त का उल्लास, वर्षा की मादकता, पपीहे की पुकार, कोयल की कूक उनके अन्तस् में उठी कामना लहरों को उद्वेलित करके रख देती है। रात्रि की नीरव एवं निस्तब्ध घड़ियों में पपीहे की पुकार उनकी सुप्त वेदना को जागृत कर देती है। विस्मृत मादक क्षणों की स्मृति जागृत हो उठती है, पपीहे के स्वर की करुणा उन्हें वेदनानुभूत कर देती है :

"पपैया म्हारो कबरो बैर चितायां
म्हा सोबू छी अपणे भवण, मां पियु पियु करतां पुकार्यां
दाध्यां (अपर) लूण णगाया, हिवड़े करवत सार्यां
अभां बैठयां बिरछ री डाळी, बोड़ा कंठ णा सारेयां
मीरां रे प्रभु गिरधर नागर, हरि चरणां चितधार्यां"[198]

पर्वों का आगमन होता है। गणगौर और होली जैसे पर्वों पर विरहिणी प्रेम के अभाव को अधिकाधिक अनुभव करती है। जब संसार होली के उल्लास में आत्मविस्मृत हो जाता है और प्रसन्नता के आवेग में डूब जाता है तब मधुर स्मृतियाँ बारम्बार आ-आकर विरहिणी मीरां के हृदय को विदीर्ण करती हैं। मीरां के स्वर की उदासीनता का प्रकटीकरण इस गीत का वैशिष्ट्य है :

"होली पिया बिण म्हाणे णा भावां, घर आंगणां णा सुहावां
दीपा जोयां चौक पुरावां, हेड़ी पिया परदेस शजावां
शूणी शेजां ब्याड़ बुझावां जांगा रेणबितावां, णींद णेणा णा।
कबरी ठाड़ी म्हां मग जोवां णिश दिण बिरह जगावां

क्या शूमण री बिथा बतावां हिवड़ो म्हां अकुलाणां
पिया कब दरश दखावां
दीख्यां णां कॉई परम सणेही, म्हारो सणेशा लांवां
वां बिरया कब होशी म्हांरो हंस पिय कंठ ळगावां''[199]

अन्ततः विरह ही मीरां के जीवन का सर्वस्व बन गया है। जीवन के नित्यप्रति कार्य-कलापों के प्रति उदासीनता का अनुभव होना मीरां के लिए नितान्त स्वाभाविक है। विरह ही उनके जीवन का श्रेय और प्रेय बन गया है। दरद दीवाणी मीरां की प्रेमविह्वल पिपासा एवं तड़पन उनके गीत गीत में मूर्तिमान हो उठी है। मीरां की विरहोक्तियों में उनकी अतृप्त आकांक्षाएँ व्यक्त हैं। डॉ. सावित्री सिन्हा के शब्दों में :

''इस पिपासा में मदिरा की आकांक्षा नहीं, अमृत की स्निग्धता की कामना है। प्रियतम के लिए अपने को मिटा देने की प्रेरणा है।''[200]

करुण विप्रलम्भ

मीरां के गीतिकाव्य में विरह की इस अन्तिम दशा का वर्णन नहीं मिलता। करुण विप्रलम्भ में प्रिय में से किसी एक का अन्त हो जाता है। एक पक्ष को प्रियवियोग की मर्मान्तक पीड़ा वहन करनी पड़ती है। मीरां के प्रिय चिर प्रवासी हैं पर वे अविनाशी हैं। अतः उनकी अनुपस्थिति में वे जीवन के प्रति अनासक्ति अवश्य अनुभव करती हैं। कतिपय गीतों में दीर्घ वियोग के पश्चात् एक ऐसी स्थिति का चित्रण है जहाँ वे जीवन के प्रति विमोह का अनुभव करती हैं परन्तु मीरां के काव्य में इस प्रकार के गीत बहुत कम संख्या में हैं। अधिकांशतः गीतों की रचना प्रवास वियोग भावना की द्योतक है।

वियोगजन्य मानसिक दशाएँ और मीरां के गीत

मीरां के गीतों में शास्त्रीय आधार पर प्रायः सभी वियोगजन्य मानसिक दशाओं का वर्णन मिल जाता है। इन काम दशाओं की आवृत्ति सहज ही अनायास हुई है, प्रयासजन्य नहीं। इस सम्बन्ध में एक उल्लेखनीय विशिष्टता यह है कि मीरां का वियोग शिथिल अनुभूति नहीं है अपितु सजग वियोग साधना का काव्य है।

काव्यशास्त्रियों ने वियोग श्रृंगार की दस दशाएँ बतलाई हैं—(1) अभिलाषा, (2) चिन्ता, (3) गुण कथन, (4) स्मृति, (5) उद्वेग, (6) प्रलाप, (7) उन्माद, (8) व्याधि, (9) जड़ता, (10) मूर्च्छा (मरण)।

अभिलाषा

प्रिय के प्रेम से आसक्त मीरां की अदम्य अभिलाषा प्रियतम के दर्शन और मिलन की

है। मीरां के हृदय की इन भावनाओं को विभिन्न गीतों में व्यक्त किया गया है :

1. मीरां रे प्रभु कबरे मिलोगां
थे विण रह्यो णा जाय।"[201]
2. वां बिरियां कब होशी, म्हारो
हंस पिय कंठ लगायां।"[202]
3. मीरां रे प्रभु आशा थारी, दासी कंठ आंवा।"[203]

गुण कथन

मीरां के गीतों में प्रियतम हरि के गुण कथन सम्बन्धी गीतों की अधिकता पाई जाती है क्योंकि मीरां की उपासना में प्रियतम के रूप गुणों के स्मरण का महत्त्वपूर्ण स्थान है।

"थे विण कोण खबर ले, गोबरधन गिरधारी
मोर मुकुट पीताम्बर शोभा, कुंडल री छबि प्यारी
भरी सभा मां द्रुपद सुंतां री राख्यां लाज मुरारी
मीरां रे प्रभु गिरधर नागर चरण कंवल बलिहारी।"[204]

चिन्ता

प्रिय के अभाव में विरहिणी चिन्तातुर हो उठती है। मीरां के गीतों में चिन्ता मनोदशा के अनेक चित्र मिलते हैं। उनके लिए प्रियतम श्रीकृष्ण से मिलन की चिन्ता करना बहुत ही स्वाभाविक था :

"निस दिण जोवां बाट मुरारी कब रो दरसण पांवा
बार बार थारी अरजा करश्यूं, रेण गया दिणं जांवा"[205]

स्मृति

विरह काल में बारम्बार प्रिय का स्मरण आना नितान्त स्वाभाविक है। प्रियतम की विभिन्न क्रियाएँ, उसकी मोहक मुद्राएँ अथवा उसके संग व्यतीत क्षणों की मधुर स्मृतियाँ, वियोगिनी के लिए प्रतिपल पीड़ाप्रद होते हुए भी प्रियकर होती हैं। मीरां निम्नलिखित गीत में अपने प्रियतम गिरधर गोपाल का स्मरण करते-करते उन्हीं में तल्लीन हो जातीं हैं :

'ज्यां दिण ठोणां स्याम निहार्यां, बिशर्यां णाहि धरी
वित्त बकयां म्हारे सांवरो, मोहण तण मण शुध बिशरी।'[206]

उद्वेग

मीरां के गीतों में उद्वेग का भी चित्रण है। अपने अधीर प्राणों की व्याकुलता वे इस प्रकार करती हैं :

> 'णिरखां म्हारो चाव घणेरो, मुखड़ां देख्यां थारां
> व्याकुल प्राण धरां णा धीरज, बेग हर्‌यां म्हा पीरा'[207]

वियोग की दशा में सुखद वस्तुएँ भी अत्यन्त दुखदायी प्रतीत होने लगती हैं। जो बात सामान्यतः आल्हाददायिनी है वही विरहिणी मीरां के लिए दाहक सिद्ध होती है :

> "पपैया म्हारो कबरो बैर चितांयां
> म्हां सोवूं छी अपणे भवण मां पियुं पियुं करतां पुकार्‌यां
> दाघ्यां (ऊपर) बूण ळगावां, हिवड़े करवत सार्‌यां
> ऊभां बैठ्यां बिरछरी डाली, बोळां कंठ णा साठ्यां"[208]

प्रलाप, उन्माद, व्याधि, जड़ता और मृत्यु—ये वियोग की उत्तरोत्तर तीव्रावस्थाएँ हैं।

डॉ. प्रभात के शब्दों में : "मीरां का वियोग आनन्द की सजग साधना है। वहाँ शिथिल अनुभूति नहीं है। अतः उनका वियोग, प्रलाप, उन्माद, व्याधि-जड़ता और मरण की दशाओं तक नहीं पहुँचता।"[209]

फिर भी मीरां की विरह साधना प्रखर और मुखर है। अतः उनके गीतों में उपर्युक्त वियोग दशाओं की अवस्थिति अवश्य मिल जाती है। उदाहरणार्थ—उनके एक ही पद में उपर्युक्त वियोग दशाओं की प्रतीति एक साथ ही होती है :

> "हरि बिण क्यूँ जिवां री माय (प्रलाप)
> श्याम बिणा बौरां भयां मण काठ ज्यूं घुण खाय (उन्माद)
> मूळ औखद णां ळम्यां म्हाणे प्रेम पीड़ा खाय (व्याधि)
> मीण जळ बिछुर्‌या णा जीवां तडफ मरमर जाय"[210] (मरण)

इस गीति के अतिरिक्त कुछ अन्य स्थलों पर भी व्याधि, प्रलाप, जड़ता और मरण मानसिक दशाओं का अंकन मिलता है। 'मृत्यु या मरण' अवस्था के सम्बन्ध में मीरां का अभिप्राय मरणान्तक पीड़ा से है जो प्रिय के वियोग में उत्पन्न होती है। अतः मीरां के सन्दर्भ में मरण का तात्पर्य प्राण त्याग से ग्रहण नहीं किया जाना चाहिए।

ये समस्त मानसिक दशाएँ मीरां के गीतों में सहज स्वाभाविक रूप में स्वतः आ गई हैं। वास्तविकता तो यह है कि मीरां विरह की दशाओं के शास्त्रीय विवेचन के प्रति सर्वथा उदासीन थीं। वे अपने अन्तःकरण से उठने वाले भावावेग को वाणी मात्र प्रदान करती थीं। उन्होंने शास्त्रीयता के आधार पर अपने भावों को खंडित नहीं किया। इसका प्रत्यक्ष प्रमाण मीरां का नैसर्गिक प्रकृत काव्य ही है।

"मीरां का प्रेम मान, अभिसार अथवा उन्माद और प्रलापयुक्त औपचारिक प्रेम नहीं वरन् साधना एवं आत्मसमर्पण की भावना से पूरित एक सरल नारी की सहज देन है। शास्त्रीय कोटियों अथवा विरह की विभिन्न वैज्ञानिक अवस्थाओं का अन्वेषण करना ऐसा ही है जैसे ईख के मधुर रस का पान न कर उसकी गाँठों की गणना करते रहना। मीरां ने जिस सहज भाव से अपना हृदय अनदेखे प्रिय को अर्पित कर दिया था, आजीवन वह इसी के गीत गाती रहीं, उसी को रिझाने के लिए नाचती रहीं। और उसी की व्यथा में तड़पती रहीं। उसके प्रेम पगे हृदय में जो भाव जब जैसे भी जागृत हुआ, वह अनायास उसकी वाणी से फूट पड़ा। इसलिए उसमें अव्यवस्था, अवैज्ञानिकता दिखाई दे तो स्वाभाविक ही है।"[211]

इस प्रकार मीरां का वियोग अनुपम है। आध्यात्मिक पुरुष के प्रति मीरां का नारीत्व जिन आकांक्षाओं की अभिव्यक्ति करता है उसमें वासना का लेश नहीं है, न ही ऐन्द्रिय लिप्सा है, बल्कि शुद्ध सात्विक विमल अनुभूतियाँ हैं। प्रतिपल प्रतीक्षारत चिरविरहिणी मीरां अपने अनेक पदों में मूर्तिमान हो उठी हैं।

नारी हृदय की तरल व्यथा और करुणा से संयुक्त होकर उनका विरह निवेदन लोकोत्तर प्रेम का विश्वव्यापी राग बन गया है। श्री भुवनेश्वर माधव ने बड़े सुन्दर शब्दों में मीरां की वेदना को अभिव्यक्ति दी है :

"मीरां का विरह वर्णन विरह वर्णन के लिए नहीं है, प्रेम लपेटे, अटपटे छन्दों में अल्हड़ प्रेम वियोगिनी मीरां ने अपने करुणा कलित हृदय को हल्का किया है। मीरां का दुःख एक आतुर भक्त का दुःख है। प्रेम में घायल और घुलते हुए साधक का दुःख है, एक प्रेमी का दुःख है, कवि का उधार लिया हुआ दुख नहीं है। मीरां अपने ही विरह को अपने भोले-भाले शब्दों में सुना रही हैं।"[212]

मीरां कृष्ण प्रेम में जलती विरह की एक ऐसी ही वर्तिका थीं जिसकी ज्वलन और तड़पन ही उच्छ्वास बनकर गीतों के रूप में फूट पड़ी।

संयोग भावना सम्बन्धी गीत

मीरां के गीतों में प्रधानता वियोग की है, परन्तु संयोगावस्था के कुछ चित्र भी उनमें मिलते हैं।

मीरां की प्रणयभावना आध्यात्मिक व अलौकिक होते हुए भी लौकिक दृष्टि से स्वाभाविक एवं सहज है। उनका प्रणयभाव नारी के हृदय का शाश्वत भाव है। मीरां का अलौकिक दिव्य पुरुष श्रीकृष्ण से प्रणयमूलक सम्बन्ध है, किन्तु यह स्वकीया नारी की आत्मानुभूति से ओत-प्रोत है। उन्होंने श्रीकृष्ण का वरण पतिरूप में किया था। उनमें परकीया नारी की भाँति उत्कटता एवं प्रेमोन्माद अवश्य है किन्तु मदान्धता नहीं है। सात्विक और स्निग्ध भावनाओं को अपने सरल व्यक्तित्व के आरोपण के साथ मीरां ने शृंगारिक अनुभूतियों की अभिव्यक्ति दी है।

इस संयोगात्मक प्रणय भावना के तीन प्रमुख सोपान मीरां में मिलते हैं :

(1) दृष्टि मिलन सुख, अर्थात् परिचय एवं आकर्षण

(2) आत्मीयता एवं साहचर्यजन्य मिलन।

(3) एकात्मिक संयोग अथवा तादात्म्य स्थापन।

दृष्टिपथ का मिलन सुख

यह संयोग शृंगार की प्राथमिक स्थिति है। मीरां गिरधारी की अनुपम, अपूर्व सौन्दर्य छवि को एकटक देखती ही रह जाती हैं :

"निपट बंकट छब अटके म्हारे नैणा,
निपट बंकट छब अटके।
देख्यां रूप मदण मोहण री
पियत पियूखण भटके।
बारिज भवां अळक मतवांरी
नैण रूप रस अटके।
टेढ़्यां कर टेढ़े कर मुरली
टेढ़्यां पाग लर लटके।
मीरां प्रभु रे रूप लुभाणी
गिरधर णागर नटके।"[213]

प्रेम का उदय ही रूप सम्मोहन के कारण हुआ है। कृष्ण के सौन्दर्य का जाल बड़ा भावक है। जिस क्षण से उन पर दृष्टि निक्षेप हुआ उसी क्षण से मीरां उनके हाथों बिक गईं :

"चित्त वश्यां म्हारे सांवरो मोहण तण मण शुध बिशरी
णां छांका रस रूप माधुरां छाण थक्यां डगरी री
मीरां हरि रे हाथ बिकाणी जग कुड़ क़ाण सरीरी।"[214]

नेत्रों को लौटाने के लिए मीरां कितने ही प्रयास करती हैं, पर वे वहीं अटककर बँधकर रह गए हैं—लौटने का नाम तक नहीं लेते :

"णेणा ळोभां आटकां शक्यां णां फिर आय
रूम रूम णख सिख लख्यां ळळक ळळक अकुळाय
णेणा चंचळ अळक णां भावया पर हथ गया बिकाय।"[215]

कृष्ण के पास अनुपम रूप की प्रभावात्मकता में वृद्धि करने का दूसरा साधन उनकी अधर सुधारस मुरली है। मुरली की तान जीव जगत से लेकर जड़ जगत तक अपना

सम्मोहन फैलाए हुए है। फिर मीरां उसके प्रभाव से विमुक्त कैसे रह सकती हैं ! यमुना के तट पर बज रही मुरली ने मीरां के मन को हर लिया है। वे उस मुरलीवादक से मिलन की व्यग्रता का तीव्र अनुभव अपने हृदय में करती हैं। वह वंशीवादन वास्तव में अप्रतिम ही होगा जिसे सुनकर मीरां की अपनी सुध-बुध बिसर गई :

मुरळियां बाजां जमणां तीर
मुरळि म्हारो मणं हर कीन्हो, चित्तधरां णा धीर
श्याम कण्हैया, स्याम कमर्‌यां स्याम जणभरो नीर
धुण मुरली शुण शुध बुध बिसरां...।''[216]

मीरां की मूल पदावली में श्रीकृष्ण के रूप गुण एवं वंशी वादन सम्बन्धी अनेकानेक गीत उपलब्ध हैं जिनमें उन्होंने श्रीकृष्ण के समग्र व्यक्तित्व के प्रति अपनी आसक्ति, एवं एकनिष्ठ आत्मार्पण की भावना व्यक्त की है।''[217]

श्रीकृष्ण के प्रति मीरां की यह आसक्ति एवं चाह क्रमशः बढ़ती ही गई और एक स्थिति यह भी आ गई कि वे प्रिय को पल-भर भी अपने नेत्रों के सामने से विलग करना नहीं चाहतीं।

(1) साहचर्यजन्य संयोग वर्णन सम्बन्धी गीतों में मुख्यतः दो भावधाराओं के दर्शन होते हैं :

1. मीरां अपने हृदय में ही प्रियतम को बसा हुआ अनुभव करती हैं और तब वियोग की सारी सम्भावनाओं को समाप्त कर दिया है यह कहकर :

''जिणरो पियां परदेस बस्यां री
लिख लिख भेज्यां पाती
म्हारां पियां म्हारे हीयडे बसतां
ना आवां ना जाती।''[218]

किन्तु इस प्रकार की अभिव्यक्ति देने वाले गीत अन्य नहीं हैं। निम्नांकित भावधारा ही प्रमुख रही है।

2. मीरां के प्रिय आध्यात्मिक जगत के निवासी हैं। अतः मीरां का संयोग भावना की सृष्टि मात्र है। मीरां के मिलन संयोग के गीतों में मानसिक पक्ष की प्रबलता है। शारीरिक पक्ष कुंठित होकर रह गया है। यही कारण है कि उनकी भावनाएँ परिष्कृत और शोधित होकर अतीन्द्रियता की ओर मुड़ गई हैं।

''म्हां गिरधर रंग राती,
पंचरंग चोळा पहर्‌यां सखि म्हां
झुरमट खेलण जाती
वा झुरमट मां मिळया सांवरो
देख्यां तण मन राती।''[219]

डॉ. सिन्हा का मत है :

"आध्यात्मिक रूपकों के आवरण में उन पंक्तियों की स्वभावोक्तियों को हम चाहे जितना छिपाने का प्रयास करें पर इनको अभिधात्मक रूप में ग्रहण करना ही मीरां के प्रति न्याय होगा। मीरां के संयोग वर्णन सम्बन्धी कुछ गीतों में निर्गुण निराकार आराध्य की हल्की-सी झलक आ गई है। क्योंकि ऐसे स्थलों पर मीरां ने अपने प्रियतम के मिलन के परमात्मा आत्मा के मिलन की ओर संकेत किया है, इस प्रकार उसे आध्यात्मिकता के रंग में रँग दिया है। मीरां का प्रियतम बहुत दूर ऊँचे प्रासाद का वासी है।"[220]

मीरां के प्रियतम ने भक्त जनों के संकटों को मिटाकर पुण्य कार्यों की प्रतिष्ठापना की थी, अतः मीरां उनसे 'बाँह गहे की लाज' रखने के लिए प्रार्थना करती कहती हैं :

"म्हारे घर होता आज्यो महाराज।
नेण बिछूयाशुं हिवड़ो डाश्यूं सर पर राख्यूं विराज
मीरां रे प्रभु गिरधर नागर, बांह गह्यां री ळाज"[221]

मीरां के प्रिय ने अन्ततः मीरां की पुकार सुन ली और युगों-युगों से चले आ रहे विरह को क्षण भर में समाप्त कर दिया। इसी भावना को निम्न पंक्तियों में वे व्यक्त करती हैं :

"साजण म्हारे घर आयां हो
जुणां जुगां री जोक्तां, बिरहण पिव पायां हो
रतण करां नेवछावशे ळे आरत साजा हो
प्रीतम दयां संदेसड़ा म्हारो घणों ठोपा जां हो
पिय जाया म्हारे सांवरा अंग आणंद साजां हो
मीरां रे शुभ सागरां म्हारे सीश बिराजां हो।"[222]

प्रियतम से मिलन का सुख, भरपूर उल्लास बनकर छलक-छलक पड़ता है। भावोल्लास का आवेश उनके गीतों को सहज ही गेयात्मकता के गुण से युक्त बना देता है।

मीरां का प्रियतम से साक्षात्कार विद्वानों की दृष्टि में विवाद बनकर रह गया। कुछ विद्वान इसे भौतिक दृष्टि से परखते हैं। डॉ. तिवारी इन विद्वानों के मत के विरुद्ध खंडन करते हुए लिखते हैं :

"यह एक विशिष्ट भाव दशा थी, जिसमें मीरां ने अपने प्रियतम के दर्शन किए थे। मीरां द्वारा कृष्ण का यह दर्शन एक सर्वथा गोपनीय रहस्यात्मक आध्यात्मिक भागवत मधुर मिलन है, जो स्थूल जगत से परे भाव जगत की अपूर्व उपलब्धि है।

"साक्षात्कार को 'आत्म साक्षात्कार' के रूप में मान लें। इसके सम्बन्ध में मेरा तो यह मत है कि साधना के क्षेत्र में, साधक के मन में जब आराध्य के प्रति भावना और चिन्तन अपनी पराकाष्ठा पर पहुँच जाते हैं, तब हृदय की उस तल्लीन अवस्था में, जिसे

साधना पद्धति में समाधि दशा कहा गया है, साधक को अन्तर्पट पर अपने साध्य का स्वरूप सजीव दृष्टिगोचर होता है और आराध्य सम्बन्धी भाव, विचार और कल्पना मूर्त प्रतीत होते हैं। आत्मोल्लास की चरम दशा में आराध्य का यह मूर्त आभास ही आत्म साक्षात्कार है।''[223]

मीरां के गिरधर सांसारिक पुरुष तो थे नहीं किन्तु फिर भी मीरां में मिलनोत्कंठा अत्यन्त सजीव और स्वाभाविक दृष्टिगोचर होती है। सावन के बादल चारों ओर छा गए हैं। जब से मीरां ने 'भनक सुनी हरि आवन की' तभी से उनका अन्तस् उमंग से भर उठता है। नन्हीं-नन्हीं बूँदें गिर रही हैं। प्रभु के आगमन से मीरां शीतलता का अनुभव कर रही हैं। सर्वत्र मंगल छा जाता है। मिलनोत्कंठित नारी के हृदय जगत का कितना हृदयस्पर्शी व स्वाभाविक वर्णन है :

''बरसां री बदळियां सावण री
शावण री मण भात्रण री
सावण मां उमग्यो म्हारो मण री,
भणक सुण्या हरि आवण री
उमण घुमण मण मेघा आयां,
दामण घण झर ळावण री
बीजां बूंदा मेंहा आया बरशा,
शीतड़ पवण शुहावण री
मीरां रे प्रभु गिरधर नागर,
बेला मंगळ गावन री।''[224]

मीरां का यह गीत शैली-विन्यास की दृष्टि से भी अप्रतिम है। पहली पंक्ति में 'शावण री मण भावण री' एवं प्रत्येक पंक्ति अन्त में 'री' वर्ण का प्रयोग संगीतात्मकता की दृष्टि से अत्यन्त उपयुक्त है।

प्रियतम के दर्शनमात्र से विरहिणी के समस्त दुःख समाप्त हो गए। मिलनजन्य सुख और आनन्द की ऐसी अभिव्यंजना इस गीत में अपने सुष्ठु रूप में मिलती है। गिरधर आ गए हैं। मीरां सुख से मगन हो उठती हैं। तन्मयता के ऐसे ही क्षण में वे गा उठती हैं :

''म्हारो ओलगिया घर आज्यो जी
तण री ताप मिटां शुख पाश्यां,
हिल मिल मंगल गाश्यां जी
धण की धुण शुण मोर मगण भयां
म्हारे आंगण आज्यो जी
चन्दा देख वगोदण फूळयां
हरख भयां म्हारे छाज्यो जी

रूम रूम म्हारो शीतळ सजणी,
मोहण आंगण, आज्यो जी
शव भगतां रां कारज शाधां,
म्हारा परण निभाज्यो जी"[225]

मीरां के संयोग वर्णन की अन्य विशेषता यह है कि उसमें यौवन के सीमाहीन उन्माद, उच्छृंखल व्यवहार के दर्शन नहीं होते। हरि आगमन की ध्वनि सुनकर मीरां अभिसारिका की भाँति आगे बढ़कर उन्मत्त नहीं होतीं, अपितु स्वकीया नारी की तरह व्यवहार करती हैं। उनमें प्रेम का उल्लास है अवश्य, परन्तु संयमित रूप में। उनके प्रेम वर्णनों में असंयत कार्यकलापों का अंकन नहीं अपितु पत्नीत्व की लज्जा और गरिमा का समन्वित रूप आकांक्षा लिये हुए व्यक्त हुआ है।

मीरां के काव्य में जितने भी संयोग वर्णन सम्बन्धी गीत हैं उनमें मानसिक संयोग ही वर्णित हैं। प्रत्यक्ष संयोग मीरां के लिए आकांक्षा की वस्तु थी क्योंकि मीरां के आराध्य अलौकिक दिव्य पुरुष थे। इसीलिए प्रत्यक्ष अनुभव इनके लिए दुष्कर था। इनकी संयोग साधना का विकासारम्भ स्वप्न में ही हुआ था जब श्रीकृष्ण प्रियतम से उनका परिणय हुआ था :

"माई म्हाणो शुपणां मा परण्या दीणानाथ
छप्पण कोटां जणा पधार्‌यां दूल्हो सिरी ब्रजनाथ
शुपणां मां तोरण बंधया री सुपणां मां गह्या हाथ
शुपणां मां म्हारो परण गया पायां अचळ शुहाग
मीरां रो गिरधर मिळया री पुरब जणमरो भाग"[226]

एक गीत में मीरां ने स्पष्ट रूप से श्रीकृष्ण के आगमन की घटना का वर्णन किया है जिसमें वे ज्योतिषी को सही भविष्यवाणी करने के लिए लाख-लाख बधाई देती हैं :

"जोशीडा णे लाख बधायां रे आश्यां म्हारो स्वाम
म्हाँरे आणंद उमंग मट्‌यां री, जीवलह्‌यां शुख धाम
पांच शख्यां मिळ पीव रिझावां, आणंद णभा णाम
बिशर जावां दुख निरखा पियारी सुफळ मनोरथ काम
मीरां रे शुख सागर स्वामी, भवण पधार्‌यां स्याम"[227]

'दरसण अमरित' पाकर तो मीरां के आत्मोल्लास की अभिव्यंजना ही नहीं की जा सकती। अतीव उल्लास एवं उमंग से भरकर तन्मयता में वह नाच-नाच उठतीं हैं :

"पग बांध घुंघर्‌यां णाच्यां री
ळोग कह्‌यां मीरां बातरी, शांशू कह्‌या कुळ नाशां री
बिखरो प्यालो राणा भेज्यां, पीवां मीरां हाशां री

तण मण वार्यां हरि चरणां मां, दरशण अमरित पाश्यां री
मीरां रे प्रभु गिरधर नागर, थारी शरण आश्यां री।"[228]

संयोगावस्था के कुछ बड़े ही अंतरंग चित्र जो हृदय को गहरी अनुभूति से भर देते हैं मीरां के गीतिकाव्य में उपलब्ध होते हैं :

"माई री म्हां ळियां गोविन्दा मोळ
थे कह्यां छाणे, म्हां कां चोड़्डे, ळियां बजतां ढोल
थे कह्यां, मुहोर्घा म्हां कह्या सुस्तो ळियां री तराजां तोळ
तणं वारां म्हो जीवण वारां वारां अमोळ क मोळ
मीरां (कू) प्रभु दरसण दीज्यां पुरब जणम को कोळ।"[229]

मिलनोपरान्त होली आदि उमंगों से भरपूर त्योहारों पर मीरां की भावाभिव्यक्ति दर्शनीय है :

"रंग भरी राग भरी री
होरी खेल्यां स्याम राग रंग शूं भरी री
उड़त गुळाळ, ळाळ बादड़ां णो रंग ळाळ
पिक्कां उड़ावां रंग रंग री झरी री
चोवां चंदण अगरजां म्हो केसर णो सागर सरीरी
मीरां दासी गिरधर नागर, चेरी चरण धरी री।"[230]

ऐसी ही पंक्तियाँ मीरां के अन्तर जगत का प्रकाशन तो कर ही देती हैं साथ ही संयम का आवरण भी उठने नहीं पाता।

पत्नी के कर्त्तव्यशीला सेविका रूप और प्रेयसी के समभाव रूप का समन्वय उनके संयोगात्मक गीतों का वैशिष्ट्य है।

इस प्रकार सौन्दर्याकर्षण, आसक्ति, मिलन विह्वलता, तन्मयता आदि नानाविध सोपानों को पार करती हुई मीरां की प्रेमभावना मानसिक स्तर पर पहुँच जाती है जहाँ प्रिय एवं प्रेयसी एकाकार हो जाते हैं।

लोक लाज, सांसारिक मर्यादाएँ, वर्जनाएँ और बाधाएँ सभी जहाँ पहुँचकर पीछे छूट जाते हैं, तन्मयता, मीरां की संयोगावस्था एकाकार परिणति अनुभव करती है—यही चिर संयोग है, एक भक्त के लिए भी; एक नारी प्रेयसी के लिए भी।

"णेणा बणज, बसांवा री, म्हारां सांवरा आवां
णेणा म्हारां सांवरा राख्यां, डरतां पळक णा णावां
म्हारां हिरदा बश्यां मुरारी, पळ पळ दरशण पांवा,
श्याम मिळण शिंगार शजावां शुखरी शेज बिछावां
मीरां रे प्रभु गिरधर नागर, बार-बार बळ जावां"[231]

मीरां के वैयक्तिक मिलन सम्बन्धी कुछ गीतों में निर्गुण भावना की हल्की-सी झलक आ गई है। मीरां वहाँ आत्मा एवं परमात्मा के मिलन की ओर संकेत करते हुए प्रेम भावना को शुद्ध आध्यात्मिक रूप प्रदान करती हैं :

"म्हां गिरधर रंग राती
पंचरंग चोळा पहर्यां सखि म्हां, झुरमुट खेलण जाती
वो झुरमट मां मिल्या सांवरो, देख्या तण मण राती"[232]

मीरां के काव्य में संयोग भावना सम्बन्धी गीतों की संख्या अधिक नहीं है क्योंकि वे एक ऐसी चिरवियोगिनी थीं जिन्होंने वियोग साधना को ही चरम लक्ष्य और अन्तिम सिद्धि मान लिया था।

(घ) मीरां के काव्य में प्रकृति वर्णन सम्बन्धी गीत

प्रकृति मानव की चिर सहचरी है। निश्चय ही प्रकृति से विच्छिन्न मानव जीवन की कल्पना नहीं की जा सकती। मानव अपने सुख-दुःख, उल्लास-अवसाद, मिलन-वियोग, आसक्ति-विरक्ति आदि प्रत्येक मनःस्थिति में प्रकृति को भी सम्मिलित कर अपनी भावना रूप देखता अनुभव करता है।

काव्य में इसी कारण प्रकृति को इतना अधिक महत्त्व प्राप्त है। काव्य का जन्म ही प्रकृति की क्रोड़ में हुआ है। काव्य में प्रकृति वर्णन अनेक रूपों में किया जाता है :

(1) पृष्ठभूमि के रूप में, (2) आलम्बन के रूप में, (3) उद्दीपन के रूप में, (4) अलंकरण के रूप में, (5) उपदेशिका के रूप में, (6) दूतिका के रूप में, (7) प्रतीक रूप में (8) रहस्यात्मिका रूप में।

मीरां के काव्य में प्रकृति वर्णन सम्बन्धी गीतों की संख्या बहुत अल्प है। हृदयस्थ भावनाओं की अभिव्यक्ति में प्रकृति का स्वाभाविक रूप ही उनके गीतों में मिलता है। प्रकृति वर्णन मात्र प्रकृति वर्णन के लिए मीरां नहीं कर पाईं।

पृष्ठभूमि के रूप में

प्रकृति वर्णन के इस प्रकार में प्रकृति का स्वतन्त्र अस्तित्व नहीं रह जाता, बल्कि वह प्रसंग रूप में या पात्र के व्यक्तित्व की पृष्ठभूमि भाग बनकर उपस्थित होती हैं। मीरां के गीतों में प्रकृति वर्णन का यह रूप मिलता अवश्य है परन्तु अत्यल्प ही। जिस प्रियतम आराध्य की मीरां जन्म-जन्मान्तरों की प्रेमिका एवं साधिका हैं उसी प्रिय की क्रीड़ास्थली, वृन्दावन और गोकुल रहे हैं। श्रीकृष्ण के वंशीवादन के चित्रण में वृन्दावन, यमुना नदी का किनारा, कुंज करील के झुंड प्रसंगतः आ गए हैं, यथा :

"जमणां किणारे कान्हा धेणु चरांवां बंसी बजावां मीट्ठा वाणी।"[233]

"चल मण वा जमणा कां तीर
वा जमणा कां निरमळ पाणी सीतड़ होयां सरीर"[234]
"कुंजळ कुंजड़ फिर्यां सांवरा संबद सुण्यां मुरळी का"[235]

उपर्युक्त गीति पंक्तियों में यमुनातट, वृन्दावन, कुंज ये सभी श्रीकृष्ण की लीलाचित्रण की पृष्ठभूमि के रूप में उभरे हैं।

आलम्बन के रूप में

प्रकृति का पूर्ण स्वतन्त्र चित्रण आलम्बनगत कहलाता है। स्वतन्त्र रूप से प्रकृति वर्णन के लिए मीरां को अधिक अवकाश नहीं था। वे अपने गिरधर की मनोहर छवि के दर्शन, अंकन में ही संलग्न रहीं। मीरां के सम्पूर्ण गीतिकाव्य में मात्र एक पद स्वतन्त्र प्रकृति चित्रण का मिलता है :

"आली म्हाणें लागां वृंदावण णीकां
घर घर तुळसी ठाकर पूजां, दरसण गोविन्द जी कां
निरमळ नीर बह्यां जमणा कां भोजण दूध दह्यां का।"[236]

उद्दीपन रूप में प्रकृति वर्णन

प्रकृति वर्णन का यही रूप मीरां के गीतों में अधिक प्रकट हुआ है। मीरां के गीतिकाव्य में प्रेमानुभूति के दोनों पक्षों में भावोद्दीपन का कार्य करने में प्रवृत्ति का महत्त्वपूर्ण स्थान रहा है :

"बादळ देखां झरी स्याम बादळ देख्यां झरी
काडा, पीडा घट्यां उमड्यां बरख्यां चार घरी
जित जोवां तित पाणी, प्यासां भूम हरी
म्हारां पियां परदेसां बसतां मीज्या द्वार खरी।
मीरां रे प्रभु हरि अविनासी, करख्यो प्रीत खरी।"[237]

वियोगिनी सावन में काली, पीली घटाओं की उमड़न देखती है। प्यासी भूमि की तृप्ति उसकी अतृप्ति के कारण को उद्वेलित करने लगती है। सर्वत्र जल ही जल दृष्टिगोचर होता है और तब उसका विरहदग्ध हृदय अधिक व्याकुल हो उठता है।

इसी प्रकार एक अन्य गीत में वे अधीर प्राणों की उद्विग्नता के साथ पुकारकर हरि से कहती हैं कि "सावन का महीना आ गया। घनघोर काली रात्रि छा गई और सघन घटाओं के मध्य विद्युत चमक रही है—ऐसी भयावनी रात्रि में स्याम के लिए 'ळळकते ळळकते' मेरा जीवन जा रहा है।"

"आवण सावण हरि आवण री सुण्या म्हाणे बात,
घोर रैणां बीजु चमकां, वार गिणतां परभात
मीरां दासी, स्याम राती, ळळक जीवणां जात"[238]

वियोग में पपैया की पुकार उन्हें जले घाव पर नमक छिड़कने सदृश् कष्टदायी एवं त्रस्त करनेवाली है।

"पपैया म्हारो कबरो बैर चितायां
म्हां सोवूं छी अपणे भवण मां पियुं पियु करतां पुकार्यां
दाध्यां (ऊपर) लूण लगायां हिबड़े करवत सांर्यां।"[239]

वियोग के समय प्राकृतिक उपादान वेदना में वृद्धि करते हैं वहीं संयोगानुभूति में उल्लास की अभिव्यंजना करते हैं। उदाहरणार्थ :

सावन की बदली बरसने लगी है। प्रियतम के आगमन की भनक सुनकर मीरां का मन भी उमंग से भर उठता है। पावस की फुहारें शीतल, मन्द पवन, सब कुछ प्रिय के आगमन की प्रसन्नता में अत्यन्त सुहावना लगने लगता है :

"बरसां री बदरियां शावण री,
शावण री मण भावण री
भणक सुण्या हरि आवण री
उमड़ घुमड़ घण मेघां आयां,
दामण घण झर ळावण री
बीजां बूंदां मेहां आयां बरशां,
शीतल पवण सुहावण री
मीरां रे प्रभु गिरधर नागर,
बेळा मंगळ गावण री।"[240]

एक अन्य गीत में मिलनोत्सुक नारी के हृदय का कितना सुन्दर एवं सजीव चित्र उपस्थित किया गया है।

वर्षा ऋतु है, जल-भरे बादल आ गए हैं, वर्षा की बूँदें धरती पर गिर रही हैं, कोयल की मीठी कूक से वातावरण गुंजित हो रहा है, मन्द-मन्द पवन के साथ बादलों का सम्पूर्ण नभ पर छा जाना, यह सब कुछ मानों प्रिय के आगमन के कारण है। मुग्धा मीरां सेज सँवार रही हैं और सखियों ने मंगल गीत गाने आरम्भ कर दिए।"[241]

अलंकरण के रूप में प्रकृति चित्रण

मानव जाति ने सौन्दर्य, कोमलता एवं दीप्ति का जैसा स्वरूप प्रकृति में पाया है वैसा कहीं अन्य नहीं। यही कारण है कि मनुष्य के रूप-सौन्दर्य एवं आकारगत श्रेष्ठता को

प्रायः कविगण प्राकृतिक उपादानों के माध्यम से दर्शाने की चेष्टा करते हैं। प्रकृति के अक्षत शाश्वत एवं चिर सौन्दर्य एवं रमणीयता के समक्ष मानवीय सौन्दर्य एवं लावण्य अस्थिर एवं क्षणिक हैं।

मीरां ने अपने गीतों में प्रकृति को भावों की अभिव्यक्ति के लिए अलंकरण का माध्यम वहीं बनाया है, जहाँ वे अपने साँवरे की माधुरी अथवा अपनी भावाविष्ट अवस्था का चित्रण कर रहीं हों। मीरां कहती है :

"सांवरो णदण णंदण दीठ पड़्यां माई।
डार्‌यां शब ळोक ळाज शुध बुध बिशराई।
भोर चन्द्रिका किरीट मुकुट छब शोहाई
केसर रो तिळक माळ ळोचण शुखदाई
कुंडळ झलकां कपोल अळकां लहराई
मीणा तण सरवर ज्यो मकर मिलण धाई
नटवर प्रभु भेख धरयां रूप जग ळोभाई
गिरधर प्रभु अंग-अंग मीरां बळ जाई।"[242]

अपने हरि गिरधर के सौन्दर्य की तुलना के लिए मीरां प्रकृति को माध्यम रूप में ग्रहण करती हैं। उन्होंने नटवर नागर की अलकों के लिए 'मीन', कुंडलों के लिए 'मकर' की उपमा दी है।

मीरां की वाणी में विभिन्न अलंकारों के रूप में प्रकृति चित्रण न के ही बराबर है।

उपदेशिका के रूप में प्रकृति चित्रण

मीरां ने प्रकृति को उपदेशिका रूप में मात्र एक पद में प्रस्तुत किया है :

"बिरछ रां जो पात टूट्यां लग्यां णा फिर डार।
भो समुंद अपार देखां अगम ओखी धार।"[243]

इस प्रकार के वर्णन उनके अन्य किसी गीत में नहीं मिलते, अतः यही कहा जा सकता है कि उनकी प्रवृत्ति इस ओर नहीं थी।

दूतिका रूप में प्रकृति वर्णन

प्रकृति को अपनी सहचरी मानकर वियोगिनियों ने प्रकृति के विविध रूपों को दूत या सन्देशवाहक बनाकर प्रियतम के समक्ष प्रेम निवेदन भेजा था। यह परिपाटी प्राचीन काल से ही दूत काव्यों में चली आ रही है। परन्तु मीरां के गीतिकाव्य में प्रकृत्ति के इस पक्ष का भी सर्वथा अभाव है। मीरां ने अपने और प्रियतम श्रीकृष्ण के मध्य किसी को भी नहीं रखा है। प्रत्यक्षानुभूतिपरक मीरां के गीतों में किसी भी मध्यस्थ के लिए स्थान नहीं है।

प्रतीकात्मक रूप में प्रकृति वर्णन

मानव हृदय की अनुभूतियाँ अनन्त हैं। इन सभी को पूरी तरह प्रत्यक्ष अभिव्यक्ति दे पाना अत्यन्त दुष्कर कार्य है। अतएव कवियों ने अमूर्त भावों को मूर्त रूप प्रदान करने में प्रकृत्ति का सहारा आरम्भ से ही लिया है। किन्तु मीरां को इस प्रकार के प्रकृति वर्णन को अपनाना पूर्णतया अनावश्यक जान पड़ा। सीधी सरल नारी के हृदय के सीधे सरल भाव आवेशमयी स्थिति में फूट पड़े और गीतिकाव्य की अमूल्य निधि बन गए।

रहस्यात्मिका के रूप में प्रकृति वर्णन

अज्ञात सत्ता अर्थात् ब्रह्म (अंश) एवं जीव के पारस्परिक गूढ़ रहस्यों को, आन्तरिक सम्बन्धों को स्पष्ट करने के लिए प्राकृतिक वस्तुओं का उपयोग प्रकृति को रहस्यात्मक बना देता है। कहना न होगा कि मीरां के गीतिकाव्य में प्रकृति वर्णन का यह रूप भी अनुपस्थित है क्योंकि मीरां एवं उनके आराध्य के मध्य जिस प्रकार का सम्बन्ध स्थापन हो गया था वहाँ रहस्यात्मकता तो रह ही नहीं गई थी। और यदि कुछ अंशों में रहस्यभावना के दर्शन होते हैं तो वे भी प्रकृति सम्बन्धी रहस्यात्मकता से सर्वथा असम्बद्ध हैं।

मीरां के गीत एवं बारहमासा वर्णन

प्रकृति वर्णन के अन्तर्गत बारहमासा एवं षड्ऋतु वर्णन अत्यन्त महत्त्वपूर्ण स्थान रखते हैं। वर्ष का प्रत्येक माह नवीनम भावनाओं का, परिवर्तित कामनाओं का प्रेरक माना गया है। अतः बारहमासा में प्रकृति के सभी रूपों का वर्णन किया जाता है।

मीरां के काव्य में प्रकृति वर्णन का यह रूप भी नहीं मिलता। विरह विदग्धा मीरां को अपनी हृदयस्थ भावनाओं की सहजाभिव्यक्ति में किसी बाह्य साधन की अपेक्षा नहीं थी।

मीरां के गीतों में प्रकृति वर्णन सम्बन्धी बहुत कम काव्य रचा गया है। बहुत शोध करने पर ही प्रकृति वर्णन सम्बन्धी कतिपय गीत मिल पाते हैं।

ये गीत भी मीरां ने सप्रयास नहीं लिखे हैं अपितु सहज भावावेग में इनको भी स्थान मिल गया है।

(ङ) आध्यात्मिक रहस्यभावना सम्बन्धी गीत

'रहस्य' शब्द अत्यन्त प्राचीन है। वर्तमान समय में हिन्दी का 'रहस्यवाद' अंग्रेजी के मिस्टिसिज्म का पर्यायवाची है जिसका अभिप्राय है 'जीवन का मृत्यु की गहराई के चरम सत्यों को समझना।' आज हिन्दी जगत में 'रहस्यवाद' 'परमोच्च सत्ता' के साथ प्रत्यक्ष

मिलन के परम पवित्र आनन्द की उपलब्धि हेतु मानवी मन के प्रयत्न के अर्थ में परिभाषित किया गया है।

लौकिकता से विमुख होकर जब किसी अज्ञात, रहस्यमय, अलौकिक शक्ति के प्रति अनुराग विस्मय, उत्सुकता, लालसा, जिज्ञासा एवं मिलनानुभव व्यक्त किया जाता है, तो उस अवस्था को रहस्यानुभूति की अवस्था कहते हैं।

आचार्य रामचन्द्र शुक्ल का कथन है :

"ज्ञान के क्षेत्र में जिसे अद्वैतवाद कहते हैं, वही भावना के क्षेत्र में रहस्यवाद कहलाता है।"

डॉ. गोविन्द त्रिगुणायत का मत ध्यातव्य है :

"बुद्धि के सहारे आध्यात्मिक रहस्य का निरूपण करना ज्ञान है। भावना और प्रेम के सहारे ब्रह्म के आधिदैविक स्वरूप की उपासना भक्ति है। रहस्यवाद उन दोनों से भिन्न है। जब साधक भावना के सहारे आध्यात्मिक सत्ता की रहस्यमयी अनुभूतियों को वाणी के द्वारा शब्दमय चित्रों में सजाकर रखने लगता है, तभी साहित्य में रहस्यवाद की सृष्टि होती है।" अतः प्रचलित अर्थ में रहस्यवाद की दो अनिवार्य विशेषताएँ हैं :

(1) आलम्बन का निराकार, अलौकिक, निस्सीम तत्त्व

(2) इस अलौकिक सत्ता के प्रति प्रणयभावना।

मीरां की रहस्य भावना प्रचलित रूढ़ अर्थ के अन्तर्गत नहीं आती। यद्यपि मीरां के गीतों में अलौकिक सत्ता के प्रति प्रणयभावना तो अवश्य है, किन्तु उनका आलम्बन निर्गुण, निराकार अलौकिक सत्ता न होकर सगुण, साकार लीलाधारी प्रियतम श्रीकृष्ण हैं, जो ब्रज में अवतरित हुए।

भक्तिमार्ग के विविध दर्शनों से लेकर सूर एवं तुलसी जैसे भक्त कवियों ने ईश्वर के निर्गुण निराकार, अनश्वर परमब्रह्म, अविनाशी स्वरूपों को मान्यता दी है। भक्तिमती मीरांबाई भी अपने प्रियतम आराध्य के सर्वव्यापक एवं सर्वातीत स्वरूप से पूर्ण परिचित थीं। अपने प्रिय आराध्य के इस दिव्य स्वरूप को उन्होंने विस्मृत कर दिया हो, ऐसा नहीं है, वे स्पष्ट कहती हैं :

"बिरद बखाणां गणतां णा जाणां, थांका वेद पुराण।"

किन्तु उनके गीतिकाव्य में प्रधानता है उस सगुण देहधारी प्रियतम की जिसके सौन्दर्य पर वे आत्मविस्मृत-सी होकर पूर्णतया मुग्ध हो गई थीं।

जिस प्रियतम ने न जाने कितने पापियों को मोक्ष प्रदान किया था और ब्रजधाम में नानाविध लीलाएँ क्रीड़ाएँ की थीं वही पूर्ण पुरुष मीरां के प्रेम का आधार है।

सूक्ष्म विश्लेषण करने पर रहस्यभावना के प्रमुख तीनों सोपान मीरां के गीतिकाव्य में उपलब्ध हो जाते हैं।

1. रहस्यभावना की प्रथमावस्था 'जिज्ञासा' मानी गई है। इस अवस्था में जिज्ञासु प्रेमी भक्त, उस असीम निराकार सत्ता के प्रति अपनी जिज्ञासा प्रकट करता है। उसे

जानने, प्राप्त कर लेने के लिए विरह की छटपटाहट एवं व्याकुलता का अनुभव करता है।

2. द्वितीय अवस्था 'ज्ञान' प्राप्ति की है। इस स्तर पर आकर जिज्ञासु की जिज्ञासाएँ शान्त हो जाती हैं। उसे आत्मबोध हो आता है। इस आत्मबोध के उपरान्त अंशी अपने अंश में समाहित हो जाने के लिए साधना मार्ग की बाधाओं से स्वतन्त्र और बन्धनों से मुक्त हो जाता है।

3. यह अन्तिम स्थिति है, जीवात्मा परमात्मा से एकाकार एकात्म हो जाने की अनुभूति से भर उठता है। उसे सर्वत्र आनन्द बिखरा दिखलाई पड़ता है। आन्तरिक एवं बाह्य प्रकाश से वह भर उठता है।

मीरां के काव्य में रहस्य भावना की तीनों कोटियाँ मिलती हैं। मीरां के अन्य गीतों की भाँति रहस्यभावना सम्बन्धी गीतों में भी उनकी वैयक्तिक विशिष्टता के दर्शन होते हैं।

रहस्य भावना के प्रथम सोपान पर मीरां अपने प्रियतम को अगम्य बतलाती हुई प्रियतम के रहस्यलोक का वर्णन करतीं हैं। यहाँ उनकी भावना रहस्योन्मुखी हो उठी है :

> "चलां अगम वा देस काल देख्यां डरां
> भरां प्रेम रां होज हंश केल्यां करां
> शाधां सन्त रो शंग ग्याण जुगतां करां
> धरा सांवरो ध्यान चित्त उजळो करां
> सील घूंघरा बांध तोस निरतां करां
> साजां शोल शिंगार शोणा रो राखड़ा
> सांवड़या शू प्रीत ओरां शू आंखड़ा।"[244]

प्रिय के प्रति जिज्ञासा रहस्यवादी के अन्तस् में मिलनोत्कंठा जगाती है। मीरां के काव्य में विरह एवं मिलनोत्कंठा सम्बन्धी जितने भी गीत हैं वे रहस्यवाद की इसी कोटि के हैं। वे प्रियदर्शनों की अभिलाषा व्यक्त करती हुई कहती हैं :

> "प्यारे दरशन दीश्यो आय, थे बिणां रह्यां णा जायं
> जळ बिणा कंवळ चंद बिणां रजणी, थे बिणा जीवण जाय
> आकुल व्याकुल रैण बिहावां, बिरह कलैजो खाय
> दिवस ना भूख निदरां रैना मुख शूं कहयां णा जाय।
> कोण सुणे कांशू कहियां री मिळ प्रिय तपण बुझाय।"[245]

प्रेम का बाण हृदय से लगते ही विरहाग्नि से सम्पूर्ण तन दग्ध हो उठा :

> "सांवरे मार्‌या तीर
> री म्हारा पार निकळ गयां तीर, सांवरे मार्‌या तीर
> बिरहा अनळ लागां उर अंतर, ब्याकुल म्हारां सरीर
> चंचल चित्त चल्यां णां चाळां बंध्या प्रेम जंजीर।"[246]

इन गीतों में मिलन हेतु विरहिणी की आतुरता, उत्कण्ठा का जो वर्णन है वही रहस्यवासियों की दृष्टि में जीव की ब्रह्म से एकाकार हो जाने की, उसे पूरी तरह जानने की व्याकुलता है। मीरां के काव्य का वृहदांश विरह के इसी ताने से निर्मित है।

रहस्य भावना की द्वितीयावस्था भी मीरां में मिलती है। आत्मबोध की प्रतीति मीरां को अवश्य हुई होगी। वियोग साधना के बाद प्रियतम के स्वरूप का ज्ञान मीरां को हुआ जिसका उल्लेख उनके गीतों में है।

"म्हारां सांवरो ब्रजवाशी
बरण कह्यां अविनाशी म्हारो
काल व्याल न खाशी
म्हारो प्रीतम हिरदां बशता
दरश लह्या शुख राशी
मीरां रे प्रभु हरि अविनाशी,
सरण गह्या थे दाशी।"[247]

× × ×

'मीरां रे प्रभु हरि अविणासी,
करश्यों प्रीत खरी।"[248]

कहकर मीरां अपने प्रियतम के अनन्त, अमर एवं शाश्वत रूप का दर्शन करती हैं। उन्होंने ब्रह्म की सर्वव्यापकता, सर्वशक्तिमत्ता, अनश्वरता एवं रहस्यात्मकता आदि का उल्लेख अनेक बार किया है :

"मण रे परस हरि के चरण
सुभग सीतल कंवळ कोमळ जगत ज्वाळा हरण
इन चरण ब्रह्मांड मेट्यां
नख सिखां सिरि भरण।"[249]

मीरां को अपने आराध्य के अस्तित्व का बोध हो चुका है। वे जानतीं हैं कि उनके प्रियतम अविनाशी हैं :

"मीरां रे प्रभु हरि अविणासी
अपणो जग रो मीत।"[250]

"दासी मीरां लाल गिरधर
अगम तारण तरण।"[251]

"मीरां रे प्रभु हरि अविणासी
लाज विरद री बह्यां।"[252]

रहस्य भावना की तीसरी एवं चरमावस्था की परिणति उन गीतों में होती है, जहाँ वे अपने प्रियतम के साथ एकरूप, तदाकार हो गई हैं। अविनाशी प्रियतम के साथ तादात्म्य स्थापन के बाद जीवात्मा का पृथक अस्तित्व नहीं रह जाता। मिलनानन्द की यह अनुभूति मीरां की वाणी में बड़ी सजीवता के साथ फलीभूत हुई है :

"म्हां गिरधर रंग राती
पंचरंग चोळा पहर्यां, सखि म्हां
झुरमुट खेलण जाती
वा झुरमुट मां मिळयां सांवरो
देख्यां तण मण राती"[253]

उन्होंने अपनी साधना की चरम सिद्धि को अन्ततः प्राप्त कर ही लिया। लौकिक शब्दावली में अलौकिक दिव्य मिलनानन्द की अनुभूति को व्यक्त करने में मीरां अप्रतिम हैं :

"णेणां बणज बसांवां री म्हारा सांवरा आंवा
णेणा म्हारां सांवरा राखां डरता पळक णा ळांवा
म्हारां हिरदां बश्यां मुरारी, पळ पळ दरशण पांवा
स्याम मिलण सिंगार शजावां शुखरी शेज बिछावां
मीरां रे प्रभु गिरधर नागर, बार-बार बल जावां।"[254]

मीरां का प्रिय से परिचय हो ही चुका था, और अब जब परिचय की प्रगाढ़ता अन्तिम सीमा पर पहुँच चुकी है तब वे केवल प्रिय में ही सदा मग्न रहना चाहती हैं। समस्त विश्व उनके लिए चौमासे की बावड़ी के सदृश् क्षणभंगुर और अल्पावधि में समाप्त हो जानेवाला लगता है। वे उससे विरत हो जाती हैं। उनके सम्मुख तो हरि रूपी निर्झर का 'अमरित' उनकी तृष्णा और प्यास की तृप्ति करने के लिए साक्षात् था।

"चौमाश्यां री बावड़ी ज्या कूं णीर णा पीवां
हरि निर्झर अमरित झर्यां, म्हारी प्याश बुझावां।"[255]

मीरां के गीतिकाव्य में रहस्यवाद की प्रायः सभी स्थितियाँ उपलब्ध हो जाती हैं। तथापि अन्य रहस्यवादियों से मीरां की रहस्यभावना कुछ अन्तर लिए हुए है :–

मीरां की रहस्य भावना उनकी सगुण भक्ति का ही एक रूप है। उन्होंने ब्रह्म के तात्विक निर्गुण रूप को साकार स्वरूप में ढाल दिया है। अविनाशी निराकार रूप को मीरां के गीतों में कृष्ण की साकार प्रतिमा में एकाकार कर दिया है। वे कहती हैं :–

"भज मण चरण कंवल अविनाशी।"

ब्रह्म को अविनाशी बतलाते हुए भी उसके चरण कमलों की कल्पना मीरां ने कर

ली है। मीरां प्रेमपरक रहस्यवाद की साधिका थीं। वे न तो कबीर की तरह ज्ञानी थीं, न बाद के छायावादी कवियों की भाँति दर्शनपरक रहस्यवादी। उन्हें तो अपने प्रभु प्रेम की खुमारी थी। जहाँ अन्य रहस्यवादियों ने निर्गुण निराकार को ही एक मात्र चरम सत्य कहा है, मीरां उसे अपने श्यामसुन्दर की लीला लोक का विस्तार मानती हैं। डॉ. प्रभात ने भी इसी बात की पुष्टि की है :

"सांवलिया उनके नयनों के सामने मोर मुकुट धारण करके आ जाता है, यह उसका रस रूप है, श्रेष्ठ लीलाकारी रूप है पर कोई यह न समझे कि मोर मुकुट उसकी सीमा है, ब्रज लीला के बाहर वह है ही नहीं, अतः उसके उस विराट रूप का संकेत भी मीरां कर देती हैं, जिसके चरणों पर ब्रह्मांड लोटता है। उस अन्तर्यामी रूप का भी उल्लेख कर देती हैं जो उसके अन्तर में बसा हुआ है। इस प्रकार मीरां की यह रहस्य भावना उनकी सगुण भावना का ही एक विस्तार हैं।"[256]

मीरां की रहस्य भावना का एक गूढ़ार्थ और भी निकलता है। जहाँ कहीं मीरा ने श्रीकृष्ण की लीला का वर्णन किया है, वहाँ वह लीलावर्णन उनके अन्तर्जगत के एकान्त में चलने वाली आनन्दमयी लीला का प्रतीक बन जाता है।
ऐसा ही एक लीलावर्णन देखिए :

"मुरळिया बाजां जमणा तीर
मुरळी म्हारो मण हर लीणो चित्त धरां णा धीर
श्याम कण्हैया स्याम कमर्‌यां स्याम, स्याम जणम रो नीर
धुण मुरळी शुण शुध बुध बिशरां जर जर म्हारो सरीर
मीरां रे प्रभु गिरधर नागर, बेग हर्‌यां म्हा पीर"[257]

इस लीला का क्षेत्र मीरां का भाव जगत है। ब्रज, गोपियाँ, यमुना, बाँसुरी, सब मीरां के अन्तर्जगत में ही स्थित है। देशकाल की परिधि से मुक्त चिरन्तन शाश्वत ब्रह्म मीरां के साथ प्रेमलीला रचाने के लिए श्याम कन्हैया रूप में अवतरित हो गए हैं। मीरां की भावना यहाँ भी अन्य भक्त कवियों से किंचित् पृथक् जान पड़ती है, क्योंकि मीरां इस लीला की दर्शक मात्र नहीं हैं, स्वयं भी उस लीला में भाग लेती हैं। अतः मीरा की रहस्य भावना सगुणवादियों और निर्गुणवादियों की रहस्य भावना के मध्य की है।

मीरां में दर्शनपरक रहस्यवाद नहीं है। प्रकृति का माध्यम भी मीरां ने अपनी रहस्यानुभूति की अभिव्यक्ति के लिए नहीं अपनाया। वे अपने आराध्य से सीधा प्रत्यक्ष सम्बन्ध रखती थीं अतः प्रकृतिपरक रहस्य का भी उनके गीतों में नितान्त अभाव है। मीरां पर योगमार्ग का प्रभाव भी दृष्टिगत नहीं होता, अतः उनके गीतिकाव्य में साधनापरक रहस्यवाद के दर्शन भी नहीं होते।

डॉ. हजारीप्रसाद द्विवेदी का कथन है :

"रहस्यवादियों के...'ये भगवान अगम अगोचर तो हैं ही, वाणी और मन के भी अतीत हैं फिर भी रहस्यवादी कवि उनको प्रतिदिन प्रतिक्षण देखता रहता है।"[258]

मीरां की रहस्यभावना पर डॉ. द्विवेदी का उपर्युक्त मन्तव्य पूर्णतया सटीक बैठता है।

निष्कर्ष रूप में कहा जा सकता है :

मीरां के गीतों में उपलब्ध रहस्य भावना निर्गुण-सगुण भक्तों की रहस्यानुभूति के मध्य की है। उनकी आत्मा प्रेम रस लीला में स्वयं उपस्थित होकर आनन्द रस का आस्वादन करती है। साथ ही उनकी यह लीला सगुण साकार परन्तु निराकार, अनन्त विस्तार वाले की मनमोहक लीला भी है।

सन्दर्भ

1. मीरां की रसानुभूति : डॉ. विपिन बिहारी त्रिवेदी, मीरां स्मृति ग्रन्थ (1949), पृ. 239
2. मीरां की भक्ति और उनकी काव्य साधना का अनुशीलन : डॉ. भगवानदास तिवारी, पृ. 224
3. मूरख जण सिंहासण राजां पंडित फिरतां द्वारा।
4. "जैताई दीसां धरण गगण मां तैताई उठि जासी
   यो संसार चहर की बाजी साँझ पड्या उठि जासी" (डाकोर की प्रति, पद-2)
5. डाकोर की प्रति, पद सं. 1
6. डाकोर की प्रति, पद सं. 47
7. डाकोर की प्रति, पद सं. 15
8. काशी की प्रति; पद सं. 86
9. डाकोर की प्रति, पद सं. 48
10. डाकोर की प्रति, पद सं. 61
11. मीरां वृहद पद संग्रह, डॉ. पद्मावती शबनम, पद 9, पृ. 11
12. मीरां जीवनी और काव्य भूमिका, श्री महावीर सिंह गहलोत, पृ. 324-25
13. जनम जोगिण मीरांबाई, श्री शम्भुप्रसाद बहुगुणा, मीरां स्मृतिग्रन्थ।
14. नागर समुच्चय पद प्रसंग माला, मीरां सम्बन्धी प्रसंग।
15. 'लाज छाड़ि गिरधर भजे,' भक्त नामावलि, लीला, पृ. 34
16. 'मेरते जन्मभूमि, भूमि हित बैन लगे, पगे गिरधारी लाल, पिता ही के धाम में : श्री भक्तमाल, रूपकला, पृ. 714
17. मीरां गिरधर भजी का दृष्टान्त।
18. 'मीरांबाई नाम भजो स्याम सुन्दर' : प्राचीन काव्य-माला, ग्रन्थ छठा, मीरां माहात्म्य कड़ी-1
19. उभये तातुल केले कृष्णार्पण, मीरां-चरित्र, कड़ी 16
20. श्री भक्तमाल, रूपकला, पृ. 176
21. राधोदास की भक्तमाल, मीरां प्रसंग, मूल छप्पय, पृ. 4
22. सन्त कवि दरिया—एक अनुशीलन : डॉ. धर्मेन्द्र ब्रह्मचारी, पृ. 7
23. मीरांबाई, डॉ. श्रीकृष्णलाल, पृ. 126, 129
24. राजस्थानी भाषा और साहित्य।

25. हिन्दी काव्य में निर्गुण सम्प्रदाय, डॉ. पीताम्बरदत्त बड़थ्वाल, पृ. 436
26. मीरां की प्रेम साधना, श्री भुवनेश्वर नाथ मिश्र 'माधव' पृ. 168
27. हिन्दी साहित्य : उद्‌भव और विकास, डॉ. हजारीप्रसाद द्विवेदी।
28. मीरां की भक्ति और उनकी काव्य साधना का अनुशीलन : डॉ. भगवानदास तिवारी, पृ. 231
29. डाकोर की प्रति, पद-1
30. डाकोर की प्रति, पद-5
31. डाकोर की प्रति, पद-3
32. डाकोर की प्रति, पद-46
33. डाकोर की प्रति, पद-15
34. डाकोर की प्रति, पद-37
35. काशी की प्रति, पद-85
36. काशी की प्रति, पद-78
37. काशी की प्रति, पद-94
38. मीरांबाई : डॉ. प्रभात, पृ. 31
39. मध्यकालीन हिन्दी कवयित्रियाँ : डॉ. सावित्री सिन्हा, पृ. 128
40. डाकोर की प्रति, पद-25
41. डाकोर की प्रति, पद-34
42. काशी की प्रति, पद-100
43. डाकोर की प्रति, पद-31
44. मध्यकालीन हिन्दी कवयित्रियाँ, डॉ. सावित्री सिन्हा, पृ. 10, 126
45. डाकोर की प्रति, पद-2
46. डाकोर की प्रति, पद-14
47. काशी की प्रति, पद-71
48. डाकोर की प्रति पद-44।
49. मीरां की प्रेम साधना, पद-62, पृ. 225
50. मीरां की प्रेम साधना, श्री भुवनेश्वर माधव मिश्र, पद 68, पृ. 226
51. मीरां की प्रेम साधना, श्री भुवनेश्वर माधव मिश्र, पद-69, पृ. 227
52. मीरां की प्रेम साधना, श्री भुवनेश्वर माधव मिश्र, पद-53, पृ. 223
53. मीरां की प्रेम साधना, श्री भुवनेश्वर माधव मिश्र, पद-59, पृ. 224
54. मीरां की प्रेम साधना : श्री भुवनेश्वर माधव मिश्र, पद-64, पृ. 225
55. मध्यकालीन हिन्दी कवयित्रियाँ, डॉ. सावित्री सिन्हा, पृ. 127
56. मीरां एक अध्ययन, डॉ. शबनम, पृ. 126
57. डाकोर की प्रति, पद-1
58. मीरांबाई : डॉ. प्रभात,
59. डाकोर की प्रति, पद-32
60. डाकोर की प्रति, पद-7
61. डाकोर की प्रति, पद-3
62. मीरांबाई और उनकी पदावली, पृ. 94
63. मीरां की प्रेम साधना, पद सं. 141
64. मध्यकालीन हिन्दी कवयित्रियाँ, डॉ. सावित्री सिन्हा, पृ. 130

65. शांडिल्य भक्ति सूत्र-1
66. ''नादरास्तु तदर्थि तारिवलाचारिता तप्विसमरणे परमत्याकुलंतलि यथा ब्रज गोपिकानाम्'' नारद रचित भक्ति सूत्र-19-21
67. प्रेमभक्ति योग : महन्त श्री देवदासजी महाराज, पृ. 29
68. श्री वैष्णवमताब्ज भास्कर, श्लोक-65
69. तत्त्वार्थदीप निबन्ध (ज्ञानसागर, बम्बई) श्लोक-46
70. श्री भक्तमाल, रूपकला, पृ. 713
71. गोपिन की सी प्रीति रीति कलिकाल दिखाई।
रसिक राइ जस गाई, निडर रही सन्त सुभाई
नौबत भक्ति छुराई कै पति सो गिरधर हीसने आदि मूल छप्पय, पुरोहितजी के संग्रह की पोथी से।
72. डाकोर की प्रति, पद-9
73. डाकोर की प्रति, पद-4
74. काशी प्रति, पद-83
75. काशी की प्रति, पद-88
76. काशी की प्रति, पद-81
77. डाकोर की प्रति, पद-9
78. डाकोर की प्रति, पद-64
79. नारद भक्ति-सूत्र, (3-4-5-6)
80. डाकोर की प्रति, पद-11
81. नारद भक्ति-सूत्र 56
82. काशी की प्रति, पद-86
83. डाकोर की प्रति, पद-42
84. डाकोर की प्रति, पद-48
85. डाकोर की प्रति, पद-53
86. डाकोर की प्रति, पद-64
87. डाकोर की प्रति, पद-1
88. डाकोर की प्रति, पद-12
89. डाकोर की प्रति, पद-58
90. डाकोर की प्रति, पद-31
91. डाकोर की प्रति, पद-35
92. श्रीमद्भागवत—2 : 1 : 11
93. श्रीमद्भागवत्—3 : 33 : 7
94. डाकोर की प्रति, पद-59
95. डाकोर की प्रति, पद-25
96. काशी की प्रति, पद-86
97. डाकोर की प्रति
98. काशी की प्रति, पद-71
99. श्रीमद्भागवत, सप्तम स्कन्ध।
100. डाकोर की प्रति, पद-34

101. डाकोर की प्रति, पद-8
102. डाकोर की प्रति, पद-84
103. काशी की प्रति, पद-83
104. डाकोर की प्रति, पद-25
105. डाकोर की प्रति, पद-58
106. डाकोर की प्रति, पद-57
107. डाकोर की प्रति, पद-14
108. काशी की प्रति, पद-99
109. डाकोर की प्रति, पद-14
110. काशी की प्रति, पद-82
111. डाकोर की प्रति, पद-42
112. डाकोर की प्रति, पद-86
113. वही, पद-35
114. डाकोर की प्रति, पद-43
115. डाकोर की प्रति, पद-22
116. डाकोर की प्रति, पद-68
117. डाकोर की प्रति, पद-31
118. डाकोर की प्रति, पद-14
119. डाकोर की प्रति, पद-25
120. डाकोर की प्रति, पद-42
121. डाकोर की प्रति, पद-46
122. काशी की प्रति, पद-87
123. काशी की प्रति, पद-88
124. डाकोर की प्रति, पद-83
125. डाकोर की प्रति, पद-4
126. डाकोर की प्रति, पद-5
127. काशी की प्रति, पद-101
128. डाकोर की प्रति, पद-58
129. डाकोर की प्रति, पद-61
130. डाकोर की प्रति, पद-2
131. काशी की प्रति, पद-73
132. काशी की प्रति, पद-80
133. डाकोर की प्रति, पद-35
134. डाकोर की प्रति, पद-9
135. डाकोर की प्रति, पद-36
136. डाकोर की प्रति, पद-17
137. डाकोर की प्रति, पद-44
138. अहिर्बुधन्य संहिता, 36/282/9
139. डाकोर की प्रति, पद-60
140. डाकोर की प्रति, पद-59

141. डाकोर की प्रति, पद-1
142. डाकोर की प्रति, पद-1
143. डाकोर की प्रति, पद-61
144. यही, पद-34
145. डाकोर की प्रति, पद-42
146. डाकोर की प्रति, पद-47
147. डाकोर की प्रति, पद-68
148. डाकोर की प्रति, पद-12
149. डाकोर की प्रति, पद-63
150. काशी की प्रति, पद-77
151. मीरां की भक्ति एवं उनकी काव्य साधना का अनुशीलन : डॉ. तिवारी, पृ. 212
152. डाकोर की प्रति, पद-11
153. डाकोर की प्रति, पद-16
154. डाकोर की प्रति, पद-20
155. जयारव्य संहिता, पाँचवाँ पटल
156. मीरां की प्रेम साधना, पद-10, 2, मीरांदर्शन पद, भुवनेश्वर 'माधव'।
157. डाकोर की प्रति, पद-12
158. डाकोर की प्रति, पद-68
159. डाकोर की प्रति पद-33
160. डाकोर की प्रति, पद-22
161. डाकोर की प्रति, पद-42
162. डाकोर की प्रति, पद-2
163. काशी की प्रति, पद-91
164. डाकोर की प्रति, पद-67 (क)
165. डाकोर की प्रति, पद-34
166. डाकोर की प्रति, पद (66)
167. मीरांबाई : डॉ. प्रभात, पृ. 390
168. मीरां की प्रेमसाधना : आचार्य रामचन्द्र शुक्ल, प्रस्तावना, पृ. 28
169. मध्यकालीन कृष्ण काव्य, डॉ. देवकृष्ण झारी, पृ. 248
170. डाकोर की प्रति, पद-6
171. डाकोर की प्रति, पद-21
172. डाकोर की प्रति, पद-17
173. डाकोर की प्रति, पद-39
174. काशी की प्रति, पद-74
175. काशी की प्रति, पद-83
176. काशी की प्रति, पद-81
177. डाकोर की प्रति, पद-11
178. काशी की प्रति, पद-97
179. मीरां की वेदनानुभूति, मीरां स्मृति ग्रन्थ, रामेश्वर शुक्ल, 'अंचल', पृ. 127-28,
180. काशी की प्रति, पद-93

181. काशी की प्रति, पद-96
182. मीरां पदावली : श्री शम्भु सिंह मनोहर, पृ. 54
183. डाकोर की प्रति, पद-19
184. काशी की प्रति, पद-90
185. डाकोर की प्रति, पद-60
186. डाकोर की प्रति, पद-27
187. डाकोर की प्रति, पद-6
188. डाकोर की प्रति पद-19
189. डाकोर की प्रति, पद-24
189. डाकोर की प्रति, पद-24
190. डाकोर की प्रति, पद-24
191. मीरां की वेदना : प्रो. रामेश्वर प्रसाद शुक्ल 'अंचल', पृ. 133-139। मीरां स्मृति ग्रन्थ प्रकाशन वर्ष 1948
192. काशी की प्रति, पद-71
193. काशी की प्रति, पद-75
194. डाकोर की प्रति, पद-11
195. डाकोर की प्रति, पद-24
196. डाकोर की प्रति, पद-55
197. डाकोर की प्रति, पद-26
198. डाकोर की प्रति, पद-38
199. काशी की प्रति, पद-70
200. मध्यकालीन हिन्दी कवयित्रियाँ : डॉ. सावित्री सिन्हा, पृ. 140
201. डाकोर की प्रति, पद-11
202. काशी की प्रति, पद-70
203. डाकोर की प्रति, पद-17
204. डाकोर की प्रति, पद-46
205. डाकोर की प्रति, पद-18
206. काशी की प्रति, पद-88
207. काशी की प्रति, पद-97
208. डाकोर की प्रति पद-38
209. मीरांबाई, डॉ. प्रभात, पृ. 401
210. डाकोर की प्रति, पद-40
211. मीरांबाई की काव्य साधना : डॉ. रामप्रकाश, पृ. 65
212. मीरां की प्रेम साधना, भुवनेश्वर माधव, पृ. 142
213. डाकोर की प्रति, पद-5
214. काशी की प्रति, पद-88
215. काशी की प्रति, पद-87
216. काशी की प्रति, पद-94
217. डाकोर की प्रति, पद-3, 4, 5, 7, 8, 15, 30, 42, 46, 63, 65, 85, 87, 94 एवं 100
218. डाकोर की प्रति, पद-10

219. डाकोर की प्रति पद-10
220. मध्यकालीन हिन्दी कवयित्रियाँ : डॉ. सावित्री सिन्हा, पृ. 126
221. डाकोर की प्रति, पद-29
222. काशी की प्रति, पद-79
223. मीरां की भक्ति और उनकी काव्य साधना का अनुशीलन : डॉ. तिवारी, पृ. 244-45
224. डाकोर की प्रति, पद-50
225. डाकोर की प्रति, पद-56
226. डाकोर की प्रति, पद-36
227. डाकोर की प्रति, पद-44
228. डाकोर की प्रति, पद-47
229. डाकोर की प्रति, पद-13
230. काशी की प्रति, पद-73
231. काशी की प्रति, पद-103
232. डाकोर की प्रति, पद-10
233. डाकोर की प्रति, पद-3
234. डाकोर की प्रति, पद-7
235. डाकोर की प्रति, पद-8
236. डाकोर की प्रति, पद-8
237. डाकोर की प्रति, पद-49
238. डाकोर की प्रति, पद-24
239. डाकोर की प्रति, पद-38
240. डाकोर की प्रति, पद-50
241. डाकोर की प्रति, पद-52
242. काशी की प्रति, पद-85
243. डाकोर की प्रति, पद-67
244. काशी की प्रति, पद-71
245. काशी की प्रति, पद-90
246. डाकोर की प्रति, पद-6
247. काशी की प्रति, पद-95
248. डाकोर की प्रति, पद-14
249. डाकोर की प्रति, पद-9
250. डाकोर की प्रति, पद-14
251. डाकोर की प्रति, पद-14
252. डाकोर की प्रति, पद-22
253. डाकोर की प्रति, पद-10
254. डाकोर की प्रति, पद-103
255. डाकोर की प्रति, पद-37
256. मीरांबाई, डॉ. प्रभात, पृ. 404
257. काशी की प्रति, पद-94
258. साहित्य का साथी : डॉ. हजारीप्रसाद द्विवेदी, पृ. 64

5

मीरां के काव्य में गीति तत्त्व

श्रीकृष्ण के लीला पुरुषोत्तम स्वरूप के चित्र एवं भावपरक पृष्ठभूमि के कारण कृष्ण-भक्ति काव्य-परम्परा का स्वरूप अधिकांशतः अन्तर्वृत्ति निरूपक ही रहा। कृष्ण-भक्त कवियों का मूल साध्य अपने हृदय की वृत्तियों का प्रकाशन होने के कारण प्रबन्ध रचना की ओर उनकी विमुखता स्वयं सिद्ध हो गई, क्योंकि प्रबन्ध-रचना की आधार-भूमि विशाल एवं विस्तृत होने के साथ-साथ रचनाकार की दृष्टि वस्तुनिष्ठ और अधिकतर बाह्यार्थ निरूपिणी होती है। इसके बिल्कुल विपरीत **गीतिकाव्य भावावेशमयी मनःस्थितियों की आत्मनिष्ठ अभिव्यक्ति है।** अतएव भावुक कृष्ण भक्त कवियों की आत्माभिव्यक्ति गीतिकाव्य के रूप में जितनी सहजता से प्रकाशित हुई, वह प्रबन्धकाव्य में सम्भव न थी।

इस युग के काव्य में आत्माभिव्यंजना की दो शैलियों के दो प्रकार मिलते हैं :

1. प्रत्यक्षानुभूति परक : उपास्य के प्रति प्रत्यक्ष आत्मनिवेदन इस शैली की विशेषता है।

2. अप्रत्यक्षानुभूति परक : इस शैली का उपयोग गोपी भाव की अभिव्यक्ति में किया गया।

मीरां के गीतिकाव्य में प्रथम प्रकार की शैली का प्रयोग ही सर्वत्र मिलता है। भगवान श्रीकृष्ण को अपने आराध्य देव रूप में ग्रहण कर मीरां ने उनके प्रति माधुर्य भाव की अभिव्यक्ति की थी। उन्होंने अपने भावों को सीधे प्रियतम गिरधर नागर के समक्ष खोलकर रख दिया। सूर आदि कवियों की भाँति उन्होंने राधा या गोपियों को अपनी अन्तर्व्यथा के प्रकटीकरण का माध्यम नहीं चुना।

डॉ. राजकुमारी कौल इस सम्बन्ध में लिखती हैं :

'इन गीतों का माध्यम उनका अपना हृदय ही है। सूर की तरह उन्हें गोपिकाओं से अपनी अन्तर्वेदना प्रकट कराने की आवश्यकता ही नहीं। आत्मा का स्वयं नारी रूप होने के कारण उसे किसी मध्यस्थ की आवश्यकता नहीं।'

मीरां के पदों का आज जो स्वरूप उपलब्ध होता है, वह गेय-परम्परा द्वारा सुरक्षित

रहा। वस्तुतः मीरां की रचनाओं के अन्तर्गत ये स्फुट पद ही हैं, जो उन्हें गीतिकाव्य क्षेत्र में सर्वोपरि सिद्ध करते हैं। मीरां के गीत अपनी पृथक सत्ता रखते हुए अलग ही पहचाने जा सकते हैं।

अतएव इनमें गीति तत्त्व किस स्तर पर समाहित एवं गृहीत हुए हैं यह विश्लेषण अपेक्षित है और इस विश्लेषण के पूर्व गीतिकाव्य क्या है, इस पर संक्षिप्त रूप में विचार करना भी आवश्यक है।

साहित्य-शास्त्र में 'काव्य' शब्द के अन्तर्गत गद्य और पद्य दोनों का ही अन्तर्भाव माना गया है। किन्तु वर्तमान अर्थों में काव्य शब्द का व्यवहार छन्दोबद्ध रचना के विशिष्ट अर्थ में ही होता है। संस्कृत, हिन्दी एवं पाश्चात्य साहित्य के आचार्यों, आलोचकों एवं चिन्तकों द्वारा 'काव्य' को विभिन्न दृष्टियों से वर्गीकृत किया गया है। समग्र रूप से देखने पर काव्य को मुख्यतः तीन भागों में विभाजित किया जा सकता है :

प्रबन्ध काव्य,
अबन्ध काव्य और
बन्धाबन्ध काव्य।

काव्य के अबन्ध वर्ग में कविता पद्यान्तर निरपेक्ष और आत्मपर्यवसित होती है।

अबन्ध काव्य को दो विभागों में विभाजित किया गया है :

अत्यधिक भावात्मक एवं गेयात्मक आत्माभिव्यंजनापूर्ण काव्य अर्थात् गीतिकाव्य। और दूसरे, कलात्मक शास्त्रीयतानुसार अभिव्यंजनापूर्ण काव्य अर्थात् मुक्तक काव्य।

गीतिकाव्य के लिए वैयक्तिक अनुभूति की तीव्रता और संगीतात्मक आवेश की अपेक्षा स्वीकृत की गई है। गीतिकाव्य पांडित्य और अति बौद्धिकता का भार वहन नहीं कर सकता। भावात्मक संरचना को वाणी प्रदान करने की सर्वाधिक उपर्युक्त विधा गीतिकाव्य है। गीतिकाव्य का प्रकृत रूप भाव गीतियों में ही प्रकट होता है। इसके माध्यम से कवि भावाधार हृदय की नानाविध भावनाओं को सफलतापूर्वक प्रकट कर सकता है।

'गीतिकाव्य की संज्ञा से अभिहित यह काव्य-रूप पश्चिगी जगत में प्रचलित लिरिक का उपजीवी है। पश्चिमी काव्य जगत में लिरिक को स्वानुभूतिपरक अथवा आत्माभिव्यजंक गीतिकाव्य के अन्तर्गत रखा गया है। 'लिरिक' शब्द की व्युत्पत्ति 'लायर' नामक वाद्ययन्त्र से हुई। इस वाद्ययन्त्र के सहारे जिन गीतों का गान हुआ उन्हें लिरिक की संज्ञा दी गई। अंग्रेजी में 'लायर' नाम से अभिहित यह शब्द ग्रीक में लूरा से निर्मित है।'[1]

प्राचीन ग्रीक में 'लूरा' वाद्ययन्त्रों के सहारे गाए जाने वाले गीतों को 'लुरिकोस' कहा जाता था, अंग्रेजी में यही लिरिक हो गया। आदिकालीन गीतों में लायर से तात्पर्य विवाहोत्सव, ईश्वरीय स्तुति एवं वीरों की प्रशंसा में गाए जाने वाले गीतों से लिया जाता था। रोमांटिक रिवाइवल तक पहुँचते-पहुँचते 'लिरिक' को नए सिरे से परिभाषित किया गया।

आज कवि की मनोवृत्ति का अध्ययन करने के उपरान्त उसके गीतिकाव्य का विश्लेषण किया जाता है।

गीत सृजन के मूल में भारतीय एवं पाश्चात्य गीतिकाव्य की दो समृद्ध परम्पराएँ रही हैं। अतः उनके मूल स्वरूप से परिचित कराने के लिए जहाँ भारतीय विद्वानों ने गीतिकाव्य के मूल लक्षण एवं तत्त्वों की परिभाषा दी है वहीं पाश्चात्य गीतिकाव्यकारों ने भी गीतिकाव्य के बारे में अपनी परिभाषाएँ प्रस्तुत की हैं।

भारतीय विद्वानों के मत

हिन्दी साहित्य के प्रायः सभी विद्वानों ने गीतिकाव्य को काव्य की एक स्वतन्त्र विधा मानकर उसके लक्षणों का स्पष्ट रूप से निर्देशन किया है। आचार्य रामचन्द्र शुक्ल के अनुसार काव्य के दो स्वरूप होते हैं :

(1) अनुकृत या प्रकृत (इमीटेटिव या रियलिस्टिक) और अतिरंजित या प्रगीत (एक्ज़ेजरेटिव या लिरिकल) कवि की भावुकता की सच्ची झलक वास्तव में प्रथम रूप में मिलती है। काव्य का दूसरा स्वरूप अतिरंजित या प्रगीत वस्तु वर्णन अथवा भाव व्यंजना दोनों में पाया जाता है।[2]

आचार्य शुक्ल अपनी आदर्शवादी एवं नैतिक चेतना-सम्पन्न दृष्टि के कारण प्रगीत काव्य को यथोचित महत्त्व नहीं दे पाए। परन्तु बाबू गुलाबराय ने गीतिकाव्य को काव्य की अधिक कलामय, कृत्रिमता रहित विधा कहकर अन्तःप्रेरित और आन्तरिक बाह्य के प्रति सूक्ष्म सन्तुलित होने का संकेत किया है। वे लिखते हैं :

'प्रगीत काव्य में कवि जो कहता है, अपने निजी दृष्टिकोण से कहता है। उसमें निजीपन के साथ-साथ रागात्मकता बनी रहती है। रागात्मकता में तीव्रता बनाए रखने के लिए उसका अपेक्षाकृत छोटा होना आवश्यक है। आकार की इस संक्षिप्तता के साथ भाव की एकता अन्विति लगी रहती है। छोटेपन की सार्थकता भाव की अन्विति में है।'[3]

हिन्दी के प्रमुख विचारक आचार्य नन्ददुलारे वाजपेयी के विचार से 'प्रगीत काव्य में कवि की भावना का परिपूर्ण प्रकाशन होता है और कवि का व्यक्तित्व पूरी तरह प्रतिबिम्बित होता है। कवि की अनुभूति बिना किसी व्यवधान के अपने अनुरूप कल्पना का वरण करती है और निर्ब्याज आत्माभिव्यक्ति में परिणत होती है।'[4]

डॉ. नगेन्द्र ने गीत को व्यक्ति की उस भाव-विह्वल दशा की अभिव्यक्ति माना है, जब उसके भाव किसी प्रेरणावश गीति में फूट पड़ते हैं। वे लिखते हैं :

'स्वभाव से ही उसमें हार्दिकता का तत्त्व विद्यमान रहता है। उसमें एक प्रकार की सूत्रता तथा सुसंगठित एकता होती है। जो समस्त कविता को अर्चित किए रहती है। वह एक क्षणिक मनोवेग का परिणाम है। गीत वास्तव में सबसे तरल रूप है, वह वाणी का द्रव है क्योंकि इसका माध्यम स्वर है जबकि छन्द का लय।'[5]

गीत के भाव और कलापक्ष को अपने-अपने विचारों में स्थान देते हुए श्री राम खेलावन पांडे की परिभाषा बड़ी समीचीन है :

'सजीव भाषा में कवि के आन्तरिक भावों की सूक्ष्म अभिव्यंजना संगीतात्मकता के आग्रह के साथ जिसमें होती है, वह गीत काव्य है।'[6]

छायावाद एवं रहस्यवाद की प्रमुख कवयित्री श्रीमती महादेवी वर्मा की गीतिकाव्य के सम्बन्ध में स्थापना है :

'साधारणतः गीत व्यक्तिगत सीमा में सुख दुखात्मक अनुभूति का वह शब्द रूप हैं जो अपनी ध्वन्यात्मकता में गेय हो सके।'[7]

महादेवी ने गीतिकाव्य को सुख-दुख की भावावेशमयी अवस्था विशेष कहकर कवि की उन मनःस्थितियों की ओर इंगित किया है, जो बुद्धि के अनुशासन से पृथक होकर अनुभूति प्रेरित अभिव्यक्ति देने के लिए छटपटाने लगती हैं किन्तु कलापक्ष को भी पुष्ट करने के लिए उस पर साधना और संयम की सीमा निर्धारित कर दी है।

क्योंकि कलाकृति का वास्तविक मूल्य मूल आदिम भावों की नग्न अभिव्यंजना में न होकर सुसंस्कृत अभिव्यक्ति में होता है। महादेवी ने गीत की अभिव्यक्ति के पक्ष में अत्यन्त थोड़े से शब्दों में स्वर-साधना के उपयुक्त चित्रण की महत्ता दर्शाई है, जो गीत-विधान की मूल शर्त है।

डॉ. शकुन्तला दुबे ने काव्य-रूपों के मूल स्रोत के अनुसन्धान में गीतिकाव्य की परिभाषा इन शब्दों में की है :

'वह (गीतिकाव्य) अन्तर्जगत की सर्वोत्तम शब्दों में ऐसी स्वतःप्रवृत्त भावात्मक अभिव्यंजना है जिसमें अनुभूति का ऐक्य, संगीत की सहकारिता में प्रभावान्विति को सुरक्षित रखता है।'[8]

उपर्युक्त परिभाषाओं के आधार पर भारतीय विद्वानों के मतानुसार गीतिकाव्य की प्रमुख विशेषताएँ हैं :

(1) कवि की भावना की पूर्ण एवं व्यापक अभिव्यंजना

(2) भावावेशमयी अवस्था विशेष और स्वतः स्फुरण

(3) एक पद में एक ही भाव की विवृत्ति

(4) संगीतात्मकता और

(5) निर्बन्धता।

पाश्चात्य विद्वानों के मत

प्राचीनतम ग्रीक साहित्य में गीतिकाव्य का समृद्ध रूप देखने को मिलता है। ग्रीक गीतों को दो रूपों में विभाजित किया गया था :

(1) मेलिक गीत, (2) समवेत गीत।

मेलिक गीत ही गीतिकाव्य के निकट हैं जो वाद्ययन्त्रों के साथ सांगीतिक स्वर में एक ही कवि द्वारा गाए जाते थे और जिनमें वैयक्तिक अभिव्यंजना होती थी।

अंग्रेजी काव्य में आरम्भिक तीन-चार शताब्दियों तक इस काव्य-रूप पर कोई विशेष ध्यान नहीं दिया गया। गीतिकाव्य पर गम्भीरतापूर्वक चिन्तन एवं उसके मूल स्वरूप का दर्शन करने वाले सर्वप्रथम सौन्दर्यशास्त्री 'जाफ्राय' थे। उन्होंने यह प्रतिस्थापना की कि गीतिकाव्य और काव्य पर्यायवाची शब्द हैं और उनमें उन सभी तत्त्वों का अन्तर्भाव है जो वैयक्तिक एवं आह्लादजनक हैं तथा जिनमें प्राणों का स्पन्दन है।[9]

19वीं शताब्दी में हीगेल ने इस विषय पर और अधिक सूक्ष्मता से विचार किया। उन्होंने गीतिकाव्य को स्वानुभूति निरूपिणी कविता कहा है। उनके अनुसार :

'गीतिकाव्य की आधारभूमि ऐसे कार्य का निर्माण कदापि नहीं जिसमें बाह्य संसार अपने पूरे ऐश्वर्य को दर्शाता हो बल्कि उसमें एक ही अवस्था लिए हुए गीतिकार की आत्मा व्यक्तिगत रूप में ही प्रतिबिम्बित होती है। उसका प्रमुख लक्ष्य कल्पनापूर्ण तरीके से जीवन के आन्तरिक रहस्यों, उसकी आशाओं, आह्लाद, उसकी पीड़ा एवं उसके उन्माद या प्रलाप को उद्घाटित करना होता है।'[10]

'जाफ्राय' एवं 'हीगेल' की इन धारणाओं से अनेक समसामयिक एवं परवर्ती समीक्षक प्रभावित हुए हैं विशेष रूप से स्वच्छन्दतावादी विचारक इनसे सर्वाधिक प्रभावित सिद्ध हुए हैं। यहाँ हम कुछ ऐसे विद्वानों के मतों को लेंगे जिनका प्रभाव हिन्दी गीतिकाव्य की परिभाषा करने वाले अनेक विवेचकों पर भी पड़ा।

अर्नेस्टरिस के अनुसार गीतिकाव्य वह संगीतात्मक अभिव्यंजना है, जिसकी मूल प्रेरणा कवि को अन्तस्तल से मिलती है जो मनोवेगों का उद्गम स्थल है। अर्नेस्टरिस के शब्दों में :

'गीतिकाव्य उन शब्दों में एक संगीतमय अभिव्यक्ति है जिन पर प्रभविष्णु भाव का अनुशासन रहता है और जो शक्तिशाली संवादी लय के द्वारा सर्वउन्मुक्त रहते हैं।'[11]

जान ड्रिंकवाटर ने गीतिकाव्य को कविता का पर्यायवाची माना है। गीतिकाव्य को सर्वोपरि स्थान प्रदान करते हुए उनका कथन है :

'गीतिकाव्य शुद्ध काव्यात्मक शक्ति द्वारा उद्भूत ऐसी अभिव्यंजना है जिसमें कोई अन्य शक्ति सहकारी नहीं होती एवं गीतिकाव्य और काव्य पर्यायवाची शब्द हैं।'[12]

जान ड्रिंकवाटर की उक्त परिभाषा कवि कॉलरिज की इस उक्ति से प्रभावित है 'कविता श्रेष्ठतम शब्दों का श्रेष्ठतम क्रम हैं।'[13]

हडसन एवं प्रो. गमर दोनों ही विद्वान वैयक्तिकता को गीतिकाव्य की अन्यतम विशिष्टता मानते हैं। हडसन की परिभाषा उल्लेखनीय महत्त्व रखती है :

'वैयक्तिकता की छाप गीतिकाव्य की अन्यतम कसौटी है। साथ ही वह व्यापक मानवीय भावनाओं तक विस्तृत भी है, जिससे प्रत्येक पाठक अपना तादात्मीकरण उससे करने में समर्थ हो पाता है।'[14]

इस प्रकार हडसन ने गीतिकाव्य की प्रमुख दो विशिष्टताएँ मानी हैं—(1) भावों का

ऐक्य, (2) अभिव्यंजना का वैशिष्ट्य और (3) हार्दिकता।

कतिपय पाश्चात्य विद्वानों के गीतिकाव्य सम्बन्धी विचारों का विहंगावलोकन करने पर निष्कर्ष रूप में कहा जा सकता है :

(1) गीतिकाव्य विशुद्ध काव्य की श्रेणी में रखा जा सकता है।

(2) गीतिकाव्य एक अप्रत्याशित रूप योजना तथा आन्तरिक प्रक्रिया है, जिसमें वैयक्तिकता का प्रकाशन उसका मूल तत्त्व है।

(3) संगीत तत्त्व की अनिवार्य उपस्थिति।

(4) एक ही भाव की अन्विति।

प्राचीन भारतीय मनीषियों में आचार्य मतंग ने गीति के निम्नांकित तत्त्वों पर विशेष बल दिया है: (1) भाव स्पंदन[15] (2) रंजक सुर सन्दर्भ अथवा संगीतात्मकता[16] (3) अलंकृति[17]

इसके साथ ही गीति का केन्द्रीय तत्त्व राग माना है, जो भाव की लहर से हृदय को स्पन्दित करता है। (रंजित राग इति)

गीतिकाव्य के सम्बन्ध में दी गई उक्त सभी विचारणाओं के आधार पर हम गीतिकाव्य की परिभाषा इस प्रकार कर सकते हैं :

'गीतिकाव्य कवि के आत्मगत भावोद्रेक से आप्लावित वह स्वतः प्रेरित, तीव्रतम भावात्मक अभिव्यक्ति है, जिसमें अनुभूति का ऐक्य संगीत के सम्मिलन से उस निर्बन्ध रचना के सौन्दर्य को अधिक प्रभावकारी बना देता है। गीत-रचना भाव प्रेरित होने के कारण हृदय से अधिक परिचालित है। इस विधा में बुद्धि तत्त्व को स्थान नहीं, ऐसा कहना भी उपयुक्त नहीं क्योंकि जब हम उसे श्रेष्ठतम शब्दों का श्रेष्ठतम क्रम स्वीकार करते हैं तो उसमें विचारात्मकता का सहज समावेश गीतों के रूप में उमड़ पड़ता है, तब बुद्धि की विचारात्मकता भावों के अनुरूप तदाकार हो जाती है।

विश्व साहित्य में गीतिकाव्य के मूल तत्त्व एक ही रहे हैं। विषय की स्पष्टता के लिए आधुनिक परिभाषाओं के आधार पर निर्धारित तत्त्वों को दृष्टिगत रखते हुए गीतिकाव्य के अनिवार्य तत्त्व निम्नांकित हैं :

(1) आत्माभिव्यंजना

(2) संगीतात्मकता

(3) अनुभूति की पूर्णता और

(4) भावों का ऐक्य

आत्माभिव्यंजना

गीतिकाव्य कवि के अन्तरतम का प्रतिबिम्ब है। गीतिकार अपने व्यक्तित्व का प्रक्षेप गीतिकाव्य में करता है। गीतिकाव्य में कवि के अन्तस की अनुभूति का सन्तुलित रूप ही अभिव्यक्ति पाता है। श्री रामखेलावन पांडे के शब्दों में :

'आत्माभिव्यंजना का अर्थ लिया जाता है मनोरागों का आवेशपूर्ण आग्रह। कवि के अन्तस् की जागृत अनुभूति का सन्तुलित रूप गीतिकाव्य में प्रकट होता है।'[१४]

गीतिकाव्य का सम्बन्ध आत्मा की गहन रागात्मक अनुभूति से होने के कारण आकुल प्राणों का स्पन्दन गीत में बँधने के लिए व्याकुल हो उठता है और कवि सहज ही गा उठता है। गीतिकार के हृदय की अन्तर्ज्वाला किसी बाह्य प्रेरणा से प्रभावित होकर उसके सारे अन्तर्बाह्य को एक साथ ही अभिव्यक्त कर लेती है और तब उसमें स्वभावतः ही लय छन्द को अनुकूल गति प्राप्त हो जाती है। अनुभूति के क्षणों का यह वेग प्रत्येक गीतकार में भिन्न-भिन्न स्तरों पर दिखलाई पड़ता है। 'वर्ड्सवर्थ' में यह शान्त और गम्भीर है और 'बायरन' में तीव्रतायुक्त।

'पन्त' की आन्तरिक अनुभूति का वेग कोमलता के साथ धीमा-धीमा अभिव्यक्त होता है तो 'निराला' का अन्तर्दहन पौरुषमय है, उसमें तीव्रता है, वेग आकुलता है। यही तीव्रता की मात्रा एक के व्यक्तित्व को दूसरे के व्यक्तित्व से भिन्न करने में निर्धारण रेखा का कार्य करती है। आत्माभिव्यंजना की यही छाप प्रत्येक कवि की गीत-रचना में वैशिष्ट्य की द्योतक है और यही कारण है कि प्रत्येक कवि की रचना को पढ़ते ही रचयिता को जाना जा सकता है। गीतिकाव्य में आत्माभिव्यंजना का यह वैशिष्ट्य विलक्षणता का पर्याय नहीं है क्योंकि कवि की मर्मस्पर्शिता, अभिव्यंजना को सदैव विशिष्ट बनाए रखते हुए भी विलक्षण नहीं होती।

संगीतात्मकता

गीतिकाव्य हृदय की रागात्मिका वृत्ति से अटूट रूप से सम्बन्धित है। संगीत की भी वैसी ही घनिष्ठता मानवीय भावनाओं से है। इस प्रकार ये दोनों ही हृदय के तीव्र मनोवेगों से संयुक्त हैं। आत्माभिव्यक्ति को गीत की आत्मा और संगीतात्मकता को उसका पार्थिव शरीर कहा गया है। एक के अभाव में दूसरे का अस्तित्व अपूर्ण रह जाता है।

गीतिकाव्य में संगीतात्मकता का तात्पर्य रमणीय अर्थ के साथ स्वर माधुर्य, सामरस्य एवं लयात्मकता का योग है। इसे हम नाद, छन्द एवं लय—इन तीन रूपों में देख सकते हैं। मानव-विकास के आदिक्रम में अभिव्यक्ति नादात्मक ही थी। गीतिकाव्य का आरम्भिक युग मुक्त संगीत समन्वित था। कबीर में वह इसी रूप में मिलता है। आत्म-विस्मृति के क्षणों में कवि सहज भाव से गा उठता है। शास्त्रीयता को दृष्टिगत रखना गीति कवि के लिए अनिवार्य नहीं।

गीतिकाव्य की अन्तिम परिणति भावना और संगीत के सन्तुलन तक ही सीमित नहीं, अपितु शब्दों के संगीतात्मक निबन्धन में है।

गीतिकाव्य में शब्दार्थ और संगीत की स्वर-साधना दोनों ही विद्यमान रहती हैं। संगीत स्वर-प्रधान कला है और गीत शब्द-प्रधान संगीत। ड्रिंकवाटर के शब्दों में :

'कवि अपनी तन्यमता में संगीतज्ञ हो सकता है किन्तु जब कोई गीत संगीतज्ञ के

हाथ में पड़ जाता है, तब यह अपना प्रकृत रूप खो देता है।'[19]

वस्तुतः गीतिकाव्य संगीत एवं संगीतात्मकता दोनों के समन्वित रूप से युक्त होकर चला है, मानव मन के भावावेग अपनी चरम सीमा पर पहुँचकर स्वयमेव गीतात्मक हो उठते हैं। मनोवेगों की तीव्रता पर ही संगीतात्मकता की सफलता है। संगीत का शास्त्रीयपरक रूप गीति के लिए अनिवार्य नहीं है अपितु संगीतात्मकता या गीतात्मकता उसका अनिवार्य लक्षण है। संगीतात्मकता के आधार छन्द माने गए हैं। छन्द ही शब्दों के नाद को विभिन्न कलात्मक रूप प्रदान कर सुन्दर संगीत की सृष्टि करते हैं। स्वर निपात के सुनिश्चित ध्वनिक्रम या लय को छन्द की संज्ञा से अभिहित करानेवाला यह तत्त्व गीति में भावानुकूल उत्तेजना का संचार कर उसे प्रभाव और सौन्दर्य की चरम सीमा पर ले जाने में सक्षम सिद्ध होता है।

गीतिकाव्य में छन्द शास्त्रीय नियमों द्वारा अनुप्रेरित न होकर भावानुप्रेरित एवं स्वच्छन्द होते हैं जो गीति में भाव सामरस्य एवं एकता के प्रतिपादक हैं।

अस्तु संगीत के बिना गीति काव्य में अभिव्यक्ति की पूर्णता सम्भव नहीं।

कवि का हृदय झंकृत होकर ही गीति का नियन्ता बनता है। रचनाकार गायक अथवा वादक हो, यह अनिवार्य शर्त नहीं, परन्तु अन्तर्संगीत की प्रबलता का आवेश कवि के शब्द चयन और व्यवस्था में स्वतः ही नाद-सौन्दर्य समाहित कर देता है।

संगीतात्मकता के ही अन्तर्गत शब्दालंकारों की अपेक्षा स्वीकृत की गई है। इनकी सृष्टि संगीतात्मक सौन्दर्य को द्विगुणित कर देती है। लय गीतिकाव्य का सहज गुण है। उसका प्रमुख कार्य भावों या चिन्तन के क्षणों को गति प्रदान करना और छन्द की प्राण-प्रतिष्ठा और आन्तरिक संगीत की सृष्टि करना है। गीतिकाव्य के गेय होने का तात्पर्य यही है कि वह लयपूर्ण होता है।

इस प्रकार गीतिकाव्य संगीत का आधार लेते हुए भाव-प्रधान रचना है। संगीत उसका साधन है साध्य नहीं। संगीत के शास्त्रीय विधान के अभाव में भी वर्ण मैत्री, समुचित शब्द संगुफन और रागात्मक उन्मेष के कारण गीतिकाव्य श्रुति मधुर रचना है। गीत कवि के हृदय से संगीतात्मक अभिव्यंजना के रूप में फूट पड़ते हैं।

अनुभूति का वैशिष्ट्य और उसकी पूर्णता

अनुभूति एवं अभिव्यक्ति का अन्योन्याश्रय सम्बन्ध है। गीतिकाव्य में भी इसकी अवस्थिति स्वाभाविक है। गीतिकाव्य जीवन के तीव्रतम मनोवेगों की गहन अनुभूति की ही अभिव्यक्ति है। अनुभूति की यह पूर्णता अभिव्यक्ति की पूरक बन जाती है। अभिव्यक्ति की पूर्णता के साथ-साथ अनुभूति की विशिष्टता भी गीतिकाव्य में अनिवार्य है।

जीवन-क्रम में कुछ क्षण इतने तीव्र उद्वेगयुक्त होते हैं, जब मानवीय प्रवृत्तियाँ संवेदनशील कवि के अन्तःस्थल में तीव्र भावावेश उत्पन्न करती हैं। कवि की सृजनशील

प्रतिभा उसकी बाह्याभिव्यंजना को उत्कृष्ट और प्रभावपूर्ण करने में सफल सिद्ध होती है।

अनुभूति की विशिष्टता गीतिकाव्य में अनिवार्य है, क्योंकि सामान्य अनुभूति प्रभावोत्कारी नहीं होती। सामान्य अनुभूति का इतना प्रभाव भले ही पड़े कि पाठक किंचित् आश्चर्यान्वित हो उठे, अथवा क्षणिक उल्लास से भर उठे, परन्तु यह सफलता गीतिकवि को स्वीकार्य नहीं।

यद्यपि गद्य एवं पद्य दोनों ही माध्यम से विशिष्ट अनुभूति अभिव्यंजित होती है तथापि गीतिकाव्य में कवि की मानसिक वृत्ति जहाँ अत्यन्त उच्च भूमि पर आधारित होती है वहीं वह विशिष्ट रूप से तीव्र भावनाप्रेरित भी होती है। यह मानसिक प्रतिक्रिया उच्चतम स्थिति को प्राप्त करने में असफल रहती है। श्री रामखेलावन पांडे का कथन है :

'विषय की विशिष्ट स्थिति गीतकार के मानस में विशिष्ट प्रक्रिया उत्पन्न करती है और उस मानसिक आवेश को बन्दी करने का प्रयास गीतिकाव्य में होता है। विषय विशेष का अपना कोई महत्त्व नहीं होता। उसके महत्त्व का कारण कवि की संवेदनशीलता जागृत करने में है। अधिकांश गीति का जन्म इसी अवस्था में होता है।'[20]

अतएव गीति में विशिष्ट अनुभूति की उत्कृष्ट अभिव्यक्ति होती है। यह विशिष्टता एवं उत्कृष्टता गीतिकाव्य की अनिवार्य शर्त है।

भावों का ऐक्य

अनुभूति की पूर्णता के लिए भावों की एकता आवश्यक तत्त्व है। मानव-मन जिस क्षण अन्तर्मुखी हो उठता है, उसी क्षण भावावेग की तीव्रता के साथ-साथ आत्मदर्शन एवं आत्मनिष्ठ चेतना का विकास भी उसके हृदय में होने लगता है। गीतिकाव्य इन्हीं क्षणों की आवेग या उत्तेजनापूर्ण अनुभूति का कलात्मक रूप है। भावों के ऐक्य की अनिवार्यता भी इसीलिए है क्योंकि इसका संकलित प्रभाव पाठक पर बड़े ही गहन रूप में पड़ता है। इसके अतिरिक्त गीतिकाव्य का विषय (मनोवेग) अत्यन्त तीव्रता लिए हुए रहता है। क्षणिकता भी उसकी विशेषता है। तात्पर्य यह कि ये मनोवेग क्षणिक होते हुए भी पाठक या श्रोता पर अपना स्थायी प्रभाव छोड़ते हैं। अतः गीत की प्रभावात्मकता का रूप स्थायित्व लिए हुए हो, इस हेतु भावों का ऐक्य अत्यन्त आवश्यक तत्त्व है।

गीति में एक ही भाव, एक ही विचार, एक ही अवस्था का चित्रण होता है। समग्र जीवन का चित्रण न करके गीतिकार किसी एक पक्ष को जो विशिष्ट एवं अपने आप में पूर्ण होता है, गीति का विषय बनाता है। भावों की अन्विति का विशेष ध्यान गीतिकाव्य में दिया जाता है। यही अन्विति गीति में अधिक सजीवता, तीव्रता, संक्षिप्तता का गुण पैदा कर देती है। भावों की अखंडता में ही भाव सुन्दर लगते हैं। लम्बी कविता में भावों का सौन्दर्य स्थिर नहीं रह पाता। इसी से गीति संक्षिप्त होने के कारण भावगत

सौन्दर्य की रक्षा में समर्थ सिद्ध होते हैं। चार्लेस विलियम ने अपनी पुस्तक 'रीज़न एंड ब्यूटी इन दि पोयटिक माइंड' में कहा है कि सरल से सरलतम कविता के भाव मिश्रित होते हैं किन्तु प्रगीत की एक ही अनुभूति बिना किसी रूप भेद, प्रकृति परिवर्तन या अन्य किसी विजातीय तत्त्वों के योग से दूसरे में परिवर्तित हो जाती है।

यही भावगत एकता सम्पूर्ण गीति-रचना को अन्विति के सुदृढ़ बन्धन में बाँधकर अखंड प्रभावात्मकता प्रदान करती है।

डॉ. गणेश खरे ने उक्त तथ्य को अपने शब्दों में इस प्रकार वाणी दी है :

'प्रगीत में एक ही भाव या अनुभूति का क्रमिक विकास, एक ही वृक्ष की अनेक शाखाओं का पल्लवन, एक ही भाव सागर में विविध आकार प्रकार की तरंगों का सन्तरण और एक ही आवाज में अनेक लयों का संभार पाया जाता है।'[21]

गीतिकाव्य की अनुभूतियाँ सामान्य अनुभूतियों से विशिष्ट और उनसे पृथक् होने की सम्भावना से युक्त होती हैं। उसमें जीवन के एक ऐसे क्षण की अनुभूति की व्यंजना होती है जो सर्वोच्च होते हैं। गीतिकाव्य को भावात्मक काव्य विधा मानने के पीछे यही मूल कारण है। कवि की अन्तर्मुखी प्रवृत्ति भावोद्रेक के पश्चात् जिस तीव्रतम रूप में व्यक्त होती है उसकी मर्मस्पर्शिता, प्रभावशीलता और सर्वव्यापकता अप्रतिम होती है। उपर्युक्त विशेषताओं का समाहार गीतिकाव्य में भावगत ऐक्य के कारण होता है।

अब हम मीरां के गीतों में गीतितत्त्व की अवस्थिति पर विचार करेंगे।

आत्मानुभूति

गीतिकाव्य का प्रमुख तत्त्व भावावेशमयी आत्मानुभूति की जागृति है। इसमें कवि विशेष क्षणों की उद्वेलित मनःस्थिति को अभिव्यक्ति देता है। यह मनःदशा अतिशय प्रफुल्ल स्थिति की भी हो सकती है और अतिशय शोक, एकाकीपन, दुखोद्गार की भी। कवि के व्यक्तित्व का प्रकाशन इसका एक प्रमुख लक्ष्य होता है। मीरांबाई के गीतों में सर्वत्र यही गुण विद्यमान है। मीरां का समस्त काव्य उनकी एकांतिक साधना का प्रकाशन है। वह वैयक्तिक भाव-सम्पदा से आपूरित है। उनके काव्य में उनका अपना जीवन मुखरित हुआ है, उनके हृदय की सरलता एवं निष्कपटता प्रकट हुई है। मीरां के गीतों में आत्माभिव्यंजना के इस स्वरूप को लेकर गीतिकाव्य ने एक निश्चित विकास क्रम को पार किया है। मीरांबाई के काव्य में कवयित्री की अपनी वेदना बड़ी भावपूर्ण परिस्थिति के साथ अभिव्यक्ति समर्थ सिद्ध हुई है :

'स्याम विणा सखि रह्यां णा जावां
तण मण जीवण प्रीतम वार्या थारे रूप लुभावां
खाण पाण म्हाणे फीकां ळागां णेणा रह्यां मुरझावां

निस दिण जोवां बाट मुरारी कब रो दरसण पावां
बार-बार थारी अरजां करश्यूं रेण गयां दिण जावां
मीरां रे हरि थे मिळयां विण तरश तरश जीयां जावां।'[22]

प्रियतम श्रीकृष्ण से मिलन एवं संयोग की अत्यन्त तीव्र आवेशमयी उत्कंठा यहाँ व्यंजित हुई है। यह उत्कंठा सागर से एकाकार हो जानेवाली वेगवती जलधारा के सदृश् है। यही आवेश यही प्रबलता मीरां के प्रत्येक गीत में परिलक्षित होती है।

मीरां के गीतों में न तो बाह्य घटनाओं का विवरण है और न ही चिन्तन-प्रधान बौद्धिकता का तर्क जाल। प्रिय के प्रति सहज अनुराग के वशीभूत मीरां के मन में जिन-जिन भावों का उदय हुआ वे ही वाणी का आधार पाकर गीत के रूप में ढल गए हैं। नन्दनन्दन गिरधर नागर के प्रति प्रेम और विरह, भवभीत उधारण, जग भय तारण के प्रति विनय और आत्मनिवेदन ही उनके गीतों का विषय है। उनकी एकान्तिक भक्ति-भावना और वैयक्तिक विरह साधना ही उनके गीतों का सर्वस्व है। उनकी प्रत्येक अनुभूति स्वानुभूत है।

डॉ. रूपनारायण के अनुसार : 'मीरां के उन पदों में जिनमें प्रेम निवेदन तथा विरह व्याकुलता का वर्णन है, जिस कोटि की अनुभूति तीव्रता प्राप्त होती है, वह अन्यत्र दुर्लभ है। वह सहृदय को स्पन्दित और चालित करती है।'[23]

भावों की गहनता का सुन्दर स्वरूप इन पंक्तियों में देखिए :

'म्हारे घर होता आज्यो महाराज
नेण बिछ्याशुं हिबडो डाश्यूं सर पर राख्यूं विराज
पावड़ां म्हारो भाग सवारण जगत उधारण काज
संकट मेट्यां भगत जणारां थाप्यां पुन्न रो पाज
मीरां रे प्रभु गिरधर नागर बांह गह्यां री ळाज'[24]

प्रिय से विमुक्त मीरां अपने प्रियतम को बार-बार पुकारती हैं। नेत्र बिछाकर हृदय उस पथ पर बिछाकर वे निरन्तर प्रतीक्षारत हैं। अपने मस्तक पर प्रभु को विराजने वाली मीरां प्रभु को स्मरण भी दिला देती हैं कि आपको बाँह गहे की लाज तो निभानी ही होगी। समस्त जगत के संकट को मेटने वाले गिरधर अपनी परिणीता के प्रति उदासीन क्यों हैं ? मीरां ने अन्तस की पूरी शक्ति प्रियतम आराध्य के आवाहन आमन्त्रण में लगा दी है। ऐसी निष्कपट निश्छल भावाभिव्यंजना मीरां के गीतियों का विशिष्ट गुण है। मीरां के गीत उनकी वैयक्तिक अन्तरंग अनुभूति के निर्देशक हैं। उनके गीतों में एक व्याकुल वियोगिनी नारी का हृदय ही स्पन्दित होता दीखता है। मीरां के गीतों में वैयक्तिक अनुभूति के इस उत्कृष्ट रूप को देखकर डॉ. देवकृष्ण झारी लिखते हैं :

'न उनमें अन्य कृष्ण-भक्त कवियों की तरह गोपियों या राधा की कथा है, न कबीर आदि सन्तों के साधना सिद्धान्त कथन। उनके पदों में उनकी ही कथा है, निजी व्यथा

है। अपने और आराध्य के बीच मीरां ने किसी को नहीं रखा था। अतः उनकी सीधी उन्मुक्त भावभक्ति ही प्रकट हुई है। इस दृष्टि से मीरां सभी गीतिकारों से बढ़ी-चढ़ी है।'[25]

भक्ति एवं प्रेम का जितना गहन, उत्कृष्ट एवं छलरहित व्यवहार मीरां के गीतों में है, वैसा परमानन्ददास, नन्ददास, हित हरिवंश, विद्यापति आदि अनेक कृष्ण-काव्य के कवियों में ढूँढ़े से भी नहीं मिलता। मीरां में प्रधानता वियोग की है। उनके अनेक गीत वियोग-व्यथा से अश्रुविगलित हैं। ये भावाभिव्यंजनाएँ अत्यन्त मार्मिक तो हैं ही, सहजता और सरलता के साथ गहन कारुणिकता का सुन्दर सामंजस्य भी इनमें है।

मीरां अपने इष्टदेव के प्रति पूर्ण समर्पित दिखलाई देती हैं। उनके प्रत्येक गीत में भावविह्वल हृदय की कातर पुकार गुंजायमान है :

'दरस बिण दूखां म्हारा णेण
सबदां सुणतां छतियां कापां मीठो थारो बेण
बिरह बिथा कांशू री कहयां पेठां करवत ऐण
कळ णां पडतां हरि मग जोवां भयां छमाशी रेण
थे बिछड्यां म्हां कळयां प्रभुजी म्हारो गयो शब चेण
मीरां रे प्रभु कबरे मिलोगां दुख मेटण शुख देण।'[26]

प्रियतम के दर्शनों के बिना नेत्र पीड़ित हैं। विरह-व्यथा इतनी अपार है कि उसे किसी से कहकर कम नहीं किया जा सकता। वियोगिनी को कल नहीं पड़ता, उसका चैन लुट गया है। केवल प्रिय का आगमन ही उसे सुख प्रदान कर सकता है।

मीरां की व्यथा आरोपित नहीं है। वह आत्मानुभूत सच्चाई है। उनके गीतों में उनकी अपनी आत्मा का कृष्णप्रेम प्रत्यक्ष रूप में नारी की सम्पूर्ण प्रेमानुभूति की शालीनता के साथ प्रकट हुआ है। मीरां की आत्मव्यथा में वह उच्छृंखलता नहीं है जो भावों के बाँध तोड़ दे। संयम का झीना आवरण उस पर पड़ा है।

मीरां के माधुर्य प्रेम भाव में दर्शन का आवरण नहीं है। लौकिक निषेध भी मिट जाते हैं। उनकी अनुभूति अन्तरंग की गहराइयों से निस्सृत होकर अभिव्यक्ति पाती है। डॉ. प्रभात के शब्दों में :

'मीरां के गीतों में शुद्ध आत्मानुभूति का अमिश्रित तत्त्व है, जो दर्शन और कला किसी की भी अतिशयता के भार से आक्रान्त नहीं है।'[27]

इससे उनकी साधनावस्था तो प्रकट होती ही है, साथ ही साथ घनीभूत पीड़ा का अपार सागर मन्द-मन्द हिलोरें लेता दिखाई पड़ता है। उनकी संयतावस्था को लक्षित करते हुए श्रीमती महादेवी वर्मा का कथन है :

'मीरां के हृदय में बैठी हुई नारी और विरहिणी के लिए भावातिरेक सहज प्राप्त था। उनके बाह्य राजरानीपन और आन्तरिक साधना में संयम के लिए पर्याप्त अवकाश था।'[28]

इस प्रकार मीरां के गीतों में संयत हृदय की साधनावस्था स्पष्ट परिलक्षित होती है। इसमें कहीं भी अभावों अथवा संयम का क्षोभ नहीं है। कहीं भी जड़ता नहीं, अपितु एक सन्तुलित, भावयोजना है।

मीरां के हृदय की वेदना का अनुभव वही कर सकता है, जो स्वयं भुक्तभोगी हो। इस व्यथा की अनुभूति जितनी कष्टप्रद है, अभिव्यक्ति उतनी ही कठिन।

'हेरी म्हां तो दरद दिवाणी म्हारां दरद णा जाण्यां कोय
घायळ री गत घायळ जाण्यां हिवडो अगण संजोय
जौहर कीमत जौहरां जाण्यां, क्या जाण्यां जिन खोय
दरद री मार्‌यां दर दर डोळयां, वैद मिळयां णा कोय
मीरां री प्रभु पीर मिटांगा, जद वैद सांवरो होय।'[29]

पीड़ाक्रान्त व्यथित हृदय की कितनी मार्मिक व्यंजना निम्न गीत में की गई है :

'माई म्हारी हरिहू णां बूझां बात
पिंड मांसू प्राण पापी निकड क्यूं णा जात
अबोळणां जुण बीतण ळांगां कायां री कुसलात
सावण आवण हरि आवण री सुण्या म्हाणे बात
घोर रेणां बीजु चमकां वार गिणतां प्रभात
मीरां दासी स्याम राती ळळक जीवणां जात।'[30]

शरीर से ये पापी प्राण निकल क्यूँ नहीं जाते ? व्यथा के साथ अपनी दुर्बलता पर खीझ और खेद का यह मिला-जुला भाव मीरां के अन्तस की साकार अभिव्यक्ति है। एक-एक शब्द से निराशा एवं व्यथा झलक रही है। डॉ. शकुन्तला दुबे का विचार है :

'आन्तरिक वेदना की तीव्रता ने मीरां के इन पदों में हृदय पक्ष की प्रधानता ला दी है। बाह्य तापादि का वर्णन उनमें नहीं। हृदय पक्ष की प्रधानता के कारण अथवा हृदय की सच्ची अनुभूति में सने होने के कारण उसमें अस्वाभाविकता नहीं।'[31]

मीरां के गीतों में सर्वत्र आत्मा का प्रकाश आभासित होता है। चाहे वे श्रीकृष्ण के सौन्दर्यादि का चित्रण कर रही हों अथवा उनके लीला कर्मों का वर्णन, उनका हृदय अपनी सम्पूर्ण भावात्मकता के साथ उपस्थित रहता है। एक उदाहरण देखिए :

निम्नांकित पद में यद्यपि बाह्यरूपादि का ही वर्णन है परन्तु कवयित्री का अन्तर्जगत भी साथ ही ध्वनित हो रहा है :

'म्हां मोहन रो रूप लुभाणी
सुन्दर बदण कमळ दळ लोचण बांका चितवण नैणा समाणी
जमणा किनारे कान्हा धेनु चरावां बंसी बजावां मीट्ठां बाणी
तण मण धण गिरधर पर वारां चरण कवळ मीरां बिलमाणी।'[32]

मीरां के प्रत्येक गीत में उनका उन्मुक्त हृदय ही अभिव्यक्त हुआ है। उनके हृदय की उन्मुक्तता सत्य की दीप्ति से प्रकाशित है; अतः उसमें इतनी प्रभावात्मकता भी स्वतः ही आ गई है कि वह किसी के भी अन्तःप्रदेश में जाकर तदनुरूप भावों की जागृति कर देती है। मीरां के अधिकांश पद माधुर्य भक्ति भाव से सराबोर है। वे आत्मा की स्वानुभूतिपरक अभिव्यक्ति है। उनमें प्रेम-विरह और आत्म-निवेदन स्वाभाविकं और सहज रूप में विद्यमान है। एक गीत देखिए :

'देखां माई हरि मण काठ कियां
आवण कह गयां अजां णां आयां कर म्हाणे कोण गयां
खाण पाण सुध बुध बिसर्‌यां कोई म्हारो प्राण जियां
थारो कोळ विरुद जग थारो थे कांई बिशर गयां
मीरां रे प्रभु गिरधर नागर थे विण फटां हियां।'[33]

विरह की वेदना से ओत-प्रोत मीरां के ये गीत अनुभूति की पावन धरोहर हैं। हृदय की सच्ची पुकार ऐसे ही अनेक गीतों में उन्मुक्त गुंजित हुई है। प्रिय की चितवन का क्षणिक संस्पर्श पाने की उत्कट लालसा से वे गा उठती हैं :

'तणक हरि चितवां म्हारी ओर
हम चितवां थे चितवों णा हरि हिवणो बडो कठोर
म्हारी आसा चितवण थारी ओर णा दूजां ठोर
ऊम्यां ठाड़ी अरज करूं हूं करतां करतां भोर
मीरां रे प्रभु हरि अविणासी देश्यूं प्राण अंकोर।'[34]

मीरांबाई के समस्त गीतों में उनके अन्तर्जगत का सीधा निवेदन प्रत्यक्षीभूत होता है। इनके कुछ गीतों में विशिष्टता के दर्शन होते हैं। जहाँ आराध्य प्रियतम की निकटता प्राप्ति के उपरान्त भी मिलन सम्भव नहीं हो पाता। प्रिय का आगमन होता है किन्तु वे सोती रह जाती हैं। बड़ी प्रतीक्षा के बाद आए प्रियतम लौट जाते हैं। उनकी उदासीनता का भाव मीरां को बड़ी गहराई से होता है क्योंकि उन्होंने मीरां को जगाया तक नहीं। विरह की लम्बी घड़ियाँ, दुःखदायी अनुभूतियाँ और बड़ी साधना का यह हश्र उन्हें कितनी क्लान्ति, कितनी निराशा से भर देता है, यह निम्न गीत में अभिव्यंजित है। मीरां का अवसाद पश्चात्ताप की ज्वाला के साथ एकीकृत हो गया है। अब वे स्वयं को पूर्णतया आसरा-हीन और अनिश्चय की स्थिति में पाती हैं। इन्हीं क्षणों की अभिव्यक्ति निम्न गीत में देखिए :

'जाण्यां णां प्रभु मिळण बिध क्यां होय
आयां म्हारे आंगणा फिर गयां जाण्या खोय
जोवतां मग रैण बीतां दिवश बीतां जोय

हरि पधारां आंगणा गया म्है अभागण सोय
बिरह व्याकुल अनळ अन्तर कळ णां पड़ता रोय
दासी मीरां ळाळ गिरधर मिळ णा बिछड्या कोय'[35]

आत्माभिव्यक्ति की दृष्टि से उपर्युक्त गीत के अतिरिक्त एक अन्य स्थल पर उन्होंने अपनी प्रेमानुभूति की अनन्यता दर्शाते हुए बड़ी गहरी आत्माभिव्यंजना की है :

'हरि म्हारा जीवन प्राण अधार
ओर आसिरो णा म्हारे थे विणा तीणू लोक मझार
थे विणा म्हाणे जग णा सुहावां निरख्यां जग संसार
मीरां रे प्रभु दासी रावली ळीज्यो णेक निहार।'[36]

मीरां के गीतों में अनेक बार यह निवेदन मिलता है कि जैसी तुमने द्रौपदी की लाज रखी, भक्त प्रह्लाद की रक्षा हेतु नरहरि का रूप धारण किया और डूबते गजराज को बचाकर प्राण दान दिया, अब उसी प्रकार मेरी भी पीर हरो।

म्हा सुण्या हरि अधम उधारण
अधम उधारण भव मय तारण
गज बूड़ता अरज सुण धायां भगतां कष्ट निवारण
द्रुपद सुता णो चीर बढायां दुसासण मद मारण
प्रह्लाद परतग्यां राख्यां हरणाकुस रो उदर विदारण
थे रिख पतणी किरपा पायां विप्र सुदामां विपत विदारण
मीरां रे प्रभु अरजी म्हारी अब अबेर कुन कारण।'[37]

मीरां की यह पीर द्रौपदी के ही समान पारिवारिक अपमान पाने की थी। प्रह्लाद के ही समान उनके प्राणों पर सदैव संकट बना रहता था। गजराज के समान भवसागर के मोह में उनका पैर फँस गया था। अतः छुटकारे का उपाय सिवा गिरधर के उन्हें अन्य दृष्टिगत नहीं हुआ और वे ईश्वरोन्मुख हो गईं। संसार के प्रति विरक्ति क्रमशः प्रगाढ़ होती चली गई और विरक्ति की यह धारा धीरे-धीरे श्रीकृष्ण के प्रति सहज अनुराग की धारा में मिलकर तदाकार हो गई। मीरां की आत्मानुभूति का यही निर्मित स्वरूप सर्वत्र मिलता है। उन्होंने अपने आत्मनिवेदन में किसी अन्य को माध्यम नहीं बनाया। जो कुछ कहा, अपने गिरधर को सामने रख प्रत्यक्ष कहा।

मीरांबाई के गीतों में हृदय के सीधे सरल भाव सीधी सरल वाणी में अभिव्यक्त होते हैं। मीरां का आत्मतत्त्व उनके गीतों में स्पष्ट रूप से उभरा है। उनके गीत उनके आन्तरिक संसार का अपरोक्ष रूप में बाह्याभिव्यंजन हैं। उनके गीतों में आत्म-तत्त्व या वैयक्तिकता का प्रकाशन तो है ही, पर वैचित्र्य या अनोखापन लेशमात्र को भी नहीं। यही कारण है कि मीरां की अनुभूतियाँ सार्वजनीन भी हैं। मीरां की आत्मा अखिल विश्व

के साथ तदाकार होकर आत्म प्रकाशन करती है। इसी तदाकार की परिणति की शक्ति में मीरांबाई के गीतों का वैशिष्ट्य स्वीकृत हुआ है। उनके गीतों में उनका व्यक्तित्व, उनके हृदय का तीव्र आवेग फूट पड़ा है। उनकी इन्हीं विशिष्टताओं के कारण उनके गीतों को पृथक ही पहचाना जा सकता है।

संगीतात्मकता

संगीतात्मकता काव्य को जीवन्त बनाकर सर्वप्रिय बना देती है। श्रेष्ठ काव्य में संगीत का स्थान अत्यन्त महत्त्वपूर्ण है। गीतिकाव्य का प्राण संगीत है। ये दोनों ही परस्पर अन्योन्याश्रित सम्बन्ध रखते हैं। आचार्य शुक्ल के अनुसार :

'जिस प्रकार मूर्त विधान के लिए कविता चित्र-विधा प्रणाली का अनुसरण करती है, उसी प्रकार नाद सौष्ठव के लिए वह संगीत का सहारा लेती है।'[38]

काव्य और संगीत का पारस्परिक सम्बन्ध अत्यन्त प्रगाढ़ है। इस सम्बन्ध में पाश्चात्य विद्वान भी एक मत हैं। एडगर एलन पो का कथन है :

'संगीत जब आनन्ददायक विचारों से युक्त होता है तो उसे कविता कहते हैं।'[39]

कार्लाइल ने संगीतमय विचारों को ही काव्य कहा है। उनके शब्दों में 'कविता मनोवेगमय और संगीतमय भाषा में अन्तःकरण की मूर्त और कलात्मक व्यंजना करती है।'[40]

लार्ड बायरन, अल्फ्रेड आस्टिन आदि अनेक विद्वानों ने काव्य एवं संगीत का अनन्य सम्बन्ध माना है।

हिन्दी जगत के सुविज्ञ साहित्यकार श्री हजारीप्रसाद द्विवेदी ने काव्य और संगीत के आस्वादन का माध्यम एक ही मानते हुए दोनों में सामंजस्य स्थापित किया है। वे लिखते हैं :

'काव्य शब्दों के एक विशेष आरोह-अवरोह संगति संक्रम का सम्बन्ध तारतम्य है। अस्तु काव्य और संगीत दोनों के आस्वादन का माध्यम एक ही है, केवल अन्तर इतना ही है कि एक का आधार नाद का स्वर व्यंजनात्मक स्वरूप है और दूसरे का आधार नाद का आरोह-अवरोह है।'[41]

सुख या दुख की चरमावस्था में गीतिकार की वाणी गति और ताल में बँधकर फूट पड़ती है। गीतिकाव्य ऐसे ही क्षणों में संगीतात्मकता से युक्त हो उठता है और उसमें विवेचित भाव एक अज्ञात किन्तु समर्थ शक्ति से समन्वित होकर श्रोता पर अपना अनुकूल प्रभाव डालने में सक्षम होते हैं।

काव्य में संगीत का समावेश दो रूपों में होता है :

(1) आन्तरिक संगीत के रूप में।

(2) बाह्य संगीत के रूप में।

आन्तरिक संगीत

आन्तरिक संगीत के अन्तर्गत वर्णसंगीत, शब्द संगीत, लय, तुक इत्यादि तत्त्व आते हैं जो भावानुकूल भाषा के निर्माण में बड़ी महत्त्वपूर्ण भूमिका अभिनीत करते हैं। काव्य का विषय और उसकी अभिव्यंजना में प्रयुक्त शब्दों से उत्पन्न ध्वनि, शब्द योजना काव्य की प्रभावात्मकता को द्विगुणित कर देती है। इसी तथ्य को आचार्य द्विवेदी ने अपने शब्दों में इस प्रकार कहा है :

'कविता एक अपूर्व रसायन है। उसके रस की सिद्धि के लिए बड़ी सावधानी, बड़ी मनोयोगिता व बड़ी चतुराई की आवश्यकता होती है। रसायन सिद्ध करने में आँच के न्यूनाधिक होने से रस बिगड़ जाता है, वैसे ही यथोचित शब्दों का उपयोग न करने से काव्य रूपी रस भी बिगड़ जाता है।'[42]

गीतों में आन्तरिक संगीत का होना अत्यन्त आवश्यक है। गीत रचना में ताल, लय और शब्दों का लोचयुक्त प्रयोग किसी भी वाक्य को रागात्मक स्वरूप प्रदान कर देता है। कई बार गीत की संगीतात्मकता को बनाए रखने के लिए शब्दों में भी परिवर्तन स्वतः ही हो जाता है, जैसे मुरली का मुरलिया, भ्रमर का भँवरा आदि।

बाह्य संगीत

गीतिकाव्य में बाह्य संगीत के तत्त्वों का प्रयोग उसी अवस्था में किया जाता है, जब कवि संगीत-शास्त्र का अच्छा जानकार एवं स्वयं भी सफल संगीतज्ञ हो।

काव्य में बाह्य संगीत का प्रयोग मुख्यतः पाँच प्रकार से होता है :

संगीत के अनुकूल लय योजना,
संगीत शैली का प्रयोग,
राग-रागिनियों, नृत्यरूपों तथा तालों का प्रयोग,
संगीत की पारिभाषिक शब्दावली का प्रयोग और
छन्द योजना।

उपर्युक्त तत्त्वों में लय एवं छन्द विधान ही ऐसे तत्त्व हैं जिसके द्वारा काव्य में आन्तरिक एवं बाह्य दोनों ही प्रकार से संगीत सृष्टि में सहायता मिलती है।

मीरां के गीतिकाव्य में आन्तरिक संगीत अत्यन्त परिष्कृत एवं उत्कृष्ट कोटि का है। उनके गीतों में हृदय की अश्रुविगलित तप्तता और मिलन की आशा में व्याकुल जन्म जन्मान्तर की प्रीति अपने आराध्य प्रियतम के लिए गीति में ढलकर अभिव्यक्त हुई है। राग और लय के सहारे वह सहज संगीत के लोकरंजक स्वरों में मुखरित हो उठी है। वस्तुतः मीरां के गीतों का जो सम्मान लोक समाज एवं शास्त्रीय संगीतज्ञों के मध्य है उसका मूल उनके गीतों की सहज गेयतात्मकता अथवा संगीतात्मकता के कारण है।

मीरां अपने प्रियतम गिरधर नागर के प्रेम में तन्मयता की उस स्थिति—चरम की

प्राप्ति करने में सफल सिद्ध हुई थीं जहाँ संगीतत्व और कवित्व का समन्वय हो जाता है।

गीतिकाव्य की अनिवार्यता संगीतात्मकता या गेयता है जो कि मीरां के गीतिकाव्य में आद्योपान्त उपलब्ध है। डॉ. प्रभात का मत है :

'उनके पदों में शब्दार्थ की साधना संगीत के स्वरों के साथ एक रस हो गई है। वहाँ संगीत भावों को अनुकूल परिवेश प्रदान करता है।

अतः मीरां के गीतों में आन्तरिक संगीत का पक्ष ही अधिक प्रबल दिखलाई देता है। इस दृष्टिकोण से मीरां के गीतों का विश्लेषण परमावश्यक है।

शब्द संगीत

मीरां के गीतों में संगीतात्मकता के साफल्य के लिए शब्दों का यथासम्भव

(1) लोचयुक्त प्रयोग मिलता है। जैसे मुरली का मुरलिया, हरिश्चन्द का हरिचन्द, पपीहा का पपैया, प्याला का प्यालो, गोविन्द का गोविन्दा इत्यादि।

(2) संयुक्त वर्णों को परिष्कृत रूप प्रदान करके अमीलित रूप में प्रयोग की प्रचुरता मीरां के गीतों में पाई जाती है। कुछ उदाहरण दृष्टव्य हैं : अमृत से इमरित, कीर्ति से कीरत, मार्ग से मारग, कृपा निधान का किरपा निधान, श्री का सिरी, प्रभात का परभात, हृदय से हिरदां, नृत्य से निरत आदि।

शब्द विन्यास

गीतिकाव्य में नाद सौन्दर्य की दृष्टि से मधुर कोमल तथा सुकुमार वर्णों से युक्त भाषा उपयुक्त मानी गई है। कर्कश तथा कर्ण कटु शब्दों का न्यूनतम प्रयोग किया जाना चाहिए। इस दृष्टि से मीरां की स्थिति अन्य कृष्ण भक्तिकालीन कवियों से सर्वथा भिन्न है। मीरां की भाषा प्राचीन पश्चिमी राजस्थानी थी, जिसमें ड, ट, ड़, ळ, ण जैसे वर्णों का बाहुल्य होता है। मीरां के गीतों में इन सभी वर्णों का उपयोग भरपूर किया गया है। जैसे :

'म्हां मोहण रो रूप ळुभाणी
सुन्दर बदण कमळ दळ लोचण बांका चिवतण नैणा
जमणा किणारे काण्हां धेंणु चरावां बंसी बजावां मीट्ठा बाणी
तण मण धण गिरधर पर वारां चरण कंवल मीरां लिपटाणी'[43]

इसी प्रकार :

'मण थे परस हरि रे चरण
सुभग सीतळ कवळ कोमळ जगत ज्वाला हरण

इण चरण प्रह्लाद परस्यां इन्द्र पदवी धरण
इण चरण ब्रह्मांड भेट्यां णख सिखां सिरि भरण'[44]

मीरां के गीतों में ये कर्ण कटु शब्द स्वच्छन्द संगीत की सृष्टि करते हैं। मीरां की विशेषता इसी में द्विगुणित हो उठी है कि जहाँ अन्य कृष्ण भक्तिकाव्य के कवियों ने कोमल एवं मधुर वर्णों का प्रयोग कर शब्द संगीत की रचना की है, वहीं मीरां ने कर्ण कटु शब्दों को भी अपनी भावना के नैसर्गिक प्रवाह में रम्य और श्रुति मधुर बना लिया है। जायसी के 'ड़ा' के संगीत माधुर्य पर मुग्ध होकर पं. रामचन्द्र शुक्ल ने लिखा था :

'संदेसड़ा शब्द में स्वार्थे (ड़ा) का प्रयोग भी बहुत ही उपयुक्त है। ऐसा शब्द उस दशा में मुँह से निकलता है जब हृदय प्रेम माधुर्य, अल्पता-तुच्छता आदि में से कोई भाव लिए हुए होता है।'[45]

आचार्य शुक्ल का यह कथन मीरां की प्रत्येक गीति पर खरा उतरता है। मीरां के गीतों में ऐसे भाव व्यंजन स्वार्थे 'ड़ा' के ढेरों उदाहरण मिल जाएँगे। उदाहरणार्थ :

'प्रभु जी थे कह्या गया नेहड़ा लगाय।'[46]
'चित्त चढ़ी म्हारे माधुरी, मूरत हिबड़ा आणी गड़ी'[47]
'सयाम सुन्दर पर वारां 'जीवड़ा' डारा स्याम'[48]
'प्रीतम दयां संदेसड़ा म्हारो घणो नेवाजां हो'[49]
'जणम जणाम रो काण्हडो म्हारी प्रीत बुझाय।'[50]

उपर्युक्त उदाहरणों के अतिरिक्त भी मीरां काव्य से अनेक उदाहरण दिए जा सकते हैं जिनमें शब्दों के ऐसे रमणीक, अकृत्रिम, स्वच्छन्द और स्वाभाविक प्रयोग निहित हैं।

मीरां के गीतों में शब्दों का यह रूप डॉ. ऊषा गुप्ता की दृष्टि में बड़ा ही सुन्दर बन पड़ा है। वे लिखती हैं :

'अनगढ़ और बीहड़ चट्टानों पर उछलती, टकराती बढ़ती हुई जल की धारा जिस प्रकार अपूर्व मधुर संगीत उत्पन्न करती है मीरां के हृदय की वेदना, टीस, बेचैनी तथा व्याकुलता भी स्वाभाविक विवशतावश स्वतः निकले हुए अनगढ़ और अकृत्रिम शब्दों द्वारा उसी प्रकार का संगीत उत्पन्न करती है।'[51]

री, अरी, ऐरी आदि शब्दों का प्रयोग

संगीतात्मकता एवं नाद-सौन्दर्य की हानि से कृष्ण भक्त कवियों में रे, री, ऐरी, अरी, हेरी, हो, हौं, हे, ए आदि वर्णों का बहुलता से प्रयोग किया है। मीरां के गीतों में री, रे, जी, आदि शब्दों का प्रयोग उनकी भाषा में सुकुमारता, ताल एवं लय के सौन्दर्य में अभिवृद्धि कारक है। मीरां ने इन शब्दों का प्रयोग कर भावानुकूल संगीत की सृष्टि की है। कतिपय उदाहरण दृष्टव्य हैं :

'मीरां रे प्रभु हरि अविणासी कबरे मिळश्यो आय'[52]
'मीरां रे प्रभु हरि अविणासी तण मण स्याम पढ़्या री'[53]
'मीरां रे प्रभु गिरधर नागर मिळ बिछडग मत कीज्यो जी'[54]
'मीरां रे प्रभु गिरधर नागर आस गह्यां थे सरणा री'[55]
'म्हां लागां लगण सिरि चरणा री'[56]
'आज शुण्यां हरि आवां री'[57]
'साजण म्हारे घर आयां हो,
'जुवां जुवां री जोवतां बिरहण पिव पायां हो'[58]
'सखी म्हारी णीद णशाणी हो
पिय रो पन्थ निहारत्तां शब रैण बिहाणी हो'[59]

अनुस्वार युक्त दीर्घ स्वरों का प्रयोग

मीरां ने अपने गीतों में अनुस्वार युक्त दीर्घ स्वरों का प्रयोग किया है। इससे संगीतात्मकता में वृद्धि के साथ-साथ श्रुति मधुर नाद सौन्दर्य युक्त गीति सृष्टि सम्भव हुई है। कुछ उदाहरण देखिए :

'म्हां गिरधर आंगा नाच्यां री'
इत घण गरजां, उत घण गरजां, चमकां बिज्ज डरायां'[60]
'प्रीतम पळ छण णा बिसरावां मीरां हरिसंग राच्यांरी'[61]
'अब तो निभायां बांह गह्यां री ळाज
जुग जुग पीर हरां भगतां री दीश्यां मोच्छ नेवाज,[62]

भाषा में भावात्मकता

मीरां के गीतों में संगीत्मकता का जो रूप उपलब्ध होता है उसके पीछे उनकी भावात्मक भाषा प्रमुख कारण रही है। मीरां का समस्त काव्य भाव-प्रधान है। अपने हृदय का सम्पूर्ण प्रेम, सम्पूर्ण वेदना भावानुकूल भाषा में ढालने का प्रयास मीरां को नहीं करना पड़ा, वह स्वतः ही हो गया है। संगीतात्मकता की सफलता भी इसी में है। मीरां की आयास रहित गीति रचना में रस, भाव और गति का अत्यन्त सुन्दर, मधुर समन्वय मिलता है। मीरां के प्रत्येक गीति का प्रत्येक शब्द इतना तन्मयकारी और हृदयस्पर्शी है कि वह संगीत मर्मज्ञ हो या साहित्य मर्मज्ञ, प्रत्येक सहृदय को आत्मविभोरता की स्थिति में ला देता है। वियोग-द्योतक गीतों में व्यथा की तीव्रता का संगीत के स्वरों के साथ मर्मस्पर्शी समन्वय अन्य किसी कवि में नहीं दृष्टिगोचर होता। एक गीत उदाहरणार्थ प्रस्तुत है। इसमें गीति कवयित्री का अन्तस अपनी सम्पूर्ण कसक, दर्द, वेदना, करुणा,

मलिनता, खीझ और निराशा के साथ प्रकाशित हो गया है। साथ ही एक प्रेम वियोगिनी का करुण स्वर भी गुंजायमान है।

'सांवरे मारया तीर।
री म्हारा पार निकळ गयां तीर सांवरे मारया तीर
बिरहा अनळ लागां उर अंतर व्याकुळ म्हारां सरीर
चंचळ चित्त चळयां णा चाहां बांध्या प्रेम जंजीर
क्यां जाणां म्हारो प्रीतम प्यारो क्या जाणा म्हा पीर
म्हारो कांई णा बस सजणी नैण झरयां दो नीर
मीरां रो प्रभु थे बिछड्यां बिण प्राण धरत णा धीर'[63]

जिन गीतों में मीरां ने अपने प्रियतम आराध्य की रूप छवि का अंकन किया है वहाँ यह वर्णन इतना सजीव, भावात्मक और सरल भाषा में किया है कि आँखों के सम्मुख उनकी झाँकी उतर आती है।

निपट बंकट छब अटके म्हारे नैणा णिपट बंकट छब अटके
देख्या रूप मदण मोहण री पियत पियूखण मटके
बारिज भवा अळक मंतवारी नैण रूप रस अटके
टेढ़या कट टेठे कर मुरळी टेढ़्या पाग लर लटके
मीरां प्रभु रे रूप लुभाणी गिरधर नागर नटके।'[64]

इस प्रकार मीरां ने भावानुकूल शब्द चयन किया है। संयोग शृंगार के गीतों में उनकी भाषा का रूप उमंग उल्लास युक्त होता है, वहीं वियोग भावना सम्बन्धी गीतों में हृदय की दीनता, व्यथा, व्यग्रता, शोक, गम्भीरता द्योतक शब्दों का प्रयोग मिलता है। अभिप्राय यह कि मीरां के गीतों में प्रयुक्त ध्वनियों के जिस अन्तःसंगीत की सृष्टि होती है वह भावानुकूल है। साथ ही विषय से भी पूर्ण सामंजस्य रखती है।

लय

गीतिकाव्य में नाद सौन्दर्य के समावेश के लिए लय का विवेक-सम्मत प्रयोग करना आवश्यक होता है। भाव की जहाँ जैसी गति हो वहाँ वैसी ही लय प्रयुक्त की जानी चाहिए। मीरां के गीतों में लय योजना का बड़ा परिपक्व रूप मिलता है। इससे कतिपय विद्वानों के इस सन्देह को पुष्टि मिलती है कि वे लय संयोजन के प्रति पूर्णतः सावधान थीं। इस सम्बन्ध में डॉ. सावित्री सिन्हा लिखती हैं :

'मीरांबाई के पदों में कविता की लय के साथ सांगीतिक लय के सामन्जस्य स्थापन की जागरूक चेष्टा मिलती है।'[65]

यह तो सत्य है कि संगीतात्मकता का पूर्ण आनन्द मीरां के गीतों में मिलता है

क्योंकि वहाँ स्वर के साथ लय का सुन्दर समावेश मिलता है, परन्तु हम यह नहीं मान सकते कि वे लय संयोजन के प्रति सचेत कवयित्री थीं।

मीरां के काव्य में संगीत के माधुर्य को प्रस्फुटित करने के लिए भावानुकूल लय का प्रयोग मिलता है। कुशल कवि भावानुकूल छन्द चयन के द्वारा स्वर के साथ अनुकूल लय का पूर्ण ध्यान रखते हैं। मीरां के गीत इस दृष्टिकोण से बहुत अधिक महत्त्वपूर्ण हैं। लघु-गुरु वर्णों की आवृत्ति, उतार-चढ़ाव, न्यूनाधिक मात्राओं से युक्त छोटी-बड़ी पंक्तियों के सहयोग से भावानुकूल द्रुत, मध्य व विलम्बित लय की योजना कर मीरां ने संगीत के क्षेत्र में अपना अपूर्व स्थान निर्धारित कर लिया है। द्रुत लय में उनके वे गीत निबद्ध हैं, जिनमें संयोग के क्षणों का चित्रण है। इन गीतों में कृष्ण के प्रति गहन प्रेम में लिप्त मीरां अपनी आन्तरिक उमंगों एवं उल्लास से भर उठी हैं। ये सभी पद छोटे-छोटे चरणों से निर्मित हैं :

'रंग भरी राग भरी सूं भरी री।
होळी खेल्यां स्याम संग, रंग सूं भरी री
उड़त गुळाळ ळाळ बादळा रो रंग ळाळ
पिचंका उड़ावां रंग रंग री झरी री
चोवां चंदण अरगजा म्हां केसर णो गागर भरी री
मीरां दासी गिरधर नागर, चेरी चरण धरी री।'[66]

विलम्बित लय का प्रयोग मीरां ने उन्हीं स्थलों पर किया है जहाँ भावनाएँ वेदना-सिक्त हैं। इन गीतों में दीर्घ वर्णों का बाहुल्य है। साथ ही पंक्तियाँ भी लम्बी बन पड़ी हैं। निम्नलिखित गीत में वियोग से उत्पन्न खीझ, उपालम्भ एवं कसक विलम्बित लय में अपनी गहन प्रभावात्मकता के साथ अभिव्यक्त हुई है :

'होळी पिया विण लागां री खारी।
शूणो गांव देस शब शूणो सेज अटारी।
शूणी बिरहण पिव बिण डोळा तज गयां पीव पियारी
बिरहा दुख भारी॥
देस विदेसां णा जावां, म्हारो आणेशा भारी।
गणतां गणतां घिश गयां रेखां आगरियां री शारी।
आया णा री मुरारी॥
बाज्यां झांझ मिरदंग मुरडिया बाज्यां कर इकतारी।
आया बसंत पिया घर णारी म्हारी पीडा भारी।
स्याम मण क्यां री बिसारी॥
ठाढी अरज करां गिरधारी राख्यां ळाज हमारी।
मीरां रे प्रभु मिकश्यो माधो जणम जणम री क्वांरी।
मणे लागी दरसण तारी॥'[67]

होली का पर्व आ गया है, सर्वत्र उल्लास और मंगल के बादल छाए हैं, ऐसे में विरहिणी मीरां की वेदना किससे कहकर कम हो सकती है। उसे कहीं भी कुछ भी नहीं सुहाता। सूनी सेज, रात्रि पर्यन्त निद्रा का अभाव, ये सारे उपकरण मीरां की वेदना को और भी बढ़ा देते हैं। प्रियतम समीप नहीं और सन्देशा लानेवाला भी कोई नहीं। वे नितान्त एकाकी अपनी ही विरह ज्वाला में जल रही हैं। हृदय अकुलाने लगता है। मीरां अपनी अभिलाषाओं, आकांक्षाओं की अपूर्णता की छटपटाहट लिए निरन्तर तड़प रही हैं। ऐसी तीव्र वेदनामयी भावनाओं की अभिव्यक्ति के लिए विलम्बित लय का प्रयोग कर मीरां ने भावों की प्रभावात्मकता को द्विगुणित कर दिया है :

'होळी पिया बिण म्हाणे णां भावां, घर आंगणां णा शुहावां
दीपां जोयां चोक पुरावां हेळी पिया परदेस शजावां।
शूणी शेजां ब्याळ बुझावां जागा रेण बितावां।
णीद नैणा णा आवां ॥
कबरी ठाड़ी म्हां भग जोवां णिश दिण बिरह जगावां
क्या शूं मण री बिथा बतावां हिबडो म्हां अकुळावां
पिया कब दरश दिखावां
दीख्यां णा कांई परम सणेही म्हारीं सणेशां लावां
वां बिरयां कब होशी म्हारो हंस पिय कण्ठ ळगावां
मीरां होळी गांवा ॥'[68]

मध्य लय का प्रयोग विप्रलम्भ सम्बन्धी गीतों में किया गया है।

तुक या अन्त्यानुप्रास

लय को नियन्त्रित करने और पदों की संगीतात्मकता तथा नाद सौन्दर्य की वृद्धि में तुक या अन्त्यानुप्रास अत्यधिक महत्त्वपूर्ण है। पद्य के चरण के अन्त की अक्षर-मैत्री को तुक कहते हैं। मीरा का ध्यान इस तत्त्व की ओर सर्वाधिक रहा है। उनके गीतों में तुक के संयोग में संगीत की धारा स्वाभाविक एवं प्रकृत्यात्मक ढंग से बही है। 'तुक' या अन्त्यानुप्रास के प्रयोग से मीरां के गीतों में ताल और लय के माध्यम से नाद सौन्दर्य में वृद्धि हुई है।

सर्वान्त्य तुक

जिस पद की प्रत्येक पंक्ति का अन्त्याक्षर एक समान हो उसे सर्वान्त्य तुक कहते हैं। मीरां के गीतों में सर्वान्त्य तुक के अनेक उदाहरण मिलते हैं।

'पिया थारे णाम ळुभाणी जी

णाम लेतां तिरतां सुण्यां जग पाहण पाणी जी
कीरत कांई णा कियां घणां करम कुमाणी जी
गणकां कीर पढ़ावतां वैकुंठ बसाणी जी
अरध णाम कुंजर लयां दुख अवध घटाणी जी
गरुड़ छाड़ पग धाइयां पसुजूण पटाणी जी
अजांमेळ अघ ऊधरे जम त्रास णसाणी जी
पूतणाम जस गाइयां जग सारा जाणी जी
सरणागत थे बर दियां परतीत पिछाणी जी
मीरां दासी रावली अपणी कर जाणी जी।'[69]

सम सरि उत्तम तुकान्त

जहाँ सुकान्त में जितने वर्ण मात्रा सहित दिखाई दें उनका स्वरूप सब स्थानों में एक-सा रहे और तुकान्त में पड़ने वाले शब्द स्वतः पूर्ण हों वहाँ समसरि उत्तम तुकान्त माना जाता है। मीरां के काव्य में तुकान्त का यह प्रकार भी उपलब्ध है :

'री म्हां बैठ्या जांगा जगत शब शोबां
बिरहण बैठ्यां रंग महळ भां णेणा लडयां पोवां
तारा गणतां रेण बिहावां शुख घड़यां री जोवां
मीरां रे प्रभु गिरधर नागर मिळ बिछड़यां णा होवा।'[70]

विषम सरि उत्तम तुकान्त

जहाँ सभी तुकान्तों के शब्द एक समान नहीं होते अर्थात् कोई तुक बड़े शब्द का खंड हो तो कोई पूर्ण, वहाँ विषमसरि उत्तम तुकान्त होता है। उदाहरणार्थ :

चालां मण वा जमणा कां तीर
वां जमणा कां निरमळ पाणी सीतळ होंया सरीर।'[71]

ताल

मीरां के गीतों के ऊपर किसी भी ताल आदि का नामोल्लेख नहीं मिलता। संगीतज्ञों ने अवश्य इन्हें अपनी गायन सुविधा के अनुकूल तालबद्ध कर लिया है। मीरां के गीतों में लय और ताल संगीतात्मकता की दृष्टि से गृहीत हुए हैं उनका भी आगमन अनायास ही है। मीरां जैसी गीति कवयित्री द्वारा भावोन्माद की अवस्था में गीत को विशेष ताल में बाँधना असम्भव ही जान पड़ता है।

कविता का छन्द से चिर सम्बन्ध है। छन्द काव्य को संगीतात्मक लय प्रदान करते हैं। छन्द ही काव्य में नाद सौन्दर्य का संचार करते हैं। गीतिकाव्य और छन्द के परस्पर सम्बन्ध के विषय में यह ध्यातव्य है कि केवल शास्त्रीय नियमानुसार मात्रा, गण, वर्ण अथवा गुरु-लघु की योजना मात्र करके छन्द विधान कर लेना उतना महत्त्वपूर्ण नहीं है जितना काव्य में लय एवं तालयुक्त निनाद उत्पन्न करना। शुद्ध नैसर्गिक काव्य की सृष्टि नहीं की जाती, वह स्वयमेव उत्पन्न होती है।

मीरां के गीतों में छन्द-विधान सर्वत्र ही मिलता है किन्तु मीरां का गीतिकाव्य भाव विदग्ध मानस की सहज अभिव्यक्ति है। अतः उसमें 'प्रयत्न साध्यज छन्द-विधान या डिंगल रीति ग्रन्थों द्वारा अनुमोदित छन्द नहीं पाए जाते। इनके गीतों में मात्रा, यति आदि के प्रयोग का कोई निश्चित नियम नहीं मिलता। इनके गीतों में मिलती है लय और तालयुक्त निनाद की झंकार। जैसे कोयल की काकली, निर्झर के नाद और नदियों की कलकल में प्राकृतिक संगीत स्वतः ही सुनाई देता है, उसी प्रकार मीरां की कविता के छन्द भावानुकूल नैसर्गिक ध्वनियों से अनुगूँजित होते हैं।

मीरां की मूल प्रामाणिक पदावली में छन्द प्रकारों का कोई उल्लेख नहीं किया गया है। इसका एक मात्र प्रमुख कारण यही है कि मीरां के गीत अन्तः प्रणीत हैं और मीरां के भावातिरेक के क्षणों की आत्मतल्लीनता की वाणी हैं। सहज स्फुटित भावों को गीति में ढालने पर किसी छन्द बन्धन में बाँधना उस आवेश पर रोक लगाना है।

डॉ. रामप्रकाश का कथन है :

'मीरां ने मूल रूप से किसी छन्द को सामने रखकर काव्य-रचना नहीं की अपितु अपने अनुभूति-प्रवाह को एक विशेष ताल और लय के अनुसार शब्दबद्ध कर दिया है। संगीत एवं छन्द-विधान की दृष्टि से भी मीरां का काव्य उच्च कोटि का है।'[72]

किन्तु मीरां के गीतों में कुछ विद्वानों ने छन्द-शास्त्र के आधार पर परम्परागत छन्दों की खोज भी की है। इनमें श्री परशुराम चतुर्वेदी प्रमुख हैं। इन्होंने मीरांबाई की पदावली में सरसी छन्द, सार छन्द, विष्णु पद, दोहा छन्द, उपमान छन्द, समान सवैया, शोभन छन्द, ताटंक छन्द, कुंडल छन्द और चन्द्रायण छन्दों की शोध की है।'[73]

किन्तु इन छन्दों के सम्बन्ध में श्री चतुर्वेदीजी ही लिखते हैं :

'पदावली के अन्तर्गत आए हुए पदों को ध्यानपूर्वक देखने से पता चलता है कि मानो उनकी रचना पिंगल के नियमादि को दृष्टि में रखकर नहीं की गई थी अथवा उनके विशेष रूप से गाने योग्य होने के ही कारण पीछे से उनमें संगीत की सुविधाओं के अनुसार परिवर्तन कर दिए गए हैं। पिंगल की दृष्टि से नाप-जोख करने पर पदावली का कदाचित् कोई भी पद नियमानुसार बना हुआ प्रतीत नहीं होता। किसी में मात्राएँ बढ़ती हैं तो किसी में घट जाती हैं और कहीं-कहीं पर नियमादि की उपेक्षा के कारण यह कहना कठिन हो जाता है कि किसी पंक्ति या किन्हीं पंक्तियों की किन लक्षणों को

दृष्टि में रखकर परीक्षा की जाएँ।'[74]

अतएव मीरां ने छन्दशास्त्र के आधार पर गीति रचना नहीं की थी। वैसे प्रयास करने पर परम्परागत छन्दों के कुछ प्रकार उनके गीतिकाव्य में खोजे जा सकते हैं।

गीतिकाव्य में छन्द के मूल अवयव भाषा में स्वराघातों, लयादि के आरोह अवरोहों की संस्थिति है। स्वर निपात की सुनिश्चित ध्वनि क्रम को छन्द की संज्ञा दी गई है। यही छन्दात्मकता मीरां के प्रत्येक गीत में है। मीरां के गीत शास्त्रीय नियमों द्वारा अनुशासित न होकर भावानुप्रेरित और स्वच्छन्द हैं।

गीति शैली

मीरां ने सर्वत्र प्रत्यक्षानुभूतिपरक शैली में गीति रचना की है। इनके गीतों की सफलता का कारण भी यही शैली है जो गीत के लिए सर्वाधिक उपयुक्त मानी गई है। मीरां ने अपनी अनुभूतियों को आत्मपरक रूप में प्रकट किया है। इन्होंने सूर, तुलसी आदि अन्य मध्यकालीन भक्त कवियों की भाँति अपनी भावनाओं की अभिव्यक्ति के लिए राधा, गोपियाँ एवं यशोदा आदि को माध्यम रूप में नहीं चुना।
उदाहरणार्थ :

> 'हरि म्हारा जीवण प्रान अधार
> ओर आसिरो णा म्हारां थे तीणू लोक मझार
> थे बिणा म्हाणे जग णा सुहावां निरख्यां जग संसार
> मीरां रे प्रभु दासी रावली, ळीज्यो णेक निहार'[75]

इसी प्रकार उनके आत्मनिवेदन सम्बन्धी, वियोग एवं मिलन सम्बन्धी सभी गीतों में प्रत्यक्ष रूप से भावों की अभिव्यक्ति की गई है।

मीरां के गीतों में शास्त्रीय संगीत का स्थान

मीरां के गीत गीतिकाव्य की दृष्टि से काव्य की अनुपम निधि है। उनके गीतों में संगीत तत्त्व की स्थिति उन्हें उच्चस्तरीय गायिका का गौरव प्रदान करती है। इतना होते हुए भी मीरांबाई संगीत की सजग साधिका नहीं थीं। उनके गीत संगीत-साधना के उद्‌देश्य से नहीं रचे गए थे अपितु अपने आराध्य प्रियतम के प्रति माधुर्य भावनासक्ति की दशा में स्वतः प्रणीत हुए थे।

मीरां संगीत-शास्त्र के ज्ञान से अनभिज्ञ रही हों, यह भी नहीं माना जा सकता। उन्हें संगीत का पूरा ज्ञान था। किन्तु किसी पूर्व निर्मित राग-रागिनियों के साँचे में उन्होंने गीत सृष्टि की हो, यह भी नहीं माना जा सकता।

मीरां के गीतिकाव्य में गेयता अथवा संगीतात्मकता का विश्लेषण पूर्व में किया जा

चुका है। उनके गीतों में संगीत तत्त्व का योग कितना है अथवा संगीत-शास्त्र की दृष्टि से मीरां की गीतियाँ कितनी समृद्ध हैं, यह विश्लेषण का विषय है।

संगीत की परिभाषा

भारतीय संगीत में संगीत शब्द के अन्तर्गत गायन, वादन तथा नर्तन तीनों कलाओं का बोध होता है।

संगीत रत्नाकर में कहा गया है :

'गीत वाद्यं तथा नृत्यं त्रयं संगीतमुच्यते।'[76]

'संगीत दर्पण'[77] एवं संगीत पारिजात'[78] में भी यही कथन दोहराया गया है।

संगीत-शास्त्र के महान मर्मज्ञ श्री विष्णु नारायण भातखंडे भी कहते हैं :

संगीत समुदाय वाचक नाम है। इस नाम से तीन कलाओं का बोध होता है। ये कलाएँ गीत, वाद्य तथा नृत्य हैं। इन तीन कलाओं में गीत का प्राधान्य है। अतः केवल संगीत नाम ही चुन लिया गया है।'[79]

संगीत के मूलाधार तत्त्व निम्नलिखित हैं—नाद, श्रुति, स्वर, ग्राम, मूर्च्छना, तान सप्तक, वर्ण, अलंकार, पकड़, जाति, मेल या ठाठ, राग।

मीरां के गीतों में शास्त्रीय संगीत की परख हेतु निम्नलिखित विचार बिन्दुओं को आधार रूप में ग्रहण किया जा रहा है :

(1) संगीत तथा उससे सम्बन्धित सामग्री का उल्लेख
(2) संगीत की विभिन्न राग-रागिनियों का प्रयोग
(3) मीरां की भाषा तथा शैली में संगीत का समावेश।

संगीत तथा उससे सम्बन्धित सामग्री का उल्लेख

मीरां के गीतों में संगीत-शास्त्र की किसी पारिभाषिक शब्दावली यथा 'राग-रागिनी, ग्राम, मूच्छर्ना, तान एवं सप्तस्वरों आदि का उल्लेख नहीं मिलता। मीरां के समकालीन अन्य कृष्ण भक्ति काव्य के रचयिताओं ने अपने काव्य में संगीत के भेद प्रभेदों, अंग उपांगों व पारिभाषिक शब्दों का भरपूर उपयोग किया है। किन्तु मीरां अपने आराध्य के गुण-गान में इतनी तल्लीन थीं कि उनकी दृष्टि इन बाह्य रूपों पर पड़ी ही नहीं।

वाद्ययन्त्रों का उल्लेख

संगीत के अन्तर्गत वाद्य का समावेश भी मान्य है। मीरां के अनेक गीतों में वाद्ययन्त्रों के प्रयोग का उल्लेख मिलता है। यथा :

'अधर मधुर बंसी बजावां, रीझ रिझावां ब्रज नारी जी'[80]
'ताल पखावजां मिरदंग बाजा, साधा आगे णाचां'[81]
'मुरळी धुण सुण वीसरां म्हारो कुणवो गेह।'[82]
'बाज्या झांझ मिरदंग,
मुरळियां बाज्यां कर इकतारी'[83]
'मुरळियां बाजां जमणा तीर।
मुरळी म्हारो मण हर ळीन्हो, चित्त धरां णा धीर
श्याम कण्हैया स्याम कमरयां स्याम जणम रो नीर।
धुण मुरळी शुण शुध बुध बिशरां जरजर म्हारो सरीर
मीरां रे प्रभु गिरधर नागर, बेग हर्यां म्हा पीर।'[84]

मीरां ने मुरली, पखावज, झांझ, मृदंग, इकतारा वाद्यों का उल्लेख तो किया है, साथ ही इसके व्यापक प्रभाव का निदर्शन भी करा दिया है। श्रीकृष्ण की मुरली का निनाद कितने तीव्र एवं व्यापक रूप में प्रभावकारी है कि घर-द्वार, कुनबा, यहाँ तक कि स्वयं भी, मुरली की धुन को सुनकर बिसर जाती हैं।

नृत्य रूपों का वर्णन

लय एवं ताल के साथ अंग संचालन करते हुए हृदयगत भावनाओं को शारीरिक चेष्टाओं के साथ प्रकट करना नृत्य है।

नृत्य के दो भेद माने गए हैं :

(1) उत्कट, तांडव (उग्रतायुक्त), (2) लास्य।

उत्कट नृत्य उग्रतायुक्त नृत्य है। लास्य स्त्रियोचित नृत्य है। इसमें शृंगार एवं करुण भावों की प्रधानता होती है। लास्य नृत्य की गति भी मधुर एवं कोमल होती है।

सम्पूर्ण कृष्ण भक्ति काव्य में इन दोनों ही नृत्य रूपों का उल्लेख मिलता है। मीरां के काव्य में भी नृत्यरूप के दोनों भेद मिलते हैं।

तांडव नृत्य : यह वीर तथा रौद्र रस का द्योतक नृत्य है। मीरां के काव्य में केवल एक स्थल पर तांडव नृत्य भेद का वर्णन मिलता है जहाँ श्रीकृष्ण द्वारा कालिया नाग को नाथने का प्रसंग वर्णित है।

'कमल दळ ळोचणा थे णाथ्यां काळ भुजंग
काळिंदी दह णागा णाश्यां काळ फण फण निरत करंत'[85]

लास्य नृत्य : इस नृत्य में अंग विक्षेप अत्यन्त मधुर, मृदुल तथा कोमल होता है। मीरां की भक्ति अनुराग से भरपूर थी और नृत्य अनुराग की पराकाष्ठा है।

मीरां की भाव मूर्ति का स्मरण करते ही नृत्य करती भक्ति तन्मय नारी का चित्र-सा

उपस्थित हो जाता है। मीरां ने अपने गीतों में अनेक स्थलों पर स्वयं को नृत्य से जोड़ा है। उनकी नृत्य मुद्राएँ हमारी दृष्टि की जानी-पहचानी सी जान पड़ती हैं क्योंकि उनमें स्वाभाविकता और सहज नारीत्व का प्रकाशन है।

वैसे तो भक्तिकालीन प्रायः सभी कृष्ण भक्त कवियों ने अपने काव्य में आराध्य कृष्ण की नृत्य मुद्राओं, उस समय छवि, नृत्य के बोलों तथा संगीत आदि का सजीव चित्रांकन किया है किन्तु मीरां का नाम विशेष रूप से महत्त्वपूर्ण है। स्वयं क्रियात्मक रूप से नृत्य को अपनाने वाली मीरां ने नृत्य सम्बन्धित आत्मविषयक उल्लेख अपने अनेक गीतों में किए हैं। नृत्य के माध्यम से उन्होंने अपने आराध्य प्रियतम को बार-बार रिझाना चाहा है।

प्रेमानुभूति के तीव्र आवेग में अपने प्राणों के समर्पण की प्रत्यक्ष प्रतीति मीरां के घुंघरुओं की ध्वनि में अनुभव की जा सकती है।

'म्हां गिरधर आंगा नाच्यां री
णाच णाच म्हां रसिक रिझावां, प्रीत पुरातण जाच्या री
स्याम प्रीत रो बांध घूँघरयां, मोहण म्हारो सांच्या री
ळोक ळाज कुळरां मरजादां जग मां णेक णा राख्यां री
प्रीतम पळ छण णा बिसरावां मीरां हरि रंग राच्यां री'[86]

(1) म्हारे गोकुल रो ब्रजवाशी

णाच्यां गांवा ताल़ बज्यावां, पांवा आणंद हाशी।'[87]

(2) माई महां गोविन्द गुण गाश्यां
हरि मन्दिर मा निरत करावां घूंघरयां छमकाश्यां'[88]

(3) माई सांवरे रंग राची
साज शिंगार बांध पग घूंघर ळोक ळाज तज णांची'[89]

(4) चालां आगम वा देस काळ देख्यां डरां
सील घूंघरा बांध तोस निरतां करां।'[90]

मीरां ने लास्य नृत्य का ही वर्णन किया है। अन्य नृत्य-रूपों, यथा-बाल नृत्य, रास नृत्य एवं हल्लीश नृत्य का चित्रांकन उनके गीतिकाव्य में नहीं किया गया।

वास्तव में मीरां की रचना में नृत्य-कला के शास्त्रीय रूपों को ध्यान में नहीं रखा गया है। वे अपने गिरधर नागर के सामने उन्मुक्त आवेश में चरम तन्मयता के साथ नाच उठी थीं।

तत्कालीन परम्परागत नृत्य शैलियों के अन्तर्गत उन्हें नहीं रखा जा सकता। मीरां ने जगत के उपहास और निन्दा को सर्वथा उपेक्षणीय समझा।

'पग बांध घूंघरयां णाच्यां री
लोग कह्यां मीरां बावरी शाशु कह्यां कुल नाशा री'[91]

वे यह कहकर अपने उन्मुक्त नृत्योन्माद की स्पष्ट घोषणा कर देती हैं। मीरां के पदों में नृत्य-कला का सहज, प्रकृति जन्य, भावाविष्ट एवं तन्मयावस्था मात्र का अंकन है। प्रो. मुरलीधर श्रीवास्तव के विचारों से :

'मीरां के पदों में श्रेष्ठ संगीत के दुर्लभ गुण पाए जाते हैं। मीरां के पदों में संगीत ही नृत्य भी है। उसमें कविता शक्ति के साथ संगीत काव्य और नृत्य-कला का भी ज्ञान है।'[92]

निष्कर्ष रूप में कहा जा सकता है कि मीरां के गीतों में नृत्य का समावेश अपनी नैसर्गिक स्वाभाविकता के साथ हुआ है। उनके गीतों में आत्मविषयात्मक नृत्य सम्बन्धी उल्लेख संगीतमय उद्गारों के माध्यम से दिव्य संगीत की सृष्टि करते हैं।

गायन

मीरां ने अपने गीतों का गायन किया था, यह सर्वमान्य है। साथ ही उनके गीतों के मध्य ऐसे आत्मविषयात्मक उल्लेख भी मिलते हैं जिससे उनके गायन की पुष्टि भी हो जाती है। कुछ उल्लेखनीय पंक्तियाँ इस प्रकार हैं :

'माई म्हां गोविन्द गुण गाश्यां'
चरणामृत रो णेम शकारे णित उठ दरसण जाश्यां
हरि मन्दिर या रिनत कावां घूंघरयां घमकाश्यां
श्याम नाम रा झांझ चड़ाश्यां भो सागर तर जाश्यां
भो संसार बीड रो कांटो गेळ प्रीत अटकाश्यां
मीरां रे प्रभु गिरधर नागर गुन गांवां शुख पाश्यां'[93]

'म्हारे चाकर राखां जी गिरधारी ळाळा चाकर राखां जी
चाकर रहश्यूं बाग ळगाश्यूं णित उठ दरशण पाश्यूं
ब्रिंदावण री कुंज गैळ मां गोविणद ळीळा गाश्यूं।'[94]

'माई सांवरे रंग रांची
ग्रायां गायां हरि गुण णित दिण काळ ब्याळ री बांची'[95]

इस प्रकार मीरां के गीतिकाव्य में संगीतशास्त्र में स्वीकृत संगीत समुच्चय (गायन, वादन एवं नृत्य) विद्यमान है।

मीरां के काव्य में प्रयुक्त राग-रागिनियाँ

मीरां की प्रामाणिक पदावली में दिए गए गीतों के ऊपर राग-रागिनियों के नाम अंकित नहीं हैं। इस पदावली के संग्रहकर्त्ता स्व. आचार्य ललिता प्रसाद सुकुल ने अपनी एक वार्ता में यही स्पष्ट किया था कि संकलन के समय इन पदों के ऊपर राग-रागिनियों का उल्लेख नहीं था।

अस्तुः मीरां ने स्वयं किन रागों में अपने गीतों का गायन किया था, इस सम्बन्ध में कुछ निश्चित नहीं कहा जा सकता। वैष्णवदास के टिप्पण और नागरीदास कृत नागरी समुच्चय में जो पद उद्धृत हैं उनमें भी रागों के नाम नहीं दिए गए। बारकरी, रामदासी तथा राम सनेही सम्प्रदाय में उपलब्ध हस्तलिखित प्रतियों में भी पदों के ऊपर रागोल्लेख नहीं मिलता।

संगीत में राग एक ऐसा विधान है, जिसके द्वारा प्रत्येक रस के ।वशिष्ट भावों का प्रकाशन किया जाता है। विभिन्न स्वरों के समुचित मेल से, विशिष्ट रागों के गायन से तदनुरूप विशेष बिम्ब उपस्थित किए जा सकते हैं।

यद्यपि मीरां ने रागों के आधार पर गीतों की रचना नहीं की तथापि भारतीय संगीतशास्त्र की विशिष्ट परम्परानुसार मीरां के गीतों में विभिन्न राग-रागिनियों का निर्माण उनके स्वरों की प्रकृति के अनुकूल ही हुआ है। उनके गीतों में विभिन्न राग अपने स्वर विधान के द्वारा विभिन्न भावों को मूर्तिमान करने में समर्थ हुए हैं। अन्वेषकों की दृष्टि में लगभग 73 राग-रागिनियाँ मीरां के गीतों में प्रयुक्त हुई हैं। उनके गीतों में प्रयुक्त कुछ राग-रागिनियों की सूची इस प्रकार है :

तिलंग, ललित, हमीर, कान्हरा, त्रिवेणी, गूजरी, नीलाम्बरी, कामोद, मुल्तानी, मालकौस, झिंझोटी, षटमंजरी, गुनकली, मांड, धानी, पीलू, बखा, खमाज, अगना, पहाड़ी, जौनपुरी, सोहनी, विहागरा, सोरठ, बिलावल, प्रभाती, सुखसोरठ श्याम कल्याण, मल्हार विहाग, पूरिया, धनाश्री, जोगिया, दरबारी, होली, सावन, सावनी, कल्याण, बागेश्वरी, आनन्द भैरो, प्रभाती, प्रभावती, भीम पलासी, कोसी, मारवा, कालिगंड़ा, परज, कजरी, सूहा, काफी, हंस नारायण, दुर्गा, जैजैवन्ती श्री।

इनमें कुछ ऐसी भी राग-रागिनियों का प्रयोग है जो अन्य कृष्णभक्त कवियों के काव्य में नहीं मिलतीं। साथ ही कुछ राग ऐसे भी हैं जो मीरां के उपरान्त संगीतज्ञों द्वारा निर्मित हुए जैसे दरबारी कान्हड़ा, मीरां की मल्हार।

'मीरां के गीतों में कौन-कौन-सी राग रागिनियाँ कितनी संख्या में प्रयुक्त हुई हैं ? इस विषय पर हिन्दी के किसी भी लेखक, इतिहासकार, समीक्षक एवं संगीतज्ञ ने पूर्ण और निश्चित रूप से प्रकाश नहीं डाला है। प्रायः सभी विद्वानों ने कुछ रागों के नाम गिनाकर यही कहकर सन्तोष कर लिया कि इसके अतिरिक्त भी बहुत से राग गाए गए हैं। वे राग विशेष कौन से हैं ? यह सिद्ध करने की चेष्टा नहीं की गई है। इस सम्बन्ध में प्रमुखतः निम्नलिखित कठिनाइयाँ सम्मुख आती हैं :

(1) मीरां के सभी गीत उपलब्ध नहीं हैं।
(2) अनेक संग्रहों में गीतों में समानता का न होना भी एक प्रमुख समस्या है।
(3) कुछ पद-संग्रहों में यदि रागों के नामोल्लेख मिलते भी हैं—वे दूसरे संग्रहों में परिवर्तित रूप में मिलते हैं अतः इन्हें मीरांकृत मानने में सन्देह होना स्वाभाविक ही है।
(4) मीरां के प्रायः सभी गीत अनामक हैं। यदि मीरां गायिका थीं तो प्रत्येक गीत पर परम्परानुसार नियमित राग-रागिनियों का नामकरण अवश्य करतीं।

अतः इस विषय में यही मत सर्वाधिक उपयुक्त और सत्य माना जा सकता है कि मीरां के गीत संगीत-साधना के लिए नहीं रचे गए हैं। आत्म-प्रकाशन ही उनके गीतों का साध्य था। भक्ति भावना को संगीत के माध्यम से प्रकट करना ही उनका अभिप्रेत था। भक्तिमती मीरां जब अपने प्रियतम श्रीकृष्ण की माधुर्यासक्ति के नैसर्गिक प्रवाह में तन्मय हो उठती थीं, तब उनकी दृष्टि में संगीत विषयक शास्त्र-विधान प्रमुख न रहकर इष्ट का ध्यान ही प्रमुख रहता होगा। स्वर लहरी तो आप ही आप संगीतबद्ध हो उठी होगी। इसके लिए मीरां को प्रयास नहीं करना पड़ा।

अतः गीत पहले स्वीकृत शास्त्रीय संगीत के ढाँचे में ढाले गए हों और स्वयं मीरां ने राग-रागिनियों के नामकरण किए हों, ऐसी किसी भी सम्भावना से सहमत नहीं हुआ जा सकता। तथापि मीरां के प्राप्त प्रामाणिक गीतों में राग-रागिनियों के जो नामकरण किए गए हैं वे वस्तुतः लक्षण सम्मत हैं। कुछ गीतों के ऊपर नामकरण सम्बन्धी भेद पाया जाता है, उसका एक प्रमुख कारण उनके बाद के गायक समाज द्वारा रागों का नामकरण करना है। कुछ गीतों में यह भेद इसलिए भी है कि एक ही राग या रागिनी को देश के विभिन्न भागों में पृथक-पृथक शीर्षक दे दिए गए हैं।

अन्ततः उपर्युक्त कारणों से यही माना जा सकता है, उनके गीतों में राग-रागिनियों का नामकरण स्वयं मीरांबाई द्वारा न किया जाकर उनके परवर्ती पद संग्रहकर्त्ताओं या संगीतज्ञों द्वारा किया गया है।

मीरां के गीतों में राग-रागिनियों का नामकरण चाहे स्वयं उनके द्वारा न किया गया हो परन्तु यह सच है कि उनके गीत राग-रागिनियों की कसौटी पर खरे उतरते हैं।

मीरां के गीत : संगीत सिद्धान्तों के निकष पर

रस एवं राग सिद्धान्त : प्रत्येक राग विशिष्ट भावना से सम्बन्धित माना जाता है। एक ही शब्द या वाक्य को विभिन्न स्वरों में गाकर भिन्न-भिन्न रसों की सृष्टि की जा सकती है। भारतीय संगीत के सातों स्वर रस प्रधान माने गए हैं। नाट्य-शास्त्र में आचार्य भरत मुनि कहते हैं :

> 'हास्य शृंगारयोः कार्यो स्वरौ मध्यम पंचमौ।
> षडजर्षभौ च कर्तव्यो वीर रौद्राद्‌भुतेष्वथ

गान्धारश्च निषादश्च कर्तव्यौ करुणे रसे
धैवतश्च प्रयोक्त त्यौ वीभत्से च भयानके।'[96]

अर्थात्

हास्य एवं श्रृंगार में 'मध्यम' तथा 'पंचम', वीर रौद्र तथा अद्भुत में 'षडज' तथा 'ऋषभ' करुण रस में 'गांधार' तथा 'निषाद' वीभत्स तथा भयानक रस में 'धैवत' स्वरों का प्रयोग करना चाहिए।

भारतीय संगीत की इस विशिष्ट धारणा के ही अनुरूप मीरां के गीतों में विभिन्न राग-रागिनियों की अवस्थिति इनके भावानुकूल स्वरों में खोजी जा सकती है। मीरां के इन गीतों को भक्तों तथा संगीतकारों ने अपने-अपने ढंग से रागबद्ध किया है।

मीरां के गीतों में प्रयुक्त राग प्रायः करुणा एवं वियोग प्रधान हैं। प्रेम सुधामृत का पान कराने वाले नटवर उनके भाव जगत के मधुर आगार हैं। मीरां ने कहीं तो प्रियतम से मिलन की चरमावस्था में आलोड़ित होकर अपरिमित सुख में डूबकर गीतों का सृजन किया है, तो कहीं विरह की वेदना को साकार रूप प्रदान किया है। ये भावनाएँ राग विशेष में स्वर की सान पर चढ़कर अपनी प्रभावात्मकता में दोगुनी हो गई हैं।

यही कारण है कि बागेश्वरी राग में उनके वेदनाभिव्यक्ति सम्बन्धी गीतों का गायन किया जाता है। अश्रु प्रवाह की गीली पृष्ठभूमि में 'पीलू' या जोगिया' रागों का प्रयोग मिलता है। चिन्ता, उद्वेग एवं निर्वेद आदि भावों द्वारा धूमिल वातावरण निर्माण करने वाले गीतों को 'देश' राग में बाँधा गया है। मीरां की कुछ रागबद्ध गीतियाँ उदाहरणार्थ प्रस्तुत हैं :

राग बागेश्वरी

इस राग में वियोग श्रृंगार का वर्णन किया जाता है। मीरां के वियोग सम्बन्धी गीतों की संख्या सर्वाधिक है। एक उदाहरण प्रस्तुत है :

'माई म्हारी हरिहू णा बूझा बात
पिंड मांसूं प्राण पापी निकड क्यूं णा जात
पटा णा खोळयां मुखां णा बोल्यां सांझ भया परभात
अबोळणां जुग बीतण लागां कायां री कुसलात
सावण आवण हरि आवण री सुण्या म्हाणे बात
घोर रैणां बीजूं चमकां वार गिणतां प्रभात
मीरां दासी स्याम राती ळळक जीवणा जात।'[97]

राग भैरवी

भैरवी प्रातःकालीन राग माना गया है। इसमें सभी स्वर कोमल लगते हैं। मीरां के इस

गीत को भैरवी राग में गाया जा सकता है :

'आळी री म्हारे णैणां बाण पडी
चित्त चढ़ी म्हारे माधुरी मूरत, हिबडा अणी गडी
कब री ठाडी पंथ निहारां, अपणे भवण खडी
अटक्यां प्राण सांवरो प्यारो, जीवण मूर जडी
मीरां गिरधर हाथ बिकाणी, लोग कहयां बिगडी।'[98]

राग आसावरी

दरस बिण दूखां म्हारा णेण
सबदां सुणतां छतियां कापां मीठो थारो बैण
बिरह बिथा कांशूं री कहयां पेठा करवत ऐण
कळ णां पडतां हरि मण जोवां भयां दमाशी रेण
थे बिछडयां म्हां कळ मां प्रभु जी म्हारो गयो शब चेण
मीरां रे प्रभु कब रे मिलोगां दुख मेटण शुख देण।'[99]

राग काफी

'स्याम विणा सखि रहयां णा जावां
तण मण जीवण प्रीतम वारयां थारे रूप ळुभावां
खाण पाण म्हाणे फीकां ळागां णेणां रहयां मुरझावां
निस दिण जोवा बाट मुरारी कबरो दरसण पावां।
बार-बार थारी अरजां करश्यूं रेण गयां दिण जावां।
मीरां रे हरि थे मिळयां बिण तरश तरश जीवा जावां'[100]

राग बिलावल

'हरि बिण क्यूं जिवां री माय
श्याम बिणा बौरां भयां मण, काठज्यूं घुण खाय
मूळ ओखद णा ळग्यां म्हाणे प्रेम पीडा खाय
मीण जळ बिछुड्या णा जीवां तड़फ मर मर जाय
ढूढ़तां बण स्याम डोळां मुरलियां धुण पाय
मीरां रे प्रभु ळाळ गिरधर बेग मिळश्यो आय'[101]

राग देस

निर्वेद, वैराग्य एवं चिन्ता का समन्वित रूप मीरां के इस गीत में मिलता है, राग देस

में भी इन्हीं भावों का वर्णन मिलता है :

'करम गत टारां णा री टरां
सतवादी हरचंदा राजां डोम घर णीरां भरां
पांच पांडु री राणी द्रपता हाड़ हिमाड़ा गरां
जग्ग किया बड़ ळेण इन्द्राशण जायां पताळ परां
मीरां रे प्रभु गिरधर नागर बिखरू अमरित करां'[102]

राग पूर्वी

मीरां के निम्न गीत को पूर्वीराग में गाया जा सकता है क्योंकि पूर्वी राग में वियोग शृंगार की अभिव्यक्ति होती है। 'रे', 'ध' कोमल तथा शुद्ध और तीव्र दोनों माध्यमों का प्रयोग इस राग में वियोग शृंगार की प्रधानता को दर्शाता है :

'पियां बिण सूणो छे म्हारां देस
एसां णा कांई पीव मिळावां, तण मण वारां असेस
थारे कारण बण बण डोळयां ळयां जोगणारो भेस
बीतां चुमसां मांसां बीतां पंडर री म्हारा केस
मीरां रे प्रभु कबरे मिळोगां तज दयां णग रणरेस'[103]

इन उदाहरणों से स्पष्ट है कि मीरां के गीत जिन-जिन रागों में गाए जाते हैं उनके द्वारा जागृत भाव, गीत से सम्बद्ध भावों के पोषक हैं। अतः रस सिद्धान्त के आधार पर मीरां के गीत रागों का उचित निर्वाह करने के सफल सिद्ध हुए हैं।

ऋतु एवं समय सिद्धान्त

भारतीय संगीत में जहाँ रागों को विशेष ऋतुओं में गाने का विधान मिलता है, वहीं दूसरी ओर रागों को विशिष्ट समय से भी सम्बद्ध किया गया है। रागों का गायन समय भी निश्चित है और प्रत्येक राग दिन या रात्रि में अपने निर्धारित समय पर ही गाया जाता है। भारतीय पद्धति के अनुसार ऋतु तथा समयानुकूल गायन सिद्धान्त निरर्थक कल्पनाजन्य नहीं हैं। इस सिद्धान्त का रहस्य प्रकृति की लय के रहस्य पर आधारित है। हमारे प्राचीन संगीतकारों ने इस रहस्य को जानने का गहन प्रयास किया था और अपने गम्भीर अध्ययन के परिणाम रूप में वे सफल भी हुए। उन्होंने यह सिद्ध कर दिया कि विशेष ऋतु या काल में विशेष ध्वनियाँ विशेष स्वर समूहों से एकता, अनुरूपता तथा सामंजस्य रखती हैं। उनके अनुसार रागों में ऐसे कुछ प्राकृतिक स्वभावजन्य गुण होते हैं जो उन्हें विशेष ऋतु एवं समय से सम्बद्ध करते हैं।

इस दृष्टि से मीरां के गीतों में समय-सिद्धान्त का निर्वाह एवं ऋतु की अनुकूलता का पर्याप्त ध्यान रखा गया है। यद्यपि अष्टछाप के कवियों की भाँति मीरां के गीतों में आठों पहर की सेवा-पद्धति की योजना नहीं मिलती क्योंकि मीरां सम्प्रदाय-मुक्त थीं परन्तु उनके गीतों में समय-सिद्धान्त की सर्वथा उपेक्षा की गई हो, ऐसा नहीं माना जा सकता। दिन एवं रात के क्रम में प्राकृतिक वातावरण में हुए परिवर्तनों के अनुकूल रागों में परिवर्तन और वैविध्य की समायोजना मीरां के गीतों में मिलती है। आसावरी, टोडी, भैरवी, अल्हैया बिलावल आदि राग प्रातःकालीन राग हैं।

मीरां के गीतों में इनके उदाहरण खोजने पर मिल जाते हैं।

राग भैरवी

म्हारां री गिरधर गोपाल दूसरां णा कूयां
दूसरा णा कोया साधां सकळ ळोक जूयां
माया छांडया बंधा छांड्यां, छांडया संगा सूयां
साधा संग बैठ बैठ लोक ळाज खूयां
भगत देख्यां राजी हयां, जगत देख्यां रुयां
असवां जळ सींच सींच प्रेम बेळ बूयां
दध मथ घृत काठ लयां, डार दयां छूयां
राणा विषरो प्याळा भेज्यां, पीय मगण हूयां
अब त बात फेळ पड्यां जाण्यां सब कूयां
मीरां री लगण लग्यां होणां हो जो हूयां।'[104]

आसावरी

भज मण चरण कंवळ अवणासी
जेतांई दीसां धरण गगण मां तेताई उठ जासी
तीरथ बरतां ग्याण कथन्तां कहा लयां करवत कासी
यो देही रो गरब णा करणा माटी मा मिळजासी
यो संसार चहर रो बाजी सांझ पडयां उठ जासी
कहां भया था भगवां पहर्यां घर तज भये सण्यासी
जोगी होयां जुगत णा जाणा उलट जणम रां फांसी
अरज करां अबळा कर जोड़यां स्याम दासी
मीरां रे प्रभु गिरधर नागर, काढयां म्हारी गांसी।'[105]

वस्तुतः मीरां का ध्यान समय-सिद्धान्त की ओर इतना नहीं था जितना उनके समकालीन अन्य कृष्ण-भक्त कवियों का। ऋतु-सिद्धान्त के प्रति मीरां अधिक प्रयत्न

साध्य जान पड़ती हैं।

होली सम्बन्धी गीतों में झिंझोटी एवं वर्षा सम्बन्धी गीतों में राग मल्हार का प्रयोग मिलता है :

राग झिंझोटी

रंग भरी राग भरी राग सूं भरी री।
होळी खेड्या स्याम शंग रंग शूं भरी री।
उड़त गुळाळ ळाळ बादळा रो रंग ळाळ
पिचवां उड़ावां रंग रंग री झरी री
चोवा चंदण अरगजां म्हा केसर णो गागर भरी री
मीरां दासी गिरधर नागर चेरी चरण परी री।'[106]

राग मल्हार

बादळा रे थे जळ भरां आज्यो
झर झर बूंदां बरशां आळी कोयळ सबद शुणाज्यो
गाज्यां बाज्यां पवण मधुरयो अंबर बदरां छाज्यो
शेज संवारयां पिय घर आवयां शखयां मंगळ गाश्यो
मीरां रे प्रभु हरि अविणासी भाग भळयां जिण पाश्यो'[107]

अथवा

बरसां री बदरियां शावण री शावण री मण भावण री
शावण मां उमग्यो म्हारों मण री भणक क्षुण्या हरि आवण री
उमड घुमड छण मेघां आयां दामण घण झर ळारण री
बीजां बूंदां मेंहा आयां बरशां शीतळ पवण शुहावण री
मीरां रे प्रभु गिरधर नागर बेळा मंगळ गावण री।'[108]

वस्तुतः मीरां समय-सिद्धान्त या ऋतु-सिद्धान्त के प्रति अधिक जागरूक एवं आग्रहशील नहीं थीं। इसका कारण यही प्रतीत होता है कि मीरां तो चिर विरहिणी थीं। उनके सभी गीत सात्विक कोमलता और करुणा से आपूरित हैं और किसी भी समय या प्रहर में, प्रत्येक व्यक्ति को अपने प्रभाव में तन्मय कर देने में समर्थ हैं।

क्या मीरां संगीतज्ञ थीं ?

भक्ति कवयित्री मीरांबाई क्या संगीतज्ञ थीं ? क्या उनके गीतों में पाए जाने वाले रागों

का अंकन स्वयं मीरां ने किया था ?

उनके समकालीन अन्य कृष्ण-भक्त कवियों ने जहाँ संगीत-विधान के प्रति सचेष्ट रहकर पद रचना की थी वहीं क्यां मीरां उस प्रभाव से, वातावरण से कैसे अछूती रह सकती थी ?

ये प्रश्न बड़े विवादूय हैं। इस सम्बन्ध में प्रमुख रूप से मीरां पर अथवा संगीत सम्बन्धी विषयों पर लिखने वाले प्रायः सभी विद्वानों ने अपने विचार व्यक्त किए हैं। कुछ मीरां को विशुद्ध संगीतज्ञ मानने का दावा करते हैं तो कुछ विद्वान मीरां को विशुद्ध भक्त कवयित्री मानकर गीतिकाव्य की सर्जना करनेवाली नारी सिद्ध करते हैं।

डॉ. सावित्री सिन्हा अपने शेधग्रन्थ 'ब्रज भाषा के कृष्ण भक्तिकाव्य में अभिव्यंजना शिल्प' में अपने विचार प्रकट करती हैं :

'मीरां को संगीत का पूर्ण ज्ञान था। उन्होंने अपने पदों की रचना राग-रागिनियों के अनुसार की है। उनके पदों में अनेक शास्त्रीय रागों का प्रयोग मिलता है।

इन प्रयोगों को आकस्मिक मान लेना काव्य तथा कला की उपेक्षा के साथ-साथ मीरां के संगीत तथा काव्य-ज्ञान की भी उपेक्षा होगी।'[109]

डॉ. सावित्री सिन्हा के इन विचारों की गहनता में मीरां के गीत उनके भावविह्वल हृदय के उद्दाम आवेग के सहज निस्सृतीकरण पर एक रोक-सी लगा देते हैं।

डॉ. विजयेन्द्र स्नातक भी अपने 'हिन्दी साहित्य के इतिहास' में लिखते हैं :

> 'उनके पद विभिन्न राग-रागिनियों में बद्ध हैं।'[110]

इस आधार पर वे भी मीरां को संगीत-साधिका मानते हैं।

एक अन्य विद्वान डॉ. रामप्रकाश के विचारों में मीरां में संगीतात्मकता का गुण तो सर्वत्र विद्यमान हैं परन्तु वे मीरां को संगीत-सिद्ध कवयित्री मानते हुए उनके प्रत्येक गीत को राग-रागिनियों में आबद्ध मानते हैं। वे लिखते हैं :

'यद्यपि मीरां के काव्य में प्रयुक्त राग-रागिनियों के नाम के सम्बन्ध में कोई प्रामाणिक निर्णय नहीं दिया जा सकता तथापि इसमें कोई सन्देह नहीं कि उनके सभी पद संगीत-शास्त्र के नियमानुसार रागबद्ध एवं लयताल युक्त हैं, जिसमें गेयता के सभी गुण विद्यमान हैं।'[111]

डॉ. मनोहर विनायक राव भागवत का विचार है कि मीरांबाई एक कुशल संगीतज्ञ थीं।'[112]

कुछ विद्वानों की धारणा उपर्युक्त मतों के सर्वथा विपरीत है। ये विद्वान मीरां को संगीत के ज्ञान से सर्वथा शून्य मानकर चलते हैं। उनके विचारों में मीरां का काव्य किसी भी प्रकार के शास्त्रीय बन्धन से सर्वथा मुक्त है। अपने आराध्य देवता के चरणों के दर्शन या स्मृति-भाव से आत्मविभोर होकर अनेक भक्त प्रवर सन्त कवियों (रैदास, दादू दयाल, कबीर, नरसी मेहता आदि) की तरह मीरां भी तन्मय होकर गा उठीं। डॉ. शबनम के शब्दों में :

'उनके ये सहज उद्‌गार छन्द-शास्त्र एवं काव्य-कौशल के आग्रह, संगीत-शास्त्र के सुनियोजित अनुशासन और लोक-काव्य के राग एवं भावमूलक नियमन से सर्वथा परे हैं। इस व्यष्टिपरक 'मीरां पदावली' का प्रत्येक गायक अपनी रुचि के अनुसार शास्त्र नियोजित किसी विशिष्ट राग-रागिनी में गाकर अथवा अपनी स्वतःस्फूर्त सहज लय में गुनगुनाकर आनन्दित हो सकता है।'[113]

इसी मत की पुष्टि डॉ. मुरलीधर श्रीवास्तव के इस कथन से होती है।

'मीरां ने पिंगल के नाना प्रकार के छन्दों को नहीं लिया। कदाचित् वे छन्द-विधान से भी परिचित नहीं थीं। वह तो गायिका हैं, संगीत की लय में उनके उद्‌गार व्यक्त हुए हैं।'[114]

श्री मुरलीधर ने मीरां के गीतों की सर्वप्रमुख विशिष्टता उसकी सहज लयात्मकता को माना है।

समग्र रूप से दृष्टिपात करने पर मीरां का सम्पूर्ण काव्य उनकी माधुर्यासक्ति का भावभीना अथाह सागर है। जिनकी गेयता के ही अन्तर्गत संगीत-शास्त्र का भी सम्मिलन हो गया है।

निम्नलिखित कथन अधिक महत्त्वपूर्ण हैं जिसमें डॉ. ऊषा गुप्ता ने मीरां के काव्य में संगीत की स्थिति निर्धारित की है :

'इतने बड़े समय के मध्य हमें विशेष प्रसिद्ध मीरां का ही नाम मिलता है। जो काव्य और संगीतकला दोनों में ही सिद्धहस्त थीं। भक्ति-भाव के उल्लास में रस की धारा उमड़ाने वाली कृष्ण की अनन्य पुजारिन मीरांबाई एक विशुद्ध कवयित्री गायिका थीं।'[115]

ध्रुवदास जैसे प्राचीन कवि में भी उक्त कथन का समर्थन मिलता है :

'नृत्यत नूपुर बांध के गावत ले करतार
विमल हियो भक्तनि मिली तृन सम गन्यों संसार'[116]

डॉ. प्रभात का कथन भी मीरां की संगीत सम्बन्धी योग्यता पर पर्याप्त प्रकाश डालता है :

'मीरां स्वयं शास्त्रबद्ध नहीं, शास्त्रसिद्ध थीं। शास्त्राभ्यासी इतनी स्वच्छन्द उन्मुक्त अकृत्रिम, आत्मानुभूतिपरक गीतियाँ नहीं लिख सकता और संगीत के व्याकरण से अपरिचित के लिए रागों का ऐसा आश्चर्यजनक निर्वाह सम्भव नहीं।'[117]

उपर्युक्त मतों के स्खलन से यह तो सिद्ध हो जाता है कि मीरां संगीत विद्या में प्रवीण थीं। मीरां को संगीत का विधिवत् ज्ञान कहाँ प्राप्त हुआ ? यह प्रश्न सहज ही उठता है।

मीरां के युग की प्रवृत्तियों एवं तत्कालीन इतिहास पर दृष्टि डालने पर उक्त प्रश्न का उत्तर सहज हो जाता है। मीरां के युग में संगीत का प्रचार बहुत अधिक था। संगीत एवं नृत्य ज्ञान नारियों के लिए प्रायः आवश्यक गुण माना जाता था। राजकुलीन मीरां

को संगीत-शिक्षा, राज परिवार की मर्यादानुरूप प्रदान की गई थी।

मीरां के बाबा रावदूदा जी, जिन्होंने मीरां का पालन-पोषण किया था, वैष्णव भक्त थे। उनके यहाँ साधुओं-संगियों का आगमन प्रायः होता ही रहता था। भजन कीर्तन का आयोजन प्रायः होता ही रहता था। अतः मीरां को आरम्भ से ही संगीत-मय वातावरण मिला।

विवाहोपरान्त श्वसुर गृह में भी मीरां को संगीतमय वातावरण उपलब्ध हुआ। मीरां का विवाह-सम्बन्ध मेवाड़ के सीसौदिया राजवंश में हुआ था। सीसौदिया राजवंश उस समय संगीत-प्रेमी महाराणा कुम्भा के कारण सुविख्याति प्राप्त कर सका। महाराणा कुम्भा ने 'संगीत प्रदीपिका', 'संगीत सुधा' तथा 'संगीत राज' ग्रन्थों का प्रणयन किया था।

ऐसे वातावरण में मीरां संगीतज्ञान से अनभिज्ञ कैसे रह सकती थीं ?

उनके परिवारवालों का मीरां के प्रति विरोध केवल इसीलिए मिलता है कि मीरां ने राजमर्यादा का उल्लंघन कर साधु संग में भजन संकीर्तन एवं सत्संग अपनाया था, जो उनके परिवारवालों एवं गुरुजनों को कदापि सह्य न था।

मीरां के जीवन का उत्तरार्द्ध श्रीकृष्ण की केलिभूमि वृन्दावन में बीता। उस युग में संगीत का प्रधान केन्द्र-स्थल वृन्दावन मीरां के संगीत-ज्ञान को और भी पुष्ट करने में सहायक सिद्ध हुआ। अनुकूल वातावरण व्यक्ति की अर्हताओं में सदैव वृद्धि ही करता है। मीरां भी इसकी अपवाद नहीं थीं।

उपर्युक्त विश्लेषण से यह स्पष्ट हो जाता है कि मीरां को शास्त्रीय संगीत का ज्ञान अवश्य था पर उन्होंने अपने गीतों को शास्त्रीय बन्धन में स्वयं नहीं बाधा तथापि उनमें संगीत तत्त्वों का पूर्ण समाहार है।

भक्ति एवं अनुराग के उन्मेष में गा उठने वाली मीरां के रागों के अधीन गाने का अवकाश ही कहाँ था ?

मीरां के गीतों में संगीतात्मकता सहज स्फूर्त है। उनके गीतों में संगीत एवं संगीतात्मकता के सफल समावेश का सबसे बड़ा प्रमाण यही है कि शताब्दियों के अन्तराल के उपरान्त भी आज बंगाल के गवैये मीरां के गीत ही प्रायः गाते हैं। उड़ीसा के गायक समाज में उनके गीतों का समान रूप से आदर है। इसका कारण यही है कि मीरां के गीतों में संगीतात्मकता का समावेश अपने मधुरतम और उत्कृष्ट रूप में हुआ है।

डॉ. प्रभात ने उनकी गेयात्मकता और संगीत-साधना का समुचित मूल्यांकन अपनी लेखनी द्वारा किया है :

'वस्तुतः उनके पदों में रागों का निर्वाह उनके नाम पर मीरां की मल्हार राग का प्रचलन और इन पदों का एकाकिन ग्रामवधू से लेकर संगीत के कलापारखियों तक के कंठों को शताब्दियों से मुग्ध करना, उनके सफल गेयत्व के अकाट्य प्रमाण हैं।'[118]

मीरां ने अपने गीतों को पिंगल-शास्त्र या काव्य-शास्त्र के अनुरूप भले ही न लिखा हो, किन्तु संगीत-शास्त्र की दृष्टि से मीरां का प्रत्येक गीत संगीत के लिए वरदान है, भजन और कीर्तन परम्परा की अमूल्य निधि है। मीरां के काव्य का संगीत हृदय से

प्रवाहित हुआ है। अतः उनके काव्य का संगीत-तत्त्व जितना शास्त्रीय है उतना ही सुगम भी। वस्तुतः उसमें मीरां की आत्मा की ध्वनि ही संगीतमय बनकर अभिव्यक्ति प्राप्त करती है।

अनुभूति की पूर्णता

अब हम गीतिकाव्य के तीसरे तत्त्व अनुभूति की पूर्णता पर आते हैं। काव्य को श्रेष्ठतम शब्दों का श्रेष्ठतम क्रम माना गया है किन्तु इसका तात्पर्य यह नहीं कि किसी सामान्य अनुभूति को अलंकृत सज्जा के साथ प्रस्तुत कर देने मात्र से ही वह काव्य हो जाएगी। गीतिकाव्य अभिव्यक्ति की पूर्णता के साथ अनुभूति की विशिष्टता का द्योतक है। मीरांबाई के काव्य का विहंगावलोकन करने पर उनमें अनुभूति एवं अभिव्यक्ति की पूर्णता एवं विशिष्टता सम्पूर्ण पदों में अपने सुष्ठु रूप में मिलती है। अनुभूति एवं अभिव्यक्ति का सुन्दर समायोग मीरां के गीतों में विशिष्टता का द्योतक है। भाव विदग्ध हृदय का तीव्र आवेग उनके पदों में आद्यन्त मिलता है। भावों का यह सशक्त रूप उनके काव्य में अन्तरात्मा को प्रत्यक्ष ला खड़ा कर देता है :

'स्याम शुंदर पर वारां जीवड़ा डारो स्याम
थारे कारण जग जण त्यांगा ळोक ळाज कुळ डारां
थे देख्या बिण कळणा पड़तां णेणा चळतां धारां
क्या सूं कहवां कोण बुझावां कृष्ण बिरह री धारां
मीरां ने प्रभु दरशण दीश्यों थे चरणां आधारां।'[119]

मीरां का अन्तस वियोग की पीड़ा का अनुभव तो भरपूर करता है परन्तु इसकी अभिव्यक्ति उनके लिए नितान्त असम्भव है। भावों की यह गहनता बाह्य अभिव्यक्ति के प्रभावशाली होने का प्रमुख कारण बन जाती है। मीरां के गीतों में अनुभूति का स्वरूप विशिष्ट ही है। उनके काव्य की आधारभूमि उत्कृष्ट मनोवेगों के रस से सिंचित है।

अनुभूति के इस वैशिष्ट्य में एक महत्त्वपूर्ण एवं ध्यान देने योग्य तत्त्व है बुद्धि तत्त्व। यह सत्य है कि गीतिकाव्य अति बौद्धिकता का भार वहन नहीं कर सकता। बौद्धिकता या विचारात्मकता का गहन प्रभाव गीति को कोमलता, मसृणता एवं आन्तरिकता से शून्य बना देता है तथापि भावात्मक अनुभूति बुद्धि की सहकारिता में अभिव्यंजित होने पर ही उत्कृष्ट गीति की संरचना में सफल होती है।

मीरां के काव्य में बौद्धिकता का उतना ही अंश गृहीत हुआ है जहाँ वह मनोवेगों को संयतावस्था में लाकर उनके प्रकृत रूप में छोड़ देता है। भावों पर विचारों का प्राधान्य उनमें कहीं नहीं। उनके गीत हृदयजनित हैं। अनुभूति को पूर्ण बनाने, प्रभावशाली बनाने के लिए ही बुद्धि तत्त्व का योग उनमें हुआ है। यही कारण है कि उनके गीतों

में मानसिकता का चमत्कार कहीं दृष्टिगोचर नहीं होता।

कल्पना तत्त्व का समावेश अनुभूति को प्रेषणीय बनाता है। उत्कृष्ट कल्पना द्वारा गीतिकाव्य की अभिव्यंजना अधिक सौन्दर्यपूर्ण हो उठती है परन्तु मीरां के काव्य में कल्पना की विशद उड़ान नहीं है। तीव्र भावावेश में अनुभूत रागात्मिका वृत्ति की तदाकार परिणति ही मीरां में मिलती है। कल्पनायोग के द्वारा काव्य-सौन्दर्य और काव्यात्मकता में वृद्धि का ध्यान मीरां को नहीं था। इसके बाद भी यह कहना कि उनके काव्य में अपूर्णता का भान होता है मीरां के प्रति अन्याय होगा।

निम्नलिखित पंक्तियाँ सौन्दर्यपूर्ण कलात्मकता और अनुभूति की पूर्णता की सृष्टि करती हैं। कवयित्री की मानसिक प्रक्रिया अपनी उच्चतम अवस्था को प्राप्त कर सहज ही गीति के रूप में फूट पड़ती है :

'हरि बिण क्यूं जिवारी री माय
स्याम बिणा बौरां भयां, मण काठ ज्यूं धुण खाय
मूल ओखद णा ळग्यां म्हाणे प्रेम पीडा खाय
मीण जळ बिछड़या णा जीवां तड़फ भर भर जाय
ढूड़या बण स्याम डोळा मुरिळियां धुण पाय
मीरां रे प्रभु ळाळ गिरधर बेग मिळश्यों आय।'[120]

इस गीत में अनुभूति की विशिष्टता दृष्टव्य है। मार्मिकता ही इसका वैशिष्ट्य है, जो हृदय को तुरन्त ही अभिभूत कर लेती है।

विरह सम्बन्धी गीत हो अथवा संयोग मिलन के उल्लास को व्यक्त करने वाले गीत अथवा विनय एवं आत्मनिवेदन परक गीत, इन सभी में मीरां के व्याकुल हृदय की एक-निष्ठा, अनन्यता को पल्लवित होते देखा जा सकता है। इनके गीतों में हृदय पक्ष प्रधान होने के कारण भावनाओं का पिष्टपेषण कहीं ढूँढ़ने से भी गोचर नहीं होगा। अस्वाभाविकता मीरां को स्वीकार नहीं थी, जैसी कि उनके पूर्ववर्ती, परवर्ती, समवर्ती भक्त कवियों के काव्य में यत्र-तत्र उपलब्ध हो जाती है।

मीरां के गीतों में अनुभूति का पूर्णत्व दर्शाने के लिए निम्नांकित गीत दृष्टव्य है :

मीरां यहाँ मुग्धा हैं। अपने प्रियतम को प्राप्त करने की उत्कट लालसा से हृदय सागर ठाठें मार रहा है। प्रियतम आए तो अवश्य किन्तु बैरन निद्रा ने बाधा उत्पन्न कर दी। उद्विग्नता एवं घोर निराशा के वशीभूत होकर मीरां की व्याकुलता का पारावार नहीं रहता। घनीभूत व्यथा का ऐसा सजीव और पूर्ण सजीव अंकन मीरां के द्वारा ही सम्भव है।

'जाण्यां णां प्रभु मिळण बिध क्यां होय
आया म्हारे आंगणा फिर गया जाण्यां खोय
जोवतां मग रेण बीतां दिवश बीतां जोय
हरि पधारां आगणां गया म्हें अभागण सोय

बिरह व्याकुळ अणळ अन्तर कळ णा पडता रोय
दासी मीरां ळाळ गिरधर मिळ णा बिछड़या कोय।'[121]

एक अन्य स्थान पर मीरां ने श्रीकृष्ण के वंशी निनाद और तत्सम्बन्धी तीव्र प्रभावात्मकता का अंकन बड़े वैशिष्ट्य के साथ किया है। प्रियतम की बाँसुरी का मधुर स्वर सुनकर ऐसी प्रतीति होती है कि हृदय रो उठा। एक फाँस-सी हृदय के मध्य आकर गड़ गई है। वंशी निनाद मीरां ही नहीं, विश्व की प्रत्येक वस्तु को आत्म-विस्मृति की अवस्था में पहुँच जाने के लिए बाध्य कर देता है। यही आत्म-विस्मृति, यही वंशीनाद का प्रभाव मीरां के गीतों का वैशिष्ट्य बनकर उभरा है :

'मुरळियां बाजां जमणा तीर
मुरळी म्हारो मण हर ळीन्हो चित्त धरा णा धीर
श्याम कण्हैया स्याम कमरयां स्याम जमण रो णीर
धुण मुरळी शुण शुध बुध बिशरां जर जर म्हारो सरीर
मीरां रे प्रभु गिरधर नागर बेग हरयां म्हा पीर।'[122]

मीरां अपने गिरधर नागर की जिस रूप माधुरी पर न्यौछावर हो गई हैं, उनके प्रति अनन्यता और प्रेमोन्माद सभी कुछ एक साथ प्रकट करती हैं। श्रीकृष्ण की मनोहर छवि ने उन्हें सांसारिक व्यवहारों को भुला देने के लिए बाध्य कर दिया है और अब तो मीरां अपने नटवर वेशधारी के अंग-अंग पर बलि-बलि जाती हैं :

'सांवरो णद णण्दण दीठ पडयां माई
डारयां शब ळोक ळाज शुध बुध बिशराई।
भोर चन्द्रका किरीट मुगट छब शोहाई
केसर रो तिळक भाल ळोचण शुखदाई
कुंडळ झलकां कपोल अळकां लहराई
मीणा तज सरवर ज्यों मकर मिलण धाई
नटवर प्रभु भेख धरयां रूप जग ळोभाई
गिरधर प्रभु अंग अंग मीरां बळ जाई।'[123]

मीरां में अनुभूति का वैचित्र्य नहीं है। उन्होंने अपने काव्य की विशिष्टता दर्शाने के लिए कहीं भी अस्वाभाविक चित्रणों को स्थान नहीं दिया है। उनके भावों की तीव्रता और भावावेश का संयमित धारा-प्रवाह ही प्रमुख है। मार्मिक अन्तर्वृत्ति पर आधारित होने के कारण सौन्दर्य सर्जना में मीरां के गीत अप्रतिम हैं। आध्यात्मिक पवित्र प्रेमभावना, अलौकिक विरह एवं प्रगाढ़ भक्ति भाव पर आधारित उनका काव्य सहज संवेद्य है। उनका काव्य विशिष्ट होकर भी न रहस्यमय है और न चमत्कारपूर्ण। मीरां के गीतों में उनके जीवन की विशिष्ट अनुभूति उत्कृष्टतम मनोवेगों की पूर्णता के साथ अभिव्यंजित हुई है। यही मीरां के गीतों की सफलता भी है।

भावों का ऐक्य तथा संक्षिप्ति

भावों की पूर्णता पर अनुभूति की पूर्णता आधारित है और यही कारण है गीति के लिए भावों की एकता अनिवार्य है। इसके अतिरिक्त ये भाव अत्यन्त संक्षिप्त भी होते हैं, उनमें प्राणों का संचार करना भी कवि का साध्य हो जाता है, इसीलिए भी कि भावगत एकता की अनिवार्यता मानी गई है। गीति की प्रभावान्विति का उत्कर्ष प्रदान करने के लिए भावों का ऐक्य अनिवार्य है।

मीरां के सभी गीतों में उपर्युक्त विशेषता आवश्यक रूप से गृहीत हुई है। उनके प्रत्येक गीत में एक विशेष प्रकार की मनःस्थिति की परिसमाप्ति पाई जाती है। किसी भी पद में दो मनः दशाओं का संघर्षण अथवा प्रकाशन नहीं मिलता। मीरां के गीतों का गायन, श्रवण अथवा पाठन रसज्ञ को एक विशेष मनोदशा में पहुँचाकर तल्लीनता की स्थिति में ला छोड़ता है।

भक्ति भावना सम्बन्धी एक गीत उदाहरणार्थ प्रस्तुत है :

'कांई म्हारो जणम बारम्बार
पुरबलां कांई पुन्न खूटयां माणशा अवतार।
बप्या छिण छिण षटया पळ पळ जात णा कछबार
बिरछ रां जो पात टूटयां लग्यां णा फिर डार
भौसमुन्द अपार देखां अगम ओखी धार
ळाळ गिरधर तरण तारण बेग करश्यो पार।'[124]

इस प्रकार मीरां के गीतों में भावात्मक विशुद्धता और उसके एकत्व का पूर्ण समत्व उपलब्ध होता है। उनके गीतों में एक ही भाव, विचार और अवस्था के स्फुरण एवं प्रसार की सम्यक, किन्तु सहज व स्वाभाविक नियोजना मिलती है।

पद का संक्षिप्त होना गीति की प्रभावान्विति एवं व्यवस्था की दृष्टि से अनिवार्य है। गेयता की दृष्टि से भी पद की संक्षिप्ति महत्त्वपूर्ण है। स्फुट भावाभिव्यंजन के कारण प्रत्येक पद संक्षिप्त, सरस, भावात्मक एवं संगीतमय होता है। मीरां के सभी गीत आकार में संक्षिप्त हैं और अधिकांशतः पाँच-छः चरणों तक ही सीमित हैं। ये गीत किसी एक भाव का पूर्ण उत्कर्ष दर्शाकर उसकी अभिव्यंजना में सफल रहे हैं। अल्प स्थायी अन्तःप्रेरणा एक असाधारण मनःस्थिति है। इसकी समाप्ति के उपरान्त कोई अन्य वस्तु उसका स्थान नहीं ले पाती। मीरां के सभी गीत इसी असाधारण मनःस्थिति में रचे गए हैं, अतः उनका संक्षिप्त होना स्वाभाविक है। अग्रांकित गीत भाव-संक्षिप्ति का सुन्दर उदाहरण है :

सांवरे री म्हा तो रंग राती
स्याम सणेशो म्हा णा दीश्यां जीवण जोत बुझाती
ऊंचा चढ़ चढ़ पंथ निहारयां मग जोवां दिन राती

थे देख्यां बिण कळ णा पड़तां फाट्या री म्हा छाती
मीरां रे प्रभु दरसण दीश्यो विरह विथा बिलखाती'[125]

इस गीत में विरह भाव की विवृत्ति बड़े कौशल और सुव्यवस्थित रूप में अपनी सम्पूर्णता के साथ हुई है। पद-संक्षिप्ति इसकी प्रभावान्विति में सहायक है।

मीरां के कई गीतों में भावों की पुनरावृत्ति भी परिलक्षित होती है। इसका कारण मीरां के काव्य का विषय-क्षेत्र सीमित होना है। किन्तु विशिष्टता तो यह रही है कि भावों का पुनरागमन पाठक के चित्त में किसी भी प्रकार की ऊब उपस्थित नहीं करता। इसका सर्वप्रमुख कारण यह है कि ये गीत मीरां के निर्मल हृदय की गहन करुण पुकार छिपाए हुए हैं। विप्रलम्भ की प्रधानता के कारण उसमें तत्सम्बन्धी भावनाओं, चित्त-वृत्तियों एवं मानसिक अवस्थाओं का अंकन अधिक हुआ है। विनय एवं संयोग शृंगार के पदों में भी मानसिक प्रेम और मिलन सम्बन्धी चित्रण अपने सीमित परिप्रेक्ष्य में असीमित गहराई लिए हुए है। इस प्रकार उनका प्रत्येक गीत अपने आप में पूर्ण एवं समग्र प्रभाव डालने में समर्थ है।

मीरां के गीतों में शृंगार एवं भक्ति भावना का ही निरूपण मिलता है, जो गीतिकाव्य की सफलता के लिए सर्वउपयुक्त रस माने गए हैं। शृंगार रस (रसराज) में अवगाहन कर मीरां ने संयोग का आह्लाद और वियोग की टीस एवं पीड़ा को मर्मस्पर्शी अभिव्यक्ति दी है।

कहना न होगा कि वेदना की अभिव्यंजना अधिक हृदयग्राही बन पड़ी है। यही वेदना करुण रस संचयिका भी है। मीरां के गीतों में शृंगार, करुण और शान्त भावना को ही प्रश्रय प्राप्त है और ये तीनों ही गीतिकाव्य के प्रतिपाद्य की दृष्टि से सर्वोत्तम भाव माने गए हैं। मीरां के गीतों में भावों का ऐक्य अत्यन्त उच्च स्तर का बन पड़ा है। स्पष्ट रूप से परिलक्षित होता है कि वे किसी साधारण चित्तवृत्ति में नहीं रचे गए। भावावेश की तीव्रता में इन भावों का उद्‌भव हुआ। मानसिक उत्कर्ष इनकी विकासावस्था है और सन्तुलन की स्थिति इनकी परिपूर्णता है। इस सम्पूर्ण प्रक्रिया में भावों की एकान्विति एवं संक्षिप्तता का निर्वाह अत्यन्त सफलतापूर्वक हुआ है। अतः मीरांबाई के गीत भावों की संक्षिप्तता और ऐक्य की दृष्टि से भी खरे उतरते हैं।

समग्रतः कहा जा सकता है कि मीरां के गीत 'गीतिकाव्य' के तत्त्वों की दृष्टि से अत्यन्त उत्कृष्ट कोटि के हैं। मीरां के ये गीत अपने आप में स्वच्छन्द और स्वतन्त्र हैं। प्रसाद के 'आँसू' की तरह उनमें सम्बद्धता या शृंखलाबद्धता का कोई सूत्र नहीं मिलता।

वस्तुतः ये गीत एक प्रेम वियोगिनी के भावोद्वेग हैं, जिनमें अनुभूति की स्वच्छन्दता सर्वत्र अपने स्वाभाविक, प्रकृत रूप में उपलब्ध है। ये विशुद्ध भावानुभूतिपरक गीत हैं। मीरां ने अपने काव्य में केवल अपनी ही प्रस्तुति की है। भावों के आरोपण की प्रवृत्ति उनमें कहीं भी खोजने पर भी नहीं मिलेगी।

उनके वियोग भावाभिव्यंजना द्योतक गीतों में व्यथामयी छटपटाहट, व्याकुलता और

तड़पन अपनी चरम परिणति को प्राप्त कर गई है। इनमें कहीं खिन्नता है तो कहीं ग्लानि, कहीं याचना है तो कहीं प्रेम भरी मनुहार।

मिलन के उल्लास को अभिव्यक्ति प्रदान करनेवाले गीतों में प्रिया-मिलन की आशा, उमंग के साथ प्रिय से एकात्म, तदाकार हो जाने की गहरी ललक दिखलाई देती है। यह लालसा और ललक उनके नारीत्व के प्रति इतनी स्वाभाविक और स्वस्थ रूप में व्यक्त हुई है कि हिन्दी के गीतिकाव्य के विस्तीर्ण फलक पर अन्यत्र दुर्लभ है।

मीरां का सम्पूर्ण गीतिकाव्य ऐसे ही स्वाभाविक, सरल किन्तु प्रभावोत्पादक भाव चित्रों का आकलन है।

शास्त्रीयता के नियम निकषों पर भी इनके गीतों का सम्मान हुआ है। किन्तु सभी गीतों में वैयक्तिकता का स्वर उज्ज्वल रूप में उभर कर मीरां को जनसामान्य की गायिका भक्तिमती साधिका का ऊँचा दर्जा प्रदान करता है। मीरां ने जनजीवन सम्बन्धी प्रकरणों को उपेक्षित ही रखा है, क्योंकि उनकी वृत्ति सामाजिकता की ओर थी ही नहीं किन्तु इससे उनके प्रभाव क्षेत्र पर तनिक भी प्रभाव नहीं पड़ा है।

उनके गीतों में वैयक्तिकता का आग्रह कुछ ऐसी विशिष्टता के साथ बन पड़ा है कि उनकी अनुभूति जनसामान्य की स्वानुभूति जान पड़ती है।

मीरां के सभी गीत राग-रागिनियों में बद्ध अवश्य हैं तथापि वे आत्मलक्षी नहीं हैं। लोकगीतों के अन्तर्गत होली सम्बन्धी गीतों की लोकप्रियता का अनुमान मात्र इतने से लगाया जा सकता है कि उनके द्वारा रचित गीतों में अनेक ऐसे अज्ञातनामा कवियों के तुक भी जुड़ गए हैं, जिनसे साहित्य-जगत आज भी अपरिचित है।

कला या साहित्यिक गीतों में मीरां को वह स्थान प्राप्त न हो सका जो विद्यापति, सूर, तुलसी, महादेवी आदि गीतकारों को सहज प्राप्य है परन्तु उनमें साहित्यिकता का सर्वथा अभाव ही है, यह कहना भी अत्युक्ति होगी।

पाश्चात्य दृष्टिकोण से मीरां के गीतों में लिरिक (Lyric) की सभी अनिवार्यताएँ एवं विशिष्टताएँ उपलब्ध हैं। पाश्चात्य विचारणा के आधार पर उनका गीतिकाव्य उनके संघर्षमूलक जीवन के तीव्रतम क्षणों की बाह्याभिव्यक्ति है जिसमें अनुभूति का वैशिष्ट्य, भावों की पूर्णता, संगीतात्मकता एवं भाव, अन्विति, एक साथ अभिव्यक्त हुई है।

भारतीय दृष्टिकोण से मीरां के गीतों में हृदय को स्पर्श कर लेनेवाला सूक्ष्म नाद तत्त्व, रंजक 'सुर' सन्दर्भ और रागमयता तीनों ही विशेषताओं की अवस्थिति है। अलंकृति का भी अभाव नहीं। विशिष्ट संवेदनापूर्ण स्थलों पर उनकी आवृत्ति सहज स्वाभाविक रूप में हुई है। अतएव मीरां का गीतिकाव्य पाश्चात्य एवं भारतीय विचारणानुसार, गीतिकाव्य के तत्त्वों के आधार पर पूर्णतया खरा उतरता है।

मीरांबाई के गीत भारतीय गीतिकाव्य धारा में उस निर्झरणी के एकान्त प्रवाह सदृश हैं जिसमें सौन्दर्य एवं संगीत का महत्त्व, प्रमुख धारा में लय होनेवाले बृहत्तर प्रवाहों की गरिमा के समक्ष अपनी गरिमा को चिरन्तन एवं अमर बनाने में पूर्ण सक्षम है।

मीरां के व्यक्तित्व की अनुपमेयता की भाँति ही उनके गीत भी अनुपम एवं

अप्रतिम हैं। मीरां के गीतों की अनुभूतिमयता ही उनकी साज-सज्जा है, शृंगार है।

मीरां के लिए हम वही कह सकते हैं जो ग्रीस देश की परम प्रसिद्ध कवयित्री सैफ़ो (ई. पू. 6 वीं शताब्दी) के लिए किसी विद्वान् ने कहा है :

> 'गीत की वेदना और आनन्द में मत्त प्रेम पुजारिन
> प्रेम के आनन्द और वेदना में मत्त गीत की पुजारिन।'[126]

सन्दर्भ

1. Encyclopaedia Brittanica—Vol. XVII, Page 177
2. गोस्वामी तुलसीदास : आचार्य रामचन्द्र शुक्ल, पृ. 75-76
3. काव्य के रूप : बाबू गुलाब राय, पृ. 115
4. नया साहित्य : नए प्रश्न : आचार्य नन्ददुलारे वाजपेयी, पृ. 149
5. आधुनिक हिन्दी कविता की प्रमुख प्रवृत्तियाँ : डॉ. नगेन्द्र, पृ. 74
6. गीतिकाव्य : श्री रामखेलावन पाण्डेय, पृ. 16-17
7. दीपशिखा, महादेवी वर्मा, पृ. 59
8. काव्य रूपों के मूलस्रोत और उनका विकास, डॉ. शकुन्तला दुबे, पृ. 286
9. 'Jouffroy was perhaps the first aesthetician to see quite clearly that Lyrical poetry is really nothing more than another name of poetry itself; that it includes all personal and enthusiastic part of what lives and preathes in the verse to the divisions Pedantic criticism or no real avoid to us in its consideration.

   Encyclopaedia Brittanica, Vol. XVII, Page 181
10. Hegel, Who has gone minutely into this question in his 'Aesthetics' contends that when poetry is subjective, it is lyrical, it is, as he insists the personal thought of passion or inspiration which gives at its character to lyrical poetry. The Lyric has the function at revealing, interms of pure art the secrets of inner life, its hopes, its fantastic joys, its sorrows, its decision.

    Encyclopaedia Brittanica. Vol. XVII, Page 181
11. Lyrical it may be said implies a form of musical utterence in words governed by over mastering emotion and set free by a powerfully concordant rhythem.

    Lyric Poetry—by Ernestrhys, Foreward, page 6
12. But since it is most commonly found by itself in short poems which we call lyric we may say that the characteristic of the Lyric is that it is the product of pure poetic energy unassociated Lyric other energies and that lyric and poetry are synonymous terms.

    The Lyric—John Drink Water, Page 64
13. Poetry, the best words in their best order.

    S.T. Coleridge, Table Talk, July 12, 1927
14. An introduction to the study of Literature : W.H. Hudson, tha pt. 3, Page 1271

15. 'न नादेन बिना गीत, न नादेन बिना स्वराः
सूक्ष्मो नादो गुहावासी हृदयेवाति सूक्ष्मः।' (वृहद्देशी, मतंग, पृ. 1)
16. रंजकै सुरसन्दर्भे : राग गीति रूदाहत्त। वही, मतंग/ पृ. 87
17. राशि विरतेव रजनी विजलेव नदी लताह्रय पुष्पेन
अनालंकृतेक नारी जो विरलं हांर हीना रचात।' वृहद्देशी, मतंग, पृ. 47
18. गीतिकाव्य, श्री रामखेलावन पाण्डे, पृ. 58
19. The Lyric Drink water, Page 120
20. गीतिकाव्य : श्री रामखेलावन पांडे, पृ. 114
21. आधुनिक प्रगीत काव्य : डॉ. गणेश खरे, पृ. 29
22. डाकोर की प्रति, पद-18
23. ब्रज भाषा के कृष्ण-भक्ति काव्य में माधुर्य भक्ति : डॉ. रूपनारायण, पृ. 445
24. डाकोर की प्रति, पद-29
25. मध्यकालीन कृष्ण काव्य : डॉ. देवकृष्ण झारी, पृ. 269
26. डाकोर की प्रति, पद-20
27. मीरांबाई : डॉ. प्रभात, पृ. 422
28. सान्ध्यगीत, भूमिका, महादेवी वर्मा, पृ. 6-7
29. डाकोर की प्रति, पद-19
30. डाकोर की प्रति, पद संख्या-24
31. काव्य रूपों के मूल स्रोत और उनका विकास, डॉ. शकुन्तला दुबे, पृ. 218
32. डाकोर की प्रति, पद-3
33. डाकोर की प्रति, पद-41
34. काशी की प्रति, पद-75
35. डाकोर की प्रति, पद-26
36. डाकोर की प्रति, पद-12
37. डाकोर की प्रति, पद-34
38. चिन्तामणि (प्रथम भाग) : आचार्य रामचन्द्र शुक्ल, पृ. 179
39. An anthology of critical statements. page 69
40. Best quotations for all OK, page 185
41. साहित्य का मर्म : आचार्य हजारीप्रसाद द्विवेदी, पृ. 11
42. रसज्ञ रंजन : आचार्य महाबीर प्रराद द्विबेदी, पृ. 6
43. डाकोर की प्रति, पद-3
44. डाकोर की प्रति, पद-14
45. जायसी ग्रन्थावली, भूमिका, आचार्य रामचन्द्र शुक्ल, पृ. 74
46. डाकोर की प्रति, पद-11
47. डाकोर की प्रति, पद-15
48. डाकोर की प्रति, पद-27
49. डाकोर की प्रति, पद-79
50. डाकोर की प्रति, पद-89
51. हिन्दी के कृष्ण भक्तिकालीन साहित्य में संगीत : डॉ. ऊषा गुप्ता, पृ. 300
52. काशी की प्रति, पद-89

53. डाकोर की प्रति, पद-58
54. डाकोर की प्रति, पद-66
55. काशी की प्रति, पद-99
56. काशी की प्रति, पद-99
57. काशी की प्रति, पद-92
58. काशी की प्रति, पद-79
59. डाकोर की प्रति, पद-39
60. काशी की प्रति, पद-72
61. डाकोर की प्रति, पद-59
62. डाकोर की प्रति, पद-68
63. डाकोर की प्रति, पद-6
64. डाकोर की प्रति, पद-5
65. ब्रज भाषा के कृष्ण-भक्ति काल में अभिव्यंजना शिल्प, डॉ. सावित्री सिन्हा, पृ. 351
66. काशी की प्रति, पद-73
67. काशी की प्रति, पद-102
68. काशी की प्रति, पद-70
69. डाकोर की प्रति, पद-25
70. काशी की प्रति, पद-96
71. डाकोर की प्रति, पद-7
72. मीरांबाई की काव्य साधना, डॉ. रामप्रकाश, पृ. 120-22
73. मीरांबाई की पदावली : श्री परशुराम चतुर्वेदी, भूमिका, पृ. 52-55
74. मीरांबाई की पदावली, श्री परशुराम चतुर्वेदी, भूमिका, पृ. 52
75. डाकोर की प्रति, पद-12
76. संगीत रत्नाकर, शार्गदेव, (प्रथम भाग), प्रथम प्रकरण, छन्द-21, पृ. 6
77. संगीत दर्पण, छन्द-3, पृ. 5
78. संगीत पारिजात, छन्द-20, पृ. 6
79. संगीत-शास्त्र, पं. विष्णुनारायण भातखंडे (प्रथम भाग), पृ. 2
80. डाकोर की प्रति, पद-4
81. डाकोर की प्रति, पद-48
82. काशी की प्रति, पद-78
83. काशी की प्रति, पद-102
84. काशी की प्रति, पद-94
85. डाकोर की प्रति, पद-32
86. डाकोर की प्रति, पद-59
87. डाकोर की प्रति, पद-62
88. काशी की प्रति, पद-101
89. काशी की प्रति, पद-83
90. काशी की प्रति, पद-71
91. डाकोर की प्रति, पद-47
92. काशी की प्रति, पद-101

93. डाकोर की प्रति, पद-61
94. डाकोर की प्रति, पद-35
95. काशी की प्रति, पद-83
96. नाट्यशास्त्र : भरत, सं. बटुकनाथ शर्मा तथा बलदेव उपाध्याय एकोनत्रिंशत्तमोऽध्यायः, श्लोक-17-18, पृ. 331
97. डाकोर की प्रति, पद-24
98. डाकोर की प्रति, पद-15
99. डाकोर की प्रति, पद-20
100. डाकोर की प्रति, पद-18
101. डाकोर की प्रति, पद-40
102. डाकोर की प्रति, पद-54
103. डाकोर की प्रति, पद-53
104. डाकोर की प्रति, पद-1
105. डाकोर की प्रति, पद-2
106. काशी की प्रति, पद-73
107. डाकोर की प्रति, पद-52
108. डाकोर की प्रति, पद-50
109. ब्रज भाषा के कृष्ण भक्तिकाव्य के अभिव्यंजना शिल्प : डॉ. सावित्री सिन्हा, पृ. 421
110. हिन्दी साहित्य का इतिहास : डॉ. विजयेन्द्र स्नातक
111. मीरांबाई की काव्य-साधना, डॉ. रामप्रकाश, पृ. 120
112. पत्रिका लक्ष्यबेधी, श्री मनोहर विनायक राव भागवत, पृ. 10
113. मीरां व्यक्तित्व और कृतित्व, डॉ. पद्मावती शबनम, पृ. 81
114. मीरांबाई : श्री मुरलीधर श्रीवास्तव।
115. हिन्दी में कृष्णभक्तिकालीन काव्य में संगीत : डॉ. ऊषा गुप्ता, पृ. 44
116. भक्त नामावली, लेखक ध्रुवदास, पृ. 9
117. मीरांबाई : डॉ. प्रभात, पृ. 423
118. मीरांबाई, डॉ. छोटेलाल प्रभात, पृ. 423-24
119. डाकोर की प्रति, पद-27
120. डाकोर की प्रति, पद-40
121. डाकोर की प्रति, पद-26
122. काशी की प्रति, पद-94
123. काशी की प्रति, पद-85
124. डाकोर की प्रति, पद-67
125. काशी की प्रति, पद-98
126. मध्यकालीन प्रेम साधना : श्री परशुराम चतुर्वेदी, पृ. 132

6

मीरां के गीतों में अभिव्यंजना शिल्प

मानव मन की नैसर्गिक प्रवृत्ति, इस दृश्य एवं भौतिक जगत् के विभिन्न सूक्ष्म एवं स्थूल अंशों से तादात्म्य स्थापित कर उसे सत्य रूप में ग्रहण करने की है। साधारण मानव की दृष्टि सामान्यतः स्थूल धरातल को छूकर वापिस लौट आती है, किन्तु कलाकार इस परिधि का भी अतिक्रमण करने के उपरान्त उसमें अन्तर्निहित सूक्ष्म सौन्दर्य एवं अन्तिम सत्य से साक्षात्कार करता है। किसी भी कलाकार का चरम लक्ष्य सिद्धान्तों का प्रतिपादन करना नहीं होता, अपितु उस सत्य से तादात्मीकरण की प्रक्रिया में अपने आपको तन्मय कर देता है। कलाकार का वैयक्तिक दृष्टिकोण उसे तदनुरूप सृजन-प्रक्रिया की ओर आकृष्ट करता है और तब वह अपनी अनुभूतियों की अभिव्यंजना करता है।

हिन्दी में अभिव्यंजना शब्द अंग्रेजी के 'एक्सप्रेशन' का पर्यायवाची है। सन्दर्भ सम्बन्धी विभिन्नताओं के साथ अभिव्यंजना शब्द के भी अनेक अर्थ किए गए हैं जैसे निरूपण, आविष्कार, बोध, ज्ञापन, निष्कर्षण, उक्ति, कथन आदि।

अभिव्यंजना वैयक्तीकरण की जागरूक चेष्टा है। तात्पर्य यह है कि कवि या कलाकार की अनुभूतियाँ मात्र भावात्मक स्तर तक नहीं रह जातीं अपितु उनको रूपात्मक स्थिति प्रदान करनी पड़ती है। यह रूपात्मक स्थिति प्रदान करना ही अभिव्यंजना है। कवि की अनुभूतियाँ आकार ग्रहण करती हैं। उसकी अनुभूतियों का आकार ही वह सेतु है जो कलाकार या कवि और सहृदय के मध्य अनुभूति के तार को जोड़ता है। हरबर्ट रीड के अनुसार काव्य-प्रक्रिया को दो विभागों के अन्तर्गत रखा जा सकता है—प्रथम, संवेदनात्मक अनुभूति के चरम क्षणों में सत्य की अखंडता की रक्षा; द्वितीय, उस अखंड सत्य की शब्दों द्वारा अभिव्यंजना।'[1]

यह द्वितीय सोपान रूपात्मक अस्तित्व प्राप्त करने की अवस्था है। यद्यपि क्रोचे जैसे चिन्तक प्रथम अवस्था को ही सम्पूर्ण काव्य सृजन-प्रक्रिया मानते हैं।

इस प्रकार काव्य सृजन-प्रक्रिया की दो स्थितियाँ मानी जा सकती हैं—प्रथम स्थिति अमूर्त होती है एवं द्वितीय स्थिति मूर्त। मूर्त अवस्था काव्य सृजन की वस्तुपरक स्थिति है। इस स्थिति में कवि अपनी संवेदना तथा कल्पना को भाषा के माध्यम से व्यक्त करता है। भाषा का प्रमुख उपकरण शब्द है। शब्दों में विशिष्ट शक्तियाँ, ध्वनि, गुण, अर्थ

अनुभूति इत्यादि की अवस्थिति आवश्यक रूप से अन्तर्निहित होती है। शैली या तकनीक का स्थान भी प्रमुख रहता है। यह कवि की अपनी क्षमता और नैसर्गिक प्रतिभा पर निर्भर करता है कि वह अपने अमूर्त भावों को मूर्त रूप प्रदान करने में कितना सफल है अथवा किस सीमा तक प्रभावशाली अभिव्यक्ति दे पाया है। कहने का अभिप्राय यह कि शब्द-चयन, परिमार्जित शब्दावली का व्यवहार, लोकोक्ति, मुहावरे, उक्ति वैचित्र्य, छन्द इत्यादि अभिव्यंजना के विभिन्न तत्त्वों को साधन रूप में अपनाते हुए साध्य अर्थात् भावाभिव्यक्ति की सफलता और सशक्तता परखी जानी चाहिए।

अतएव निष्कर्ष रूप में कहा जा सकता है कि अभिव्यंजना सचेतन प्रयासजनित है। भौतिक उपादानों के विशेष संगठित रूप में कवि की भावनाओं की अभिव्यक्ति का रूपात्मक विन्यास ही अभिव्यंजना है। कवि की अमूर्त भावनाएँ इसी के द्वारा परिवर्तित एवं परिवर्द्धित, संशोधित एवं एक सीमा तक परिष्कृत रूप ग्रहण करती हैं।

काव्य में अभिव्यंजना पक्ष के तीन अर्थों को मुख्यतः मान्यता प्राप्त है :

(1) अभिव्यंजना, (2) शिल्प और (3) कला।

ये तीनों शब्द अंग्रेजी में क्रमशः 'एक्प्रेशन', 'क्राफ्ट' तथा 'आर्ट' के समानार्थी हैं।

मीरां के गीतों में अभिव्यंजना शिल्प के विवेचन हेतु निम्नलिखित उपादान आधार रूप में ग्रहण किए जा सकते हैं :

(1) **भाषा** : शब्द समूह, मुहावरे तथा लोकोक्तियाँ, वर्ण योजना एवं शब्दालंकार, नाद सौन्दर्य, वृत्ति तथा गुण एवं शब्द शक्तियाँ।

(2) **चित्र विधान** : 1. आलम्बन के चित्र, 2. अनुभाव के चित्र, 3. प्रकृति के चित्र।

(3) **अप्रस्तुत विधान**

(4) **गायन शैली और**

(5) **छन्द विधान**

मीरां की भाषा

मीरां पदावली के भाषा रूप को लेकर विद्वानों में बड़ा मतभेद है। इस मतभेद का मुख्य कारण है हस्तलिखित मूल प्रतिलिपियों के अभाव में गेय परम्परा से प्राप्त पदों का आलम्बन ग्रहण कर मीरां साहित्य के जिज्ञासुओं, सम्पादकों, संकलनकर्त्ताओं एवं समीक्षकों द्वारा अपने मत का निर्धारण करना। ये सभी विद्वान अपने निर्णयों को लेकर भी दृढ़ निश्चय के साथ यह नहीं कह पाए हैं कि 'मीरां की भाषा का अन्तिम रूप यही है।' परिणामस्वरूप संगीतशास्त्र की पुस्तकों से लेकर भक्तों की पद रचनाओं के संग्रहों तक मीरां की भाषा के सम्बन्ध में कोई भी सम्पादक एकमत नहीं हो पाए हैं।

मीरां के गीत मौखिक परम्परा के आधार पर सुरक्षित रहे हैं। मौखिक परम्परा का आधार ही सन्दिग्धता से युक्त है। मीरां के गीतों की भाषा, भाव, भक्ति विषयक उनका दृष्टिकोण, संगीतात्मकता आदि विशेषताओं में मौखिक परम्परा ने प्रभाव छोड़ा है। जिस

किसी ने इन्हें लिपिबद्ध करने का प्रयास किया, अपने वैशिष्ट्य की छाप उन पर अवश्य छोड़ दी।

उदाहरणार्थ : 'राग कल्पद्रुम' के पदों में ब्रज भाषा के साथ राजस्थानी भाषा का मिश्रण है। 'मीरांबाई की शब्दावली' में संकलित पदों की एक बड़ी संख्या सन्त सम्प्रदाय से प्रभावित मिलती है। साथ ही शुद्ध खड़ी बोली में भी मीरां के कुछ गीत दिए गए हैं। इस संकलन के सम्पादक भी मीरां की भाषा को लेकर एक स्थिर दृष्टिकोण प्रस्तुत नहीं कर पाए। वे भी असमंजस की स्थिति को प्रकट करते हुए लिखते हैं :

'हम पूरे विश्वास से नहीं कह सकते कि जो कुछ हम चुनकर छाप रहे हैं, वह स्वच्छ बानी मीरांबाई की है। मीरांबाई संस्कृत भी जानती थीं और देश-देशान्तर के साधुओं के समागम से ब्रज भाषा और पूरबी बोली भी अच्छी तरह समझती और लिख-पढ़ सकती थीं। इसीलिए उनके कोई-कोई शब्द जो उन बोलियों में हैं, उन्हें केवल इसी कारण से क्षेपक न मान लेना चाहिए।'[2]

मीरां के नाम से प्रचलित पदों में गुजराती, पंजाबी, मराठी, संस्कृत, मारवाड़ी, ब्रज, उर्दू, अरबी, फारसी भाषा के शब्दों का बाहुल्य है, जिसमें सर्वाधिक पद गुजराती, ब्रज तथा राजस्थानी भाषा के मिलते हैं। इसी आधार पर कुछ विद्वानों ने यह मान लिया है कि मीरां इन तीनों ही भाषाओं की कवयित्री हैं एवं अपने जीवनकाल में जब जिस क्षेत्र से गुजरीं उन्होंने उस प्रदेश विशेष की भाषा को अपनाकर उसी में गीत रचना की।

डॉ. छोटेलाल प्रभात लिखते हैं :

'मीरांबाई का जन्म मेड़ता (मारवाड़) में हुआ था। यहीं उनका शैशव और बाल्यकाल बीता। चित्तौड़ (मेवाड़) में उन्होंने विवाह के पश्चात् कुछ काल बिताया था। फिर वे कुछ दिनों ब्रज में रही थीं और अपने जीवन के अन्तिम काल में द्वारका चली गई थीं। इस प्रकार मातृभाषा (मारवाड़ी) के अतिरिक्त मीरां का घनिष्ठ सम्पर्क मेवाड़, ब्रज और गुजराती की तत्कालीन भाषाओं से अवश्य हुआ था।'[3]

मीरां के नाम से प्रचलित बहुसंख्यक पद ब्रज भाषा, गुजराती एवं राजस्थानी में मिलते हैं, यह सत्य है किन्तु इन सभी को मीरांकृत मान लेना असंगत होगा।

डॉ. सत्येन्द्र का मत भी उन्हें इन्हीं तीन भाषाओं की कवयित्री सिद्ध करता है। वे लिखते हैं : 'मीरां का कृतित्व लोक-भूमि के बहुत निकट था अतः प्रत्येक क्षेत्र में मीरां के पदों की भाषा उस क्षेत्र की ही भाषा थी। गुजरात में वे रही थीं अतः गुजराती पर भी उनका अधिकार हो सकता है। ब्रज भाषा इस युग में सर्वत्र सामान्य भक्ति की भाषा थी। इन तीनों में ही उन्होंने अपने पद रचे हों, यह असम्भव नहीं।'[4]

कुछ अन्य विद्वानों ने अपनी उर्वर कल्पना के माध्यम से इन तीन भाषाओं के अतिरिक्त कुछ अन्य भाषाओं को भी सम्मिलित कर लिया है। ये सभी विद्वान मीरां काव्य में न केवल गुजराती ब्रज, अपितु पूर्वी, पंजाबी एवं खड़ी बोली का समावेश मानते हैं। इन विद्वानों में राजस्थानी के प्रसिद्ध विद्वान् श्री नरोत्तमस्वामी,[5] श्री परशुराम चतुर्वेदी एवं डॉ. श्रीकृष्णलाल प्रमुख हैं। श्री चतुर्वेदी का अभिमत है :

'मीरांबाई की पदावली, उनके फुटकर पदों का एक संग्रह मात्र है और प्रत्येक पद की भाषा एक ही प्रकार की नहीं है। उनमें बहुत से पद ऐसे हैं जो राजस्थानी में और कुछ की भाषा ब्रज भाषा या गुजराती कही जा सकती है। किन्तु अधिकांश में राजस्थानी, ब्रज भाषा, गुजराती अथवा कहीं-कहीं पंजाबी खड़ी बोली एवं पूरबी तक का न्यूनाधिक सम्मिश्रण है।'[6]

कुछ विद्वान मीरां की भाषा ब्रज एवं राजस्थानी मानते हैं, इनमें डॉ. मोतीलाल मेनारिया[7] सर्वप्रमुख हैं।

कुछ विद्वानों ने प्रान्तीय भाषा का लोभ संवरण न कर पाने के कारण किसी एक भाषा विशेष के पक्ष में ही अपना निर्णय दे दिया है।

तात्पर्य यह कि पदावली के प्रामाणिक पाठ निर्णय के अभाव में मीरां की भाषा को वैयक्तिक अभिरुचि का प्रश्न बना दिया है और अपनी बहुमुखी कल्पना के समायोग से मीरां की भाषा के प्रश्न को जटिल बना दिया है।[8]

हिन्दी साहित्य के विद्वानों की अपेक्षा गुजराती साहित्य के विद्वानों ने मीरां की भाषा पर निष्पक्ष विचार किया है। जिनमें से कुछ उल्लेखनीय हैं : गुजराती के प्रसिद्ध विद्वान श्री झवेरचन्द मेघाणी के अनुसार 'मीरां की भाषा शुद्ध राजस्थानी थी, जो लोकप्रियता व पदों की कंठ परम्परा के कारण धीरे-धीरे परिवर्तित होती गई।'[9]

श्री हीमंतलाल अंजारिया लिखते हैं :

'मीरांबाई नी भाषा वर्तमान गुजराती न होय अेयां नवाई न थी। छतां मीरां ना घणां पदो हाल नी गुजराती भाषा मां भला आवे छे, तेनो अर्थ एटलोज के कंठ परम्परा थी, ऊतरी आवे लां पदो नी भाषा समयानुसार स्वरूप बदलती गई, अने ते थी ते नुं हाल नुं स्वरूप ज आपण ने मल्युं छे।'[10]

(मीरांबाई की भाषा वर्तमान गुजराती न हो, इसमें कोई विशेष बात नहीं है। मीरां के बहुत से पद गुजराती भाषा में पाए जाते हैं। इसका अर्थ इतना ही है कि परम्परानुसार वाणी तथा बोलचाल में उनके पदों की भाषा समय के अनुसार बदलती गई और उनका वर्तमान स्वरूप हमको इस प्रकार मिलता है।)

गुजराती में मीरां के मूल पदों की कोई हस्तलिखित प्रति उपलब्ध नहीं है, अतः 'राजस्थानी मीरां' गुजराती की कवयित्री नहीं थीं। गुजराती भाषा में किए गए नवीनतम शोध ग्रन्थों में भी उपर्युक्त तथ्य को प्रमाणित सिद्ध किया गया है। डॉ. निर्मलालाल भाई झवेरी का मत विशेषोल्लेखनीय है :

'ये नां (मीनां नां) पदों नी मूलभाषा मारवाड़ी राजस्थानी कही छे, ते छे या जूनी पश्चिमी राजस्थानी छे, डॉ. टेसीटरी ने मते गुजराती तथा मारवाड़ी नी जननी छे।'[11]

इन (मीरां के) पदों की मूलभाषा राजस्थानी कही गई है, यह पुरानी पश्चिमी राजस्थानी डॉ. टेसीटरी के मतानुसार गुजराती मारवाड़ी की जननी है।

मीरां की भाषा के सम्बन्ध में अनेक प्रचलित मतों का अनुशीलन करने पर एक बात स्पष्ट हो जाती है कि मीरां की भाषा की समस्या का सर्वप्रमुख कारण मीरां की

प्रामाणिक हस्तलिखित मूल पदावली का अभाव था। रचना की विश्वसनीयता स्वयं रचनाकार की हस्तलिखित प्रति ही हो सकती है। किन्तु मीरां के साथ यह सम्भव ही नहीं था कि वे अपने पदों को स्वयं लिपिबद्ध करें। श्रीकृष्ण के प्रेम में भावोन्मत्त होकर गा उठने वाली मीरां भक्त गायिका थीं। नाच नाच कर गिरधर नागर को रिझाने वाली 'प्रेमदीवाणी मीरां' को पदों को लिपिबद्ध करने का अवकाश ही कहाँ था ?

अतएव मीरां की हस्तलिखित प्रति के उपलब्ध न होने से सर्वाधिक प्राचीन, हस्तलिखित प्रतिलिपि को विश्वसनीय मानना, उपयुक्त होगा। प्राचीन हस्तलिखित प्रतियों में सर्वाधिक प्राचीन प्रतियाँ डाकोर एवं काशी की हैं। इन्हें ही मीरां की मूल पदावलियाँ मानना उचित है।[12] इनका लिपिकाल क्रमशः संवत् 1642 एवं 1727 है। इन्हें ही मीरां की मूल रचना मानने के कई कारण हैं :

डाकोर की प्रति में 103 पद थे। डाकोर वाली प्रति में जो 69 पद दिए गए हैं उनकी भाषा प्राचीन पश्चिमी राजस्थानी और लिपि देवनागरी मिश्रित गुजराती है। इसके पन्ने जीर्ण-शीर्ण हैं जो इस बात का प्रमाण हैं कि उसका कागज 400 वर्ष पुराना अवश्य है। पन्नों का आकार लगभग साढ़े सात इंच या साढ़े तीन इंच है, जिसके कोने फटे हुए हैं। काशी की प्रति की भाषा डाकोर की प्रति के पदों की भाषा से बिल्कुल मिलती-जुलती है। डाकोर गुजरात में है और काशी प्रायः अवधी की पूर्वी अन्तिम सीमा के निकट है। इन दूरस्थ दो स्थानों पर प्राप्त प्राचीनतम प्रतियों में, भाव और भाषा की समानता इस तथ्य को प्रमाणित कर देती है कि मीरां के ये 103 पद ही उनकी मातृभाषा के पद हैं। इसके अतिरिक्त इनकी विश्वसनीयता का एक अन्य कारण भी है कि ये राजस्थान एवं गुजरात में प्राप्त सभी हस्तलिखित प्रतियों से प्राचीन हैं।

मीरां न तो गुजराती थीं, न ब्रजभाषी। उनके मातृकुल एवं श्वसुरालय में भी इन दो भाषाओं को स्थान प्राप्त नहीं था। मीरां ने यदि गुजरात या ब्रज पहुँचने पर उसी स्थान विशेष की भाषा में गीत गाए हों तो काशी एवं डाकोर की प्रति में भी इन दोनों भाषाओं के पद अवश्य ही प्राप्त होते पर ऐसा नहीं है। अतः मीरां की भाषा वही है जो इन प्रतियों की है, और इन प्रतियों की भाषा प्राचीन पश्चिमी राजस्थानी है।

मीरां ब्रज भाषा जानती थीं अवश्य, किन्तु इसका कोई प्रमाण नहीं है कि उन्होंने ब्रज भाषा में भी अपने पद रचे थे।

मीरां की प्रामाणिक प्रति का निर्धारण हो जाने पर उन सभी विद्वानों के मतों का खंडन स्वतः हो जाता है, जिन्होंने मीरां को ब्रज गुजराती[13] बंगला[14] आदि की कवयित्री माना है।

मीरां के युग, जीवन और उनकी भाषा को देखते हुए उन्हें ब्रज, गुजराती, पंजाबी, बंगाली आदि भाषाओं की कवयित्री मानना सर्वथा अनुपयुक्त है। प्रामाणिक आधारों पर मीरां की भाषा को मूलतः प्राचीन पश्चिमी राजस्थानी भाषा की भक्त कवयित्री मानना उचित होगा।

डाकोर एवं काशी की प्रतियों में शब्द एवं पद योजना को देखते हुए हमें उनकी

पदावली के मूल भाषा रूप के विषय में कोई भ्रान्ति नहीं रह जाती और हम इसी निश्चय पर पहुँचते हैं कि मीरां के पदों की भाषा प्राचीन पश्चिमी राजस्थानी है।

प्राचीन पश्चिमी राजस्थानी भाषा का व्याकरण एवं मीरां पदावली

किसी भी भाषा की रूपरेखा का निर्धारण उसकी व्याकरण सम्बन्धी विशेषताओं के आधार पर होता है। शब्द समूह आदि आधार जहाँ परिवर्तनशील एवं कम विश्वसनीय होते हैं वहीं व्याकरण में परिवर्तन की गति अत्यन्त मन्द किंवा अपरिवर्तनीय होती है। अतः व्याकरण सम्बन्धी विशेषताओं को माना जाता है।

ध्वनियाँ

1. डाकोर की प्रति में पार्श्विक अल्प प्राण सघोष वर्त्स्य 'ल' के स्थान पर अल्प प्राण सघोषमूर्धन्य उत्क्षिप्त ध्वनि लिखित रूप में पाई जाती है जिसका प्राचीन राजस्थानी में पार्श्विक अल्प प्राण मूर्धण्य व्यंजन 'ळ' के अनुरूप उच्चारण होता था। आधुनिक राजस्थानी में भी यह ध्वनि विद्यमान है किन्तु प्रायः इसे 'ल' ही लिखा जाता है।

डाकोर की प्रति में ळोक, जळ, प्याळा, बेळ, अनळ, मुरळी, अळकां, भाळ, तिळक, दळ, कंवळ, अबळा, व्याकुळ, चांळा, निरमळ, मिळयां, मोळ, सीतळ, ळळक, अजामेळ, ळाळ, ळाज, मंगळ, शकळ, गळ, ढोळ, तोळ, ळीळा, ळुभावां, डोळयां, कळ, ळागां आदि शब्दों में यह प्रवृत्ति पाई जाती है। गेय परम्परा के आधार पर सभी पदों में 'ळ' का 'ल' में परिवर्तन हो गया है।

2. काशी की प्रति में 'ल' के स्थान पर 'ळ' और 'ल' दोनों का प्रयोग पाया जाता है। यथा—केळां, उजळो, बादळां, ळरजां, कोयळा, ळाळ आदि शब्दों में जहाँ ळ का प्रयोग हुआ है, वहीं सील, चल्यां, लाळ आदि शब्दों में ल के प्रयोग की प्रवृत्ति पाई जाती है। इससे यह भी सिद्ध होता है कि संवत् 1642 से संवत् 1805 तक राजस्थानी के 'ळ' को 'ल' के रूप में लिखने की परम्परा का प्रारम्भ हो चुका था; साथ ही उच्चारण की दृष्टि से 'ल' का उच्चारण पार्श्विक अल्प प्राण मूर्धन्य व्यंजन के रूप में था।

हिन्दी का अल्प प्राण सघोष वर्त्स्य अनुनासिक 'न' इन प्रतियों में अल्प प्राण सघोष मूर्धण्य अनुनासिक व्यंजन 'ण' और 'न' दोनों रूपों में प्रयुक्त हुआ है यथा 'णा' 'मगण' 'होणां' अवणासी' सण्यासी, करणां, जाणां, जमणा, धेणु, किणारे, धण, तण, मण, ण, मोहण, पाणी तथा नाणर, नीरा, नट, निरमळ, नर, ना, नेहरी, नाव, जीवन, प्रान, नेणा, न, निहारां आदि। मीरां के नाम पर प्रचलित पदावलियों में मूल का 'ण' 'न' में भाषान्तरित हो गया है यद्यपि कुछ सम्पादकों ने 'ण' को यथावत रहने दिया है।

3. ह्रस्व 'इकार और उकार' का मूल प्रतियों में लोप पाया जाता है। ब्रज भाषा एवं अवधी की कोमल कान्त पदावली में इकारान्त एवं उकारान्त शब्दों का प्रयोग

सामान्यतः होता है किन्तु प्राचीन पश्चिमी राजस्थानी में 'इकारान्त' एवं उकारान्त शब्दों का प्रायः अभाव पाया जाता है। यथा–

बेलि के लिए 'बेळ' जमुना के लिए जमणा, मुकुट के लिए मुगट, बिछुड़ा के लिए बिछड़ा आदि।

4. ऐकार के लिए एकार का प्रयोग मिलता है। उदाहरणार्थ बैठ के लिए बेठ, फैल के लिए फेल, और के लिए ओर, कौल के लिए कोल आदि शब्द मिलते हैं।

5. वर्त्स्य संघर्षी ध्वनि 'स' के स्थान पर अघोष संघर्षी तालव्य ध्वनि 'श' का प्रयोग मीरां की भाषा में कई स्थानों पर हुआ है। जैसे सबके लिए शब, सुख के लिए शुख सुखियाँ के लिए शुखियाँ आदि।

6. तालव्य 'श' के स्थान पर दन्त्य 'स' का प्रयोग भी दर्शनीय है, 'शब्द' के लिए सबद, श्याम के लिए स्याम, दर्शन के लिए दरसण आदि प्रयोग किए गए हैं।

7. डिंगल भाषा का बहुप्रचलित अल्पप्राण सघोष स्पर्श मूर्धन्य व्यंजन 'ड' स्वाथिक प्रत्यय की भाँति राजस्थानी संज्ञाओं में लग जाता है उदाहरणार्थ–म्हारे हीयड़े।

8. महाप्राण अघोष स्पर्श व्यंजन 'छ' का उच्चारण वर्त्स्य संघर्षी अघोष 'स' से मिलता-जुलता है।

9. अघोष संघर्षी मूर्धन्य 'ष' तथा महाप्राण अघोष स्पर्श व्यंजन 'ख' का उच्चारण सदा 'ख', अघोषसंघर्षी तालव्य 'श' और वर्त्स्य संघर्षी घोष 'स' का उच्चारण प्रायः 'स' और तालव्य सघोष अर्धस्वर 'य' व अल्प प्राण सघोष स्पर्श संघर्षी–'ज' का उच्चारण अधिकतर 'ज' के रूप में होता है।

लिंग एवं वचन

हिन्दी में प्रयुक्त आकारान्त शब्द मीरां की भाषा में ओकारांत हो गए हैं। उनका बहुवचन हिन्दी की भाँति एकारान्त न होकर 'आकारान्त' होता है जो प्राचीन पश्चिमी राजस्थानी की विशिष्टता है।

एकवचन	बहुवचन	एकवचन	बहुवचन
प्यारो	प्यारा	गयो	गया
दूसरो	दूसरा	रूठ्यो	रूठ्या
म्हांरो	म्हांरा	आसिरो	आसरा
नेहरो	नेहरा	मुखड़ो	मुखड़ा

(1) मीरां ने आकारान्त स्त्रीलिंग शब्दों का बहुवचन बनाने के लिए 'आं' या 'आंवां' प्रत्यय का प्रयोग किया है, जैसे–माला–मालां–मालावां।

(2) इकारान्त और ईकारान्त स्त्रीलिंग शब्दों के बहुवचन बनाने के लिए 'यां' अथवा 'इंया' प्रत्यय लगाए गए हैं जैसे लड़ी से लड़्यां। सहेली से सहेल्यां, डोरी से डोरीयां।

(3) स्त्रीलिंग शब्दों के बहुवचन बनाने के लिए 'वां' या 'उंवा' प्रत्यय लगाते हैं

जैसे—ळाळच का ळळचावां, लखां का लखावां।

(4) अकारान्त शब्दों के बहुवचन बनाने हेतु—'आं' प्रत्यय प्रयुक्त हुआ है, जैसे—नैण—नैणां, साध—साधां, गोविन्द—गोविन्दां, गुंज—गुंजा।

कारक एवं विभक्तियाँ

1. राजस्थानी में कर्म व सम्प्रदान कारक में सामान्यतः नूँ, नुँ, णे, ने, कूँ, कौ, रूँ, को और हि विभक्तियों का प्रयोग होता है। मीरां के गीतों में से कुछ उदाहरणार्थ प्रस्तुत हैं :

पुरब जणम रो, त्याकूँ, सामरियाँ णे, सांवर्यां ने, बिखरूँ इत्यादि।

2. करण व उपादान कारक में अधिकांश विकारी रूपों के आगे सूँ, से, सें, ते और तै विभक्ति चिह्न लगाए जाते हैं। मीरां के पदों में—म्हांसू, मांसू, क्यासूं, क्याशूं, सोवळयां, शूं, राग शूं, जैसे—प्रयोग मिलते हैं।

3. अधिकरण कारक में विकारी रूपों के आगे में, मैं, मा, इ, ए अथवा पै, पर, परि, विच, मांह, माहिने, मही, मँझार, आदि विभक्तियाँ प्रयोग में लाई जाती हैं, जैसे—गगण मां, माटी मां, गिरधर पर, झरमट मां, गेळ मां, चाकरी मां, चरणा मां, मन्दिर मां आदि।

4. राजस्थानी भाषा में विकारी रूपों के आगे पुल्लिग में विभक्ति चिह्नों के लिए रो, रे, को, रा, नां, कां, व स्त्रीलिंग में रि, री, नी, दी आदि प्रयोग होते हैं। मीरां के गीतों में भी यही प्रवृत्ति लक्षित होती है : विषरो प्याला, चहर रां बाजी, मीरां रे प्रभु म्हारो, प्रभुते, जमणां कां, हरि रे चरण, म्हारो हिबड़ो, पुन्न रा पाज, ब्रज वणतां रो कंत, मीरां री लगण, दरद री मार्यां, कुल रा णयाती, जग री बातां, प्रीत री बाती।

5. कविताओं में विभक्तियों का लोप भी हो जाता है। मीरां के गीतों में ऐसे अनेक उदाहरण मिलते हैं। कर्म कारक की विभक्ति का लोप निम्न उदाहरणों में मिलता है :

(1) म्हां लिया गोविंदा मोळ[15]

(2) म्हारे णेणां बाण पड़ी[16]

सम्बन्ध कारक विभक्ति का लोप इस प्रकार की पंक्तियों में है :

(1) विरह अनळ लागां उर अन्तर'[17]

अपादान कारक विभक्ति का लोप :

(1) नैण झरयां दो णीर'[18]

सर्वनाम और उसके रूप

उत्तम पुरुष : मीरां की भाषा में उत्तम पुरुष के लिए 'हूँ' का प्रयोग है जो कर्त्ता कारक

में म्हें, म्हां, करण व अपादान कारक में मों सू, म्हासूं, कर्म और सम्प्रदान कारक में मने, म्हाने, मो कूं, अधिकरण कारक में मोपरि, सम्बन्धकारक में मो, म्हांरो, म्हारा, म्हारी आदि रूपों में प्रयुक्त हुआ है।

मध्यम पुरुष : मध्यम पुरुष 'थै' या 'थें' है, जो कर्त्ताकारक में थे, तुम, करण और अपादान कारक में तोसूं, तोसे, कर्म और सम्प्रदान कारक में थांने, तोड़, सम्बन्ध कारक में थारो, थांरो, थांको, रावरो, रावरी आदि रूपों में मीरां की भाषा में विद्यमान है।

अन्य पुरुष : अन्य पुरुष के अन्तर्गत वो, यो, कुण जो निम्नलिखित रूपों में पाए जाते हैं :

(वह) वो—सो, ऊं, ओहि, उण।
(यह) यो—ये, ए, इण, इन।
(कौन) कुण—कौन, कुण, कूण, किस, किण
(जो) जो—जे, जा, जिण, जिस।

क्रिया रूप

(1) मीरां के काव्य में क्रिया का रूप सामान्यतः अन्त में 'णो' लिए हुए है, जैसे : करणो, बोलणो, सोवणो, बांचणो, भरणो आदि।

(2) यदि क्रिया के अन्त में मूर्धन्य अक्षर हो तो धातु के अन्त में 'णो' की जगह 'नो' का प्रयोग हुआ है। जैसे—पढ़नो, मिलनो, जाणनो आदि।

(3) सकर्मक क्रियाओं के रूपों में लिंग व वचन के भेद कर्म के अनुसार होते हैं और कर्म प्रायः विकारी रूपों में ही आता है। मीरां के काव्य में ऐसे अनेक उदाहरण हैं—स्याम म्हां बांहड़िया जी गह्या, कुण लयो भव भार, जग मां जीवणा थोड़ा आदि।

(4) भविष्यत् काल के रूप में निर्माण के लिए क्रिया के अन्त में 'गा' या 'ला' लगाया गया है। यथा—गास्या, आवांगा, करोला।

शब्दावली

शब्द अर्थाभिव्यक्ति की लघुतम इकाई है। किसी रचनाकार की भाषागत समृद्धि का ज्ञान उसके काव्य में प्रयुक्त शब्दावली से होता है। रचनाकार की मानसिकता का ज्ञान, उसकी शैली के स्वरूप निर्धारण का महत्त्वपूर्ण कार्य भी उसकी शब्द योजना पर आधारित होता है।

मीरां के सम्बन्ध में स्वीकार करना ही होगा कि उनमें शब्दों का वैभव अधिक नहीं है। तुलसी, सूर, नन्ददास जैसे भक्त कवियों की तरह उनकी शब्द-रचना में वैविध्य एवं गहनता का अभाव है। इसका कारण मुख्यतः यही है कि मीरां में भावावेश की सहजता

मुख्य विशेषता है। वैविध्यपूर्ण शब्द-भंडार का चयन करने का मीरां को ध्यान ही न था। उनकी प्रवृत्ति माधुर्य भाव की कोमल, माधुर्ययुक्त सरस अभिव्यक्ति में पूर्णतया रमी हुई थी अतः तदनुरूप उनकी वाणी की अभिव्यक्ति भी हुई है।

(1) तत्सम शब्द : प्राचीन आर्य भाषा के साहित्यिक रूप रांस्कृत के शब्दों को तत्सम शब्द कहते हैं। मीरां के काव्य में तत्सम शब्दों के प्राचुर्य का अभाव है। तत्सम शब्दों का प्रयोग उनके कुछ ही गीतों में मिलता है। जहाँ वे गिरधर के रूप सौन्दर्य का उल्लेख करती हैं एवं जहाँ उनकी भावना आत्मनिवेदन के साथ स्तुतिमूलक गीतों में उभरी है वहाँ तत्सम शब्द प्रयोग देखने में आते हैं। कुछ उदाहरण इस प्रकार हैं :

व्याकुल, कमळ, दळ, लोचण, भाल, नीर, अनळ, ग्राह, निर्झर, अरुण, अंग, पीताम्बर, घट, शीतळ, ताप, कुंजर, चरण, तारण, मिथ्या, मीन, मकर, विरहानल आदि।

मीरां के प्रणय-विकल आत्मनिवेदन सम्बन्धी गीतों में विमल हृदय का उच्छ्वास एवं करुण क्रन्दन है। नैसर्गिक शब्द-विन्यास का प्राचुर्य एवं तत्सम शब्दावली का मीरां काव्य में प्रायः अभाव है।

(2) तद्भव शब्द : मीरां की भाषा में सर्वाधिक संख्या तद्भव शब्दों की ही है। तद्भव शब्दों के राजस्थानी रूपान्तर ही उनके काव्य में मुख्य रूप से प्रयुक्त हुए हैं। डॉ. प्रभात लिखते हैं : 'मीरां की काव्य कला का आडंबर-हीन सहज आकर्षण तद्भव शब्दों पर ही आधारित है।'[19]

मीरां पदावली का भाषागत स्वरूप ही मूल रूप से प्राचीन पश्चिमी राजस्थानी है अतएव उसमें तद्भव शब्दों व देशज शब्दों का बाहुल्य होना स्वाभाविक है। यहाँ कुछ शब्द परिचयार्थ प्रस्तुत हैं :

झिरमिट (डाकोर की प्रति 10), अबोलणां (डाकोर 12), साँझा (डाकोर 2), संगांती (डाकोर 11), लूण (डाकोर 38), हिवडो (काशी की प्रति 75), अथवा (डाकोर 1), अटक्यां (डाकोर 13), अदब (डाकोर 33), आंखड़ा (काशी की प्रति 71), इमरित (डाकोर 9), अंकोर (काशी 75), अरबी (डाकोर 63), उमंग्या (डाकोर 45), उजलो (डाकोर 51), अधरे (डाकोर 25), अधमी (डाकोर 21), कूण (डाकोर 9), कोल (डाकोर 13), कुबुध (डाकोर 55), खीण (डाकोर 39), गैल (डाकोर 57), धण (डाकोर 25), घूँघरा (काशी-71), संदेसड़ा (काशी 78), सीख (डाकोर 39), शन्नेस (काशी 74), बिरछ, बूढ़्या (डाकोर 22), ललक (डाकोर 24), लटजा (काशी 78), रांचा (काशी 48), भंगता (डाकोर 56), भावां (डाकोर 70), भौ (डाकोर 22), रूढ़्या (डाकोर 61), राती (डाकोर 24), मझार (डाकोर 18), मुरझावां (डाकोर 18), बिरियां (काशी 30), बांकी (डाकोर 3), बिलग (डकोर 24), बुझावां (डाकोर 26), बाती (डाकोर 11), पीर (डाकोर 19), परतीत (डाकोर 25), पपैया (डाकोर 38), पिउ (डाकोर 38), निरत (डाकोर 32), नवां (डाकोर 45), नेह (डाकोर 11), निरख्या (डाकोर 12), धणा (डाकोर 65), दीसां, असरण (डाकोर 33), थांका (डाकोर 30), तरस (डाकोर 18), धूयां थाणे (डाकोर 13), छाज्यो (डाकोर 56), जेताई (डाकोर 2), जोयां (काशी 70), चारयां (डाकोर 74), चितवण

(काशी 75), इत्यादि।

मीरां के काव्य में तद्भव शब्दों के देशज रूप में परिवर्तित स्वरूप के प्राचुर्यवश उनकी भाषा में क्लिष्टता का आभास होता है, परन्तु आराध्य प्रियतम के समक्ष निश्छल भावाभिव्यक्ति का अदम्य आवेग और उसकी सहज शब्द संरचना, मीरां के पदों की इस त्रुटि को त्रुटि नहीं रहने देती। मीरां के आवेग में औपचारिक शिष्टता से मुक्त शब्द संयोजना स्वतः ही हो गई है। उनकी मातृभाषा में अनिवार्य रूप से क्लिष्ट शब्दों का विन्यास मिलता है, तो भी मीरां की वाणी ने इसकी कठोरता एवं क्लिष्टता काफी हद तक कम कर दी है।

मीरां पदावली में डिंगल भाषा के शब्द और उनके रूप

राजस्थान का अधिकांश चारण काव्य डिंगल भाषा में ही लिखा गया है। मीरां के युग एवं उसके बाद भी काव्य की भाषा डिंगल ही रही है। मीरां की मूल पदावली में डिंगल भाषा के अनेक शब्द विद्यमान हैं।

डिंगल भाषा का यह रूप 16वीं शताब्दी का पश्चिमी राजस्थानी का ही है और यही मीरां की भाषा भी है। मीरां पदावली में से डिंगल भाषा के कुछ शब्द और उनके तत्सम रूप यहाँ दिए जा रहे हैं :

डिंगल		संस्कृत
काज	:	कार्य
गिणी	:	गणन
खीण	:	क्षीण
कुण	:	कः
करि	:	कर
सरै	:	सरना
जिवड़ा	:	जीव
विसेख	:	विशेष
दीठि	:	दृष्टि
परणौ, परण	:	परिणय
ऊधरी	:	उद्धरण
परसण	:	स्पर्शनम्
दरसण	:	दर्शनम्
धरिया	:	धारिता
सिणगार	:	श्रृंगार
हूँ	:	अहम्

नव-नव	:	नवीन
वचण	:	वचन
जोई	:	यस्य
सांवरा	:	श्यामल
घुरे, घुरस्यां	:	घुर
वेस	:	वयस
बिछड़्या	:	विच्छेद
बछल	:	वत्सल
लूण	:	नमक
बिसासी, बिसबास	:	विश्वासी, विश्वास
दाधा	:	दग्ध

विदेशी शब्द

मीरां की शब्द योजना पर विचार करने पर हम देखते हैं कि उसमें राजस्थानी के तद्भव एवं देशज शब्दों के अतिरिक्त विदेशी भाषा के कुछ प्रयोग मिलते हैं किन्तु ऐसे प्रयोग अधिक नहीं हैं।

अरबी भाषा के शब्द–अरजी, जौहर, कीमत

'मीरां रे प्रभु अरजी म्हारी, अब अबेर कुण कारण'[20]
'जौहर कीमत जौहरां जाण्या'[21]

अरज : ठाड़ी अरज करां गिरधारी'[22]
साहिब आदि

फारसी भाषा के शब्द

चाकर, चांकरी[23], दरद दिवाणी[24], दर दर[25], प्यालो[26], गुमायां[27], निवाज[28]।

मीरां में अरबी एवं फारसी के शब्दों के प्रयोग सम्भवतः इसीलिए इतनी अल्प मात्रा में मिलते हैं क्योंकि मीरां में सामाजिक चित्रों का अभाव एवं वैयक्तिक अनुभूति का चित्रण ही मुख्य अभिप्रेत है।

एक अन्य विशिष्टता इस सम्बन्ध में यह भी है कि मीरां ने विदेशी शब्दों का प्रयोग उनके मौलिक रूपों में न करके अपनी भाषा ध्वनियों के अनुरूप समुचित परिवर्तन के साथ किया है। अधिक सम्भावना तो यही जान पड़ती है कि विदेशी भाषा के ये शब्द तत्कालीन पश्चिमी राजस्थानी भाषा में घुलमिलकर उसी भाषा का एक अंग बन गए थे।

निरर्थक प्रयोग

अनेक सार्थक शब्दों में उनकी ध्वनि के अनुरूप शब्दों को जोड़कर उनके जोड़ का शब्द निरर्थक शब्द प्रयोग कहलाता है। मीरां में ऐसे प्रयोग एक दो ही हैं। जैसे—'सुमरन के साथ उमरन।'[29]

मुहावरे

किसी भी प्रौढ़ भाषा के लिए मुहावरे और लोकोक्तियाँ अनिवार्य अंश हैं। मुहावरा अरबी शब्द है जिसका तात्पर्य बोलचाल या बातचीत है। अब इसका प्रयोग लाक्षणिक या क्वचित् व्यंग्यार्थ में 'रूढ़ वाक्य वाला' प्रयोग के लिए होने लगा है।'[30]

मुहावरों का उपयोग भाषा की प्रभावात्मकता में वृद्धि लाने के उद्देश्य से होता है। इनका प्रयोग भाषा में सहजता के साथ एक विशिष्ट अपनत्व को जन्म देता है।

मीरां ने अपने गीतिकाव्य में मुहावरों का प्रयोग प्रचुर मात्रा में किया है। मीरां के गीतों की लोकप्रियता एवं प्रभावात्मकता का एक प्रमुख कारण उनमें मुहावरों का प्रयोग भी है जिससे वे जन-सामान्य के लिए अधिक सुगम हो सकी हैं। इनके प्रयोग से मीरां की भाषा अधिक जीवन्त और प्राणमयी हो उठी है। कुछ प्रयोग दर्शनीय हैं :

> मग जोवां,[31] बोल शह्यां,[32] तारा गणतां रैण बिहावां[33]
>
> विरह कलैजो खाय'[34] आदि।
> इसके अतिरिक्त पन्थ निहारां, बाट जोवां, मग जोवतां, सीश चढ़ाय, बोल सुणावां, णेणां मुरझावां, रूम रूम म्हारो शीतळ, कुबुध रो भांडो, रंग राचां, ळाज राख्यां, दर-दर डोल्यां, कारज शांधा, विणतां दीश्यो काण, नैणा समाणी, णैण बिछयाशुं, कटारियां।

इन मुहावरों का विशिष्ट प्रयोग पदों में निहित भावात्मकता को अधिक तीक्ष्ण, पैना, प्रभावकारी एवं गहन बना देता है। साथ ही काव्यात्मकता में स्वाभाविकता भी अक्षुण्ण बनी रहती है।

लोकोक्तियाँ

काव्यशास्त्रियों ने लोकोक्ति को भाषा की शक्ति का संवर्द्धन करनेवाला माना है। मीरां के काव्य में लोकोक्तियों का प्रायः अभाव ही है। इसका एक प्रमुख कारण है। लोकोक्ति में युगों से संचित मानव समाज के अनुभवों को सूत्र रूप में कहने की प्रवृत्ति रहती है। दूसरे शब्दों में इसमें सामान्यीकरण की विशेषता विद्यमान रहती है, जबकि मीरां का गीतिकाव्य उनके अपने भावजगत की अनुभूतियों का सशक्त काव्य है। सामाजिक एवं

वैयक्तिक परिस्थितियों, अनुभवों का तुलनात्मक रूप परखकर उन्हें सादृश्य के आधार पर व्यंजित करने का मीरां को समय ही नहीं था। उनके काव्य में दो-चार लोकोक्तियों का ही उल्लेख मिलता है। यथा :

> 'बिरछ रां जो पात टूट्या, लग्यां ना फिर डार'[35]
> बांह गहे री लाज'[36] हिवड़ो अगण संजोय,
> जीवणा दिण चार, दाध्यां ऊपर लूण लगावां आदि।

मीरां-काव्य में प्रयुक्त ये गिनी-चुनी लोकोक्तियाँ भी बड़ी अनुभूति-प्रधान हैं।

वर्ण योजना एवं शब्दांलकार

कविता मानवता के प्राणों को जिस चिर मधुर स्पन्दन और जीवन के अप्रतिम भाव-बोधों से परिचित कराती है, वह सब अज्ञात ही रह जाए, यदि कला तत्त्व उसका विपरीत धर्मी हो। वर्ण, शब्द, चित्र विधान अप्रस्तुत योजना आदि ये सब काव्य को रूप और अभिव्यक्ति का साधन ही नहीं प्रदान करते, अपितु अनुभूतियों को कहीं गहरी व्यंजनात्मक शक्ति प्रदान करते हैं जिससे वह मन प्राण एवं आत्मा को रस में सराबोर कर सके। इन शक्तियों में सर्वमुख किन्तु सर्वाधिक लघु इकाई है 'वर्ण'।

वर्ण का प्रभाव नादात्मक रूप ग्रहण कर हृदय को आन्दोलित कर देता है और भावानुकूल रस ग्रहण प्रक्रिया में सहायक सिद्ध होता है।

काव्य में आदर्श वर्ण योजना के लिए कुछ मानदंडों की स्थापना की गई है।

आचार्य कुन्तक के अनुसार :

(1) वर्ण योजना सदा प्रस्तुत विषय के अनुकूल होनी चाहिए।
(2) उसका प्रयोग मात्र वर्ण साम्य के उद्‌देश्य से न हो।
(3) वर्ण योजना में आग्रह की अति नहीं होनी चाहिए।
(4) असुन्दर वर्ण प्रयोग का निषेध।
(5) वर्णों का संयोजन प्रसाद गुण की रक्षा करते हुए किया जाए।
(6) श्रुति पेशलता तथा प्रतिपाद्य की अनुकूलता वर्ण योजना में सर्वाधिक महत्त्वपूर्ण गुण है।

मीरां के काव्य में वर्ण सौन्दर्य का सायास सृजन नहीं है। कलात्मकता का आग्रह भी उन्हें नहीं था। मीरां की वर्ण योजना प्रमुख्यतः दो लक्ष्यों की पूर्ति करती है :

(1) भावाभिव्यंजना के लिए उपयुक्त भाषा निर्माण
(2) गीतों में लयात्मकता एवं संगीत तत्त्व की रक्षा।

मीरां के गीतों में जो आन्तरिक संगीत विद्यमान है उसके पीछे वर्ण योजना का प्रधान योग है। वर्ण सौन्दर्य के प्रति उदासीन मीरां में अनुप्रास की मनमोहक छटा का अभाव है।

छेकानुप्रास, अन्त्यानुप्रास, श्रुत्यानुप्रास एवं वृत्यानुप्रास का प्रयोग ही मीरां-काव्य में अधिक हुआ है। अनुप्रास के वे प्रकार जिनमें प्रयोग के लिए सचेतन प्रयास की अपेक्षा होती है मीरां में नहीं।

उनके गीतों में अन्त्यानुप्रास की रम्य छटा अवश्य दर्शनीय है परन्तु वह उनकी शैली की अनिवार्यता के कारण ही है।

नाद सौन्दर्य

वर्ण के नाद का प्रभाव हृदयगत भाव रश्मियों पर भी पड़ता है। उत्तम वर्णचयन की सफलता तभी मानी जा सकती है, जबकि वह भावानुकूल नाद सौन्दर्य की रचना करने में सजग सिद्ध हो सके। आचार्य रामचन्द्र शुक्ल के अनुसार : नाद सौन्दर्य का योग कविता का पूर्ण रूप खड़ा करने के लिए कुछ न कुछ अवश्य होता है।

मीरां इस क्षेत्र में पूर्ण सफल सिद्ध हुईं। उनकी वर्ण-योजना भाव-व्यंजना में नादात्मक सौन्दर्य का पुट देकर उसके सौन्दर्य को द्विगुणित कर देती है। यही नहीं, विषय के ही अनुरूप वातावरण उत्पन्न कर देने में भी मीरां कुशल हैं। जिन गीतों में वर्षा का चित्रण किया गया है, वहाँ वर्षा के उपयुक्त वातावरण तथा तज्जन्य उष्ण भावनाओं की अभिव्यक्ति वर्ण मैत्री के नाद सौन्दर्य द्वारा सम्भव हो सकी है।

बादळां रे थे जळ भरां आज्यो
झर झर बूँदा बरशां आली कोयळ शब्द शुणाज्यो
गाज्यां बाज्यां पवण मधुर्‌यो अंबर बदरां छाज्यो
शेज संवार्‌यां पिय घर आश्यां, राख्यां मंगल गाश्यों।

(डाकोर की प्रति, पद-52)

इस गीत में मधुर एवं कोमल वर्णों का प्रयोग कर विषयानुकूल वातावरण की रचना की गई है। 'झरझर बूँदा बरशां' और 'मधुर्‌यो अंबर बदरां छाज्यो' के साथ 'शेज संवार्‌यां पिय घर आश्यां' की अभिव्यक्ति वियोगिनी के प्रिय-मिलन हेतु उष्ण आवेश और अभीप्सित प्राप्ति के लिए तीव्र उत्कंठा की द्योतक है।

इसी प्रकार एक अन्य गीत में ताल एवं लय पर स्वच्छन्द उल्लास से थिरकते वर्ण होली की मस्ती एवं उल्लास की अनुभूति उत्पन्न करते हैं :

'रंग भरी राग भरी सूं भरी री
होळी खेळया स्याम शंग रंग शूं भरी री
उड़त गुळाळ ळाळ बादळा रो रंग ळाळ
पिचकां उड़ावां रंग रंग री झरी री
चोवा चंदण अरगजां म्हां केसर रो गागर भरी री
मीरां दासी गिरधर नागर चेरी चरण धरी री।'

इस गीत में 'र' वर्ण का प्रयोग कोमल वर्ण योजना का सुन्दर उदाहरण है। होली के अतीव उल्लास, उमंग और उछाह के साथ एक पर्व का समग्र एवं व्यवस्थित चित्र-सा खिंच जाता है।

मीरां के गीतों में अन्य कृष्ण-भक्त कवियों की भाँति कलात्मक वर्ण योजना का अभाव है परन्तु अर्थ को उत्कर्ष प्रदान करने वाले वर्णों द्वारा नाद में सूक्ष्म रागात्मकता का सहज स्फुरण, यह मीरां की विशिष्टता है। मीरां का दृष्टिकोण भाव-प्रधान ही रहा है। नेत्रों में स्थायी बसेरा किए हुए श्रीकृष्ण की अपार सौन्दर्य युक्त मूर्ति एवं उनके प्रति अगाध प्रेम माधुरी से गुंजायमान संगीत को स्वर को मूर्तिमान करने में ही मीरां की वर्ण-योजना दृष्टिगत होती है।

इस प्रकार मीरां के काव्य में वर्ण योजना का सचेष्ट रूप बहुत ही कम है। भावानुभूतियों को प्रवाहपूर्ण भाषा में व्यक्त करना ही उनका प्रधान उद्देश्य है।

वृत्ति तथा गुण

रस राज कृष्ण के ललित सौन्दर्य तथा माधुर्य भक्ति की रस स्निग्ध भावनाओं के अनुसार भाषा के निर्वाह हेतु अधिकांश कृष्णभक्त कवियों के ही समान मीरां ने मधुरावृत्ति को ही स्वीकारा है पर उनके काव्य में इस माधुर्य का नियोजन जागरूक प्रयत्न द्वारा नहीं किया गया है। विषयगत कोमलता एवं मधुरा भक्ति के कारण मीरां में मधुरा वृत्ति ही प्रमुख है।

कोमलावृत्ति के प्रयोग भी मीरां पदावली में मिलते हैं। सरल समास रहित ऋजु पदावली इस शैली की विशेषता होती है। भाव और अभिव्यंजना की स्वाभाविकता एवं अकृत्रिमता इस वृत्ति का प्रधान गुण है। इसमें न तो मधुरा वृत्ति की मसृणता है और न परुषावृत्ति की कठोरता ही।

मीरां के आत्मनिवेदन तथा विनय सम्बन्धी गीतों में कोमलावृत्ति का ही प्राधान्य है। सरल एवं प्रचलित सुगम शब्दावली का प्रयोग जो इस वृत्ति की विशेषता है मीरां के इन गीतों में सर्वत्र उपलब्ध है, यथा :

'स्याम म्हां बाहड़िया जी गह्यां
भो सागर मंझधारां बूड्या थारी सरण लह्यां
म्हारे अवगुण वार अपारां थे बिण कूण सह्यां
मीरां रे प्रभु हरि अविणासी, लाज बिरदरी लह्यां'[38]

आचार्य दंडी एवं आचार्य वामन द्वारा गुण को शब्द तथा अर्थ को धर्म रूप में स्वीकार किया गया है। आचार्य आनन्दवर्धन ने इसे अंगीरस के आश्रित रहनेवाला तत्त्व ही स्वीकार किया है। दोनों ही दृष्टियों से परीक्षा करने पर मीरां के काव्य में माधुर्य गुण ही प्रमुख रहा है।

आध्यात्मिक प्रियतम के प्रति मीरां का नैसर्गिक माधुर्य भाव विशेष आत्मीय सम्बन्धों के रूप में उभरा है। अनुराग की ऐसी अनुपम माधुरी, जिसकी अभिव्यक्ति अकथनीय है, मीरां के प्राणों में बसी हुई थी। वियोग भावना सम्बन्धी गीतों में माधुर्य गुण की प्रधानता एवं विस्तार अधिक है।

'पिया बिण रहया णा जावां
तण मण जीवण प्रीतम वार्‌यां
निस दिण जोवां बाट कब रूप लुभावां
मीरां रे प्रभु आसा थारी दासी कंठ आंवा।'[39]

ओज गुण

मीरां की रस स्निग्ध उपासना में ओजस्वी तत्त्वों का अभाव ही रहा है। श्रीकृष्ण के अलौकिक परुष कर्मों का प्रकाशन मीरां के गीति काव्य में केवल एक स्थल पर ही मिलता है—कालिय नाग दमन लीला के प्रसंग में। यहाँ भी स्पष्ट ही ज्ञात होता है कि मीरां की अन्तर चेतना उसमें रमी नहीं। अपने आराध्य का रूप और गुण वर्णन करने के प्रसंग में ही यह वर्णन प्रवेश पा गया है।

प्रिय पात्र श्रीकृष्ण के अलौकिक कृत्य मीरां के अन्तस में प्रेम भावना को उद्‌दीप्त करने के कारण ही बने हैं। ओजगुण के प्रसारण में यह सफल नहीं हो सके।

प्रसाद गुण

प्रसाद गुण मीरां में व्यापक रूप से मिलता है। उनके विनय सम्बन्धी पद इसी श्रेणी में आते हैं। सरल, समास रहित पदावली मीरां के काव्य की विशेषता है। भावों की अकृत्रिमता तथा अभिव्यंजना की स्वाभाविकता मीरां के गीतों में प्रमुख रूप से उपलब्ध होती है। अर्थ को दुर्बोध बना देने वाली योजनाएँ उनकी गीतिशैली में कहीं नहीं है। रहस्य भावना के गूढ़ सन्दर्भों और कल्पना के वायवी रूपालोक में मीरां ने किसी अनुभूति को प्रविष्टि नहीं दी; अतः उनकी अभिव्यक्ति अप्रसादत्व से सर्वथा बची रह सकी।

शब्द-शक्ति

शब्द की उपयोगिता उसके अर्थ के वैयक्तीकरण में है। अर्थहीन शब्द-योजना निष्प्राण एवं सारहीन हो जाती है। शब्द की अभिव्यक्ति-शक्ति को तीन विभागों में विभाजित किया गया है।

(1) अभिधा, (2) लक्षणा, (3) व्यंजना।

ये सभी शब्द-शक्तियाँ अपना पृथक्-पृथक् महत्त्व रखती हैं, किन्तु इनमें परस्पर विरोध नहीं है। अभिव्यक्ति विशेष में कई अवसरों पर ये एक-दूसरे की पूरक बनकर काव्य को उत्कृष्टता प्रदान करती हैं।

(1) **अभिधा शब्द-शक्ति :** शब्द के मूल अर्थ का ज्ञान करानेवाली शक्ति अभिधा है। मीरां के काव्य में अभिधा का प्राधान्य है। इस शब्द-शक्ति का प्रयोग श्रीकृष्ण के रूप वर्णन एवं महिमा गायन के प्रसंगों में दृष्टव्य है।

श्रीकृष्ण का रूप वर्णन सम्बन्धी एक गीत प्रस्तुत है :

'मोर मुगट माथा तिळक विराज्यां कुंडळ अळकां कारी जी
अधर मधुर धर बंसी बजावां रीझ रिझावां बृजनारी जी
या छब देख्यां मोह्या मीरां मोहण गिरवर धारी जी'[40]

वृन्दावन के वर्णन में भी वैचित्र्य एवं चमत्कारिकता का लेश भी नहीं, जो अन्यत्र भक्त कवियों की विशेषता रही है :

'आली म्हाने लागां ब्रिंदावण णीकां
घर-घर तुळसी ठाकर पूजां दरसण गोविन्द जी का
निरमळ नीर बह्या जमणा का भोजण दूध दही का।'[41]

इन पदों में संक्षिप्त विवरणों के कारण एकरसता या नीरसता नहीं आने पाई है। सूरदास एवं नन्ददास आदि महाकवियों के भोजन वर्णन या अन्य विवरण सम्बन्धी पदों में जिस एकरसता का बोध होने लगता है। उससे मीरां सहज ही बची हुई हैं।

वेदनानुभूति सम्बन्धी अनेक पदों में अभिधा शब्द-शक्ति का सौन्दर्य बिखरा हुआ है।

वियोगिनी मीरां का विरह माधुर्य प्रासादिकता से युक्त है। अभिधा का अत्यन्त मार्मिक प्रयोग इन सीधी-सादी उक्तियों में देखा जा सकता है :

'म्हारे रो गिरधर गोपाल दूसरां णा कूयां
दूसरां णा कूयां साधा सकल ळोक जूयां।'[42]

उन्होंने गिरधर नागर को अपनी मधुर भावनाओं का अर्पण कर लौकिक व्यथा एवं अलौकिक अनुराग की मार्मिक अभिव्यक्ति दी है। रागचित्रण के दोनों ही पक्षों में मीरां ने अभिधा द्वारा सौन्दर्य का विस्तार ही किया है :

'प्रेम भगति रो पैंडा म्हारो और णा जाणां रीत
इमरित पाइ विषां क्यूं दीज्यां कूण गांव री रीत।'[43]

मीरां के विविध गीतों में अभिधात्मक उक्तियाँ हृदय को स्पर्श कर भाव विभोर कर

देती हैं। उनकी दृष्टि चमत्कारिक नहीं थी अतः स्वाभाविकता ही सहज गुण होने के कारण अभिधा का प्रयोग प्रचुर परिमाण में हुआ है। मीरां के गीत जो शताब्दियों से जन-जन के कंठ हार बने चले आ रहे हैं, उसका कारण उनके गीतों की मार्मिक स्वाभावोक्तियाँ एवं अभिधा का सौन्दर्य है।

लक्षणा शब्दशक्ति

अभिधेयार्थ से जिस स्थान पर कवि का अभिप्रेत सिद्ध नहीं होता वहाँ रूढ़ि अथवा प्रयोजन के आधार पर उससे सम्बन्धित अर्थ ग्रहण किया जाता है, इसी को लक्ष्यार्थ कहते हैं।

लक्षणा शक्ति के माध्यम से अर्थ में एक नया वैदग्ध और चमत्कार उत्पन्न हो जाता है।

मीरां के पदों में लक्षणा के प्रयोग सीमित हैं।

अतः उनमें लक्षणा शब्द-शक्ति के सूक्ष्म भेदोपभेदों के लिए स्थान नहीं है। उन्होंने लक्षणा के परम्परागत प्रयोगों को ही अपनाया है। क्रियापद, विशेषण और विशेष्य शब्दों में ही लक्षणा का प्रयोग मिलता है। प्रतीक पद्धति का उपयोग मीरां की सहज और सीधी सरल अभिव्यक्ति के लिए अस्वाभाविक था।

मीरां के गीतों में प्रयुक्त क्रिया पदों में लक्षणा का प्रयोग

'म्हारे णैणां बंकट छब अटके म्हारे नैणा बंकट छब अटके
देख्या रूप रूप मदण मोहण री, पियत पियूखण भटके।'[44]

'म्हां मोहण रो रूप ळुभाणी
सुन्दर बदण कमळ दळ ळोचण, बांका चितवण नैणा समाणी।'[45]

'आवां मोहणां जी जोवां थारी बाट
खाण णाण म्हां णेक णां भावा, नेणा खुळां कपाट।'[46]

'पिया थारे णाम ळुभाणी जी
णाम ळेतां तिरतां सुण्यां जग पाहण पाणी जी।'[47]

'बरसां री बदरियां शावण री, शावण री मण भावण री
शावण मां उमग्यो म्हारो मण री भणक शुण्या हरि आवण री।'[48]

'आळी री म्हारे णेणा बाण पड़ी
चित्त चढ़ी म्हारे माधुरी मूरत, हिवड़ा अणी गडी।'[49]

'म्हारो ओळगियां घर आज्यो जी
तण री ताप मिट्यां शुख पाश्यां हिळमिळ मंगळ गाज्यो जी।'[50]

'सांवरी सूरत मण रे बशी

कहा करा कित जावां सजणी, म्हा तो स्याम डशी।'[51]

उपर्युक्त पंक्तियों में छब अटके, नैणा समाणी, थारी बाट, ळुभाणी, उमग्यो, बाण पड़ी, तणरी ताप और श्याम डशी, लक्षणा के उदाहरण हैं।

मीरां के गीतों में लक्षणा के ऐसे ही प्रयोग मिलते हैं, जो उनकी भावना के अनुरूप ही सीधे सरल और स्वाभाविक हैं। मीरां के परवर्ती कवियों ने वियोगाभिव्यंजना में लक्षणा के प्रयोगों के द्वारा जिस वैदग्धता का सृजन किया है, मीरां ने वही प्रभाव अपनी सहजोक्तियों के माध्यम से अधिक सफलतापूर्वक उत्पन्न कर दिया है।

विशेषणों में प्रयुक्त लक्षणा शब्द-शक्ति

मीरां के गीतों में प्रयुक्त कुछ विशेषण शब्द इस प्रकार हैं :

'जित जोवां तित पाणी पाणी, प्यासां भूम हरी
म्हारां पियां परदेसां बसतां भीज्यां द्वार खरी।'[52]

'निपट बंकट छब अटके म्हारे नैणा णिपट बंकट छब अटके
देख्यां रूप मदण मोहण री पियत पियूखण भटके।'[53]

'सुन्दर वदण कमळ दळ ळोचण बांका चितवण नैणा सयाणी
जमण किणारे कान्हा धेणु चरावां, बसी बजावां मीट्ठा बाणी।'[54]

विशेषणों में प्रयुक्त लक्षणा शब्द-शक्ति के उदाहरण मीरां में अत्यल्य हैं।

उपर्युक्त पंक्तियों में 'प्यासां भूम हरी' णिपट बंकट छब' एवं 'बांका चितवण' में लाक्षणिक विशेषणों के प्रयोग से वर्ण्यविस्तार के साथ एक भव्य चित्र उपस्थित हो गया है। किन्तु मीरां में सूर एवं अन्य अष्टछाप कवियों की भाँति वर्ण्य विषय के विस्तार और कौशल की ओर सचेत प्रयास नहीं है। परन्तु फिर भी मीरां के गीतों का महत्त्व कम नहीं माना जा सकता।

मीरां में जितने भी ऐसे प्रयोग हैं, उनमें मार्मिकता की सृष्टि अपनी पूर्ण गहराई एवं प्रभावात्मकता के साथ हुई है।

मीरां का समग्र काव्य मूलरूप से व्यंजना-प्रधान काव्य है। मीरां एक सच्ची भक्त नारी थीं। पर जहाँ तक भक्ति रस का प्रश्न है वह मीरां के गीतों में व्याप्त ही है। भक्तिगत माधुर्य के स्वाभाविक और सहज उदात्त भाव की इतनी मार्मिक व्यंजना किसी अन्य मध्यकालीन भक्त कवि में नहीं मिलती।

मीरां के गीतों में भाव व्यंजना ही प्रमुख है, वस्तु व्यंजना का अत्यन्त गौण स्थान है और अलंकार व्यंजना का सर्वथा अभाव है। मीरां के वे गीत जिनमें उन्होंने वियोग भावना अभिव्यंजित की है न केवल काव्य सौन्दर्य की दृष्टि से अपितु गीतिकाव्य की दृष्टि से विशिष्ट एवं अनुपम बन पड़े हैं।

उदाहरणार्थ :

बादळ देखां झरी स्याम बादळ देख्यां झरी
काडा पीडा घट्यां उमडयां बराश्यां चार घरी
जित जोवा तित पाणी पाणी, प्यासा भूम हरी
म्हारां पिया परदेस बसवां मीज्या द्वार खड़ी।'[55]

बादलों का झरना, काली, पीली घटाओं का उमड़ना, प्यासी धरती का हरी-भरी हो जाना—इन सबके माध्यम से वियोगिनी मीरां ने अपनी दशा व्यंजित की है। उत्कट विरह व्यथा का भार वहन किए वियोगिनी की विकल अवस्था का चित्रण निम्न पद गीतों में व्यंजना के माध्यम से अत्यन्त प्रभावपूर्ण एवं मार्मिक बन पड़ा है :

'सखी म्हारी णीद णसाणी हो,
पिय रो पंथ निहारंता शब रैण बिहाणी हो
सखियां शब मिळ सीख दयांमण एक णा माणी हो
बिण देख्या कळणा पड़ां मण रोस णा ठाणी हो
अंग खीण व्याकुळ भयां मुख पिव पिव बाणी हो
अण्तर बेदण बिरह री म्हारी पीड़ णा जाणी हो
ज्यूं चातक कूं रंटा मछरी ज्यूं पाणी हो
मीरां व्याकुल बिरहणी सुध बुध बिसराणी हो।'[56]

'पपैया म्हारो कबरों बैर चितायां
म्हा सोवूं छी अपणे भवण मां पियु पियु करतां पुकार्यां
दाध्यां (ऊपर) लूण ळगायां हिवड़े करवत सार्यां
ऊभां बैठ्यां बिरछरी डाली बोळा कंठ णां सार्यां
मीरां रे प्रभु गिरधर नागर हरि चरणां चित्त धार्या।'[57]

कुछ गीतों में जहाँ अर्थ को हृदयंगम करने के लिए अभिधा तथा लक्षणा शक्तियाँ असमर्थ सिद्ध हो जाती हैं, उस स्थान पर व्यंजना शक्ति द्वारा ही अर्थ की गहराई को पाया जा सकता है। उदाहरणार्थ, प्रणयिनी मीरां के मन में प्रणयी श्रीकृष्ण से मिलने पर जिस साध का वर्णन इस गीत में हुआ है वह व्यंजनात्मक ही है।

'शुण्या री म्हारे हरि आवांगा आज।
म्हैड़ा चढ़-चढ़ जोवा सजणी, कब आंवा महाराज

दुफुर मोर पपीआ बोळयां कोइळा मधुरा शाज
उमग्यां इदं चहूं दिश बरशां दामण छोड्यां ळाज
धरती रूप नवां नवां धर्यां इंद मिळण रे काज
मीरां रे प्रभु गिरधर नागर, बेग मिळयो महाराज।'[58]

इस प्रकृति वर्णन में मीरां ने इन्द्र के उमगने, दामिनी का लज्जा परित्याग और जल का बरसना, इन उपकरणों की सृष्टि कर अपनी प्रणय साध की व्यंजना ही की है–

एक अन्य पद में हृदयजन्य उल्लास और संयोगानुभूति के उपरान्त प्रणयमूलक रस की स्वच्छन्द अनुभूति की ओर सांकेतिक अभिव्यक्ति व्यंजना के माध्यम से करती हुई वे कहती हैं :

'रंग भरी राग भरी रांग सूं भरी री
होळी खेड्या स्याम रंग शूं भरी री
उड़त गुळाळ ळाळ बादळा रो रंग ळाळ
पिचका उडावा रंग रंग री झरी री
पिचंका चंदर्ण अरगजां म्हां केसर णो गागर भरी री
मीरां दासी गिरधर नागर चेरी चरण धरी री।'[59]

इस प्रणयगीत में 'उड़त गुळाळ ळाळ' और 'रंग री भरी' शब्द गहन प्रणय व्यंजना के द्योतक है। मीरां की व्यंजना सर्वत्र भावप्रेरित होने के कारण रसात्मकता से युक्त है। आध्यात्मिक प्रियतम के प्रति आसक्ति का चित्रण अत्यन्त संयत आवेश के साथ हुआ है। भाव भी प्रच्छन्न नहीं हो पाया है, यही मीरां की व्यंजना का गुण है। आचार्य रामचन्द्र शुक्ल जैसे विद्वानों ने भी भाव-प्रेरित वक्रता से युक्त व्यंजना का यही रूप उत्कृष्ट काव्य के लिए उपयुक्त माना है। मीरां के काव्य में व्यंग्य की स्थिति वक्रता के अर्थ में नहीं ग्रहण की जा सकती। ऐसी वक्रता सुर की गोपियों में लक्षित होती है। उपालम्भ के स्तर पर मीरां का काव्य नहीं पहुँचा है क्योंकि मीरां का प्रेम वियोगिनी की अन्तर्ज्वाल से देदीप्यमान है, जहाँ प्रिय की ही अहर्निश प्रतीक्षा है दर्शनों की आकुल आकांक्षा है, और है सहज सरल पूर्ण आत्मसमर्पण।

इस प्रकार भक्तिमती मीरां के काव्य में अभिधा शब्द-शक्ति का ही प्राचुर्य है। लक्षणा का प्रयोग बहुत ही कम हुआ है। अतः कहा जा सकता है कि मीरां के काव्य में लक्षणा का अभाव ही है।

व्यंजना शब्द-शक्ति का प्रयोग अवश्य पर्याप्त मात्रा में मिलता है। परन्तु यह व्यंजना भी भाव-प्रेरित है। समग्र रूप से मीरां की भाषा के सम्बन्ध में यही कहा जा सकता है कि मीरां की भाषा भावानुकूल है, उसमें शब्द-शक्तियों की स्थिति पूर्णतया स्वाभाविक रूप में गृहीत जान पड़ती है। सीधी-सादी आत्मभावना की अभिव्यक्ति उन्होंने जहाँ की है, वहाँ स्वाभाविक रूप से अभिधा का सौन्दर्य उभरा है, और जहाँ भावों का आवेग पराकाष्ठा को छूने लगता है वहाँ की भावना व्यंजित हो उठी है।

चित्र विधान

अभिव्यंजना शिल्प में चित्रण का महत्त्वपूर्ण स्थान है। काव्य की प्रभावोत्पादकता, सहजता और अनुभूतिमयता की गहराई में वृद्धि हेतु चित्रांकन की अनिवार्यता और भी बढ़ जाती है। लक्षित चित्र योजना में मीरां की संवेदना ही प्रधान रही है। इस आधार पर उनके द्वारा अंकित चित्रों को तीन भागों में विभाजित किया जा सकता है :

(1) आलम्बन के चित्र,
(2) अनुभाव के चित्र और
(3) प्रकृति के चित्र।

आलम्बन के चित्र

मीरां श्रीकृष्ण के रूप सौन्दर्य पर ही रीझी थीं। उनके प्रेम के आलम्बन आराध्य गिरधर नागर के सौन्दर्य के आकर्षण ने उन्हें बाँध लिया। अनेक गीतों में श्रीकृष्ण की रूप रस माधुरी के सुन्दर चित्र उपलब्ध होते हैं। मीरां के आराध्य का रूप, वेश आदि परम्परा गत ही है।

'मोर मुगट माथां तिळक बिराज्यां, कुंडल अलकां कारी जी
अधर मधुरधर बंसी बजावां, रीझ रिझांवा ब्रजनारी जी।'[60]

मोर मुकुट धारण किए, मस्तक पर तिलक व कानों में कुंडल धारण किए बंसी बजाते श्रीकृष्ण की साकार प्रतिभा मीरां ने उपस्थित कर दी है। मीरां के युवा श्रीकृष्ण का सौन्दर्य अपनी पूरी मधुरिमा और कोमलता के साथ इन भावचित्रों में प्रकट हुआ है। श्रीकृष्ण के रौद्र रूप, लीलाओं का वर्णन मीरां में नहीं मिलता।'[61]

मीरां की माधुर्यभावोपासना में प्रिय का यही अनुपम दिव्य सौन्दर्य अपने समस्त वैभव के साथ प्रकट हुआ है। एक उदाहरण देखिए :

त्रिभंगी मुद्रा में खड़े नटवर नागर के हाथों की बाँसुरी और पगड़ी की लटकती हुई तिरछी लर, ये सभी आँखों के आगे श्रीकृष्ण की भुवनमोहिनी सज्जा को साकार कर देती हैं :

'निपट बंकट छब अटके म्हारे नैणां निपट बंकट छब अटके
देख्यां रूप मदण मोहण रो पियत पियूखण भटके
बारिज भवा अळक मन्तवारी णैण रूप रस अटके
टेढ्या कर टेढ़े कर मुरळी, टेढ़या पाग लर लटके
मीरां प्रभु रे रूप लुभाणी, गिरधर नागर नटके।'[62]

मीरां के इन रूप चित्रणों में उनके प्रेम के आलम्बन पात्र गिरधर नटवर ही स्थान प्राप्त कर पाए हैं। ब्रजवनिताओं या राधा को उन्होंने अछूता ही छोड़ दिया है। मीरां

केवल श्रीकृष्ण की सौन्दर्य सुषमा से अभिभूत हुई थीं। उन्होंने श्रीकृष्ण ने नखशिख वर्णन की औपचारिकता का निर्वाह भी नहीं किया। अपितु स्वाभाविक रीझ के वशीभूत होकर श्रीकृष्ण के उसी सौन्दर्य को अंकित किया है, जो इन्हें प्रथम दृष्टि में प्रभावित कर गया था।

मीरां द्वारा राधा और गोपिकाओं के सौन्दर्य को अपने गीतों में चित्रित न करने के प्रमुख रूप से दो कारण जान पड़ते हैं :

प्रथम तो यह कि मीरां स्वयं नारी थी और नारी की दृष्टि परनारी के सौन्दर्यांकन में इतनी नहीं रमती जितनी पुरुष की।

दूसरा प्रमुख कारण है, मीरां ने गोपियों आदि के स्थान पर स्वयं को खड़ा किया है। अतः स्वयं को लेकर शृंगारिक तत्त्व का चित्रांकन उनके नारी सुलभ संकोच के कारण असम्भव ही था। प्रणयी नारी का लज्जाकुल रूप ही व्यंजनात्मक रूप में मीरां ने उरेहा है। श्रीकृष्ण के सौन्दर्य व रूप वर्णन सम्बन्धी चित्रों के पीछे यही प्रवृत्ति परिलक्षित होती है।

अनुभावों के चित्र

भावों की अभिव्यक्ति का सशक्त माध्यम अनुभाव हैं। मीरां के गीतों में अनुभावों की चित्र योजना सम्बन्धी सर्वप्रमुख विशेषता है उसकी सहज मार्मिकता। उनका प्रभाव अत्यन्त सात्विक है। मानसिक अनुभावों के चित्रण में वे अद्वितीय हैं।

मीरां ने वियोग व्यथा का भार ही सर्वाधिक वहन किया है अतः वियोग की अन्तर्दशाओं के मृदुल एवं सजीव चित्र मीरां के गीतों में बिखरे हुए हैं।

'णागर णंद कुमार लाग्यो थारी णेह
मुरळी धुण सुण बीसरां म्हारो कुणवो गेह
पाणी पीर णा जाणई तड़क मीण तज्यां देह
दीपक जाणा पीरणा पतंग जड़्या जड़ खेह
मीरां रे प्रभु सांवरो थे बिण देह अदेह।'[63]

नागर नन्द कुमार से नेह का लगना और वियोग की अग्नि में पतंगे की भाँति ज्वलनशीलता का अनुभव करना, प्रियतम के अभाव में देह होकर भी देह रहित होने का भान, एकांकिनी वियोगिनी के करुण चित्र को इस प्रभावात्मकता के साथ उतारकर रख देना, सभी कुछ मीरां की चित्रण शैली की उत्कृष्टता के प्रमाण हैं।

ऐसे अनेक चित्र मीरां के गीतों में मिलते हैं :

'निदंणी आंवा णा शारां रात, कुण बिधहोय प्रभात
चमक उठां शुपणा ळख सज णी, शुध णा भूलयां जात
तड़फां तड़फां जीयरा जायां कब मिळियां दीणाणाथ

भवा बांवरां सुध बुध भूला पीव ळाग्या म्हारी बात
मीरा पीड़ा शोई जाणां मरण जीवण जिण हाथ।'[64]

सारी रात बिरहिणी जागते बिता देती है, प्रभात का आगमन उसके लिए प्रतीक्षा का विषय बन जाता है। प्रिय के प्रति आकर्षण की पराकाष्ठा का ज्ञान उसकी व्याकुलता की चरमावस्था में देखा जा सकता है। विवशता, विकलता की साकार प्रतिमा उपस्थित कर देना मीरां के लिए अत्यन्त सहज है। उनका समस्त गीतिकाव्य स्वानुभूति परक है। विरहावस्था के ये आकुल चित्र नेत्र-पटल पर एकदम स्पष्ट उभर आते हैं।

प्रकृति के चित्र

मीरां के काव्य में प्रकृति के चित्र अत्यन्त अल्प हैं। प्रकृति का आलम्बन रूप में वर्णन पूरे गीतिकाव्य में एकमात्र पद में मिलता है, जिसमें वृन्दावन का चित्रण किया गया है :

'आली म्हांणे लागां वृंदावण णीकां
घर घर तुळसी ठाकर पूजां दरसण गोविन्द जी कां,
निरमळ नीर बह्या जमणा कां भोजण दूध दहयां कां,
रत्ण सिंघासण आप बिराज्यां मुगट धरयां तुळसी कां
कुंजण कुंजण फिर्‌या सांवरा सबद सुरण्यां मुरळी कां।'
मीरां रे प्रभु गिरधर नागर भजण बिना नर फीकां।[65]

किन्तु इसमें भी अन्य कृष्णभक्त कवियों द्वारा चित्रित रंग संयोजन एवं प्रभावकारी गहन चित्र रेखाओं का सर्वथा अभाव है। अतः कलात्मकता की दृष्टि से इनकी स्थिति उच्च नहीं कही जा सकती। इसका मूल कारण यही है कि मीरां की भक्ति की पूर्ण निष्ठा एवं इन्द्रियों की एकाग्रता अपने गिरधर नागर पर केन्द्रित थी। अपनी समग्र भावात्मक सत्ता के साथ, लोक परलोक को भुलाकर वे गिरधर के रँगराती थीं। अतएव अनायास ही जो कुछ कलात्मकता उनमें आ गई है, वही उनकी अल्प निधि है।

मीरां के काव्य में प्रकृति का चित्रण मूलतः दो रूपों में मिलता है—प्रथम तो उद्दीपन रूप में और द्वितीय वियोग व्यंजना के रूप में।

प्रस्तुत गीत में प्रकृति के माध्यम से प्रियतम के प्रवासी होने की बड़ी व्यंजनात्मक शैली में अभिव्यक्ति दी है। मार्मिकता की सृष्टि यहाँ अपने उत्कृष्टतम रूप में हुई है :

'बादक देखां झरी स्याम बादल देख्यां झरी
काडा पीडा घट्‌यां ऊमड्‌यां बरश्यां चार घड़ी
जित जोवां तित पाणी पाणी प्यासां भूम हरी
म्हारा पिया परदेसां बसतां भीज्यां द्वार खरी
मीरां रे प्रभु हरि अवणासी, करश्यो प्रीत खरी।'[66]

'काडा पीडा घट्या उमड्या' में रंगों का सम्यक प्रयोग किया गया है। किन्तु इस प्रकार के उदाहरणों का मीरां के काव्य में अत्यन्त अभाव है। उनके काव्य में अंकित चित्र प्रायः रंगविहीन हैं, क्योंकि उनकी दृष्टि में जगत की सुन्दरता या शोभा का कोई विशेष महत्त्व नहीं था। आत्मनिवेदन के उन्मत्त आवेश में उन्होंने अपनी जिस शारीरिक और मानसिक स्थिति के चित्र प्रस्तुत किए हैं उनमें गहरे रंगों का वैविध्य तो नहीं अपितु सौम्य छाया चित्रों का आभास होता है।

प्रकृति के उद्दीपक रूप को लेकर अवश्य कुछ चित्रांकन दो-तीन स्थलों पर मिल जाते हैं। प्रकृति उनके लिए सचेतन, सप्राण, आत्मीया बनकर सामने आती है :

'बरसां री बदरिया शावण री, शवण री मण भावण री
शावण मां उमग्यो म्हारो मण री, भणक सुण्या हरि आवण री
उमड़ घुमड़ घण मेघां आयां, दामणं घण झर ळावण री
बीजां बूदां मेहां आयां, बरशां शीतळ पवण शुहावण री
मीरां रे प्रभु गिरधर नागर, बेळा मंगळ गावण री।'[67]

मीरां ने प्रकृति के विराट, भयंकर और उग्र रूपों को नहीं देखा, न परखने की चेष्टा ही की। प्रकृति का प्रियानुवर्ती और कोमल रूप जो उनकी वेदनानुभूति की अभिव्यक्ति का साधन बना है, उनके गीतों में सीमित परिप्रेक्ष्य में उभरा है।

बारहमासा एवं षड्ऋतु वर्णन के अन्तर्गत प्रकृति के प्रतिपल परिवर्तित रूपों के मनोहारी चित्र मीरां ने नहीं उरेहे। उनके भाव गीतों में प्रिय सम्बन्धी चित्रण ही प्रमुख रहे हैं। मीरां के समूचे काव्य में गिरधर गोपाल की मनमोहक छवि को अंकित करनेवाले गीतों में उनकी चित्रोपमता का श्रेष्ठतम रूप देखने को मिलता है।

अप्रस्तुत विधान

अप्रस्तुत विधान काव्य-शिल्प की सबसे बड़ी कसौटी है। इसके नियोजन के द्वारा काव्य में प्रभावोत्पादकता, विशदता तथा रसज्ञता का समावेश किया जाता है। अनुभूति का सौन्दर्य अभिव्यंजना के सौष्ठव के कारण अधिक प्रभावोत्पादक एवं स्पृहणीय बन जाता है। अनुभूति और अभिव्यक्ति का सन्तुलित समायोजन आदर्श काव्य के निर्माण का आधार है। अप्रस्तुत विधान के मूल में कारयित्री कल्पना सक्रिय रहती है। अभिव्यंजना कौशल में उसका प्राथमिक कार्य बिम्बों, प्रतीकों तथा अलंकार छवियों का निर्माण करना है।

अलंकार योजना के दो प्रधान पक्ष माने गए हैं :

(1) उपमेय और

(2) उपमान।

आधुनिक सन्दर्भ में उपमेय एवं उपमान क्रमशः प्रस्तुत एवं अप्रस्तुत के अर्थबोधक

हैं। काव्य में प्रस्तुत अवयव का होना अनिवार्य है पर अप्रस्तुत अधिक अनिवार्य नहीं। आचार्य शुक्ल ने भी यही कहा है : 'कोरे वस्तु व्यापार वर्णन अथवा स्वाभावोक्ति में अप्रस्तुत विधान नहीं रहता, पर रसात्मकता रह सकती है।'[68]

अप्रस्तुत विधान ही प्रायः अलंकृति बन जाता है। इसकी सार्थकता अभिव्यक्ति की साधना में समाहित हो जाती है व स्वयं का अस्तित्व विलय कर देती है।

उक्त कथन के प्रकाश में मीरां के गीतिकाव्य का मूल्यांकन करने पर उसमें अप्रस्तुत विधान की स्थिति को अत्यन्त गौण रूप में पाते हैं।

मीरां के गीतिकाव्य में भावों की मार्मिक निश्छल एवं सहज अभिव्यक्ति है, अतः अलंकारादि के प्रति उदासीन होने के पश्चात् भी उसकी रसात्मकता अनन्य एवं अपूर्व है। मीरां की रसमयी वाणी को अलंकारों की अपेक्षा नहीं थी। उनके अधिकांश गीत विमल हृदय के उच्छ्वास हैं। मनोवेगों की प्रचुरता एवं वैयक्तिकता के कारण वे सर्वथा आडम्बरहीन एवं नैसर्गिक जान पड़ते हैं।

मीरां के गीतों में अलंकारादि की सचेष्ट योजना के अभाव का एक प्रमुख कारण है—वह यह कि मीरां का काव्य प्रत्यक्षानुभूतिपरक है। उन्होंने प्रेम के आश्रय स्थल पर राधा या गोपियों की मूर्ति स्थापित नहीं की थी।

लौकिक जगत के नायक नायिकाओं को लेकर शृंगार वर्णन करने के प्रति भी उनकी प्रवृत्ति सर्वथा विरक्त थी। यदि इस ओर उनकी तनिक भी रुचि होती तो विरह मिलन के वर्णनों को लेकर वह कला को चमत्कृत कर देने वाली अनूठी उक्तियों का भरपूर उपयोग कर, चुन-चुनकर उपमा, उत्प्रेक्षा 'वक्रोक्ति, अर्थान्तरन्यास, अन्योक्ति, श्लेष आदि अलंकारों से अपने काव्य को सज्जित कर सकती थीं। किन्तु ऐसा नहीं है।

'मीरां के गीतिकाव्य में अलंकारों का सर्वथा अभाव है, यह कहना भी त्रुटिपूर्ण होगा। उनके गीतों में बहुत ही स्वाभाविक और भावपूर्ण अलंकार पाए जाते हैं। ये अलंकार मीरां की भावोद्वेगमयी वाणी में स्वतः प्रस्फुटित हुए हैं।

मीरां पदावली में उपलब्ध अलंकारों को शास्त्रीय आधार पर दो वर्गों में विभाजित किया जा सकता है :

(1) **शब्दालंकार :** इसके अन्तर्गत अनुप्रास, वीप्सा एवं श्लेष अलंकारों का प्रयोग मीरां के काव्य में हुआ है।

(2) **अर्थालंकार :** उपमा, रूपक, उत्प्रेक्षा, दृष्टान्त, स्वाभावोक्ति, विभावना, अर्थान्तरन्यास, उदाहरण एवं अत्युक्ति आदि अलंकारों की सहज नियोजना उनके मूल गीतिकाव्य में प्राप्त होती है।

कुछ अलंकारों के उदाहरण इस प्रकार हैं :

वृत्यानुप्रास : 'चंचल चित्त चल्या णा चालां बांध्या प्रेम जंजीर।'[69]

छेकानुप्रास : 'सावण आवण हरि आवण री सुण्या म्हाणे बात।'[70]

इसी प्रकार श्रुत्यानुप्रास एवं अन्त्यानुप्रास के अनेक उदाहरण मीरां के काव्य में मिलते हैं। अन्त्यानुप्रास ही इन सबमें सर्वाधिक प्रमुख बनकर आया है। एकमात्र यही अलंकार ऐसा है कि जिसे अपने पदों में स्थान प्रदान करने के प्रति मीरां सचेष्ट जान पड़ती है। उनकी गीति शैली की अनिवार्य आवश्यकता भी इसका प्रमुख कारण है। तुक बैठाने के लिए गीति में अन्त्यानुप्रास आवश्यक माना जाता है।

मीरां में अनुप्रास अलंकार की छटा दिखलाने के लिए कहीं भी प्रयास नहीं दिखता।

(3) **श्लेष :** 'पंचरग चोळा, पहर्‌यां सखि म्हां झरमट खेलण जाती
वा झरमट मां मिळया सांवरो, देख्यां तण मण राती।'[71]

(4) **वीप्सा अलंकार :** 'अंग खीण व्याकुल भवां मुख पिव पिव वाणी हो।'[72]

(5) **उपमा :** 'पाण ज्यूं पीळी पड़ी री लोग कह्यां पिंड बाय।'

(6) **विरोधाभास अलंकार** : इसके उदाहरण मीरां में अधिक नहीं हैं। मात्र एक स्थल पर यह अलंकार प्रयुक्त हुआ है—

'कमळ दळ लोचणां थे नाथ्या काळ भुजंग।'

इस पंक्ति में कोमल सुन्दर कमल से नेत्रोंवाले श्रीकृष्ण के द्वारा भंयकर कालिया नाग को नाथने का वर्णन है, विरोधाभास अलंकार की सृष्टि करता है। विरोध मूलक अलंकारों की संरचना बुद्धि की सचेतनता की अपेक्षा करती है। मीरां के गीतिकाव्य में सचेष्ट प्रयासजनित रचना का प्रश्न ही नहीं उठता।

अत्युक्ति या अतिशयोक्ति अलंकार : इन अलंकारों को भी मीरां के गीतों में ढूंढ़ा जा सकता है परन्तु यहाँ भी एक विशिष्टता दृष्टिगोचर होती है कि ये अत्युक्तियाँ भी अवास्तविक नहीं जान पड़तीं। काव्य-वस्तु के प्रभाव को तीव्रतर बनाने और संवेद्य अनुभूति को अधिक परिष्कृत करने हेतु वास्तविकता को कुछ अतिशयता के साथ प्रस्तुत किया जाता है। मीरां की कतिपय विरहोक्तियों में अत्युक्ति का प्रयोग किया गया है किन्तु वे सभी पाठक के हृदय में करुणा का संचार करने में पूर्ण सफल रही हैं। कुछ उदाहरण :

'कळ णा पड़तां हरि मग जोवां, भई छमाशी रैण।'[73]

इसी प्रकार—

'गणतां गणता घिश गयां रेखां आंगरियां री शारी।'[74]

'म्हारे घर होतां जाज्यो महाराज
नैण बिछयाशुं हिवडो डाश्यूं सर पर राखूं विराज।'[75]

प्रस्तुत एवं अप्रस्तुत का साम्य दर्शाते हुए कुछ उदाहरण—उत्प्रेक्षा एवं रूपक

अलंकारों के मिल जाते हैं।

भाव का गुण साम्य दर्शाते हुए **उत्प्रेक्षा अलंकार** का वर्णन है :

'अंगखीण व्याकुल भयां मुख पिव पिव वाणी हो
ज्यूं चातक घण कूं रटा मछरी ज्यूं पाणी हो।'[76]

रूप साम्य के आधार पर यह पद भी उत्प्रेक्षा अलंकार का सुन्दर उदाहरण है—

'कुंडल झलकां कपोल अलकां लहराई
मीना तज सरवर ज्यों मकर मिलण धाई।'[77]

प्रभु के चरणों के दर्शन एवं अमृत दोनों का एक समान फल होने के कारण निम्न पंक्तियों में प्रभावगत साम्य के दर्शन होते हैं। यहाँ पर **रूपक** अलंकार प्रयुक्त किया गया है :

'तण मण वारयां हरि चरणां मां दरसण अमरित पाश्यां री।'[78]

उपर्युक्त अलंकारों के अतिरिक्त मीरां के गीतों में कुछ अन्य अलंकारों के उदाहरण इस प्रकार हैं :

काव्यलिंग अलंकार

'भज मण चरण कंवळ अविणासी
जैताई दीसां धरण गगण मां तेताई उठि जासी।'[79]

अर्थान्तरन्यास

'हेरी म्हां तो दरद दिवाणी, म्हारां दरद णा जाण्या कोय
घायळ री गत घायळ जाण्या, हिवड़ो अगण संजोय
जोहर कीमत जोहगं जाण्यां, क्या जाण्यां जिण खोय।'[80]

विभावना

'जल विणा कंवल चंद बिणा रजणी
थे विण जीवण जाय।'[81]

उदाहरण—

'ज्यूं चातक घण कूं रटा, मछरी ज्यूं पाणी हो'[82]

दृष्टान्त

'पिया थारे णाम लुभाणी जी

णाम लेतां तिरतां सुण्यां, जग पाहण पाणी जी
गणिका कीर पढ़ावतां, बैकुण्ठ बसाणी जी।'[83]

स्वाभावोक्ति

'रोवतां रोवतां डोळता, सब रैण बिहावा जी
भूख गयां निदरां गया, पापी जीव णा जाणा जी'[84]

इस प्रकार यद्यपि प्रयास करने पर मीरां के गीतिकाव्य में अलंकारों के अनेक उदाहरण खोजे जा सकते हैं किन्तु यह पूर्ण स्पष्ट है कि उनके गीतों में अलंकारों का आगमन स्वतः ही हो गया है। मीरां की सीधी सरल भावोक्तियों को किसी अलंकरण की आवश्यकता नहीं थी। अलंकारों की अतिशयता भाव व्यंजना में बाधा उपस्थित कर देती है। मीरां के काव्य में ऐसे किसी अवरोध की गुंजाइश नहीं किन्तु इसके साथ ही यह भी स्वीकार करना होगा कि मीरां में कलात्मक उत्कर्ष का अभाव है। इसी स्थान पर मीरां स्तुत्य भी हैं। कला, परम्परा, यश एवं सिद्धि के लोक से विरक्त रहते हुए मीरां ने भावों के स्थान पर अलंकारों को अधीष्ठित नहीं किया अतएव वे प्रशंसनीय हैं।

काव्य के बाह्य सौन्दर्यवर्द्धन हेतु उन्होंने आन्तरिक रमणीयता का हनन नहीं किया। उनके गीतिकाव्य का वर्ण्य विषय सीमित एवं वैविध्यरहित है अतः अप्रस्तुत के प्रयोगों की सीमा का संकुचन स्वाभाविक है। आचार्य शुक्ल द्वारा समर्थित अलंकार योजना मीरां के गीतों में गृहीत हुई है। तात्पर्य यह कि अलंकारों का प्रयोग मीरां के भाव-प्रवाह में स्वतः ही हो गया है। उनके गीतों की यह अनलंकृति अपने आप में महती उपलब्धि है।

गायन शैली

मीरां ने अपनी माधुर्य भावना से अनुप्रेरित होकर हृदयगत भावनाओं को वाणी में साकार कर दिया है। आराध्य श्रीकृष्ण की मनोहर रूप सुषमा में अनुरक्त मीरां इस लौकिक संसार और इस नश्वर देह को विस्मृत कर आराध्य प्रियतम के साथ तदाकार होकर गा उठीं। उनका गान उनके हृदय का अमर संगीत है, जिसमें प्रेम की अपरिमित वेदना और समर्पण के विविध स्वर गुंजायमान हैं।

आराध्य प्रियतम के प्रति प्रेम भावना के आवेग से भरपूर मीरां के ये उद्गार पिंगल या छन्दशास्त्र के नियमों में न बँध सके और गीत शैली में ढलकर पद रूप में सम्मुख आए। उनकी यह शैली संगीत की दृष्टि से विशेष महत्त्व रखती है। मात्रा या यति सम्बन्धी कोई विशिष्टता मीरां की गीत शैली में नहीं मिलती। भावों की तीव्रता के अनुसार उनकी पद गीतियों को इच्छानुसार संगीत में प्रयुक्त लय ताल में ढाला जा सकता है। मीरां का सम्पूर्ण काव्य ही गेय पद शैली के अन्तर्गत आता है।

पदों का स्वरूप

कृष्ण-भक्ति साहित्य में जो पद प्रयुक्त हुए हैं वे तीन प्रकार के हैं :

(1) समान मात्रावाले पद, (2) टेक वाले पद, (3) असमान मात्रावाले पद।

समान मात्रावाले पदों में सभी पंक्तियों में समान मात्राएँ होती हैं। मीरां ने इस प्रकार के पद नहीं रचे।

टेकवाले पद

इन पदों में प्रथम पंक्ति अन्य पंक्तियों से अपेक्षाकृत छोटी होती है जिसे स्थायी पद या टेक कहते हैं। प्रत्येक दो चरणों के पश्चात् प्रथम पंक्ति की आवृत्ति की जाती है। अन्य सब पंक्तियों में मात्राएँ समान होती हैं। मीरां ने इस पद्धति को भी नहीं अपनाया। यदि एकाध पद उनमें मिल भी जाएँ तो उसे उनका अचेतन प्रयास ही माना जाना चाहिए।

असमान मात्राओंवाले पद

इन पदों में मात्राओं का कोई बन्धन नहीं है। प्रत्येक पंक्ति में विभिन्न मात्राएँ होती हैं। पंक्तियों में मात्राओं का कोई क्रम नहीं रहता। भावों के अनुरूप ही मात्राओं की गति परिवर्तित होती रहती है। मीरां के प्रायः सभी गीत असमान मात्राओंवाले हैं। उदाहरणार्थ एक पद प्रस्तुत है :

19 मात्राएँ : 'माई री म्हां ळियां गोविंदा मोळ
28 मात्राएँ : थे कह्यां छाणे म्हां का चोड्डे ळियां बंजता ढोल
30 मात्राएँ : थे कहया मुंहोघ म्हा कह्यां सुस्तो ळियां री तराजा तोल
28 मात्राएँ : तण वारां म्हां जीवणा वारां वारां अमोळक मोळ
27 मात्राएँ : मीरां (कूं) प्रभु दरसण दीज्यां पुरब जणम को कोळ।'[85]

मीरां के गीतों की गायन प्रणाली

मीरां के युग में ध्रुवपद, धमार गायकी तथा भजन कीर्तन[86] प्रणालियाँ प्रचलित थीं।

ध्रुवपद

ध्रुवपद का अर्थ है ध्रुव, अर्थात् निश्चित पद। पद के चार अवयव होते हैं–(1) स्थायी, (2) अन्तरा, (3) संचारी और (4) आभोग।

ध्रुवपद गायकी को चौताल, सूलफाक ताल, झम्पा, गजताल, तीव्रा, ब्रह्मा तथा रुद्रतालों में प्रायः गाया जाता है। इसमें मूलतः भक्ति, शृंगार एवं वीर रस की प्रधानता रहती है।

ध्रुवपद गायन शास्त्रीय संगीत के अन्तर्गत परिगणित होता है। अतः मीरां के गीतों का इस प्रणाली पर आधारित होना असंगत जान पड़ता है।

धमार

कृष्ण भक्त कवियों में धमार गायन का विशेष प्रचलन था। गोविन्द स्वामी की धमार गायकी प्रसिद्ध है। ताल की कसौटी पर धमार ताल में 14 मात्राएँ होती हैं। चार भागों में इनका विभाजन होता है। पहले भाग में 5, दूसरे में 2, तीसरे में 3 और चौथे में 4 मात्राएँ होतीं हैं। 1, 6 और 11वीं मात्रा पर ताली व 8वीं मात्रा पर खाली का चिह्न होता है। मीरां ने धमार गायन प्रणाली को अपनाया अवश्य था। उनके होली सम्बन्धी गीत धमार गायन के अन्तर्गत गाए जा सकते हैं, परन्तु ये गीत 'धमार ताल'—की दृष्टि से त्रुटिपूर्ण हैं।

भजन कीर्तन प्रणाली

मीरां के गीतों को इसी गायन प्रणाली के अन्तर्गत रखा जा सकता है। मीरां ने अपने आराध्य के नाम, रूप, गुण, माहात्म्य आदि का अत्यन्त प्रेमानुराग के साथ गायन किया था। मीरां की ये पद गीतियाँ संगीतज्ञों के मध्य भी विशेष प्रसिद्ध रही हैं। इनकी प्रसिद्धि के सम्बन्ध में प्रो. शशिभूषण दासगुप्त लिखते हैं :

'मीरां के भजन बंगाल में बहुत प्रसिद्ध हैं। यहाँ तक कि कीर्तन गान इत्यादि प्रसंगों में 'भजन' शब्द का व्यवहार जब हम करते हैं तो हमारा अभिप्राय मीरां के ही भजनों से होता है। यदि प्रसिद्ध गायक से भजन गाने के लिए कहा जाए तो वह उसका अर्थ मीरां के भजन ही समझता है और गायक लोग जब भजन गाना सीखना व प्रारम्भ करते हैं तो पहले मीरां के ही भजन सीखते हैं।'[87]

वस्तुतः मीरां ने अपने भावों को उन्मुक्त संगीत की अजस्र धारा में प्रवाहित करके गीत रचना की थी। उन्होंने अपने गीतों को भजन या कीर्तन के रूप में आराध्य देव के समक्ष गाया हो, इसकी पूरी सम्भावना है। मीरां के भजन गेयता, सरसता और माधुर्य में अतुलनीय हैं। समाज की ओर से विरक्त मीरां ने अपने दिव्य प्रेम में उन्मुक्त गीत रचना की थी। यही कारण है कि उनकी हृदय की पीड़ा, वेदना, प्रेम की कसक सभी कुछ भजनों में ढलकर उन्मुक्त संगीत की स्वच्छन्द धारा प्रवाहित करते हैं।

मीरां को अपने पूर्व इस गायन प्रणाली की विस्तृत परम्परा प्राप्त हुई थी। उनके समकालीन भक्त कवियों की गीत शैली में भी भजन कीर्तन को महत्त्वपूर्ण स्थान प्राप्त

है। अतः मीरां द्वारा भी इस शैली को अपनाया जाना सर्वथा उपयुक्त जान पड़ता है।

मीरां की स्वच्छन्द भावाभिव्यंजना एवं भावोद्वेग का समाहार गीत शैली में सर्वाधिक उपयुक्त रूप में हुआ है। यही कारण है कि मीरां के गीत सर्वसाधारण से लेकर महान संगीतज्ञों तक को बरबस खींच लेते हैं और अरसिक भी इनकी रस फुहारों से अलिप्त नहीं रह जाता।

छन्द विधान

कविता का छन्द से चिर सम्बन्ध है। आदि मानव ने सर्वप्रथम अपने उद्वेलित मनोभावों की व्यंजना के लिए जिस भाषा को अपनाया होगा उसमें ध्वनि आधारों, लय के उतार-चढ़ाव की स्थिति अवश्य रही होगी। ये तत्त्व ही छन्द के मुख्य तत्त्व है। गीतिकाव्य की भावाभिव्यंजना स्वभावतः छन्दमयी होती है क्योंकि आवेग के क्षणों में गीतिकार की वाणी में स्वतः ही लय एवं नाद आदि का समावेषण हो जाता है। स्वर-निपात के सुनिश्चित ध्वनि-क्रम को छन्द की संज्ञा दी गई है। गीत काव्य में छन्द का तात्पर्य केवल शास्त्रीय नियमानुसार मात्रा, गण, वर्ण अथवा गुरु-लघु की योजना मात्र करके छन्द विधान कर लेना उतना महत्त्वपूर्ण नहीं है जितना लय एवं तालयुक्त निनाद उत्पन्न करना। इस दृष्टि से गीतिकाव्य में छन्द सामरस्य और एकता के प्रतीक हैं, बन्धन के सूचक नहीं। पल्लव की भूमिका में पंत जी लिखते हैं :

'कविता हमारे प्राणों का संगीत है और छन्द हृत्कम्पन। जिस प्रकार नदी के तट अपने बन्धन से धारा की गति को सुरक्षित रखते हैं, जिसके बिना वह अपनी ही बन्धन-हीनता में अपना प्रवाह खो बैठती है, उसी प्रकार छन्द भी अपने नियन्त्रण में राग को स्पन्दन, कम्पन तथा वेग प्रदान कर निर्जीव शब्दों के रोड़ों में एक कोमल सजल कलरव भर उन्हें सजीव बना देते हैं किन्तु जिस प्रकार नदी के कूल उसके तीव्र प्रवाह में बनते-बिगड़ते रहते हैं। उसी प्रकार प्रगीत के छन्द भी। वे शास्त्रीय नियमों द्वारा अनुशासित न होकर भावानुप्रेरित और स्वच्छन्द होते हैं।'[38]

मीरां के गीतों में छन्द विधान का यही स्वरूप सर्वत्र गृहीत हुआ है। मीरां के गीतों के छन्द भावानुकूल नैसर्गिक ध्वनि से निर्मित हैं, जैसे कोयल की काकली, जल की मधुर कलकल, पक्षियों के कलरव और निर्झर के मधुर रव में एक विशिष्ट संगीत की ध्वनि गुंजित होती है, उसी प्रकार मीरां के गीतों में छन्द विधान भी नैसर्गिक है।

उनके गीतों में भाव विदग्ध मानस की सहज अभिव्यक्ति है। उनमें प्रयत्न साध्य छन्द योजना का अभाव है। यही कारण है कि छन्द-शास्त्र या डिंगल रीति ग्रन्थों द्वारा अनुमोदित छन्द-विधान उनमें अप्राप्य है। उन्होंने छन्द के शास्त्रीय बन्धनों से अछूता रखकर भी अपने गीतिकाव्य को कलात्मक रूप अनजाने ही प्रदान कर दिया है।

उनकी मूल पदावली में छन्द के प्रकारों का कोई उल्लेख नहीं किया गया है। इस आधार पर भी उनके गीतों में शास्त्रीय छन्द-विधान का अभाव सिद्ध होता है।

किन्तु कुछ विद्वानों ने मीरांबाई के पदों में बहुत सारे छन्द खोज निकाले हैं। कुछ छन्दों की स्थिति एकदम शुद्ध रूप में मानी है तो कुछ छन्दों को त्रुटियुक्त मानते हुए भी मीरां के गीतों में उनकी गणना कर ली गई है।

श्री परशुराम चतुर्वेदी ने 'मीरांबाई की पदावली' में सार छन्द, सरसी छन्द, विष्णुपद, दोहा छन्द, उपमान छन्द, समान सवैया, शोभण छन्द, ताटंक छन्द, कुंडल छन्द और चन्द्रायण छन्दों का शोध किया है।[89]

किन्तु इन छन्दों के विषय में स्वयं चतुर्वेदी जी ही लिखते हैं :

'पदावली के अन्तर्गत आए हुए पदों को ध्यानपूर्वक देखने से पता चलता है कि मानो उनकी रचना पिंगल के नियमादि को दृष्टि में रखकर नहीं की गई थी, अथवा उनके विशेष रूप से गाने योग्य होने के कारण पीछे से उनमें संगीत की सुविधाओं के अनुसार परिवर्तन कर दिए गए हैं। पिंगल की दृष्टि से नाप-जोख करने पर पदावली का कदाचित् कोई भी पद नियमानुसार बना हुआ प्रतीत नहीं होता। किसी में मात्राएँ बढ़ती हैं तो किसी में घट जाती हैं और कहीं नहीं। पर नियमादि की उपेक्षा के कारण यह कहना कठिन हो जाता है कि किसी पंक्ति का किन्हीं पंक्तियों के किन लक्षणों को दृष्टि में रखकर परीक्षा की जाए।'[90]

ऐसी स्थिति में यही मानना उपयुक्त होगा कि मीरां ने छान्दिक नियमों में आबद्ध हो गीत रचना नहीं की। वैसे प्रयास करने पर उनके गीतों में परम्परागत छन्दों का आगमन स्वतः ही हो गया, यह सिद्ध होता है। कतिपय गीत पंक्तियाँ प्रस्तुत हैं जो परम्परागत छन्दों में बद्ध मानी जा सकती हैं :

यौगिक जाति का सार-छन्द

इस छन्द में 28 मात्राएँ होती हैं। 16 और 12 पर यति, अन्त में दो गुरु।
उदाहरण—

'थे बिण म्हारे कोण खबर ले गोबरधण गिरधारी
मोर मुगट पीताम्बर शोभां कुंडल री छब न्यारी'[91]

'स्याम सणेसो म्हां णा दीश्यां, जीवण जोत बुझाती
ऊँचा चढ़ चढ़ पंथ निहार्यां मग जोवा दिनराती'[92]

'सांवरियो रंग रांचां राणां सांवरियो रंग रांचां
ताळ पखावजां मिरदंग बाजां साधां आगे णाचां'[93]

मीरां के गीतों में दूहा छन्द के सर्वाधिक उदाहरण मिलते हैं।

महातैथिक जाति का ताटंक छन्द

इस छन्द में 30 मात्राएँ होती हैं। 16 और 14 पर यति चिह्न और अन्त में तीन

गुरु लगते हैं।

उदाहरण—

'सांवरो म्हारी प्रीत निभाज्यो जी
थे छो म्हारा गुण रो शागर औगुण म्हां बिशराज्यो जी
ळोक णां शीभयां मण णा पतीज्यां मुखड़ा सबद शुणाज्यो जी
दासी थारी जणम जणम री, म्हारा आंगण आज्यो जी
मीरां रे प्रभु गिरधर नागर बेडा पार ळगाज्यो जी'[94]

महानक्षात्रिक जाति का सरसी छन्द

इस छन्द में कुल 27 मात्राएँ होती हैं। 16वीं और 11वीं मात्रा पर यति एवं अन्त में गुरु लघु होता है।

उदाहरण—

'तनक हरि चितवां म्हारी ओर।
हम चितवा थे चितवों णा हरि, हिबड़ो बड़ो कठोर
म्हारी आसा चितवण थारी और णा दूजां ठोर
ऊभ्यां ठाढ़ी अरज करूं छूं करतां करतां भोर
मीरां रे प्रभु हरि अविणासी देश्यूं प्राण अंकोर'[95]

महाअवतारी जाति का सुगीत छन्द

इसमें कुल 25 मात्राएँ होती हैं, 15, 10 पर यति, अन्त में गुरु-लघु होता है। मीरां के गीतों में यति भंग के दोष के साथ इस छन्द का प्रयोग मिलता है। उदाहरणार्थ एक गीत प्रस्तुत है :

'हरि थे हर्यां जण री भीर
द्रोपता री ळाज राख्यां थे बढयांयां चीर
भगत कारण रूप नर हरि धर्यां आप सरीर
बूढ़ता गजरात राख्यां कढ्या कुंजर पीर
दासि मीरां ळाळ गिरधर हरां म्हारी पीर।'[96]

इस गीत में यति का निर्वाह 15, 10 मात्राओं पर नहीं हो सका है। पहली एवं तृतीय पंक्ति में यति भंग दोष है।

इसी तरह मीरां के गीतों में छन्दों के उस वर्ग की भी गणना की जा सकती है,

जिसमें किसी छन्द का अधूरा रूप ग्रहण किया गया है। विशिष्ट छन्द के चार चरणों की अपेक्षा कम या अधिक चरणों को अपनाया है। इन्हें विषम छन्द कह सकते हैं। काशी की प्रति का पद 90 इसी प्रकार का है।

'प्यारे दरशण दीश्यो आय थे बिणा रहया णा जाय
जळ बिणा कंवळ चंद बिणा रजणी थे विणा जीवण जाय
आकुळ व्याकुळ रेण बिहावां, बिरह कळेजो खाय
दिवस णा भूख निदरां रेणा मुख शूं कह्यां णा जाय
कोण सुणे काशूं कहियां री मिळ पिय तपण बुझाय
क्यूं तरशावां अन्तरजामी आय मिळो दुख जाय
मीरां दासी जणम जणभ री थारो णेह लगाय'[97]

कुछ छन्दों को संयुक्त छन्द की संज्ञा दी जा सकती है। इनके अन्तर्गत वे पद हैं जिनमें एक से अधिक छन्दों का संयोग अनियमित चरणों के रूप में मिलता है। डाकोर की प्रति के पद 25, 64, 65 इसी के उदाहरण हैं।

'पिया थारे णाम ळुभाणी जी
णाम ळेतां तिरतां सुण्यां जग पाहण पाणी जी
कीरत काई णा निंदा घणां करम कुमाणी जी
गणका कीर पढ़ावतां बैकुंठ बसाणी जी
अरध णाम कुंजर लयां दुख अवध घटाणी जी
गरुड़ छांड पग धाइयां पसु जूण पराणी जी
अजामेळ अघ ऊधरे जम त्रास णसाणी जी
पूतणाम जश गाइयां जग सारा जाणी जी
सरणागत थे बर दिया परतीत पिछाणी जी
मीरां दासी रावली अपणी कर जाणी जी'[98]

'बड़े घर ताळो लागां री पुर बड़ा पुन्न जगावां री
झीळडयां री कागणा म्हारो डाबरां कुण जावां री
गंगाजमणा काम णा म्हारे म्हां जावा दरयावां री
कामदार शूं काम णा म्हारे जावां म्हा दरबारां री'[99]

'म्हारो मण हर ळीण्यां रणछोड़
मोर मुगट शिर छत्र बिराजां कुंडळ री छब ओर
चरण पखार्यां रतणाकर री धारा गोमत जोर
धजापताका तट तट राजां झाळर री झक झोर
भगत जाण्यां रो काज संवार्यां म्हारा प्रभु रणछोड़
मीरां रे प्रभु गिरधर नागर कर गह्यो णण्दकिसोर'[100]

उपर्युक्त विश्लेषण के उपरान्त एक बात पूरी तरह स्पष्ट हो जाती है कि मीरां के सम्पूर्ण पदों में छन्द-विधान का जो स्वरूप है उसमें शास्त्रीय दृष्टि से अत्यधिक त्रुटियाँ पाई जाती हैं फिर भी अनजाने ही कुछ छन्दों का प्रयोग यदि उनके द्वारा हो गया हो तो इसी आधार पर उन्हें छन्द-शास्त्र का ज्ञाता सिद्ध करना हमारे ही बुद्धि विलास का प्रदर्शन मात्र होगा। मीरां जैसी मुक्त स्वच्छन्द गीति रचना करनेवाली भक्त नारी को छन्द बद्ध रचना करने के प्रति कोई आग्रह नहीं था।

छन्द पद्धतियाँ और मीरां के गीत

मीरां के पूर्व एवं समकालीन साहित्य जगत में कुछ छन्द पद्धतियाँ प्रचलित थीं।
(1) गीत पद्धति,
(2) दोहा पद्धति,
(3) चौपाई पद्धति और
(4) छप्पय पद्धति।

गीत पद्धति

मीरां ने गीत पद्धति को अपनाया था। इसमें प्रथम पंक्ति टेक के रूप में रहती हैं व अन्य पंक्तियाँ तुकान्त होती हैं। मीरां की यह गीत पद्धति सिद्धों एवं सन्तों द्वारा अपनाई गई पद्धति थी। राजस्थान में प्रचलित गीतों से यह पद्धति पूर्णतः भिन्न है। इनको गाया नहीं जाता, विशेष ढंग से पाठ किया जाता है। एक गीत के अन्तर्गत तीन-चार पद रहते हैं अतः मीरां के गीत डिंगल भाषा के इन गीतों से पूर्णतया भिन्न हैं। डिंगल साहित्य के रीति ग्रन्थों में 85 हजार प्रकार के गीतों के उदाहरण लक्षण सहित दिए गए हैं परन्तु मीरां के गीतों में इसका सर्वथा अभाव है। मीरां ने डिंगल की काव्य-शैली को नहीं अपनाया, उनकी भावनाओं की अभिव्यक्ति गीति शैली में व्यक्त हुई है।

दोहा पद्धति

इस पद्धति का प्रभाव मीरां पर अवश्य पड़ा है। इसके दो कारण हैं। प्रथम तो यह कि मीरां साधु-सन्तों के सम्पर्क में रहती थीं और तत्कालीन साधु समाज में दोहा पद्धति का प्रचलन ही मुख्य रूप से था। दूसरा कारण है मीरां राजस्थान की थीं और वहाँ दूहा (दोहा) और उसके अनेक उपभेद बहुत प्रचलित हैं। किन्तु मीरां ने दोहा के सामान्य लक्षण को अपनाया और गेयता के अनुकूल 'रे' या 'री' को जोड़कर परम्परागत रूप मे परिवर्तन भी कर दिया है।

चौपाई पद्धति

यह पद्धति प्रबन्ध काव्य के लिए उपयुक्त है। मीरां के गीतिकाव्य में इस पद्धति को नहीं अपनाया गया।

छप्पय पद्धति

इस पद्धति का प्रयोग वीरगाथाकालीन काव्य में सर्वाधिक हुआ। यह छन्द प्रमुखतः ओज और वीरत्व भाव के उपयुक्त है और मीरां की माधुर्योपासना कोमल भावना के सर्वथा विपरीत है। अतः इस पद्धति का अनुसरण भी मीरां ने नहीं किया।

इस प्रकार मीरां के गीत छन्द-विधान की दृष्टि से पद पद्धति के अन्तर्गत आते हैं। दोहा पद्धति से भी वे प्रभावित हैं। अन्य दोनों पद्धतियों को उन्होंने छोड़ दिया है।

मीरां के गीतों के छन्द-शास्त्रीय विश्लेषण से यह सिद्ध होता है कि संगीत की अच्छी जानकार होते हुए भी वे छन्द-शास्त्र या रीतिग्रन्थों के अनुसार गीत रचना से सर्वथा विरक्त थीं।

वस्तुतः मीरां का काव्य स्वतःप्रवृत्त काव्य है जो ब्रह्मानन्द से आत्मानन्द का स्रोत बनकर प्रवाहित हुआ है। वह सर्वथा उन्मुक्त प्रवहमान ऐसी भाव धारा है जिससे छन्दों के तट बन्धन बार-बार टूट गए हैं।

मीरां के गीत मुक्त छन्द हैं। एजरा पाउण्ड के मतानुसार 'कवि को मुक्त छन्द में तभी रचना करना चाहिए जब वह उसकी योजना में दक्ष हो अर्थात् जब सम्प्रेष्य वस्तु स्वाभाविक रूप से सुनिश्चित छन्दों की अपेक्षा अधिक सुन्दर लयों का निर्माण करे या अधिक यथार्थ या वास्तविक भावावेगों का अभिन्न अंग बनकर प्रकट हो, जो सुगठित छन्द की अपेक्षा अधिक माधुर्य युक्त, प्रिय और व्याख्या-परक हो।'[101]

उनकी यह विचारणा मीरां के गीतिकाव्य में छन्द प्रयोग की स्थिति को देखते हुए पूर्णतया सटीक बैठती है।

मीरां के गीत आवेग और अनुभूति को पूर्ण और अखंड रूप से मूर्तिमान करने में सफल रहे हैं। सार, सरसी, ताटंक आदि जिन छन्दों का प्रयोग मीरां के गीतों में अनजाने हो गया है वे शृंगार, करुण और भक्ति रसों के लिए अत्यन्त उपयुक्त हैं। मीरां के गीत छन्दों के गीतात्मक प्रयोग की दृष्टि से पूरी तरह सफल सिद्ध होते हैं।

इस प्रकार मीरां के गीतों में अभिव्यंजना का जो स्वरूप उपलब्ध है उसका समग्र अध्ययन यही सिद्ध करता है कि मीरां काव्य के शिल्प अथवा अभिव्यंजना पक्ष के प्रति उदासीन दृष्टिकोण रखती थीं। उनके जीवन में वैराग्य का उदय हो चुका था। श्रीकृष्ण के चरणों में उनका समर्पित व्यक्तित्व अपनी अनुभूतियों को पूर्ण आत्मविस्मृत की अवस्था में व्यक्त करने के अतिरिक्त अन्य कुछ भी नहीं करना चाहता था। वे गाती थीं तो गिरधर के लिए और नृत्य करती थीं, वह भी गिरधर के लिए। फिर भला शास्त्र

पूजित कला के लिए वे अपनी वाणी, अपना हृदय कैसे अर्पित कर सकती थीं !

उन्होंने गीत शैली को अपनी भावाभिव्यक्ति का माध्यम चुना। इसके पीछे भी उनकी वही उन्मुक्त भावना थी जो किसी बन्धन में बँधना नहीं चाहती थी, चाहे वह छन्द-शास्त्र या पिंगल-शास्त्र का हो या तथाकथित आचार्यों द्वारा निर्धारित काव्य-शास्त्र के नियमों का ही क्यों न हो !

परन्तु मीरां में कलात्मकता का सर्वथा अभाव ही है, यह भी नहीं माना जा सकता। मीरां एक सम्भ्रान्त उच्च कुलीन नारी थीं, उनको संगीत आदि का पूर्ण ज्ञान था। इसकी विधिवत शिक्षा भी उन्होंने ग्रहण की थी, किन्तु उनके गीतों में अभिव्यक्ति पक्ष का नितान्त शास्त्रीय रूप सुलभ नहीं है। उनके गीत उनके प्रेमी हृदय की अमरगाथा हैं, जो कि भले ही शब्दों के चमत्कार, अंलकारों की छटा और छन्दों के सौन्दर्यादि की दृष्टि से बहुत समृद्ध न हों, फिर भी वे अपनी सजीवता और सशक्त प्रभावात्मकता में अप्रतिम हैं। मीरां के गीतों में यह महत्त्वपूर्ण नहीं है कि कैसे कहा गया है, महत्त्वपूर्ण है क्या कहा गया है। अन्य शब्दों में मीरां-काव्य का अनुभूति पक्ष इतना अधिक जीवन्त और समृद्ध बन पड़ा है कि अभिव्यक्ति पक्ष का अधिक सम्पन्न न होना उनके गीति कवयित्री के पद पर आघात नहीं लगने देता। मीरां का प्रेम अपने उद्दाम वेग के साथ आडम्बरहीन एवं सरल वाणी में फूट पड़ा है। उनकी यही सहजता उनके शिल्प की सर्वोत्तम निधि है।

रामप्रसाद त्रिपाठी भी सच ही कहते हैं :

'मीरां देवी की रचनाएँ भाषा अथवा काव्य सौन्दर्य की दृष्टि से विशेष महत्त्व नहीं रखतीं। भाषा अथवा काव्य कला का उसमें कोई चमत्कार नहीं, फिर भी उनके पदों में विशेष आकर्षण है। उनमें पुलकित तथा गद्‌गद् करने की शक्ति है। कम-से-कम श्रोताओं के हृदय पर वे प्रभाव उत्पन्न करते हैं।...उनके शुद्ध, सरल तथा मंजुल भाव, उनकी अनुरक्ति, तल्लीनता तथा भावुकता, उनके शब्दों में भी छलकती-सी जान पड़ती है। साधिका के प्रगाढ़ भक्ति भाव से उसके शब्दों में भी उसकी आत्मा का विशेष स्पन्दन तथा सौरभ प्रकट हो गया। यदि शब्दों, वाक्यों, पदों आदि का कौशल अथवा पद्यों की विपुलता मात्र ही काव्य, कवित्त अथवा कवि की महानता या हीनता का प्रमाण समझा जाए, तो सम्भवतः मीरां का स्थान नगण्य सा माना जाएगा। यदि भावावेग, हृदयावेग तीव्र भावुकता तथा तन्मयता से विगलित शब्द विन्यास को कविता का विशेष लक्षण माना जाए तो मीरां के कवयित्री होने में सन्देह नहीं। यही नहीं, उनकी पदावली में भावोन्मेषकता एवं संगीत के विशेष गुण हैं, जिनसे उनके काव्य का उत्कर्ष बहुत बढ़ जाता है।'[102]

सन्दर्भ

1. Form in Modern Poetry : Herbert Read, Page 44
2. मीरांबाई की शब्दावली, बेलडियर प्रेस, प्रयाग, मीरांबाई का जीवन चरित्र, पृ. 7
3. मीरांबाई, डॉ. प्रभात, पृ. 441
4. ब्रज भाषा का इतिहास, डॉ. सत्येन्द्र, पृ. 248
5. 'मीरांबाई की कविता की भाषा राजस्थानी है, जो पश्चिमी हिन्दी का एक प्रधान विभाग है।...मीरांबाई की भाषा में ब्रज भाषा का मिश्रण बहुत है। गुजराती की विशेषताएँ भी अनेक स्थानों में पाई जाती हैं। पंजाबी, खड़ी बोली, पूरबी आदि का आभास भी कई स्थानों पर मिलता है।' मीरां मन्दाकिनी, नरोत्तमस्वामी, पृ. 15-16
6. मीरांबाई की पदावली, परशुराम चतुर्वेदी, पृ. 60
7. 'मीरांबाई ने ब्रज भाषा और राजस्थानी दोनों में कविता की है।' राजस्थान का पिंगल साहित्य : डॉ. मोतीलाल मेनारिया, पृ. 65
8. 'मीरांबाई की कविता की भाषा राजस्थानी है।...मीरांबाई की भाषा में ब्रज भाषा का मिश्रण बहुत है। गुजराती की विशेषताएँ भी अनेक स्थानों में पाई जाती हैं। पंजाबी, खड़ी बोली, पूरबी आदि का आभास भी कई स्थानों पर मिलता है।'—मीरां मन्दाकिनी, नरोत्तम स्वामी, पृ. 15-16
9. मरु भारती, वर्ष 3, अंक 3, अक्तूबर 1955, राजस्थानी भाषा।
10. साहित्य प्रवेशिका : श्री हींमतलाल अंजारिया; (1922) पृ. 6
11. मीरां : जीवन अनेक वन, डॉ. निर्मलालाल बाई झवेरी, पृ. 253
12. मीरां के प्रामाणिक पदों के सम्बन्ध में विभिन्न हस्तलिखित प्रतियों का विवरण पिछले अध्याय में पाठ निर्णय की समस्या के अन्तर्गत दिया जा चुका है अतः यहाँ हम केवल प्रामाणिक हस्तलिखित प्रति की ही चर्चा करेंगे।
13. क्लासिकल पोयट्स ऑफ गुजरात : गोवर्धनदास त्रिपाठी, पृ. 19-21
    माइलस्टोन्स इन गुजराती लिटरेचर : के.एम. झावेरी, पृ. 25-51
    गुजरात एंड इट्स लिटरेचर : के.एम. मुंशी, अध्याय-4, पृ. 125-199
14. शशिभूषण दासगुप्त : मीरां स्मृति ग्रन्थ, पृ. 77
15. डाकोर की प्रति, पद-13
16. डाकोर की प्रति, पद-15
17. डाकोर की प्रति, पद-6
18. डाकोर की प्रति, पद-6
19. मीरांबाई, डॉ. छोटेलाल प्रभात, पृ. 454
20. डाकोर की प्रति, पद-34
21. डाकोर की प्रति, पद-19
22. काशी की प्रति, पद-102
23. डाकोर की प्रति, पद-35
24. डाकोर की प्रति, पद-19
25. डाकोर की प्रति, पद-19
26. डाकोर की प्रति, 66
27. डाकोर की प्रति, 21
28. डाकोर की प्रति, 68
29. डाकोर की प्रति, पद-57

30. बृहत् हिन्दी कोश ज्ञानमंडल, 1075
31. डाकोर की प्रति, पद-10
32. डाकोर की प्रति, पद-60
33. डाकोर की प्रति, पद-56
34. काशी की प्रति, पद-90
35. डाकोर की प्रति, पद 67
36. डाकोर की प्रति, पद-68
37. डाकोर की प्रति, पद-52
38. डाकोर की प्रति, पद-22
39. डाकोर की प्रति, पद-17
40. डाकोर की प्रति, पद-4
41. डाकोर की प्रति, पद-8
42. डाकोर की प्रति, पद-1
43. डाकोर की प्रति, पद-9
44. डाकोर की प्रति, पद-5
45. डाकोर की प्रति, पद-3
46. डाकोर की प्रति, पद-16
47. डाकोर की प्रति, पद-25
48. डाकोर की प्रति, पद-50
49. डाकोर की प्रति, पद-15
50. डाकोर की प्रति, पद-56
51. डाकोर की प्रति, पद-77
52. डाकोर की प्रति, पद-49
53. डाकोर की प्रति, पद-5
54. डाकोर की प्रति, पद-3
55. डाकोर की प्रति, पद-49
56. डाकोर की प्रति, पद-39
57. डाकोर की प्रति, पद-38
58. डाकोर की प्रति, पद-45
59. काशी की प्रति, पद-73
60. डाकोर की प्रति, पद-4
61. कालिय नाग नाथन की घटना के अतिरिक्त
62. डाकोर की प्रति, पद-5
63. काशी की प्रति, पद-78
64. काशी की प्रति, पद-81
65. डाकोर की प्रति, पद-8
66. डाकोर की प्रति, पद-49
67. डाकोर की प्रति, पद-50
68. रस मीमांसा, आचार्य रामचन्द्र शुक्ल, पृ. 338
69. डाकोर की प्रति, पद-6

70. डाकोर की प्रति, पद-24
71. डाकोर की प्रति, पद-10
72. डाकोर की प्रति, पद-39
73. डाकोर की प्रति, पद-20
74. काशी की प्रति, पद-102
75. डाकोर की प्रति, पद-29
76. डाकोर की प्रति, पद-39
77. काशी के प्रति, पद-85
78. डाकोर की प्रति, पद-47
79. डाकोर की प्रति, पद-2
80. डाकोर की प्रति, पद-19
81. काशी की प्रति, पद-91
82. डाकोर की प्रति, पद-39
83. डाकोर की प्रति, पद-25
84. डाकोर की प्रति, पद-23
85. डाकोर की प्रति, पद-13
86. 'भारतीय संगीत के इतिहास में भजन गायन प्राचीन माना जाता है। भिन्न-भिन्न प्रान्तों में इसे भिन्न-भिन्न प्रकार से गाते हैं। भिन्न-भिन्न प्रान्तों के लोग भजन को ही कीर्तन, हरिकथा, कालक्षेप, आभंग और नागर कीर्तन कहते हैं।' भजन कीर्तन (पहला भाग) श्रीपद बन्दोपाध्याय, पृ. 20
87. मीरां स्मृतिग्रन्थ, मीरांबाई, प्रो. शशिभूषण दासगुप्त, पृ. 78
88. पल्लव की भूमिका, श्री सुमित्रानन्दन पन्त
89. मीरांबाई की पदावली : परशुराम चतुर्वेदी भूमिका, पृ. 52-55
90. मीरांबाई की पदावली : श्री परशुराम चतुर्वेदी, पृ. 52
91. डाकोर की प्रति, पद-42
92. काशी की प्रति,-98
93. डाकोर की प्रति, पद-48
94. डाकोर की प्रति, पद-28
95. काशी की प्रति, पद-75
96. डाकोर की प्रति, पद-69
97. काशी की प्रति, पद-90
98. डाकोर की प्रति, पद-25
99. डाकोर की प्रति, पद-64
100. डाकोर की प्रति, पद-65
101. Literary Essays : Ezra Pound.
102. मीरां स्मृति ग्रन्थ, भूमिका (1) श्री रामप्रसाद त्रिपाठी

7

हिन्दी गीतिकाव्य परम्परा में मीरां का अवदान

भक्ति, काव्य और संगीत की त्रिवेणी को प्रवाहित करनेवाली मीरां गीतिकाव्य परम्परा में सिरमौर सिद्ध होती हैं। माधुर्य भक्ति भाव की उपासिका मीरां के गीतों में एक सच्ची भक्त आत्मा की वेदना, आकुलता, विरह का उन्माद और मिलनोल्लास की विह्वलता पूर्णतः संयतावस्था में ज्ञापित हुई। उनके गीतों में अन्तस की कचोट संगीत के भावानुकूल स्वरों में सहज ही प्रस्फुटित हुई। हिन्दी काव्य जगत में गीतिकाव्य को परिनिष्ठित स्वरूप मीरां के गीतों द्वारा ही प्राप्त हुआ। हिन्दी गीतिकाव्य परम्परा में मीरां का स्थान सर्वोच्च है।

मीरां के काव्य में गीतिसृजन की प्रक्रिया का एक विशिष्ट रूप दृष्टिगोचर होता है। उनके प्रत्येक गीत में सृजन-प्रक्रिया अपने उत्कृष्टतम स्तर पर देखी जा सकती है। उनके गीतिकाव्य की सृजन-प्रक्रिया में आत्मानुभूति, भाव जागृति, मनोवेगों का उद्वेलन, भावदशा की चरम परिणति एवं उतार-चढ़ाव, भावानुरूप अभिव्यंजना और भाव एवं भाषा का समन्वय जिस क्रमिक ढंग से दिखाई पड़ता है वह श्रेष्ठ गीतिकाव्य की विशेषता है।

मीरां के गीतों का वैशिष्ट्य दर्शाने वाले अन्य तत्त्व इस प्रकार हैं :

वैयक्तिक अनुभूति का प्रकाशन

मीरां का सम्पूर्ण गीतिकाव्य उनकी वैयक्तिक अनुभूति का प्रकाशन है। उनके गीतों में उनकी प्रेमाभक्ति का निरूपण है। यही वह सर्वाधिक प्रमुख स्थल है, जहाँ मीरां अपने पूर्ववर्ती, समवर्ती एवं परवर्ती कवियों से आगे बढ़ गई हैं।

आध्यात्मिक प्रियतम श्रीकृष्ण के प्रति मीरां ने अपने व्यक्तित्व को समर्पित कर दिया था। अतः उनकी गीतियों में सिवाय कृष्णार्पित भावनाओं के अन्य कहीं कुछ भी नहीं है। विद्यापति, सूरदास, अन्य अष्टछाप कवि एवं तुलसीदास जैसे गीतकारों के बीच गीति कवयित्री के रूप में मीरां का स्वरूप एक अलग विशिष्टता लिए हुए है। भक्तिमती मीरां के गीतों में वैयक्तिक अन्तःप्रेरणा का वह ज्वार दिखलाई पड़ता है जो एक व्यापक मानवीय संवेदना से परिवर्तित हो जाता है। ऐसे वैयक्तिक संस्पर्श जहाँ कबीर, सूर,

तुलसी आदि में छुटपुट हैं तथा बिखरे हुए हैं, वहीं मीरां का प्रत्येक गीत इसी विशेषता से अनुप्राणित होकर, हमारी आस्था, श्रद्धा, भक्ति एवं समस्त मनोभावों को अपनी गहराई में समाहित कर लेता है।

मीरां के काव्य और जीवन में एकरूपता है। उनका व्यक्तित्व ही काव्यमय बन गया था और काव्य, व्यक्तित्वमय। उनका अपना जीवन ही काव्य के रूप में मूर्त हो गया था। मीरां का संघर्षशील जीवन, जो निरन्तर लौकिक बाधाओं एवं क्लेशों से आघात पाता रहा और जिन क्लेशों को मौन भाव से सहकर सामाजिक, पारिवारिक विरोधों का उन्होंने सामना किया, वह कटुताहीन किन्तु सुदृढ़ और जीवन्त व्यक्तित्व उनके गीतों में अपने पूर्ण रूप में प्रत्यक्ष उभरा है। मीरां ने पति रूप में जिस गिरधर नागर को स्वीकार किया था, उनके प्रति उन्होंने स्वानुभूत प्रेमभावना का अर्पण कर दिया था।

उनके गीत इसी कारण मानवीय संवेदना और अनुभूति की पावन धरोहर हैं।

भावात्मकता

मीरां के गीतों में भावात्मकता सर्वत्र विद्यमान है और बौद्धिकता का परिहार मिलता है। उनके सभी गीत बौद्धिकता या वैचारिकता की अपेक्षा नहीं करते क्योंकि भाव-प्रवणता ही मीरां का वैशिष्ट्य है। उनके गीत जितना हृदय से अक्षुण्ण सम्बन्ध रखते हैं उतना मस्तिष्क से नहीं। गीतिकाव्य की दृष्टि से भी बुद्धितत्त्व का अप्रधानत्व गीतियों को अधिक सरल, सुगम और हृदयगम्य बना देता है। मीरां ने सीधी सरल वाणी में अपने उद्‌गारों को अभिव्यक्ति दी थी। क्लिष्ट कल्पना करने और उन्हें काव्य कला के सचेष्ट ढाँचे में सुन्दर ढंग से प्रस्तुत करने की ओर उनका ध्यान ही न था। सूरदास की तरह कूटपद अथवा कबीर की भाँति उलटबाँसियों की रचना मीरां की सहज प्रेम भावना को स्वीकार न थी, किन्तु इसका यह आशय नहीं कि उनमें कलात्मकता का सर्वथा अभाव ही हो। उनके गीतिकाव्य में सचेत कलात्मकता का आग्रह नहीं वरन् स्वतः कला का सहज सम्मिश्रण है।

आन्तरिक एवं बाह्य संगीत का सर्वोत्तम समायोग

श्रेष्ठ गीतिकाव्य में संगीत का स्थान अत्यन्त महत्त्वपूर्ण है। मीरां के गीत अपनी संगीतात्मकता के कारण विशेष हृदयग्राही बन पड़े हैं। उनके गीतों में भावों का परिणय संगीत से हुआ है। प्रत्येक गीत में विवेचित भाव संगीत तत्त्व के समायोग से एक अज्ञात किन्तु समर्थ शक्ति से समन्वित हो उठा है। इसी से मीरां के गीत सार्वभौमिक और माधुर्य गुण से आपूरित हैं। मीरां ने संगीत तत्त्व को अनुभूति की तन्मयता के कारण ही ग्रहण किया था। ऐसी स्थिति में उनका प्रत्येक शब्द नाद लय ताल से गुंजित हो उठा है। यही गीति का सुन्दर सामंजस्य है और प्रत्येक गीत का सौन्दर्य अपने श्रेष्ठतम

स्वरूप में खिल पड़ा है। काव्यत्व और संगीत एक-दूसरे में घुलकर द्विगुणित नूतन छवि में उभर आए हैं। मीरां के गीतों में निनादित संगीत की झनकार नैसर्गिक और अन्तःकरण को छू लेने वाली है। मीरां ने शास्त्रीय संगीत का सहारा नहीं लिया परन्तु बाद के अनेक संगीतकला के आचार्यों ने उनके गीतों में विविध राग-रागिनियों की खोजकर संगीत की दृष्टि से भी अत्यन्त धनी घोषित किया। इस प्रकार मीरां के गीतों में संगीत का उत्कृष्ट स्वरूप पाया जाता है व आज अनेक शताब्दियों के व्यतीत हो जाने के उपरान्त भी मानव के उत्पीड़न के क्षणों में प्रभावोत्पादक रूप में आत्मा को परम शान्ति प्रदान करने में महत्त्वपूर्ण रहा है। मीरां के गीतों का जितना प्रसार हुआ उसमें उनकी संगीतात्मकता या गेयता का पर्याप्त अंश है। उनके गीतों का संगीत सीधे उनकी आत्मा से प्रवाहित होता हुआ आत्मध्वनि का सूचक बन गया है। कबीर के समान उनके गीतों में संगीत का प्रयोग उपदेश प्रचार का साधन नहीं बना, न सूर आदि अष्टछाप के अन्य कवियों की भाँति साम्प्रदायिक साधना पद्धति का आलम्बन, न ही तुलसी की तरह दार्शनिक सिद्धान्तों एवं शास्त्रीय विचारों का वाहक, अपितु उनके अन्तस की, प्रेमी हृदय की निश्छल अनुगूँज और आत्मा की प्रतिध्वनि ही संगीत में ढलकर अभिव्यक्त हुई है।

गीतों में नृत्य एवं वाद्ययन्त्रों का प्रयोग

मीरां के गीतों में 'संगीत' शब्द के अन्तर्गत गृहीत नृत्य एवं वाद्य रूपों का प्रयोग भी सफलतापूर्वक मिलता है। यद्यपि 'गायन' एवं 'वादन' का उल्लेख तो भक्तिकालीन सभी धाराओं के साहित्य के अन्तर्गत मिलता है, किन्तु कृष्णभक्ति काव्य की अपनी अन्यतम विशेषता 'नृत्य रूप' का समावेश है। मीरां की विशिष्टता यही है कि वे क्रियात्मक नृत्य की अमर साधिका थीं।

उन्होंने निरन्तर नृत्य के माध्यम से श्रीकृष्ण को रिझाने का प्रयास किया था। उनके सम्बन्ध में भक्त कवियों की उक्तियाँ भी उनकी नृत्य एवं वादन सम्बन्धी विशेषताओं पर प्रकाश डालती हैं :

> 'नृत्यत नूपुर बांध के गावत लै करतार
> विमल हियो भक्तनि मिली, तृन सम गन्यो संसार।'
>
> (भक्त नामावली : भक्त ध्रुवदास, पृ. 9)

इस पद की प्रथम पंक्ति से स्पष्ट पता चलता है कि मीरां नृत्य कुशल भी थीं। वे अपने करों में करताल लेकर नृत्य करते हुए गिरधर नागर के सम्मुख अपने गीतों को गाती थीं। उनके गीतों में पखावज, मृदंग, इकतारा जैसे वाद्यों के प्रयोग का स्पष्ट उल्लेख मिलता है। इससे यह स्पष्ट हो जाता है कि मीरां ने गीतों को संगीत की पूर्ण परिधि के अन्तर्गत अपनाया था।

शृंगार एवं करुण रस की प्रधानता

यद्यपि गीतिकाव्य की सृष्टि वीर, वात्सल्य, शृंगार, करुण एवं शान्त रसों में की जा सकती है, किन्तु निष्पक्ष रूप से देखा जाए तो गीतिकाव्य के लिए सर्वाधिक उपयुक्त शृंगार एवं करुण रस है क्योंकि इसमें परुष एवं कटु तत्त्व उपेक्षित रहते हैं। मीरां दोनों ही क्षेत्रों में अपनी भावप्रस्तुति करती हैं।

नाट्यशास्त्र के अनुसार, संसार में जो कुछ पवित्र, उज्ज्वल एवं दर्शनीय है, वह शृंगार से उपमित है और मीरां ने शृंगार भावना को ही अपने गीतों में आद्योपान्त अभिव्यक्ति दी है। अतः ये गीत अपनी पवित्रता, उज्ज्वलता, दर्शनीयता एवं मोहक अन्तरंगता में अप्रतिम हैं। शृंगार के संयोग एवं वियोग दोनों ही पक्षों को मीरां ने लिया है, किन्तु वियोग भावना की जैसी हृदयग्राही व्यंजना मीरां ने की है, वह मीरां ही कर सकती हैं।

गहन वेदनानुभूति

भक्तिमती मीरां के गीतों की सबसे बड़ी देन उनकी वेदना है। इन गीतों में व्यंजित वेदना में मानव जीवन के संस्कार का, आत्म परिष्कार का महान शाश्वत संदेश छिपा हुआ है। मीरां की वेदना के रस में आत्मविभोर कर देने की अदम्य और चिरन्तन शक्ति है, जो दर्शन, धर्म, कला और साहित्य से मानव को एकदम ऊपर उठा देती है। इस वेदना में ही श्रीकृष्ण, अपना पौराणिक, अलौकिक एवं ऐतिहासिक अस्तित्व त्याग कर मीरां के प्रेम को परिपूर्णत्व एवं रसज्ञता प्रदान करने वाले इसी जगत के पुरुष बन जाते हैं।

माधुर्य भावासक्ति का सौन्दर्य

मीरां के अधिकांश गीत माधुर्य भावोपासना संयुक्त हैं। उन्होंने अपने आराध्य गिरधर नागर श्रीकृष्ण को पति माना था एवं कांता भाव से उनकी ही प्राप्ति के लिए वे आजीवन साधना करती रहीं। मीरां की माधुर्य भावना में एवं भावविह्वल आत्मसमर्पण ने उनके गीतों में ऐसा आकर्षण तथा प्रभावोत्पादकता उत्पन्न कर दी है कि जिसके कारण हिन्दी गीतिकाव्य परम्परा में उनके गीत निर्विवाद रूप में शीर्षस्थ स्थान प्राप्त कर लेते हैं। मीरां की सी अपार तन्मयता, नारी हृदय की सहज विरह कातरता, स्वानुभूति निरूपक प्रेमोद्गारों की तरलता एवं रागानुगा-भक्ति की चरमोत्कर्षता अन्यत्र दुर्लभ है। परम ब्रह्म श्रीकृष्ण को अपने सर्वस्व के रूप में ग्रहण करके वे उनसे अभिन्न हो गई थीं। इसी कारण उनके गीतों में भारतीय नारी के हृदय की नैसर्गिक अनुभूति की नैसर्गिक अभिव्यक्ति है। नारी हृदय के मार्मिक उद्गारों की पूर्ण परिणति मीरां के इन माधुर्यभावोपासनायुक्त गीतों में ही मिलती है।

प्रेमभावना की उदात्तता

मीरां के गीतों की विलक्षणता भावों की सहजानुभूति के साथ प्रेम के उदात्तीकरण में भी है। आलम्बन की अलौकिकता के कारण मीरां की मिलनोत्कंठा, आत्मविस्मृति, भावावेश, समर्पण, प्रेमावेग, वियोग की टीस और कसक, सभी अनुभूतियों का उदात्त रूप हो उठा है। साथ ही उनके अन्तर्जगत की यह अभिव्यक्ति मांसलता से पूर्णतः निरपेक्ष सी प्रतीत होती है। वैशिष्ट्य का सबसे बड़ा प्रतिमान भी यहीं देखने को मिल जाता है कि यहाँ यद्यपि प्रणय के प्रत्येक स्वर को वाणी मिली है तथापि भावों का सतहीपन कहीं भी दिखाई नहीं पड़ता। ये गीत अनुभूति की ठोस भूमि पर उदात्त भावों का सहज प्रकाशन करते हैं।

प्रत्यक्षानुभूतिपरक गीतिकाव्य

मीरां ने आराध्य गिरधर के प्रति अपनी कोमलकान्त भावनाओं के समर्पण में किसी अन्य माध्यम को स्वीकार नहीं किया। चंडीदास, विद्यापति, चैतन्य आदि ने भी राधा माधव के प्रणयपरक पदों का गान किया था। अष्टछाप के सभी कवियों ने सखा भाव से अथवा राधा भाव या गोपी भाव से श्रीकृष्ण के प्रति प्रेमतत्त्व का निरूपण किया है। इसी भाँति कबीर एवं जायसी ने अपने काव्य में जीव ब्रह्म सम्बन्ध की पति-पत्नी के रूपकों में अभिव्यक्ति दी है। कबीर की 'राम मोर पिऊ मैं राम की बहुरिया' की स्पष्ट स्वीकारोक्ति भी आध्यात्मिक रूपक ही बनकर रह गई। इस प्रकार इन सब कवियों की प्रेमभावना परोक्षानुभूति-परक है, जो आत्मा की बेकली या प्रेम के संयोग एवं वियोग पक्ष की सुन्दर, प्रभावोत्पादक अभिव्यक्ति देने के बाद भी मीरां की सी प्रेमानुभूति का संस्पर्श कर पाने में असमर्थ है। जहाँ तक सूफी कवियों का प्रश्न है, वहाँ भी उनकी आत्मपुकार उस रूप में नहीं पाई जाती, जैसी मीरां के काव्य में नैसर्गिक रूप में विद्यमान है। हाँ, ईसाई सन्त टेरेसा और सूफी सन्त राबिया तथा भारत की आण्डाल को मीरां के समकक्ष रखा जा सकता है क्योंकि इन कवयित्रियों ने बड़े सरस व स्वाभाविक रूप में ईश्वर के प्रति प्रणय-भावना का प्रणयन किया है किन्तु यहाँ भी मीरां का वैशिष्ट्य प्रत्यक्ष ही परिलक्षित होता है। मीरां को माधुरी भक्ति के प्रत्यक्ष प्रकाशन में विविध पारिवारिक एवं सामाजिक संघर्षों और अपमानजनक प्रतारणाओं की स्थिति से गुजरना पड़ा और इसके परिणामस्वरूप ही वह इस निखरे रूप में परिलक्षित होती हैं। मीरां के समान प्रतारणाएँ एवं बाधाएँ उसी स्तर पर इन किसी भी भक्त कवयित्रियों को नहीं भोगनी पड़ीं। इसी का प्रभाव है कि मीरां में जैसी हार्दिकता एवं स्वाभाविकता है वह अन्यत्र अलभ्य है।

सम्प्रदायमुक्त भक्तिभावना

मीरां के गीतिकाव्य की अन्य विशिष्टता यह है कि उनका काव्य किसी सिद्धान्त विशेष का प्रचारक और साम्प्रदायिकता का पोषक नहीं है। स्वयं मीरां किसी भी परम्परा में बँधी नहीं थीं। उनके उन्मुक्त हृदय पर एक रंग चढ़ा था तो सिर्फ गिरधर का। सम्प्रदायमुक्त कवयित्री होने के कारण उनके गीतों में विचार बोझिलता एवं दार्शनिक दुरूहता नहीं है। सभी गीतों में उनके अपने हृदय की कथा वर्णित हुई है। वह एक समर्पित काव्य है। यही कारण है कि मीरां काव्य और भक्ति के सर्वोच्च शिखर पर अधिष्ठित हैं।

मीरां का गीतिकाव्य विषय-वस्तु सम्बन्धी परिसीमा में अवश्य आबद्ध है, उनमें विविध मानवीय भावों की विवेचना हेतु कहीं स्थान नहीं। प्रेम और भक्ति भावना ही मीरां के मनोजगत् पर अधिकार किए हुए थी। अतः अन्य भक्त कवियों के गीतिकाव्य के समान उनके गीतों में विस्तृत वर्ण्यवस्तु का अभाव तो अवश्य है, किन्तु इसके उपरान्त भी उसमें काव्यत्व का अभाव नहीं। इसका कारण उनकी माधुर्य भावोपासना है। अतएव अपने युग की सर्वश्रेष्ठ, गीति कवयित्री मीरां ने गीतों का ऐसा महासागर निर्मित किया है, जिसमें व्यापकता नहीं, अपितु माधुर्य रस की अपरिमित गहराई एवं घनत्व है। वियोगिनी मीरां के असाधित पद उनके आकुल प्राणों की टीस और करुण पुकार की साकार मूर्ति हैं जिसमें किसी भी सम्प्रदाय का पोषण नहीं।

भावगत ऐक्य

मीरां के सभी गीत आकार की दृष्टि से संक्षिप्त होने के कारण गीतिकाव्य की अनिवार्य विशेषता का समाहार कर लेते हैं। उनके प्रत्येक गीत में एक ही भाव, एक ही विचार एवं एक ही अवस्था का चित्रण हुआ है। ये सभी गीत अपने संक्षिप्त स्वरूप में भी पूर्ण हैं और भावों की अन्विति का विशिष्ट स्वरूप भी इनमें मिलता है। फलतः उनके गीत अधिक सजीव, तीव्रतायुक्त एवं संक्षिप्तता के गुणों से युक्त हैं। मीरां के गीतों में भावों की अखंडता आद्योपान्त बनी रहती है। इसी से भावगत सौन्दर्य की रक्षा उनमें पूर्ण रूप में हुई है।

उपर्युक्त विशेषताओं के समाहार के कारण मीरां के गीतों की मर्मस्पर्शिता, प्रभाव शालिता और सर्वव्यापकता अप्रतिम है।

मीरां के गीतों की विशेषता आधुनिक युग की मीरां कही जानेवाली महादेवी से तुलना करने पर अधिक स्पष्ट हो जाएगी।

मीरां भक्तियुग की कृष्णधारा की प्रमुख गीति कवयित्री थीं। महादेवी वर्मा छायावाद के उत्कर्ष काल की प्रमुख कवयित्री हैं। मीरां के ही समान विप्रलम्भ शृंगार उनके गीतों की मूल विषय-वस्तु है।

हृदय की आवेगमयी वेदना की संगीतात्मक अभिव्यंजना भी दोनों का अभिप्रेत है। किन्तु इसके उपरान्त भी मीरां का महत्त्व महादेवी जी से अलग है।

मीरां ने अपने गीतों में अपने 'अंह' और 'स्व' का उत्सर्जन कर दिया है, जबकि महादेवी में वह अद्यतन विद्यमान है। इसका प्रमुख कारण है कि मीरां जहाँ अपने आराध्य प्रियतम हरि, गिरधर नागर, मनमोहन श्रीकृष्ण की खोज में लोक लाज कुल की मर्यादा, राजकीय वैभव एवं समस्त सुखों के साथ ही अपने 'अहम्' को तिलांजलि दे चुकती हैं, वहीं महादेवी अज्ञात रहस्यमय प्रियतम की चिरवियोगिनी बनी रहकर अपने 'स्व' का उत्सर्जन नहीं कर पातीं। महादेवी की विरह वेदना उनके जीवन-दर्शन का अमिट अंश बनकर रह गई है। मीरां के विरह गीतों में नैसर्गिकता, मार्मिकता और संवेद्यता का जैसा रूप मिलता है, उसका शतांश भी अन्य कवयित्रियों में खोजने पर भी नहीं मिलता। मीरां के काव्य में जो नैसर्गिक भावोद्रेक है वह रवीन्द्रनाथ टैगोर जैसे महामना को भी 'ज्ञान हारा उद्भ्रान्त भक्ति' कहलाकर स्तुति करने को बाध्य कर देता है। अलौकिक प्रेम एवं विरह से भीगे हुए नारी हृदय के उद्गारों में मूर्तिमान विरह और मिलन के अन्तरंग स्पन्दन मीरां के गीतों में सुनाई पड़ते हैं। यही कारण है कि मीरां का गीतिकाव्य लोकप्रियता के प्रत्येक स्वर को प्राप्त करता रहा है।

मीरां के गीतों का प्रभाव इन सभी स्तरों पर अपनी सार्थकता सिद्ध करता रहा है :

मीरां के गीतिकाव्य का प्रचार और प्रसार भारतवर्ष के कोने-कोने में रहा है। स्वामी कृष्णानन्द व्यास ने अखिल भारतवर्ष का पर्यटन कर करीब 650 संगीतज्ञ कवियों के 13,892 गीतों को अपने विश्व कोषात्मक ग्रन्थ 'राग कल्पद्रुम' में संकलित किया। यह पुस्तक प्रमाणित करती है कि 100 वर्षों पहले ही ये गीत किस प्रकार जनता के प्रिय हो गए थे। यद्यपि इसमें संकलित सभी पद मीरां के नहीं कहे जा सकते, तथापि उनकी जनप्रियता के द्योतक अवश्य हैं।

संगीत के आचार्यों में मीरां का समादर सर्वाधिक है। बहुत से संगीतज्ञों से चर्चा के उपरान्त पाया गया कि विभिन्न स्वर लिपियों में सर्वाधिक सफलतापूर्वक मीरां के गीतों को बाधा जा सकता है। राग-रागिनियों की दृष्टि से भी प्रायः सभी संगीत-शास्त्र के मर्मज्ञों ने मीरां के गीतों को धनी माना है। मीरां की मूल पदावली में उनके गीतों के ऊपर किसी राग का नामकरण नहीं मिलता। इससे पूर्ण स्पष्ट हो जाता है कि मीरांबाई ने अपने गीतों को रागों के शास्त्रीय ढाँचे में ढालने का प्रयास नहीं किया होगा। यह मीरां के सहज संगीत का गुण ही है कि ये गीत अनायास ही शास्त्रीय रागों में बँधने पर इतने मनोरम और सुगम सिद्ध हो सके कि शास्त्रीय संगीतज्ञों और जानकारों के मध्य इतनी लोकप्रियता एवं आदर पा सके।

मीरां का सम्पूर्ण काव्य व्यक्तिनिष्ठ है किन्तु उस काव्य के प्राण में जो प्रेमतत्त्व है वह जनजीवन की सर्वसाधारण की सम्पत्ति है। इसीलिए मीरां का काव्य लोकगीतों और जनजीवन के बिल्कुल निकट ही नहीं, उसमें रम जाने की क्षमता से युक्त है। मीरां की अनुभूतियाँ नितान्त मानवीय अनुभूतियाँ हैं। देश, काल, भाषा, सम्प्रदाय आदि की संकीर्ण

सीमाओं में उन्हें बाँधना असम्भव है। यही कारण है कि मीरां का काव्य नानाविध रूपों में, नानाविध सम्प्रदायों में विभिन्न पाठ भेदों के साथ मिलता है। लोकानुरूप काव्य की विकसनशीलता का जितना विस्तीर्ण एवं व्यापक प्रभाव मीरां के काव्य पर पड़ा है, उतना अन्य किसी भी भक्त कवि के काव्य पर नहीं पड़ा।

मीरां का गीतिकाव्य अत्यधिक लोक प्रसिद्ध है। सारे भारतवर्ष में मीरां के गीत अपनी सरसता, मधुरता, अनुभूति की सत्यता और प्रभावोत्पादकता के कारण जन-जन के कंठ में समाए हुए हैं। उनमें प्रान्तीयता का पुट और प्रक्षिप्त पदों की भरमार होने के उपरान्त भी ऐसी अदम्य प्राण क्षमता है कि वह 'संक्रामक शक्ति युक्त' काव्य बन गया है। उनके गीत का जितना आदर काव्य-मर्मज्ञों, विद्वानों के बीच है उतना ही संगीतज्ञों के मध्य भी।

आकाशवाणी, चलचित्र, मन्दिर व भक्तगृह से लेकर फकीरों, भिक्षुओं एवं सामान्य जन तक मीरां के गीत फैले हुए हैं।

समूची गीतिकाव्य परम्परा में मीरां का स्थान आज भी अक्षुण्ण बना हुआ है। इसका कारण यही है कि उनके गीतों में एक निश्छल नारी हृदय की आशा, आकांक्षा, व्यथा, विवशता, करुणा और आत्मनिवेदन की रागमयी अभिव्यक्ति हुई है। इन गीतों में भावों का अद्‌भुत उत्कर्ष संगीत के सफल निर्वाह के साथ अत्यन्त सहज और कलात्मक रूप लिए हुए है। यद्यपि इनमें कला के पूजित ऊतुंग शिखरों का अभाव है, तथापि हृदय की प्रवहमान अन्तः सलिला के समान वह समर्पित काव्य है। उनका गीतिकाव्य नैसर्गिक मानवीय भावों की हृदयग्राही अभिव्यक्ति होने के कारण अत्यन्त माधुर्य युक्त है। मीरां के गीतों की यह विशिष्टता है कि वे समय और परिस्थितियों से अलग हटकर जीवन्त और स्पंदन-युक्त हैं। उनमें उन मानवीय शाश्वत मूल्यों एवं भावों का समावेश है जो कभी भी परिवर्तित नहीं होते। उनका काव्य जीवन-सत्य का अन्वेषक और निर्देशक है। मीरां ने इन गीतों के माध्यम से युग-बोध को नई दिशा प्रदान की है एवं मानवीय प्राणों में चिरन्तन, दिव्य सौन्दर्य और अलौकिक संगीत का सृजन किया है। उनके गीत भक्ति की तन्मयता, आराध्य में एकीकरण और संगीत के रस सागर में समग्र मानव जाति को तल्लीन कर देने की अदम्य शक्ति से सम्पन्न हैं।

सन्दर्भ ग्रन्थ सूची

संस्कृत की पुस्तकें

1. ऋग्वेद
2. सामवेद
3. अथर्ववेद
4. यजुर्वेद
5. श्रीमद्भागवत पुराण
6. संस्कृत भविष्य पुराण
7. वृहदारण्यक उपनिषद
8. तैत्तरीय संहिता
9. शतपथ ब्राह्मण
10. नाट्य शास्त्र : भरत मुनि
11. महाभारत
12. श्रीमद्भगवतगीता
13. नारद भक्ति-सूत्र
14. उत्तर रामचरित : भवभूति
15. काव्य प्रकाश : मम्मट
16. साहित्य प्रकाश : विश्वनाथ कविराज
17. अलंकार सर्वस्व : रुय्यक
18. शाण्डिल्य भक्तिसूत्र : शाण्डिल्य
19. रसगंगाधर : पण्डितराज जगन्नाथ
20. काव्यादर्श : आचार्य दण्डी
21. काव्यालंकार : आचार्य मम्मट
22. काव्यालंकार सूत्रवृत्ति : वामन
23. कुवलयानन्द : अप्पय दीक्षित
24. चन्द्रालोक : जयदेव
25. ध्वन्यालोक : आनन्दवर्धन
26. अलंकार सार संग्रह : उद्भट
27. काव्यालंकार : रुद्रट

28. काव्य मीमांसा : राजशेखर
29. वक्रोक्ति जीवितम् : कुंतक
30. दशरूपक : धनंजय
31. सरस्वती-कण्ठाभरण : भोज
32. रस-मंजरी : भानुदत्त
33. रघुवंश : कालिदास
34. भक्ति माहात्म्य चरित्रम् : मैथिलद्विज
35. सर्वदर्शन संग्रह, पातंजल दर्शन
36. मेघदूत
37. चौरपन्चाशिका : महाकवि विल्हण
38. दशश्वलोकी : निम्बार्काचार्य
39. गीत गोविन्द : जयदेव
40. संगीत पारिजात : अहोबल
41. संगीत रत्नाकर (प्रथम भाग)
42. संगीत दर्पण : दामोदर पण्डित
43. वाल्मीकि रामायण : वाल्मीकि
44. दशावतार चरितम् : क्षेमेन्द्र काव्य माला, 26, सं. 1801 बम्बई

हिन्दी के ग्रन्थ

1. हिन्दी साहित्य का अतीत : विश्वम्भर मानव
2. हिन्दी साहित्य का इतिहास : आचार्य रामचन्द्र शुक्ल
3. मध्यकालीन कृष्णकाव्य : डॉ. देवकृष्ण झारी
4. भजन मीरांबाई : अमृतसर से प्रकाशित
5. कबीर वचनावली : अयोध्या सिंह उपाध्याय हरिऔध
6. मीरां सुधा लहरी : स्वामी आनन्दस्वरूप
7. मीरां सुधा सिंधु : स्वामी आनन्दस्वरूप
8. मीरां की प्रेमवाणी : रामलोचन शर्मा
9. मीरांबाई का जीवन चरित्र : कार्तिक प्रसाद खत्री
10. मीरांबाई : कृष्ण प्रसाद भट्ट
11. राजस्थानी में हिन्दी के हस्तलिखित ग्रन्थों की खोज : उदयसिंह भटनागर
12. रागकल्पद्रुम, भाग-1-2 : कृष्णानन्द व्यास 'रागसागर'
13. तुलसी ग्रन्थावली : काशी नागरी प्रचारिणी सभा द्वारा प्रकाशित

14. चौरासी वैष्णवन की वार्ता : गोसाई गोकुलनाथ द्वारा रचित
15. दो सौ बावन वैष्णवन की वार्ता : गोसाई गोकुलनाथ द्वारा रचित
16. मीरांबाई : डॉ. प्रभात
17. काव्यरूपों के मूलस्रोत और उनका विकास : डॉ. शकुन्तला दुबे
18. भक्त मीरांबाई : दयाशंकर दुबे
19. मीरांबाई का जीवन चरित्र : देवीदयाल मुंसिफ
20. महिला मृदुवाणी : देवीदयाल मुंसिफ
21. विनयमालिका : दयादास
22. भक्तनामावली : ध्रुवदास
23. मीरां मंदाकिनी : नरोत्तमदास स्वामी
24. पद प्रसंग माला : नागरीदास
25. मीरांबाई की पदावली : परशुराम चतुर्वेदी
26. भक्ति साहित्य में मधुरोपासना : परशुराम चतुर्वेदी
27. वैष्णव धर्म : परशुराम चतुर्वेदी
28. मीरां (महाकाव्य) : परमेश्वर द्विरेफ
29. डाबर गीतावली : डाबर डॉ. एस.के. बर्मन द्वारा प्रकाशित
30. मीरां वृहत पद संग्रह : डॉ. पद्मावती शबनम
31. मीरां एक अध्ययन : डॉ. पद्मावती शबनम
32. भजन मीरांबाई : फर्रुखाबाद से प्रकाशित
33. मीरां स्मृतिग्रन्थ : बंगीय हिन्दी परिषद् कलकत्ता (1949)
34. मीरां की भक्ति और उनकी काव्य साधना का अनुशीलन : डॉ. भगवानदास तिवारी
35. मध्यकालीन प्रेम साधना : परशुराम चतुर्वेदी
36. मीरां दर्शन : मुरलीधर श्रीवास्तव
37. मीरांबाई : डॉ. श्रीकृष्णलाल
38. मीरां पदावली : शम्भुसिंह मनोहर
39. मीरां की प्रेम साधना : भुवनेश्वर नाथ मिश्र
40. गीतिकाव्य : रामखेलावन पांडे
41. मीरांबाई और उनकी पदावली : देशराजसिंह भाटी
42. गीतिकाव्य में राष्ट्रीय भावना : ऊषा मृणालिनी
43. हिन्दी के कृष्णभक्ति कालीन साहित्य में संगीत : डॉ. उमा गुप्ता
44. ब्रज भाषा के कृष्णभक्ति कालीन काव्य में अभिव्यंजना शिल्प : डॉ. सावित्री सिन्हा

45. अष्टछाप और वल्लभ सम्प्रदाय : डॉ. दीनदयाल गुप्त
46. साहित्य का मर्म : डॉ. हजारीप्रसाद द्विवेदी
47. सांध्यगीत : महादेवी वर्मा
48. गीतिकाव्य का विकास : लालधर त्रिपाठी प्रवासी
49. हिन्दी काव्य धारा : राहुल सांकृत्यायन
50. मेघदूत (अनूदित) : केशव प्रसाद मिश्र
51. सुन्दर गीतावली : सं. पुरोहित हरि नारायण शर्मा सं. 1993
52. कबीर वचनावली
53. सन्त दादूदयाल की बानी : आचार्य शुक्ल द्वारा सम्पादित
54. भ्रमरगीत : नागरिक प्रचारिणी सभा सं. 1980 खंड-2
55. तुलसी ग्रन्थावली
56. महादेवी वर्मा का विवेचनात्मक गद्य : गंगाप्रसाद पाण्डेय
57. चिन्तन के क्षण : महादेवी वर्मा
58. साहित्य मीमांसा : सूर्यकान्त शास्त्री
59. आँसू : जयशंकर प्रसाद
60. पुरानी राजस्थानी : डॉ. एल.पी. तेस्सोरी अनुवाद—डॉ. नामवर सिंह
61. हिन्दी भाषा का इतिहास : डॉ. धीरेन्द्र वर्मा
62. बृहत हिन्दी कोश : ज्ञानमंडल 1075
63. रीतिकाव्य की भूमिका : डॉ. नगेन्द्र
64. पाश्चात्य साहित्यालोचन के सिद्धान्त : लीलाधर गुप्त
65. पल्लव : सुमित्रानन्दन पन्त
66. मध्यकालीन हिन्दी कवयित्रियाँ : डॉ. सावित्री सिन्हा
67. साहित्य का साथी : डॉ. हजारीप्रसाद द्विवेदी
68. प्रेमभक्ति योग : महन्त श्री देवदास जी महाराज
69. राजस्थानी भाषा और साहित्य : डॉ. हीरालाल माहेश्वरी
70. हिन्दी काव्य में निर्गुण सम्प्रदाय : डॉ. पीताम्बर दत्त बड़थ्वाल
71. हिन्दी साहित्य : उद्‌भव और विकास : डॉ. हजारीप्रसाद द्विवेदी
72. सूरसागर
73. विद्‌यापति पदावली
74. मीरां की पदावली : विष्णु कुमारी मंजु
75. मीरां माधुरी : रमाशंकर शुक्ल रसाल

76. मीरांबाई के भजन : मनोहरलाल मिश्र
77. ब्रजनिधि ग्रन्थावली : महाराजा प्रतापसिंह
78. मारवाड़ी भजन सागर : रघुनाथ प्रसाद सिंहानिया
79. विद्यापति पदावली : रामवृक्ष बेनीपुरी
80. मीरां की पदावली : सदानन्द भारती
81. मीरांबाई के भजन : सिद्धेश्वर प्रेस काशी से प्रकाशित
82. भक्त माल सटीक : सीताराम शरण भगवान रूपकला
83. मीरां : श्यामा पति पाण्डेय
84. वीर-विनोद : कविराजा श्यामल दास
85. छीतस्वामी पद संग्रह : डॉ. दीनदयालु गुप्त
86. राग और रागिनी : ओ.सी. गांगुली
87. हिन्दी साहित्य का आलोचनात्मक इतिहास : डॉ. रामकुमार वर्मा
88. मीरां-सहजो-दया-पद संग्रह : वियोगिहरि
89. मीरां बृहत्पदावली : हरिनारायण पुरोहित
90. मध्यकालीन धर्मसाधना : हजारीप्रसाद द्विवेदी
91. बृहत भजन रत्नमाला या भजनावली : हरिप्रसाद भगीरथी
92. मीरां और उनकी प्रेमवाणी : ज्ञानचन्द जैन
93. मीरांबाई के भजन : हिन्दी प्रचारक पुस्तकालय कलकत्ता से प्रकाशित
94. राजपूताने का इतिहास : गौरीशंकर हीरानन्द ओझा
95. जोधपुर राज्य का इतिहास : गौरीशंकर हीरानन्द ओझा
96. मेवाड़ का इतिहास : गौरीशंकर हीरानन्द ओझा
97. उदयपुर राज्य का इतिहास : गौरीशंकर हीरानन्द ओझा
98. शबद : चरणदास
99. भारतीय साधना और सूर साहित्य : मुंशीराम शर्मा
100. तुलसीदास : माताप्रसाद गुप्त
101. सूर और उनका साहित्य : हरवंशलाल शर्मा
102. आदर्श भक्त अर्थात् मीरांबाई : पुरुषोत्तमदास पुरोहित
103. मीरांबाई की शब्दावली : बालेश्वर प्रसाद, बेलवेडियरप्रेस
104. मिश्रबन्धु विनोद (प्रथम भाग) : मिश्र बन्धु
105. सूफी मत और हिन्दी साहित्य : विमल कुमार जैन
106. भारतीय दर्शन : बलदेव उपाध्याय
107. मारवाड़ का इतिहास : विशेश्वर नाथ रेउ
108. मीरां की काव्यकला : डॉ. रामप्रकाश

109. संस्कृत गीतिकाव्य का विकास : डॉ. परमानन्द शास्त्री
110. मेघ का दूतत्व सौन्दर्य और समीक्षा : श्री रामचन्द्र तिवारी
111. आधुनिक प्रगीत काव्य : डॉ. गणेश खरे
112. उत्तर भारत की सन्त परम्परा : परशुराम चतुर्वेदी
113. सूर की काव्यकला : डॉ. मनमोहन गौतम
114. अष्टछाप परिचय : डॉ. प्रभुदयाल मीतल
115. हिन्दी पद परम्परा और तुलसीदास : डॉ. रामचन्द्र मिश्रा
116. राजपूताने का इतिहास : जगदीश सिंह गहलौत
117. मीरां जीवनी और काव्य : महावीर सिंह गहलौत
118. राजस्थान का पिंगल साहित्य : डॉ. मोतीलाल मेनारिया
119. राजस्थान में हस्तलिखित गुटकों : उदयसिंह भटनागर
120. ब्रज भाषा का इतिहास : डॉ. सत्येन्द्र

गुजराती के ग्रन्थ

1. वृहद् काव्य दोहन : इच्छाराम सूर्यकान्त देसाई
2. प्राचीन काव्य सुधा : छगनलाल विद्याराम सावल
3. मीरां जीवन अने कवन : निर्मलालाल बाई झवेरी
4. मीरांबाई नां भजनो : हरि सिद्धभाई दिवेटिया
5. मीरां नी प्रेमवाणी : श्री मधुर
6. भक्त मीरां : शान्तिलाल ठाकर
7. सन्त समाज भजनावली : हरिहर पुस्तकालय, सूरत से प्रकाशित
8. वृहद् काव्य दोहन (भाग-7) : तनसुखराम मनसुखराम त्रिपाठी

बंगला के ग्रन्थ

1. चैतन्य चरितामृत
2. मीरांबाई : वामदेवानन्द
3. बंग श्री मीरांबाई : भूमानन्द
4. मीरां : भवानन्द स्वामी

अंग्रेजी के ग्रन्थ

1. The Story of Meerabai : Banke Bihari
2. Essays on Gita : Aurobindo Ghosh
3. Epic India : Chintamani Vinayak Vaidya

4. Encyclopaedia Brittani ca.
5. Discovering poetry : Elizabeth Dreu
6. Lyric Poetry : Ernest Rhys
7. Mysticism : Evelyn Underhill
8. Hand Book of Poetics : F.B. Gummer
9. Golden Treasury : F.T. Palgrave
10. An Introduction to the Study of Literature : W.H. Hudson.
11. Lyrical forms in English : Norme Happle
12. Songs of Meera Bai : Ramchandra Tandon
13. An Introduction to the Study
14. Lyric : John Drinkwater
15. Gujarat and its Literature : K.M. Munshi

हस्तलिखित ग्रन्थ

डाकोर एवं काशी की हस्तलिखित प्रतियाँ, काशी नागरी प्रचारिणी सभा, रामद्वारा धौली बावड़ी, उदयपुर राजकीय पुस्तकालय, जोधपुर, फार्ब्स गुजरात सभा, मुम्बई तथा गुजरात वर्नाक्युलर सोसायटी, अहमदाबाद और प्राच्य विद्या मन्दिर उज्जैन आदि के हस्तलिखित ग्रन्थ।

पत्र पत्रिकाएँ

अनुशीलन, हिन्दुस्तानी, वीणा, आलोचना, जनभारती, शोध पत्रिका, नागरी प्रचारिणी पत्रिका, राष्ट्रवाणी, कल्याण, सन्तवाणी, सरस्वती, विश्वभारती पत्रिका, मरुभारती पत्रिका, मधुमती पत्रिका।

●●●